EL IMPERIO DE FIDEL

EL IMPERIO DE FIDEL

Petróleo e injerencia cubana en Venezuela

Gen. Carlos Peñaloza

Alexandria Library
MIAMI

ISBN: 978-1477656679

Library of Congress Control Number: 2012942484

www.alexlb.com

A mi querida esposa Elsa, la gran compañera de casi medio siglo de vida por su paciencia durante tantas horas dedicadas a este mi primer libro y a mis hijos y amigos que me estimularon y apoyaron para concluirlo.

Índice

PREFACIO

Desde el triunfo de Fidel Castro en Cuba, en enero de 1959, ha habido más intentos de intervención armada en Hispanoamérica organizados por el dictador cubano que por los Estados Unidos. Desde su llegada al poder, Castro se ha convertido en una fuerza telúrica dentro de la región causando numerosos vendavales políticos. ¿Qué fuerza poderosa impulsa a este hombre? ¿Por qué es tan popular en la América hispana? ¿Cuál es su objetivo? ¿Qué probabilidades tiene de lograrlo? ¿En caso de morir, su sucesor Hugo Chávez será capaz de finalizar la tarea? ¿Colapsará el proyecto luego de la desaparición física de Fidel y su delfín?

Soy un general retirado del Ejército venezolano que sirvió a la institución durante 30 años. Era cadete de primer año en 1959 cuando vi por primera vez en televisión el rostro del barbudo cubano, quien visitó Caracas intempestivamente poco después de su triunfo. En ese momento sentí que lo rodeaba un aura mágica que no presagiaba nada bueno, y no tenía claras las razones de mi aprensión. Tenía 16 años y sabía muy poco sobre el héroe de la Sierra Maestra. No imaginé que al graduarme tendría que enfrentarme a sus fuerzas, en defensa de la soberanía y la democracia de mi país.

Luego de recibirme como subteniente en 1961, me tocó combatir por varios años las guerrillas urbanas y rurales que él promovió sin éxito en Venezuela. Con frecuencia lo vi hablar en televisión. Se comportaba como un pastor protestante en trance. A partir de ahí sentí que era peligroso y lo empecé a investigar. Su expreso deseo de ayudar a los pobres le ganaba votos, pero su comunismo le restaba atractivo en un continente refractario a esas ideas. Observándolo con cuidado avizoré sus armas secretas: la devoción real o fingida por los pobres, el antinorteamericanismo visceral y el deseo de unir la cultura hispanoamericana en el seno de un solo país. La plataforma de lanzamiento de esos misiles cerebrales se apoyaba en su carisma, verbosidad y pasión. La mesiánica puesta en escena era acompañada por sus dotes histriónicas y su mirada penetrante. Fidel es un *showman* que proyecta la imagen de ser una fuerza imposible de detener. Por fortuna, Venezuela contaba en esa época con Rómulo Betancourt. Él y Fidel representaban fielmente la clásica paradoja del enfrentamiento de la fuerza irresistible contra el objeto inamovible. Fidel es un huracán, mientras que Betancourt era una roca.

Durante mi carrera militar conocí, vi y participé en numerosos incidentes y episodios de violencia inspirados y ordenados por Castro para apoderarse de mi país. Gracias a él tuve mi bautismo de fuego en la guerrilla urbana y luego en la rural. Conocí a muchos amigos civiles y militares, quienes cautivados por su discurso se habían hecho sus seguidores. Algunos militares incluso desertaron para unírsele.

Fidel me inspiró recelo desde el primer momento, y he sido remiso a su alucinación. Detrás de esta fachada de redentor antinorteamericano se oculta un hábil dictador hispanoamericano, megalómano y oportunista. Gracias a que creo en la libertad y en la democracia he sido inmune a estos contagios autoritarios.

Al final de mi carrera tuve la fortuna de ocupar altos cargos en el Ejército venezolano e, incluso, llegué a ser su comandante general. En estas posiciones pude conocer información de primera mano proveniente de órganos de inteligencia, así como de informantes a quienes considero fuentes fidedignas. Algunas de estas indagaciones permanecen inéditas. Al retirarme pensé escribir un libro de memorias, pero decidí darle tiempo al tiempo para que cicatrizaran las heridas de la guerra. Tuve que esperar veinte años, porque para Fidel el conflicto nunca termina. Hoy a los 71 años creo llegado el momento de cumplir con mi obligación de escribir, porque siento que el peligro aumenta. Fidel —pese a haber sido derrotado inicialmente en Venezuela— siguió incrementando su feligresía y expandiendo su base, que lo han convertido en una amenaza para la democracia y la paz no solamente en Venezuela, sino en Iberoamérica y hasta en el mundo.

Castro tiene más de medio siglo en la búsqueda del poder total en Iberoamérica. Hoy siendo un anciano continúa en la misma actitud, pero ahora tiene a su lado a un delfín venezolano tres décadas más joven. Aunque ambos están enfermos, jamás olvidó que el toro es más peligroso cuando tiene la espada toledana clavada en el morro. Creo que, aunque ambos están heridos, es hora de sonar las alarmas. El Sol se está poniendo en el proyecto de Fidel, pero la faena aún no ha terminado. El toro sigue vivo.

Hugo Chávez, el sucesor designado por él, tiene características similares a su "padre" (así califica a Castro). Ambos son marxistas "iluminados" que se creen predestinados por una fuerza superior para unir a Hispanoamérica bajo su hegemonía. Los dos son personajes carismáticos dotados de un verbo poderoso. Juntos constituyen un peligro real y presente para los hispanoamericanos.

Este libro no es una obra de historia rigurosa, pero tampoco es historia novelada. Es un relato que se fundamenta en hechos y personajes reales. Parte del libro es testimonial, pero también contiene información proveniente de fuentes bibliográficas reconocidas y de Internet. Lo novedoso emana de la combinación de mis experiencias, sumadas a entrevistas realizadas a actores del proceso que me han proporcionado datos inéditos. El resultado, al armar este rompecabezas de la vida real, es una trama fascinante que muestra cómo la búsqueda de poder va creando la historia. Por ello este libro, sin ser de ficción, es una crónica y no una obra de historiografía formal. Sin distorsionar la historia, he complementado el relato con algunos análisis para mantener el hilo de la trama.

Las correrías de Fidel en Venezuela y la descripción de sus trapisondas, argucias y engañifas en el país de Bolívar son el tema de dos libros. Este es el primer tomo de la serie que se centra en las luchas del dictador cubano contra Betancourt. El segundo volumen cubrirá el ámbito vinculado a su delfín Hugo Chávez, desde su aparición hasta el presente.

INTRODUCCIÓN

"Dame una palanca y moveré al mundo".
Arquímedes

La palanca de Fidel

El dictador cubano es un líder político revolucionario dotado de carisma y ambición. En su mente ha creado una cosmovisión, según la cual es necesario destruir el mundo occidental para establecer en la América hispana una Arcadia comunista bajo su dictadura perpetua. La búsqueda de este objetivo estratégico lo ha convertido en el *supercaudillo* de un segmento político que ocupa el extremo izquierdo de la cultura hispanoamericana. Su sueño de establecer un paraíso comunista idílico en Iberoamérica es una utopía que ha costado mucha sangre y dinero. Pese al enorme esfuerzo realizado, hoy más de medio siglo después luce inalcanzable.

Pese a su longeva edad, este singular personaje aún amenaza la paz en la región y el mundo. Su voluntarismo en pos de la idea de crear una gran unión hispanoamericana, basada en un sentimiento antinorteamericano, constituye el hilo conductor de esta historia. Su proyecto de erigir un Shangri-La tropical encubre su verdadero objetivo: la creación de su imperio comunista. Fidel no es un marxista ortodoxo, es un caudillo megalómano que busca tener el poder total en sus manos. El sabe que su principal enemigo es la democracia liberal y su sistema de creencias en el Estado de Derecho y los valores del mundo occidental y por ello debe destruirla. Este libro relata, tras una dilatada investigación, los esfuerzos realizados por Fidel para crear este monstruo que por fortuna aún está en embrión.

Arquímedes fue el sabio griego inventor de la palanca, una máquina usada para amplificar la potencia de una fuerza. Hay muchos tipos de palanca y una de las más poderosas es la palanca mental, que es la principal arma empleada por Fidel Castro para construir su imperio. En manos de Castro el punto de apoyo es Hispanoamérica, y la barra giratoria es la fuerza mental del nacionalismo hispanoamericano y su corolario: el odio contra los yanquis. Con esta arma secreta, Fidel ha sido capaz de mover el mundo tratando de construir su feudo. Fidel es un adicto al poder absoluto y fiel creyente que una nación es un grupo de personas unidas por sus creencias y por la antipatía contra sus vecinos. El sabe la importancia central del nacionalismo en la historia del mundo. El necesita desarrollar un nacionalismo que vea como enemigos a los norteamericanos.

Castro no es un Hércules, ni Cuba es una gran potencia, pero Fidel es un "mago fantástico". Gracias a esta palanca ha multiplicado su minúsculo poder y se ha codeado con los grandes del planeta. Este tirano delirante ha sido incapaz de derrotar a los EEUU y ni siquiera pudo derrotar a Venezuela en los años sesenta, pero ha logrado manipular como un titiritero gigante a países más poderosos y muy ricos.

En ese esfuerzo a Fidel se la ha ido la vida, y probablemente nunca tendrá éxito, pero ahora tiene como delfín a Hugo Chávez, quien amenaza continuar el sueño imposible. La provecta edad del caudillo senil y el cáncer del presunto heredero crean dudas bien fundadas sobre el desarrollo del proyecto.

Fidel quiso abarcar demasiado, tanto que ni las ideas de Arquímedes fueron suficientes para superar la disparidad de fuerzas. Su intento es comparable al esfuerzo de una boa tratando de comerse a diez elefantes. Aunque se ha quedado corto en su empeño, la historia de cómo el liliputiense aspirante a emperador ha sido capaz de jugar con los colosos, es apasionante.

Para entender la ambición castrista es menester pasearse primero por el entorno histórico y cultural que rodea la América hispana. Castro es un producto de este entorno potenciado por su arrollador carisma. Solamente conociendo el hábitat de este personaje podemos entender el sortilegio geopolítico que intenta ejecutar. A este tema le dedicaré los primeros capítulos del libro. Para entender sus acciones debemos conocer su sicología.

Luego de más de medio siglo de lucha, los resultados obtenidos por este soñador desequilibrado han sido pobres. Es asombroso que, dado su récord de pista, aún haya gente que lo siga. Así pasa pues el carisma tiene sus propias reglas que a veces desafían la lógica.

A grandes trazos, el gran proyecto imperial del dictador cubano puede reducirse a la interacción de cuatro países que se han visto envueltos en sus maquinaciones: los Estados Unidos de Norteamérica, la difunta Unión Soviética, Venezuela y Cuba. Ha habido otros actores, pero de menor relevancia. Mediante el uso de la palanca mental, desde Cuba Fidel ha sido capaz de manipular a su favor a los otros tres países en la lucha por controlar el petróleo venezolano. Este libro se centrará en las jugadas hechas por él en este tablero con cuatro naciones.

Castro al final de su larga vida no ha logrado su objetivo principal, pero ha obtenido beneficios que lo han mantenido en vigencia. La URSS y Venezuela han subsidiado su Gobierno parásito durante largos años. Los EEUU se comprometieron a no invadirlo y la exposición a los medios de comunicación lo convirtió en un líder mundial. No está nada mal para un caudillo obsoleto que dirige una modesta isla del tercer mundo. En el proceso debe reconocerse que Fidel ha cambiado Hispanoamérica. La antigua región de republiquitas bananeras ha sufrido una metamorfosis, y ha ganado asertividad para defender sus derechos frente a los EEUU. El poder norteamericano en la región, aunque sigue siendo importante, ha perdido fuerza. El desarrollo de otros imperios como China y Rusia ha traído nuevos jugadores a la cancha iberoamericana, lo cual ha creado nuevas alianzas. Pese a sus logros, Fidel nunca verá la realización de su gran sueño. Quedará para nuevas generaciones democráticas lograr la unión de esta cultura huérfana.

La exuberancia irracional de Castro

El presidente de la Reserva Federal de EEUU, Allan Greenspan, acuñó en 1996 la expresión *exuberancia irracional* para referirse a la tendencia de los mercados financieros a crear burbujas bursátiles que después revientan, fenómeno que también es aplicable a los mercados políticos. Cuando un caudillo mesiánico como Fidel se plantea públicamente un objetivo irracional originando un fervor político entre sus prosélitos, estamos ante una de esas circunstancias. Lo disparatado no es el proyecto de establecer una unión hispanoamericana. Esta visión es lo único salvable entre las obsesiones internacionalistas de Fidel. Lo descabellado es su intención de convertir el sueño de Bolívar en un imperio comunista bajo el mando de un loco.

Aún más absurda es la idea derivada de la creación de la unión hispanoamericana. Para Fidel el desiderátum es la destrucción del mundo occidental que vendría a ser la consecuencia de su conquista de Hispanoamérica. Por ello el "iluminado" de La Habana está dispuesto a aliarse con fanáticos islámicos e ir a una Tercera Guerra Mundial. Este designio no es secreto. Siempre lo ha predicado en sus largas arengas, y ahora su delfín Hugo Chávez lo repite como si fuera el pensamiento más normal del mundo.

Durante el último medio siglo se han escrito ríos de tinta sobre este mesías cubano, aun así su abrasiva personalidad da para un vasto caudal adicional de opiniones y análisis. Este libro no aborda a Fidel Castro en un plan biográfico o político, sino a través de un análisis cronológico del desarrollo de la primera etapa de su plan estratégico que comienza en Venezuela.

Las armas esotéricas de Fidel

Castro se ve a sí mismo como un guerrero predestinado y por lo tanto abriga ambiciones globales. Habiendo nacido en un país pequeño y pobre, no cuenta con los recursos materiales ni humanos para acometer una tarea de conquista acorde con sus aspiraciones. La táctica para alcanzar su propósito ha sido desarrollar formas de lucha que le permitan captar donantes espléndidos y seguidores ciegos. De esta manera ha logrado obtener, en ciertas circunstancias, ventajas comparativas frente a sus adversarios. Esas tácticas no siempre le han funcionado. En los años sesenta fue derrotado por Rómulo Betancourt y sus sucesores en Venezuela.

Fidel no fue el primero ni será el último visionario ambicioso que piensa en esos términos galácticos. Ninguno ha logrado sus objetivos. Los más afortunados, como Hitler, solamente han podido destruir sus países de origen. Fidel ya destruyó Cuba, y ahora con la ayuda de Chávez está demoliendo Venezuela y sigue vivo.

Siendo adolescente, el mesías del Caribe fue testigo lejano de la Segunda Guerra Mundial. Esa experiencia le desarrolló su fascinación por la violencia y el poder como armas de dominación. Esta inclinación, combinada con su odio visceral contra los norteamericanos, lo hizo acercarse a los soviéticos al no poder conquistar nuestro país. Fidel no es un ideólogo sino un oportunista, que remplazó el materialismo dialéctico por el voluntarismo violento. Su ideología verdadera es el poder basado en la tradición caudillista y militarista de Iberoamérica. Su casamiento con los soviéticos fue un matrimonio de conveniencia. Para él lo atractivo de los comunistas es la idea de la dictadura perpetua y el poder presentarse como un redentor social. Él sabe que la gente pobre representa la mayoría del mundo. Estas virtudes del comunismo lo atrajeron.

Los comunistas, a su vez, fueron seducidos por el petróleo venezolano que Fidel prometía luego de su triunfo. Con él encabezando el ataque, los soviéticos no tendrían que enfrentar directamente a los estadounidenses. El petróleo es el elixir erótico de las potencias geopolíticas, y con el petróleo venezolano Moscú podría poner de rodillas a sus archienemigos yanquis.

Las ideologías

En Hispanoamérica, por su cultura y tradición, el comunismo no ejerce mucha atracción para las grandes mayorías. Es una doctrina seguida por una minoría intelectual que ve a Marx como un profeta y su obra *Das Capital* como las modernas tablas de la ley. Algunos jóvenes hechizados por la idea de redimir a los pobres se lanzan en sus aguas procelosas. Muchos de ellos abandonan la secta al llegar a la mayoría de edad, tras darse cuenta de que el mundo no funciona de esa manera. En la comarca del realismo mágico, el comunismo no es un arma decisiva para la integración. Es más bien una rémora. Esto no significa el fin de las ideologías, sino el reconocimiento de que el comunismo no es la ideología más conveniente para seducir a los iberoamericanos. Para Fidel el comunismo no es una creencia sino una herramienta útil. Las ideas comunistas son por definición totalitarias, dictatoriales y centralistas como es Fidel. Sus opositores son los demócratas que creen en todo lo contrario. Por eso Castro los odia.

El nacionalismo y la magia son armas más adecuadas en este medio. El primero es un sentimiento grupal de identidad común entre los miembros de un Estado-nación. El concepto se puede extender a las culturas fragmentadas en varios Estados-nación como ocurre en Hispanoamérica. En el mundo de las antiguas colonias españolas en América, la idea de la integración podría ser un arma formidable contra los norteamericanos.

El nacionalismo hispanoamericano fue una ideología utilizada en el pasado, sin éxito, para promover la unión de las colonias españolas. El venezolano Francisco de Miranda, precursor de la Independencia, concibió esta idea.

El concepto fue heredado por Simón Bolívar, quien tras ese sueño creó la Gran Colombia, que tuvo vida efímera. A partir de allí muchos políticos han hablado del tema sin que llegue a cuajar la idea. Hasta ahora ha sido una utopía, pero no se descarta que algún día este sueño lógico se convierta en una fuerza formidable bajo un liderazgo esclarecido.

Los americanos feos

A los estadounidenses se les reconoce su democracia y su desarrollo, pero se les critica acerbamente su intervencionismo y neocolonialismo. El deseo evidente de convertir la región en una copia de la metrópoli tampoco es bienvenido. Los excesos del capitalismo salvaje también han causado heridas profundas. Pero hay otras razones para el reconcomio.

En Hispanoamérica, las intervenciones norteamericanas han generado una actitud que va desde el recelo al rechazo, lo cual ha dado origen al mito de los *americanos feos*. Muchos nativos de la región sienten inquina contra ellos por haber sido dominados y explotados económicamente durante mucho tiempo. Los radicales comunistas los odian, pues para ellos los yanquis son sus enemigos mortales. Aparte de la ojeriza normal contra los poderosos abusadores, los cubanos tienen un argumento adicional contra los gringos por haber impedido el triunfo patriota en la Guerra de Independencia.

Las armas sobrenaturales

Castro presume que en una guerra por Hispanoamérica, y por el mundo subdesarrollado, pueden usarse como armas ciertas creencias milagrosas. Esta idea no es nueva. Ya había sido usada en la antigüedad, pero había caído en desuso. El gran estratega chino Sun Tzu había planteado el tema 300 años antes de Cristo. Para el general asiático, la parte más importante de un arsenal no son las armas tradicionales, sino las mágicas e ideológicas. Fidel se dio cuenta de que los comunistas tenían una astuta ideología dirigida a captar a los pobres, que son la mayoría en Hispanoamérica, pero esto no era suficiente. Era necesario utilizar como armas la ideología nacionalista y las creencias míticas y religiosas, con el fin de complementar la panoplia de armas que se usarían en la conquista de Iberoamérica y en la lucha contra el odiado imperio yanqui.

Paulatinamente, en su pensamiento se iban combinando las ideas comunistas y nacionalistas con las creencias esotéricas como armas ideológicas. Con estos instrumentos etéreos, el dictador cubano ha conducido una efectiva guerra, que le ha permitido combatir a sus enemigos e insuflar pasión a sus discípulos, durante más de cinco décadas. Fidel ha sobrevivido a todas estas batallas sin lograr sus objetivos. Para él la definición de victoria es sobrevivir. Mientras él o su heredero vivan están ganando.

Simón Bolívar

Aunque el Libertador no tiene nada de esotérico, la alquimia fidelista trata de transmutarlo como tal en el imaginario de los pueblos de Hispanoamérica. La figura de este héroe ya había sido trocada en un icono religioso en Venezuela, su país nativo. Este titán —que liberó cinco naciones e intentó unir la gran patria hispanoamericana— fue rechazado por los venezolanos y murió en la miseria fuera de su lar nativo. Debido a sus proezas, con el correr de los años su imagen se hizo mítica en Venezuela. Dada la coincidencia con los sueños integradores de Fidel, este santo laico de los venezolanos se convirtió en un icono valioso en el panteón del caudillo cubano. No tardó mucho Fidel en convertir a Bolívar en una nueva arma esotérica de su arsenal.

Aparte del significado histórico del Libertador y de sus ideas sobre la "patria grande", Bolívar permite conectar a Fidel con los venezolanos de una manera directa. Es vital para Castro, porque su blanco inicial es Venezuela. Para facilitar el control de la renta petrolera de ese país, Fidel se ha convertido en el primer bolivariano de Hispanoamérica. La identidad entre el sueño de Bolívar y las riquezas del subsuelo de su país empujan la imagen del Libertador al centro de la escena en la campaña fidelista. En este escenario, el Bolívar endiosado es el caudillo militar bonapartista, no el prócer de la libertad.

El genio de América murió en 1830 sin coronar su sueño de una unión hispanoamericana dirigida por él. Ese año, la Gran Colombia colapsó en medio de una pugna entre los centralistas y federalistas de la época. Bolívar que era un caudillo natural promovía el centralismo. Los cabecillas locales de las antiguas colonias españolas que logró unir querían un grado de autonomía en sus provincias. En esa época no hubo acuerdo y se produjo la disolución. Fidel siempre ha acariciado la idea de la unión, pero fracasó en los años sesenta en Venezuela, así como en otros países del área, tratando de ponerla en práctica con el apoyo soviético. Este libro relatará la saga de Fidel en ese período.

Luego del colapso soviético, las cosas han dado un giro inesperado. La aparición de Chávez y la habilidad de Fidel para reclutarlo le insuflaron nueva vida. En la actualidad se repite la historia, pero dentro de Venezuela. Ahora el caudillo es Hugo Chávez, quien es dirigido a control remoto por el anciano Fidel Castro. La saga de Chávez es el tema del segundo libro, que se publicará más adelante.

El Eje La Habana-Caracas

La historia es el pasado del entorno. Las ideas a favor y en contra de la integración hispanoamericana existen desde la Independencia, y han dejado una huella que afecta el contexto actual. Para entender las ideas de Castro sobre este tema, y calibrar las dificultades que enfrenta este concepto, dedicaré varias páginas a ello en los capítulos siguientes.

El contexto familiar y estudiantil en que creció Fidel, en medio del hervor caudillista de la cultura hispanoamericana, también jugó un papel importante. Los orígenes de esta cultura en conjunción con su entorno familiar y estudiantil explican la conducta de Castro. Adicionalmente, su inflado ego e histrionismo calzan como un guante en la institución caudillista arraigada en la región. Su deseo de convertir la cultura hispanoamericana en un Estado-nación único, como lo soñó Bolívar, tocó un nervio sensible en el alma de la región. Su imagen de ángel vengador de humillaciones le gana puntos ante un pueblo resentido contra los norteamericanos.

Fidel Castro y Hugo Chávez, más que "padre" e "hijo", parecen gemelos. Ambos son miembros de un culto secreto dedicado a la adoración del poder por el poder mismo. Su credo es una religión sin dios, aunque ambos se consideran una especie de mesías. Sus ritos son inspirados por sacerdotes del marxismo-leninismo, más por conveniencia que por ideología. Del comunismo solamente les interesa la fábula sobre la inevitable dictadura del proletariado a nivel mundial, siempre que ellos la encabecen.

Esta pareja ha sabido mercadear esperanza en un continente hambriento de promesas. Han tenido la habilidad de vender la ilusión de ser redentores sociales y vengadores de humillaciones sufridas a manos de los anglosajones. Para encubrir sus ansias de poder han abrazado la ideología comunista. Esa doctrina les brinda la cobertura filosófica que justifica sus apetencias dictatoriales y, adicionalmente, aporta una fuerza de activistas disciplinados.

La investigación deja en evidencia algunos hechos importantes que no son conocidos públicamente. Entre los temas novedosos podemos citar que desde antes de la caída del expresidente cubano Prío Socarrás, ya Fidel había logrado infiltrar en La Habana a un agente como guardaespaldas de Carlos Andrés Pérez. Ese agente estuvo con Pérez más de 40 años. Fidel intentó el mismo truco con Rómulo Betancourt, pero no le funcionó.

Estando en México en 1955 para preparar la expedición contra Cuba, Fidel solicitó y recibió apoyo de Betancourt para llevar a cabo su proyecto. Posteriormente en 1957 Castro infiltró en Venezuela células clandestinas del Movimiento 26 de julio desde la Sierra Maestra. Antes de su victoria en 1959 ya había empezado a infiltrar a las Fuerzas Armadas venezolanas, así como a partidos políticos del país.

Venezuela jugó un papel fundamental en el triunfo de Fidel en 1959. Pese a las discrepancias públicas existió una relación secreta y larga entre Fidel, Rómulo Betancourt y Carlos Andrés Pérez. La caída del dictador venezolano Marcos Pérez Jiménez constituyó una bonanza, dada la estrecha relación que Fidel supo desarrollar con los hermanos Larrazábal. Esta historia inédita se revela en estas páginas. Los detalles de la deshilachada insurrección que el dictador cubano dirigió en Venezuela en los sesenta dejan en evidencia que Fidel no es un organizado genio de la guerra, aunque es un caudillo de envergadura.

Este tomo cubrirá la primera etapa de las aventuras de Fidel en Venezuela, que concluyen en 1966 cuando el "mesías" cubano rompe relaciones con Douglas Bravo, el principal líder guerrillero del país. Esa ruptura permitió posteriormente la infiltración de Chávez en el Ejército por Bravo. La segunda parte de esta obra, que publicaré más adelante cubre lo ocurrido a partir de 1966.

En resumen, los dos tomos de este libro describen la fijación imperial de Fidel Castro y sus esfuerzos por obtener de Venezuela el financiamiento de su plan estratégico. Su idea fija de crear al final un cataclismo bélico planetario, aunque luzca absurda o ridícula, es catastrófica y debe ser vigilada. El peligro no desaparecerá con Fidel, pues podría continuar con sus herederos.

CAPÍTULO 1

LA CULTURA MÁGICA

La quimera de Fidel

La desmedida ambición de Castro revela un profundo desequilibrio mental. Su sueño no es el de Bolívar de unir Hispanoamérica aglutinando la cultura iberoamericana en una gran nación liberal bajo un Estado de Derecho. Esta futura gran nación abrazaría los valores del mundo occidental y sería capaz de defenderse y vivir en paz con sus poderosos vecinos yanquis y brasileños. Para Fidel el objetivo de la integración es forjar una alianza comunista de habla hispana, estableciendo una dictadura totalitaria bajo su comando para hacer la guerra contra el imperialismo norteamericano. Desde su perspectiva expansionista la integración es un paso previo hacia futuras alianzas con fundamentalistas islámicos, que luego llevarán la guerra al mundo occidental para destruirlo. Es fácil deducir que el objetivo final de su sueño imposible es dominar el mundo. Tiene en mente el escenario de guerra de civilizaciones planteado por Samuel Huntington en su libro *The Clash of civilizations*. Este desquiciado propósito es una amenaza para el planeta. Castro puede ser insignificante, y sus advertencias pueden lucir como disparates sin lógica, pero no hay enemigo pequeño. El sueño de Fidel es tener su propio imperio personal pero el tiempo se le esta acabando y su delfín Hugo Chávez se esta muriendo. Cuando ambos megalómanos partan a su Vallhalla, probablemente habrá algunos discípulos fanáticos dispuestos a tomar su estandarte. Debemos estar preparados para enfrentarlos.

Venezuela constituye para Castro la fuente de recursos ideal para financiar su quimera, porque no tendrá que aceptar imposiciones espinosas de una gran potencia. Estos planes no son secretos ni elucubraciones. Fidel lanza truculentas bravatas casi a diario anunciando *urbi et orbi* la batalla final para destruir Occidente. Estos chillidos de ratón producen hilaridad entre las grandes potencias que las consideran amenazas retóricas, proferidas por un caudillo desequilibrado proveniente de la tierra del realismo mágico. Una sonrisa entre burlona y condescendiente ante estas caricaturescas provocaciones no es suficiente para hacer desaparecer el peligro. Las hipérboles, aunque sean huecas, pueden generar graves consecuencias. La palanca mental puede multiplicar la fuerza de Fidel en una orden de magnitud inimaginable.

Pareciera que el mundo occidental ha olvidado que ese mismo caudillo desequilibrado en 1962 estuvo a punto de ocasionar una Tercera Guerra Mundial durante la crisis de los misiles. En esa oportunidad poco faltó para que Fidel forzara un ataque soviético de consecuencias impredecibles. La moraleja de esa fábula de la vida real es que las advertencias de insignificantes caudillos mesiánicos no pueden ser ignoradas. El comportamiento de fanáticos religiosos, o individuos exaltados por los mitos del realismo mágico o el fundamentalismo político, es impredecible.

Para entender qué mueve a Fidel y a Chávez en esa cruzada al revés contra Occidente, debemos conocer las peculiaridades de la mente y del medio cultural que alimentó la fantasía del primero de estos personajes. El hecho de no haber nacido en una gran potencia, no impide necesariamente que pueda desarrollar una capacidad que vaya más allá de sus orígenes. Pese a haber nacido en una pequeña isla del Caribe, este hombre violento y mesiánico se ha convertido en uno de los grandes agitadores políticos del siglo XX. Al estar retirado y senil, sigue siendo el poder tras el trono y sus planes no han cambiado. Su oscuro origen evoca el de Napoleón en la isla de Córcega o el de Hitler en la diminuta aldea de Ranshofen en Austria. El accionar despótico y dominante de Fidel Castro evidencia que en su mente habita un propósito imperial. Sus acciones agresivas para controlar Venezuela constituyen el tema central de este libro. Chávez le dio acceso a la renta petrolera de su país insuflándole recursos para extender su radio de acción y hacer crecer su secta. La Alianza

Bolivariana para las Américas (ALBA) es un atisbo de lo que puede hacerse con la riqueza petrolera. Probablemente la ALBA corra la misma suerte del La Gran Colombia de Bolívar pero en el proceso Fidel y sus delfines serán capaces de generar violencia e inseguridad en la región.

Algunos ingenuos creen que por fortuna este chiflado no cuenta con recursos para ejecutar su designio. A estos optimistas solamente debe recordárseles que un pueblo pobre y atrasado como Afganistán derrotó la URSS y ahora está en vías de hacer un *encore* ante los propios EEUU. La retirada gringa de esas agrestes tierras podría incendiar la pradera musulmana. Solamente faltaría un caudillo con las características mesiánicas de Gadafi y la capacidad estratégica de Suleiman, el Magnífico para que se produzca un nuevo Armagedón. La quimera de Fidel es menos utópica de lo que el mundo occidental presupone.

La Unión Soviética y Venezuela han sido los financistas de este sablista revolucionario. Tras su alocada ambición se han ido por el desaguadero de la historia enormes sumas de dinero. El expresidente venezolano Rómulo Betancourt rechazó su solicitud de apoyo en 1959. Este desaire lo llevó a lanzarse en brazos de los soviéticos, pero sus resultados fueron magros. El colapso soviético lo sacó de juego en los años 90, pero la aparición de Hugo Chávez en el escenario golpista venezolano le dio oxígeno para regresar a sus andanzas internacionales. Pese a los pobres logros obtenidos y a su senilidad, la amenaza de Fidel sigue viva. Es como un cáncer persistente que puede hacer metástasis después de que los oncólogos han declarado su remisión. El Frankenstein creado por Fidel aún respira.

En el arsenal del realismo mágico, Castro cuenta con "armas" desconocidas para Occidente, como la santería y otros ritos sincréticos de origen africano. También ha reclutado taumaturgos milagreros, videntes, piaches y otros hechiceros para reforzar su posición. Estas "armas" de apoyo no las usa directamente contra los americanos, sino para reforzar a sus seguidores, quienes creen más en encantadores de serpientes que en el comunismo. Los que basamos nuestro pensamiento en los valores del mundo occidental no creemos en brujos, pero los habitantes de los aposentos del realismo mágico sí.

Fidel es pertinaz en su lucha por el alma de la cultura hispanoamericana. Pese a la cadena de derrotas sufridas, cuenta en la región con una importante cantidad de seguidores. Su fracaso en Venezuela en los años 60, y en sus incursiones mercenarias en África en los años 70 y 80, restó energía a su proyecto. La aparición de Chávez en Venezuela le ha hecho tomar un segundo aire.

La "patria grande"

El sueño de integrar Hispanoamérica en una sola nación-Estado no es nuevo ni es malo. La visión nació antes de que Fidel viera la luz y no morirá con él. Es una idea razonable dentro de una cultura, que por instinto natural desea unificarse para crecer y desarrollarse. Las sociedades humanas buscan fortalecerse para enfrentar a los enemigos reales o imaginados que buscan subyugarlos. El dictador cubano ha transfigurado esta ilusión en una quimera autoritaria. La visión positiva de la unión fraternal de un pueblo separado artificialmente, unida al odio visceral antinorteamericano, constituye el ying y el yang que interconecta y sostiene la estructura del proyecto del dictador. Fidel ha inyectado esta dicotomía en la mente de sus discípulos creando una secta política, que gira fanáticamente alrededor de su culto personal hechizándolos con la promesa de unión y venganza.

Para comprender las fuerzas que han impulsado al dictador cubano en su larga marcha hay que responder varias interrogantes: ¿Quiénes son los hispanoamericanos? ¿Cómo se origina esta cultura? ¿Quiénes son los caudillos? ¿Por qué la América hispana ha sido dominada por estos? ¿Por qué los países de esta zona han sido tradicionalmente pobres? ¿Por qué no nos integramos?

Las respuestas permitirán entender por qué surgen caudillos como Fidel, qué pretenden y cuáles son sus objetivos. Aclarados estos aspectos estaremos listos para leer el apasionante relato de sus acciones en procura del financiamiento venezolano que le permita materializar su designio imperial.

La madre España

Las antiguas colonias españolas en América forman un conglomerado social, cuya cultura es matizada por las creencias del realismo mágico. Esta aseveración no implica que todos los hispanoamericanos seamos creyentes en visiones fantásticas o que estemos listos para seguir al primer caudillo mesiánico que se nos ponga al frente. La población de la región ha ido educándose y poco a poco está saliendo de ese sopor mágico. Dicho esto, debe reconocerse que para muchos habitantes de la región, el realismo mágico no es solamente una expresión literaria sino una forma de ver la vida. Por razones ancestrales, parte de estos pueblos se sienten atraídos por personas e historias que rondan el terreno de lo imaginario. Esto no significa que todos, o la mayoría de los miembros de esta cultura, actúen en función de ideas fantásticas. Sin embargo, aún hay muchas personas proclives a ver la realidad por medio de supuestos irreales.

Al igual que una minoría de comunistas bolcheviques dirigidos por Lenin tomó el poder en Rusia durante la Primera Guerra Mundial, es posible que dadas ciertas condiciones una minoría de creyentes en un hombre mesiánico con carisma y habilidades histriónicas lo aúpe a la toma del poder. Esto ocurrió con Fidel en Cuba y se repitió bajo su tutela con Chávez en Venezuela. La redición de la hazaña en el resto de Hispanoamérica le ha sido más difícil, pero el impetuoso caudillo no se ha rendido en su empeño. El problema no termina con él. Cuando este quijote autoritario desaparezca de escena, surgirán otros caudillos en esa tierra de gracia para seguir su tradición.

El realismo mágico en Hispanoamérica es ubicuo. No solamente es parte de la literatura, sino que invade otros terrenos incluyendo la política. Lo mágico, metafísico y mítico nos cautiva. Aunque no somos brujos, lo misterioso y fantástico nos atrae inexorablemente como los juguetes a los niños. Por ello tendemos a convertir a nuestros héroes en seres sobrehumanos capaces de caminar sobre el agua. La América hispana es un terreno fértil para magos sociales y charlatanes políticos. Buena parte del pueblo llano, especialmente los más pobres de la región, no están deseando la llegada de un estadista sino el advenimiento fortuito de un brujo político.

Esta característica atávica no tendría mayor importancia si no fuera porque algunos políticos histriónicos se hacen ver como caudillos sobrenaturales. Esta debilidad por las figuras místicas de falsos profetas no es exclusiva de los hispanoamericanos. Para no ir muy lejos, un pueblo tan culto como los alemanes fue hechizado por un monstruo como Hitler. La diferencia en Hispanoamérica es que ese hecho es recurrente y se ha convertido en una rémora que impide la integración y el progreso social y político.

El cambio radical

La revolución es parte del alma y del paisaje de la tierra del realismo mágico, pero no es exclusiva de estos parajes. En esta región las revueltas armadas para derrocar a jefes de Estado se caracterizan por estar imbricadas al caudillismo. Todo caudillo de estas tierras es por definición un revolucionario. Por ello las antiguas colonias españolas tienen el récord mundial de revueltas armadas que han causado un terrible atraso político, social y económico. Al comienzo los revolucionarios eran caudillos de derecha, pero las cosas han ido cambiando. A partir de los años 50 los revolucionarios locales empezaron a ser seducidos por la izquierda. Lideres militares como Jacobo Árbenz en Guatemala, sin confesarse comunistas, introdujeron la izquierda y el socialismo en las insurrecciones. El modelo de Fidel fue más allá.

El prototipo de la revolución cubana ha demostrado ser dictatorial, antidemocrático e improductivo, así como corrupto e inoperante. Este adefesio político no puede considerarse un ejemplo que se deba seguir para una futura unión hispanoamericana que aspire a modernizarse. Pese a su deficiente desempeño, el caudillo autoritario promueve este modelo fallido, porque le permite establecer una férrea dictadura. Su autoritarismo totalitario y militarista se encubre bajo el ropaje de una ideología destructora a la que ellos llaman falsamente científica.

El marxismo de Fidel y su títere Hugo Chávez es solamente una máscara que permite ocultar los lunares de su dictadura tras las bambalinas de una supuesta revolución. Estos "brujos" modernos no han inventado nada nuevo. Su proyecto redentor es el caudillismo con una careta diferente. Su cacareado plan, al que denominan revolución del siglo XXI, es una versión comunista del caudillismo que data desde la Independencia en el siglo XIX, y que traemos en nuestros genes desde tiempos inmemoriales. Sólo la educación y la experiencia nos harán sacudirnos este impedimento.

El descubrimiento de América

El 12 de octubre de 1492 Cristóbal Colón arribó accidentalmente a la isla de Guanahani, en el archipiélago de Las Bahamas. Sin saberlo, el gran navegante había descubierto la tierra del realismo mágico y la revolución eterna. Al bajar a tierra, el almirante no se imaginó que constituía la punta de lanza del mundo occidental en el encuentro fortuito de dos culturas extrañas. A partir de este momento, por varios siglos se fue desarrollando en la región una nueva cultura. Esta mezclaba valores y costumbres importadas de España con creencias propias de la cultura indígena local y africana. El resultado de ese intercambio cultural engendró la cultura hispanoamericana.

Se trata de una variante de la cultura ibérica que a su vez está entroncada con la occidental. Los conquistadores españoles formaban una cultura, que resultó de la mezcla del absolutismo más conservador de Europa engranado con algunas tradiciones caudillistas musulmanas de los bereberes del norte de África. Seis siglos de colonización árabe no pasan en vano. Aunque la mayoría de los hispanoamericanos somos católicos, la cultura islámica dejó huellas profundas. Los conquistadores que llegaron de la Península Ibérica a América no eran totalmente occidentales. Para empeorar el problema, el psiquiatra Francisco Herrera Luque plantea que los conquistadores que vinieron a América traían consigo una carga psicopática que sembraron en la región. Esta teoría puede ser discutible, pero lo que no puede ser refutado es que somos una cultura diferente.

Hispanoamérica desde sus orígenes fue un campamento minero. Los españoles conquistaron a los indios a sangre y fuego. Luego trajeron negros para cultivar la tierra y alimentar a los mineros que extraían el oro y la plata que pertenecían a la corona. Estas riquezas coloniales ayudaron a la nobleza parásita a vivir en esplendor sin trabajar. Tampoco desarrollaron industrias, pero sí establecieron un monopolio que limitaba la actividad comercial al intercambio con la metrópoli. Este sistema mercantilista estaba condenado al fracaso al agotarse las minas.

En América, los hispanos mantuvieron un obsoleto sistema político de monarquía absoluta que estaba siendo dejado atrás por los países europeos más avanzados. Mientras el mundo entraba de lleno en la revolución industrial, los peninsulares se quedaban atados al pasado, adictos al dinero fácil de las minas de América. La riqueza era tal que, pese al despilfarro y la corrupción, los reyes de España lograron construir un formidable Ejército y Armada convirtiendo su atrasado reino en el imperio más poderoso de la tierra.

Luego de tres siglos de opresión, del crisol de América surgió una nueva nación de habla hispana que ocupaba el inmenso territorio entre el Río Grande y la Patagonia con la excepción de Brasil. Hasta comienzos del siglo XIX, la cultura hispanoamericana tuvo un hogar bajo el techo del imperio hispánico. Las colonias proveyeron la inmensa riqueza que financió el encumbramiento de España convirtiéndola en la primera potencia mundial. El oro y la plata de Hispanoamérica permitieron a los peninsulares pasar, en pocos años, de ser una pobre colonia árabe a ser el imperio más poderoso del mundo.

Lo que fácil viene fácil se va. Los tesoros americanos fueron mal utilizados por los monarcas ibéricos. La tóxica combinación de absolutismo político, dogmatismo religioso y mercantilismo económico arruinaron España. La falta de una visión moderna, unida a la frágil ética de trabajo desarrollada por la riqueza fácil, retardó el acceso a la revolución industrial. Este fue un signo de mal agüero para el futuro de España. Los españoles creyeron ingenuamente que el futuro les pertenecía. La falta de visión les impidió darse cuenta de que el rico cáliz americano se estaba vaciando. El pensamiento mágico no bastaba para reponer el desagüe de la riqueza. Para ello, a falta de minas providenciales había que trabajar y producir. Eso no lo entendieron los españoles de la época.

Entretanto, en Europa la revolución industrial y el comercio fueron enriqueciendo los reinos de Inglaterra, Francia y Alemania convirtiéndolos en fieros rivales de España por la supremacía europea y mundial. Estos países pertenecían a la cultura de Occidente al igual que España, aunque la influencia árabe había hecho a los ibéricos un poco menos "occidentales". La expresión desdeñosa "África empieza en los Pirineos" da fe de esta especificidad cultural.

Política hispanoamericana

Como sucede en otras culturas, dentro de la población hispanoamericana coexiste toda una gama de pensamientos políticos. Muchos habitantes sueñan con una democracia, otros con dictaduras. Algunos aspiran a la unión de las antiguas colonias españolas, otros desean mantener la división de estados actual. Importantes sectores comulgan con los valores de Occidente, otros los rechazan. Unos admiran a Estados Unidos y quieren imitarlo. Otros lo odian acusándolo de imperialista y culpándolo de todas nuestras fallas y fracasos.

Pese a la variedad de tendencias, una mayoría de los habitantes de esta tierra mágica profesa los valores del mundo occidental que constituyen la más preciada herencia europea.

Las ideas de Occidente, especialmente principios como *democracia*, *Estado de derecho*, *libertad* y *propiedad individual* son abominados por los comunistas. En la región, los marxistas constituyen una minoría muy activa que desea imponer una dictadura totalitaria como la que impuso Lenin en la Unión Soviética y la que aún dirige Fidel Castro en su feudo cubano. Pese al enorme esfuerzo de este dictador y sus seguidores, la cultura hispanoamericana tiene genuinas convicciones democráticas. Arrancar los acendrados valores occidentales del seno de esta sociedad y remplazarlos por ideologías y creencias de otras latitudes es una misión imposible. Por ello, la dictadura castrista de medio siglo ha sido un fracaso puertas adentro, aunque sus supuestos avances son coreados por sus discípulos en el exterior como muestra de los beneficios que traería una unión bajo su tutela.

La Teoría de la Dependencia

Para tratar de explicar las causas del estancamiento económico en Latinoamérica, un grupo de estudiosos de la Comisión Económica para América Latina y el Caribe (CEPAL), en Santiago de Chile, inspirados en tesis marxistas, iniciaron un debate que produjo la Teoría de la Dependencia. Esta presunción se basa en la idea de "centro-periferia" que desarrolló Raúl Prebisch. Según esta noción, a los países subdesarrollados se les ha asignado un papel periférico de productor de materia prima, mientras que los países desarrollados tomaron para sí la fabricación de productos de alto valor agregado.

La solución propuesta por los creadores de esta conjetura fue la expansión del rol del Estado en la economía, la centralización y supresión de la separación de poderes, la eliminación de la educación privada, el control de los medios de comunicación, el control bancario y de cambio, la nacionalización de empresas y la creación de empresas estratégicas. Esta teoría se popularizó en los años 60, pero la aplicación del modelo no dio los resultados esperados. La idea empezó a declinar luego del derrocamiento de Salvador Allende. En 1990, con la creación del Foro de Sao Paulo en 1990, volvió a renovarse esta desacreditada idea presentando el socialismo como algo completamente nuevo que no se había puesto en práctica debidamente en el pasado. Para Fidel todo el catecismo del Foro de Sao Paulo le llovió como mana del cielo. A ese foro solamente le faltaba promover la idea de la integración.

¿Por qué no se ha integrado Hispanoamérica?

Es contradictorio que la unión de las antiguas colonias españolas no se haya logrado dadas las evidentes ventajas de esta asociación. Esta tarea es difícil más no imposible. Los países europeos, aun hablando diferentes idiomas, lo lograron. Aunque la idea tiene lógica hay intereses que actuaron para impedir su concreción.

Durante la Independencia, la federación de las antiguas colonias no se logró establecer por la falta de un acuerdo para escoger una Asamblea que dirigiera el esfuerzo conjunto. Esa Asamblea ha debido seleccionar un comandante en jefe que dirigiera el ejército patriota hispanoamericano en la Guerra de Independencia. Ese fue el procedimiento seguido por las 13 colonias norteamericanas. George Washington fue designado para este cargo como militar subordinado a la Asamblea. En EEUU los militares siempre estuvieron subordinados al poder civil.

Al terminar la guerra en Norteamérica, Washington se retiró del Ejército y como civil asistió a las primeras elecciones y se convirtió en el primer presidente de esa unión. En contraste, los hispanoamericanos se limitaron a pelear por sus provincias en forma aislada. Fue una lucha valiente y noble, pero la división del mando de entonces condujo a la realidad actual. En Hispanoamérica la guerra se hizo sin un comando único. Y al finalizar el conflicto próceres locales como Simón Bolívar, José de San Martín y Agustín de Iturbide entre otros, tomaron el mando de sus Repúblicas *manu militari* enfundados en uniforme y con la espada al cinto. En ese momento nació la tradición de los militares presidentes. Los políticos con arreos y mentalidad castrense, que asumieron el poder en esta región luego de la Independencia de España, fueron los primeros caudillos.

La integración de la región ha sido y será una batalla titánica contra fuerzas históricas y potencias mundiales poderosas. La unión hispanoamericana nunca existió. Los españoles jamás establecieron una unidad política en la región, ni relaciones económicas entre las colonias que alimentaran el deseo de integración. La metrópoli madrileña promovió más bien factores de desagregación que originaron fuerzas centrifugas contrarias a la unión. La razón era simple: divide y vencerás.

Las enormes distancias, y la falta de comunicaciones adecuadas, también jugaron un papel importante en la aparición de numerosos jefes militares autónomos en la América hispana. Otra razón estriba en que la lucha por la Independencia degeneró en una guerra civil. La Independencia de la región se aceleró debido a la invasión napoleónica a España. Napoleón humilló a esta nación obligando a dos reyes ibéricos a abdicar en sucesión. Esta circunstancia originó dos guerras. Por un lado, en la Península Ibérica los españoles combatían contra los franceses, mientras que simultáneamente en Hispanoamérica había una guerra civil entre los hispanoamericanos partidarios de la república y los seguidores de la Corona. Era imposible establecer un comando unido en un territorio tan extenso, carente de comunicaciones y azotado por una guerra civil.

Los líderes locales tenían a su vez ambiciones personales de poder, y aprovecharon para su beneficio la situación caótica que se presentaba. Esto dio origen a los caudillos que, a partir de entonces, se constituyeron en una institución que ha hecho mucho daño y ha impedido la unión de esta cultura. Por desgracia para la región, Simón Bolívar, el primer gran líder de esas tierras, fue a su vez el primer caudillo. A partir de él, los que le sucedieron se convirtieron en una plaga que impidió la unión de este gigante.

Además de la acción de los caudillos, la unión de Hispanoamérica fue torpedeada por los ingleses y norteamericanos, quienes tenían sus propios planes e intereses en relación con el futuro de la región. Para estas potencias, la existencia de una federación compuesta por las antiguas colonias de España no le era atractiva en términos geopolíticos. Es más fácil imponer la voluntad del poderoso a un débil que a un fuerte.

El gigante dormido

Cuando España estaba en su apogeo imperial, sus colonias americanas ocupaban un enorme territorio. Este espacio físico estaba situado entre un paralelo imaginario, que iba desde el norte de California hacia la Florida, y desde allí hacia el sur y hasta el Cabo de Hornos siguiendo la línea continental. De esta inmensa extensión se exceptúa Brasil. Los lusoamericanos son una cultura hermana cercana a la nuestra, que tiene sus propias características, aparte del lenguaje que la diferencia. Luego de la Independencia de las colonias de España este enorme territorio se ha reducido, pero aun así sus dimensiones son imponentes.

Aunque la frontera norte de este territorio se ha movido al Río Grande, como consecuencia de las guerras de México contra los norteamericanos, la región sigue siendo gigantesca. Ese enorme país se desintegró luego de la Independencia del imperio Español. Al fraccionarse, se perdió la ventaja que dan las economías de escala y la estabilidad política que proporciona un gran tamaño físico y una población muy numerosa. Un Estado que ocupe un territorio enorme, habitado por una cultura numerosa y relativamente homogénea, está llamado a ser importante en el concierto de naciones, y no puede ser dominado fácilmente por caudillos ni por potencias extranjeras. Este destino será posible sólo bajo un sistema político democrático que brinde un grado adecuado de bienestar y seguridad a sus ciudadanos.

Las cifras que expresan la extensión del territorio ocupado por esta cultura, y el volumen de su población, la destacan como una de las más grandes del mundo. En la actualidad la población de Hispanoamérica ronda los 400 millones de habitantes, pero esta gran masa humana ha perdido peso específico porque está dispersa en 19 países. La mayoría de estas repúblicas son relativamente de poca monta en términos geopolíticos y económicos en el mundo. Si dichos Estados independientes llegaran a constituir una unión, Hispanoamérica pasaría a ser el cuarto país del mundo en población después de China (1.350.000.000 habitantes), India (1.258.000.000) y la Unión Europea (499.750.000). Incluso estaríamos por delante de Estados Unidos (312.610.000) y Brasil (190.760.000).

En materia de extensión territorial, la América hispana ocuparía el segundo lugar con 11.510.000 Km^2 después de Rusia (17.075.200 km^2) y por delante de Canadá (9.984.670 km^2), EEUU (9.826.630 km^2), China (9.596.960 km^2) y Brasil (8.511.695 Km^2). Estas cifras ponen al desnudo la involución política, económica y estratégica que ha sufrido la América española a partir de su separación de la metrópoli.

El potencial que muestran estas cifras clama porque consigamos una forma de integrarnos que permita desarrollarnos en libertad y democracia. La integración democrática es una necesidad, si es que queremos que algún día despierte este gigante dormido. La unión comunista que promueven los caudillos Fidel Castro y Hugo Chávez es un grave error comprobado por la URSS. Construir una nación sobre las bases del realismo mágico suena romántico a nivel literario, pero es una receta segura para el fracaso de la cultura hispanoamericana. Planteada como una federación democrática no será una panacea, pero constituirá un gran paso adelante para esta cultura.

Hispanoamérica solamente avanzará como un todo cuando logre deslastrarse del pensamiento mágico que la ciega. Esta visión promueve a los caudillos desquiciados que sueñan con apoderarse de la región para luego generar un cataclismo mundial. Castro y Chávez pasarán a la historia, y una generación de jóvenes políticos honestos, con ideas modernas, tomará el mando. Adicionalmente, nuevas hornadas militares en esos países oprimidos volverán a blandir la espada, no para apoyar tiranos sino como instrumento libertario. Esta nueva cosecha de líderes trabajará para restablecer los valores del mundo occidental en los países donde han sido vulnerados, y se esforzará para hacer realidad, en el mediano y largo plazo, la unión hispanoamericana democrática. No estamos condenados a estar desunidos, pero la batalla por la unión democrática será larga.

CAPÍTULO 2

LA ENFERMEDAD IBEROAMERICANA

Los caudillos

En las antiguas colonias de España en América los caudillos son parte del paisaje. Se pudiera pensar que pertenecen al ADN de esta cultura. En realidad son producto de un comportamiento aprendido y por lo tanto puede ser cambiado. Son un germen dañino que se ha erigido en uno de los problemas cruciales de la región. Hispanoamérica ha sido especialmente prolífica en ellos. Castro y Chávez son los más recientes ejemplares de esta contumaz especie que no parece estar en vías de extinción. El primer ejemplar de esa estirpe fue Simón Bolívar, pero la diferencia de calidad humana es sideral. El genio de América amaba su patria, mientras que Fidel y su delfín idolatran el poder. Bolívar no era un loco y nos liberó. Fidel y Chávez son unos desequilibrados que nos quieren subyugar. Ambos se dan ínfulas de ser los nuevos Bolívar, siendo la negación del gran héroe.

El caudillismo no fue inventado en Hispanoamérica. Es una forma de liderazgo arcaica que, aunque no nació en el Nuevo Mundo, ha tomado carta de nacionalidad en estas tierras. Esa plaga ha acompañado a la humanidad desde sus orígenes más remotos. En el mundo antiguo, en tiempos de paz, los ancianos más sabios (e incluso los brujos) asumían el rol de líderes. Pero cuando había una amenaza enemiga que enfrentar aparecían los caudillos en escena. Estos guerreros fueron el prototipo de los líderes primitivos, los cuales surgieron para organizar y dirigir la defensa en las primeras comunidades humanas.

En el período en que las organizaciones sociales estaban distribuidas en clanes o tribus, el problema era la supervivencia. La relación externa era de amigo-enemigo con los vecinos e, internamente, no se habían desarrollado reglas civilizadas para el intercambio político. En esa etapa primal el poder lo detentaba el más fuerte, es decir, el jefe de los guerreros en cada aldea. Estos fueron los primeros caudillos y proliferaron en el mundo antiguo.

En la era moderna, estos personajes solamente sobreviven en los países subdesarrollados y aún allí se consideran una especie en vías de extinción que no termina de desaparecer. En situaciones de peligro, los jefes de la tribu eran necesariamente guerreros, capaces de agrupar, armar y dirigir partidas para la defensa. Como los caudillos detentaban la fuerza les era fácil hacerse del poder. Para los cabecillas de mesnadas la palabra "ley" significaba "La ley del más fuerte". Por eso se les llama "hombres fuertes", porque se convierten en la ley al tomar el mando. Una vez al frente de sus tribus o naciones tratan de eternizarse en el poder. Pocos lo logran, pero algunos mueren de viejos en sus cargos. La mayoría son derrocados y remplazados por un nuevo cacique fuerte y joven. El mundo de los caudillos es darwiniano. Cuando el jefe alfa de turno en el Gobierno pierde fuerzas, un nuevo hombre fuerte asume el mando. El reino de los hombres fuertes es un sistema político primitivo propio de sociedades atrasadas.

Así como los caudillos son muy antiguos, la democracia es relativamente moderna. Luego de varios miles de años de luchas fratricidas por el poder, en el siglo de Pericles nace la democracia en la antigua Grecia. Esa democracia fue efímera. Los dictadores griegos la liquidaron en el año 322 antes de Cristo. Desde entonces fue necesaria una larga marcha para llegar a la democracia liberal de hoy en día. Pese a que la democracia se ha ido extendiendo con la civilización, los cabecillas de las facciones permanecen atrincherados en el mundo subdesarrollado. Algunos países de la cultura islámica, africana e hispanoamericana han quedado rezagados en su desarrollo político gracias a ellos. En esos Estados se mantiene en vigencia la ley del más fuerte, así como el uso de la violencia como medio de relevo de sus líderes. Los jefes de montonera saben que los valores democráticos son una amenaza para la existencia de sus regímenes y por ello la asfixian. El resultado es dañino, porque los hombres fuertes debilitan sus naciones.

Bolívar, el primer caudillo de América

El Libertador seguramente quedó deslumbrado por Napoleón cuando asistió a la autocoronación del genio militar galo, en la Catedral de Notre Dame en París. Para entonces, aún estaba fresco el procedimiento que había llevado al emperador al poder. En 1799 Bonaparte ya era un militar prestigioso considerado por sus victorias como un salvador de la patria. El poder político era ejercido por el Directorio de la Revolución que había ido perdiendo prestigio. Siendo un hombre ambicioso y conociendo la debilidad del régimen, Napoleón conspiró con el abate Sieyès para adueñarse de Francia. El 9 de noviembre de 1799, Bonaparte a la cabeza de sus tropas dio el golpe del 18 de brumario contra la constitución establecida por la Revolución Francesa.

Una vez en el poder, con el respaldo del Ejército se erigió en el hombre fuerte del país estableciendo una dictadura personal conservadora. De allí en adelante no tuvo freno. Su personalidad autoritaria lo llevó a decretar el carácter vitalicio del consulado en 1802, y finalmente se proclamó emperador en 1804. El espectáculo de su coronación ha debido causar un impacto importante en la mente de Simón Bolívar. En ese momento, el Libertador contaba apenas 21 años. El ejemplo de Bonaparte, su proceder e ideas políticas, probablemente fueron un modelo para el joven patriota venezolano.

A Napoleón no se le conoce como un caudillo, pero lo fue y bien importante. Su ambición por el poder absoluto, su deseo de perpetuarse en el mando político y su personalidad autoritaria, no dejan lugar a dudas. Fue un gran estratega militar, pero un mal político. Aunque creó instituciones importantes en Francia, su egocentrismo impidió el desarrollo democrático de la Revolución Francesa. Su ambición desenfrenada causó una tragedia inmensa en Europa. Su invasión a España desencadenó las pretensiones para que las colonias americanas ganaran su independencia, y para que los caudillos que lo tomaron como modelo la arruinaran. Por fortuna para Francia, el caudillismo de Napoleón no fue adoptado como modelo por los militares galos.

Los caudillos modernos

El advenimiento del mundo civilizado permitió el establecimiento de normas sociales más sofisticadas. Al surgir las primeras democracias liberales, los jefes de pandillas militares empezaron a desaparecer de la escena por ser incompatibles con un sistema político basado en el voto. La civilización no se extendió en forma uniforme sobre el globo terráqueo, y dejó bolsones aislados de caudillismo en algunas regiones atrasadas. Esos focos rezagados son el caldo de cultivo de los nuevos caporales de la involución.

Los caudillos modernos son jefes políticos, que al llegar al poder, por la fuerza o el voto, establecen gobiernos autoritarios eliminando la separación de poderes y concentrando el poder en sus manos. Generalmente son personajes carismáticos y violentos que rechazan instintivamente la democracia. Los hay para todos los gustos y todas las razas, desde militares hasta civiles. Pueden ser de derecha como de izquierda, tanto cristianos como islámicos. Al llegar al poder devienen dictadores que establecen despotismos para eternizarse.

La característica común de estos islotes de atraso es la presencia de dictadores e ideologías totalitarias. Estas rémoras políticas conducen a la pobreza y la inseguridad. Donde la ley del más fuerte predomina, los caudillos son amenazas para la paz tanto interna como externa. Su razón de ser es imponer su voluntad, no solo localmente sino a sus vecinos, su cultura y de ser posible al resto del mundo.

En la actualidad, los partidos políticos han ido desplazando las partidas armadas y el voto va remplazando la bota militar. Poco a poco las sociedades política y económicamente avanzadas han controlado a los caudillos estableciendo normas civilizadas para elegir a sus líderes. La evolución política en el mundo occidental condujo al Estado de derecho.

En los países donde se estableció este estadio más avanzado de organización social fueron sacados de la escena política. Pese a estos avances, aún sobreviven caudillos en el mundo. Son rezagos históricos que cada vez tienen menor importancia y eventualmente desaparecerán. El caudillismo es propio de las sociedades que tienen un bajo desarrollo político. En estas sociedades, los militares llevan la batuta política haciendo mal uso del monopolio de la violencia.

Los caudillos modernos generalmente son militares con ambiciones políticas, que tratan de disimular su verdadera motivación ocultándose tras ideologías totalitarias. Ideologías como la comunista contemplan las dictaduras como algo normal y necesario. Para disimular el asalto al poder y lucir políticamente correctas, las dictaduras comunistas se autodenominan demócratas siendo en realidad autocráticas. Estas doctrinas sirven de cobertura pseudofilosófica para ocultar impúdicamente el uso de la fuerza en procura del poder absoluto. Las ideologías totalitarias se amoldan al caudillismo y le sirven como su hoja de parra.

Los supercaudillos

Los alemanes crearon la palabra *weltanschauung* que puede traducirse en "cosmovisión". Esta constituye un enfoque para explicar procesos mentales como la percepción, la memoria, el pensamiento a través de una estructura de ideas y creencias con las cuales una cultura interpreta el mundo e interactúa con él. Dicho concepto fue utilizado por Hitler en su obra *Mein Kampf,* en la cual el caudillo alemán señala que: "El *weltanschauung* es una declaración de guerra contra el orden de cosas existente". La posición filosófica de Fidel —seguida al pie de la letra por Chávez— es una cosmovisión desarrollada explícitamente para la cultura hispanoamericana. Fidel y Chávez están contra el orden existente no solamente en la región, sino en el mundo. Aunque este punto de vista no es seguido por una mayoría en esta cultura, no se puede negar que cuentan con bastantes seguidores.

He creado la categoría de *supercaudillos* para dar cabida a los tiranos con ambiciones de mando que van más allá de sus propios países. Los caudillos tradicionales controlan más fácilmente un país pequeño que una nación de gran magnitud. Por ello no son proclives a la creación de grandes Estados. No es una coincidencia que las culturas islámica, africana e hispanoamericana sean las más importantes culturas que aún no se han unido en un gran Estado. El caudillismo es una de las causas de esa fragmentación.

Los caudillos de antaño se satisfacían dominando pequeños feudos fáciles de controlar. En la actualidad, gracias a las ideologías totalitarias que han desarrollado una cosmovisión, es posible controlar sociedades cada vez mayores incluyendo culturas. Esta realidad ha permitido la aparición de *supercaudillos* culturales, que aspiran a expandir sus dominios uniendo culturas desintegradas bajo su mando absoluto. Para lograr ese objetivo es indispensable declarar la guerra contra el orden de cosas establecido por el mundo occidental. Dentro de ese orden de cosas, la kryptonita que debilita y trastorna a estos *supercaudillos* es la democracia, por eso quieren destruirla.

En Hispanoamérica la modernidad había ido eclipsando a los caudillos tradicionales, los cuales perdían peso en la región hasta la aparición de Fidel en el escenario latinoamericano en 1959. Este es el segundo *supercaudillo* de esta cultura. El primero fue Bolívar, quien en el siglo XIX trató de poner en práctica una cosmovisión no comunista que contenía la idea integradora de la cultura hispanoamericana y la antipatía contra los norteamericanos.

Con Fidel y Chávez en escena el panorama cambia. Uno es un apéndice del otro y ambos son ejemplos de la nueva clase de *supercaudillos*. Los dos manifiestan ser seguidores de Bolívar, pero usan la figura del prócer de la misma manera equívoca que utilizan las ideas de Marx. La intención es reforzar su cosmovisión dándole un barniz patriótico e ideológico a lo que es un intento para establecer una dictadura comunista en la región. Aunque su éxito no ha sido rotundo, los petrodólares venezolanos han logrado captar algunos países pobres de la región, cuyos líderes requieren financiamiento para perpetuarse en el Gobierno.

La Alternativa Bolivariana para América Latina y el Caribe (ALBA) es el fruto de ese amancebamiento, cuya droga erótica ha sido el petróleo. Esta organización poco viable todavía no es una unión propiamente dicha, pero es un comienzo.

Fidel y Chávez son el arquetipo de esta nueva especie de caudillos, aunque no son comunistas tradicionales. Antes que marxistas ambos son fidelistas y chavistas, respectivamente. Su comunismo es un disfraz conveniente para ocultar sus ideologías reaccionarias.

Los dos promueven la unión de Hispanoamérica para imponer una transformación revolucionaria de extrema izquierda. Han unido fuerzas y tienen muchos seguidores en toda América Latina. La edad de Fidel y la salud de Chávez pueden echar por tierra sus proyectos, pero hay que estar alertas ante la posible aparición de sucesores. Hispanoamérica debe despertar de su letargo y responder adecuadamente a esta amenaza. Si no lo hace, la democracia en Hispanoamérica correría un peligro mortal.

El sueño de Fidel

El tema central de este libro es el anhelo de Castro de llevar a cabo la integración hispanoamericana dentro de un esquema comunista. A simple vista parecen coincidir los planteamientos de Bolívar sobre la unión de la América hispana y el proyecto del dictador cubano. Un análisis más detallado evidencia que hay monumentales diferencias. Fidel es un caudillo militar con mentalidad autoritaria y totalitaria que ambiciona establecer un imperio comunista bajo su égida. Éste no era en absoluto el sueño de Bolívar. Para comenzar, mientras el héroe venezolano existió no se había inventado el comunismo. A su muerte, Marx lo execró de sus escritos. La conexión entre Marx y Bolívar solamente puede concebirse en una mente adicta al realismo mágico. Este estilo aceptable en la literatura es abominable como historia científica.

Fidel busca convertir Hispanoamérica en otra Cuba, donde los ciudadanos pasen a ser súbditos bajo su dominio personal. Su mandato será a perpetuidad como el de los señores feudales. Su disparatado objetivo final es usar esa unión para crear un gigantesco foco de inestabilidad mundial. Desde este actuará para destruir a sus enemigos y apoderarse del mundo con sus aliados. Para realizar su sueño requiere dominio absoluto. Esto implica el rechazo a la democracia y a los demás valores del mundo occidental.

Para algunos, la ambición de Fidel tal vez no pase de ser una manifestación de exhibicionismo machista al mejor estilo hispanoamericano. Este anhelo luce como una artimaña para captar aliados en culturas adversas al mundo occidental. La manía del dictador cubano puede desatar de nuevo una crisis similar a la de los misiles en 1962. En esa oportunidad, Khruschev resultó ser una persona racional.

El designio de Fidel contra Occidente es digno de un chiflado. Una concepción titánica similar impulsó a Hitler a la conquista del mundo. La diferencia estuvo en que el *Führer* tenía a la poderosa Alemania tras de sí. Fidel no cuenta con un músculo semejante. Solamente tiene a Cuba, una empobrecida isla con apenas 11 millones de habitantes. Obviamente su país le queda pequeño al promotor de estas extravagantes ideas. Para intentar desarrollar su proyecto, Fidel necesita un financista con bolsillos profundos que cubra los gastos necesarios para ejecutar su plan. Rusia cumplió este papel hasta que su impráctico modelo económico colapsó y cayó exhausto.

Venezuela siempre ha sido vista por Fidel como candidata para financiar el proyecto y servir como base de operaciones para la expansión. Aun con el apoyo de este país petrolero, se requieren más fuerzas para enfrentar el dragón norteamericano. Esto hace inevitable una alianza con los fundamentalistas islámicos, enemigos mortales del mundo occidental. Los fundamentalistas del Medio Oriente y del África tienen algunos objetivos comunes con Fidel, y también están tratando de unir sus culturas dispersas en un solo y poderoso Estado teocrático al estilo iraní. De lograrse ambas integraciones bajo estos locos delirantes, una conflagración mundial sería casi inevitable.

En procura de sus siniestros objetivos, Fidel se ha convertido en un *supercaudillo* que clama a diario por la integración hispanoamericana. Para ello han creado el ALBA que es un remedo izquierdista de la Gran Colombia de Bolívar. El ALBA es apenas una organización con fines económicos basados en subsidios aportados por Venezuela. Las ambiciones de Fidel y Chávez van más allá de lo comercial.

La integración política es atractiva, porque ofrecería un hogar a la cultura hispanoamericana que aún está huérfana de un techo para desarrollar su potencial. Esta no es la pretensión de Fidel. Él es un desquiciado que quiere convertir la tierra del realismo mágico en una cárcel comunista y guerrerista.

Su designio solamente puede tener alguna posibilidad de éxito mediante el control de los recursos petroleros venezolanos. Sin esa mágica fuente de fondos, sus planes se convertirán en un fugaz espejismo e Hispanoamérica podrá retomar el camino democrático hacia una eventual unión pacífica y consensuada. Por razones biológicas, el final del anciano comunista no debe estar lejano. Para continuar sus planes es indispensable que Chávez se mantenga en el poder en Venezuela.

CAPÍTULO 3

MIRANDA, EL PRECURSOR

La integración hispanoamericana

El general Francisco de Miranda fue el padre de la idea de unir las colonias españolas en América. Simón Bolívar al crear la Gran Colombia fue el primero en intentar llevarla a la práctica. Dentro del contexto de esta obra es necesario conocer las experiencias vividas por ambos personajes al tratar de poner en práctica esta visión y especialmente las resistencias que existen contra este proyecto. Las dificultades que enfrentaron ambos próceres y que eventualmente los llevaron al fracaso se mantienen vigentes. Ensamblar la unión hispanoamericana es una labor titánica.

La unión pregonada por Castro y Chávez es muy diferente a la planteada por los dos próceres de la Independencia venezolana. Desde su inicio, la idea de la unión de Iberoamérica ha sido polémica y ha generado apoyos y resistencias de diversos sectores. Las principales diferencias tienen que ver con la ideología de la asociación y con su estructura política. No es lo mismo una unión comunista que una democrática. Ni una federación democrática o un imperio comunista.

La doctrina o ideología de la integración es el aspecto más controvertible por establecer. Un desacuerdo en esta área probablemente haga imposible una unión. Así como es quimérico integrar a los judíos con los árabes, es imposible que los comunistas en el poder permitan la existencia de un Estado democrático. Un Estado comunista es por definición una dictadura totalitaria de pensamiento único. Allí no hay espacio para la disensión, los partidos o el voto. La estructura de la organización también es un territorio muy sensible que puede dificultar acuerdos.

En materia de estructuras, en un extremo están los imperios que son asociaciones impuestas por la fuerza militar de la potencia imperial o metrópoli. Este tipo de asociaciones forzadas ha caído en desuso. Por otro lado podemos citar las federaciones, confederaciones y Estados unitarios establecidos sobre la base de los valores occidentales.

Las federaciones son una agrupación de entidades sociales relativamente autónomas. La tendencia moderna iniciada por las colonias inglesas en Norteamérica está orientada hacia las federaciones, en las cuales las provincias se autogobiernan en forma descentralizada y tienen su propia constitución. Estas surgen por un acuerdo entre las partes como ocurrió en los Estados Unidos. En este tipo de asociación el poder ejecutivo es relativamente débil y está constreñido por la separación e independencia, no solamente de los Estados miembros sino de los poderes públicos. Los Estados de una federación se unen de forma voluntaria, pero no están autorizados a separarse. Los intentos de segregación y disolución de los vínculos pueden conducir a una guerra civil.

Las confederaciones poseen una estructura semejante a la federación, pero con un poder central mucho más disminuido. Los Estados miembros son totalmente independientes y mantienen el derecho de separarse unilateralmente. Las federaciones y confederaciones son descentralizadas.

Los Estados unitarios tienen un Gobierno y una administración nacional centralizada aun cuando en ellos exista la separación de poderes. Aquí el poder ejecutivo es fuerte. Todo el territorio de estos países constituye una entidad única y el poder ejecutivo controla la administración de las provincias desde el Gobierno central. Los Estados controlados por imperios, caudillos o dictaduras totalitarias son unitarios. La unión de Estados-nación de mayor aceptación es la federación, que es consensuada, voluntaria y democrática.

El imperio y el neocolonialismo

España fue el primer país del mundo en establecer un imperio global. Sus dominios incluían territorios en Europa, América, África, Asia y Oceanía. Esta gran potencia tuvo su máximo esplendor durante la dinastía de los Habsburgo entre los siglos XVI y XVII. Dicho imperio debió su importancia no a su capacidad productiva, sino a la riqueza de sus colonias. El ibérico surgió gracias a las montañas de oro y plata sudamericanos. Este inmenso tesoro permitió a Carlos V financiar las guerras europeas y construir el imperio en el que nunca se ponía el sol. Sin descubrimiento de América nunca hubiese existido.

El imperio español se desintegró al ser derrotado por las fuerzas independentistas de sus colonias. Las antiguas colonias ibéricas no siguieron el ejemplo de las británicas en Norteamérica después de la Independencia. Esas posesiones se constituyeron en pequeñas repúblicas independientes con escaso peso a nivel internacional.

En el siglo XX la palabra "Imperio" adquirió una connotación despectiva, gracias al uso que Lenin dio a ese término en su libro *El imperialismo, la fase superior del capitalismo*. Según este volumen, el imperialismo es la guerra de conquista por el reparto del mundo, las colonias y esferas de influencia del capital financiero. Aplicando esta línea de pensamiento, los comunistas llaman peyorativamente a los Estados Unidos de Norteamérica "El Imperio".

Para luchar contra este, Lenin creó una federación llamada la Unión de Repúblicas Soviéticas (URSS). Una federación comunista es una contradicción. Por definición una confederación es descentralizada. Mientras existió la URSS, fue un imperio controlado centralmente desde Moscú e impuesto por la fuerza del Ejército rojo.

Luego de la Segunda Guerra Mundial, el colonialismo cayó en desuso y en su lugar hizo su aparición el neocolonialismo. Esta nueva táctica de las grandes potencias es más de carácter económico que territorial. En la categoría de Estados-nación neocolonialistas podemos incluir a Estados Unidos, la Unión Europea, China, Rusia y Brasil.

Miranda en los EEUU

Miranda no sólo fue el iniciador de la Independencia de Hispanoamérica, sino el primer promotor de la integración de la región. Los detalles de sus esfuerzos por crear la unión hispanoamericana son apasionantes y muestran los intereses antagónicos que existían y aún existen. Para conocer estas fuerzas que se oponen a la integración, es necesario hacer una breve revisión de su saga.

Miranda sabía que los franceses y españoles habían apoyado a los rebeldes norteamericanos con dinero, armas y pertrechos. Por ello viajó a Londres y a París a solicitar ayuda. Durante este proceso fue mentor y consejero de la mayoría de los próceres de la Independencia, quienes fueron a Inglaterra con la misma idea. Durante ese periodo fundó en Londres una logia masónica que sirvió de cobertura para sus actividades conspirativas contra España. Lograda la Independencia, las presiones de Inglaterra y los EEUU sumadas a las diferencias sobre la forma de Gobierno, la estructura política de esa organización y la ambición por el poder en la unión, dieron al traste con el proyecto.

En 1781 se da en Yorktown la última batalla de la Guerra de Independencia norteamericana. En 1783 el "Tratado de París" puso término oficialmente a la guerra. Ese mismo año Miranda viaja a los EEUU, donde es bien recibido por las autoridades, pero los estadounidenses no le ofrecen apoyo porque eran aliados de España contra los Ingleses. Ante este hecho viaja a Londres con la esperanza de obtener ayuda del otro lado del Atlántico.

La Pérfida Albión

En 1784 llega a Londres buscando apoyo para su plan y cae en sus manos la *Propuesta para humillar a España*. Este libro contenía fragmentos del plan británico para separar las colonias españolas de América de su metrópoli madrileña. Dicho plan contemplaba promover la independencia de esas colonias, así como la creación de varias repúblicas autónomas en la región aliadas a Inglaterra. Aunque la idea inglesa no coincidía con la de Miranda, el venezolano hizo contacto con el primer ministro William Pitt, "el Joven". Este le hizo ver que los ingleses estaban ocupados en otros conflictos más prioritarios y que debía esperar. Ante ello decidió partir en un largo periplo hacia Europa.

En 1789, ocurre la crisis de Nootka entre España e Inglaterra por la posesión de unos islotes al oeste de Vancouver. Miranda regresa a Londres para tomar ventaja del incidente. El conflicto había creado un ambiente prebélico entre ambas potencias, lo cual facilitó su acceso a los más altos círculos políticos de Inglaterra. Durante este periodo, tuvo oportunidad de presentar sus ideas al almirantazgo británico. En esta oportunidad su idea de liberar Hispanoamérica fue bien acogida en Londres. Tras la pérdida de las colonias norteamericanas, los ingleses estaban interesados en las colonias españolas. Gran Bretaña estaba en medio de la revolución industrial y necesitaba nuevos mercados. Para apoderarse de esa región era necesario derrotar el imperio español. Los ingleses pensaron que Miranda podría ser el líder máximo de una revolución contra España en Sudamérica, pero su idea de crear una unión de esas colonias no les parecía atractiva.

Para Miranda la situación representaba una maravillosa oportunidad de poner en práctica su plan, el cual consistía en crear un gran país que agrupara a todas las colonias de España en América. Su idea encontró un escollo que le impidió convertirse en el George Washington de Hispanoamérica. Ni los ingleses ni los norteamericanos estaban interesados en crear un gran país al sur del Mississippi. Su política era la clásica "Divide y vencerás". Por razones geopolíticas, ambas potencias anglosajonas querían fragmentar el imperio español en trozos débiles e inofensivos. La influencia inglesa y norteamericana hizo que la Independencia de la América hispana se hiciera fraccionada, a la inversa de como ocurrió en los Estados Unidos. Este modelo facilitó el surgimiento de los caudillos locales e impidió que se creara la unión hispanoamericana que pudiera hacerle peso a los EEUU y a los ingleses. Los caudillos han sido desde entonces una especie de bucaneros que navegan las aguas borrascosas de la región.

Motivados por la idea de vengarse de los españoles, los ingleses empezaron a financiar en Londres un *lobby* hispanoamericano dirigido por Francisco de Miranda, y compuesto por líderes de las colonias españolas. En 1790 Miranda fue invitado a colaborar en la revisión de un plan para invadir Hispanoamérica denominado "Plan Vansitartt". Su autor Henry Vansitartt había sido gobernador de Bengala, la antigua colonia inglesa integrada por la India, Pakistán y Bangladesh. El plan preveía la ocupación de Buenos Aires y desde allí el envío de una flota para tomar Lima. Miranda les recomendó a los británicos que agregaran al plan una invasión a Venezuela que sería dirigida por él.

En la última década del siglo XVIII se desarrollaron una serie de conflictos que obligaron a los ingleses a archivar el "Plan Vansitartt", a la espera de una mejor oportunidad. Ante el nuevo postergamiento de sus planes, Miranda marcha a París en 1971 para participar en la Revolución Francesa y pedir ayuda a la recién creada república gala.

Desde su llegada a París tomó parte activa en dicha revolución haciéndose amigo del jefe del girondino Pierre Brissot. Las ideas de este le atraían, porque promovía la división del imperio español separando la metrópolis de sus colonias americanas. Gracias a este contacto se puso a la orden de la Convención Nacional Francesa a cambio de ayuda para la Independencia de Hispanoamérica.

Dada su experiencia militar, la Convención lo nombra mariscal de campo y lo coloca a las órdenes de Charles Dumouriez en el ejército francés que enfrentó a los prusianos. El 22 de septiembre de 1792 la victoria en la Batalla de Valmy puso en evidencia sus habilidades militares. El día anterior a esa batalla, la Convención Nacional había anulado la monarquía en Francia, lo cual molestó a Dumouriez. Cuando su jefe empezó a conspirar para restaurar la monarquía, Miranda se opuso. Dumouriez huyó y lo acusó de conspirar con él. Los tribunales consideraron su caso y declararon inocente a Miranda. Posteriormente, el jacobino Robespierre lo detuvo y lo condenó a la guillotina. Antes de ejecutarse la sentencia, los girondinos se sublevan y el prócer venezolano es puesto en libertad. En 1797 Francia entra en una alianza con España contra Inglaterra, y Miranda temiendo ser arrestado huye a Londres.

Regreso a Inglaterra

Al llegar en 1797 reactiva su actividad conspirativa utilizando como cobertura la sociedad masónica que había fundado. Ese mismo año es descubierta en Venezuela la conspiración de Pedro Gual y José María España. Ambos conspiradores eran miembros de la masonería y tenían contactos con Miranda. A comienzos de ese año una flota inglesa se había apoderado de la isla de Trinidad, intentando luego sin éxito apropiarse de Puerto Rico. En estas circunstancias, los ingleses deciden reactivar sus planes para arrebatarle las colonias a España.

Durante esta época se convierte en el líder de los sudamericanos en Londres, a quienes inculcó el concepto de la "patria grande". Este gran país se llamaría Colombia y se extendería desde el norte de México hasta el Cabo de

Hornos (Argentina y Chile), excluyendo Brasil, es decir, toda la América de habla castellana.

En 1797 junto a sus seguidores funda en Londres la sociedad secreta Gran Reunión Americana, cuyo objetivo era lograr la independencia de las colonias españolas en América y crear una república unitaria. Esta organización fue denominada públicamente la Logia Masónica Lautaro. El secretismo de los masones era muy útil para ocultar sus verdaderas actividades. En 1798 Miranda fue designado "principal agente de las colonias hispanoamericanas" por los representantes en Londres de México, Perú, Chile, Río de la Plata, Nueva Granada y Venezuela.

Si bien Miranda deseaba la unión de todas las colonias de España luego de la Independencia, sus ideas políticas tendían a seguir la fórmula monárquica y no la republicana. La república norteamericana le había atraído, pero la francesa lo había defraudado. Por eso propuso su idea del Incanato, una fórmula monárquica al estilo inglés que según él era más aplicable a la realidad de la América hispana. Su visión era crear un imperio compuesto por las colonias españolas en América. El imperio abarcaría el territorio comprendido entre el Río Mississippi y el Cabo de Hornos y estaría gobernado por un emperador hereditario llamado "El Inca". La república era el desiderátum a largo plazo. Antes debía haber una lenta transición desde el régimen de la monarquía española hacia el incanato.

Pese a su prestigio, sus ideas no fueron populares, tal vez por ello sus grandes planes nunca tuvieron éxito. Para entonces la visión en boga era la república y no la monarquía. Uno de sus pupilos en Londres, Simón Bolívar, estaba interesado en su planteamiento, pero quería ser el líder del nuevo país, no un mero segundón. Otro de sus discípulos fue José de San Martín, quien prefería el modelo propugnado por los ingleses, de acuerdo con el cual cada colonia se convertiría en una república independiente. La idea de la unión hispanoamericana no sería fácil de poner en práctica ante la diversidad de opiniones sobre cómo ejecutarla.

El "Plan Maitland"

Al aparecer la amenaza napoleónica y la posibilidad de una invasión francesa a Sudamérica, el planteamiento de invadir las colonias españolas fue desempolvado. En 1799 Maitland fue encargado por el primer ministro William Pitt, "el Joven" de preparar un plan para la conquista de las colonias españolas en América. En 1800 presentó un programa similar al viejo "Plan Vansitartt", pero incluyendo la invasión de Chile mediante el paso de los Andes. Las guerras napoleónicas no le permitieron a Pitt poner en práctica el proyecto de invasión y el "Plan Maitland" se hundió en el olvido. Posteriormente, la guerra contra la alianza franco-española produjo la victoria inglesa en Trafalgar sobre la Armada de España. Luego del triunfo, los ingleses tomaron el control de los océanos permitiendo a los británicos atacar las colonias ibéricas. Uno de los objetivos seleccionados fue Buenos Aires. Dentro del marco del "Plan Maitland", Londres envió dos expediciones a la región en 1806. Ambas fracasaron.

Debido a la situación en Europa, los ingleses postergaron la expedición de Miranda, quien decide en 1805 pedir apoyo de nuevo a los norteamericanos. Allí finalmente logra un préstamo de 20 mil dólares gracias a Samuel Ogden. Este acaudalado comerciante aportó también un barco, al cual Miranda rebautizó como el Leander en honor a su hijo. Además fue recibido por el presidente Thomas Jefferson y su secretario de Estado James Madison. Miranda zarpó de Nueva York hasta Haití, donde compró otros dos barcos. Con esta flotilla se acercó a la costa venezolana. El 28 de abril de 1806 fue interceptado por una flota española y perdió dos naves. Solamente con el Leander escapó y pudo llegar a Trinidad. De allí volvió a zarpar y desembarcó el 3 de agosto en la Vela de Coro, donde tomó el fuerte e izó por primera vez el pabellón tricolor de Colombia. La población civil había desaparecido, y aunque Miranda decidió esperar varios días más, los refuerzos nunca llegaron. El 13 de agosto se hicieron de nuevo a la mar rumbo a Inglaterra abandonando sus sueños. Exactamente 120 años después de que zozobrara el plan de Miranda, nace en Cuba Fidel Castro, quien ha dedicado su vida a reditar algunas de sus ideas con un tinte político comunista.

Al regresar a Londres en 1808 Miranda recibió buenas noticias. Una fuerza militar importante se estaba organizando bajo el comando de sir Arthur Wellesley para invadir Venezuela y luego continuar hacia Lima. Allí enlazaría con otra fuerza expedicionaria que vendría desde Buenos Aires. Parecía que finalmente el "Plan Maitland" se iba a ejecutar, pero ocurrió uno de esos incidentes inesperados que cambian la historia. La invasión de Napoleón a España en 1807 rompió la alianza de los ibéricos con los galos. Ante esa agresión los españoles pactaron con los británicos y la fuerza expedicionaria que se estaba organizando para invadir las colonias españolas fue enviada a la Península Ibérica. Posteriormente Wellesley se convertiría en el duque de Wellington al vencer a Napoleón en Waterloo.

Dicho plan fue engavetado de nuevo. Pese a este nuevo contratiempo, Miranda siguió aprovechando su acceso al primer ministro británico William Pitt. Gracias a este consiguió apoyo para financiar un proyecto independiente como corsario para invadir Venezuela y desde allí irradiar la revolución hacia las demás colonias. Estando en esos preparativos ocurren las abdicaciones de Bayona. Esa fue la chispa que encendió la pradera de la Independencia hispanoamericana.

El 19 de abril de 1810 Venezuela proclamó su Independencia de facto destituyendo a las autoridades coloniales españolas y estableciendo una Junta de Gobierno, que envió una delegación a Inglaterra para pedir reconocimiento y apoyo. Viajaron los jóvenes compañeros de logia de Miranda, Simón Bolívar y Andrés Bello. Ambos lo convencieron de regresar a Venezuela. Una vez en su país, Miranda impulsó la creación de la Sociedad Patriótica local siguiendo el modelo de los clubes políticos de la revolución francesa, con lo cual agitó el gobierno provisional para que declarara formalmente la Independencia. Cuando se eligió un congreso independiente Miranda fue escogido como delegado. El 5 de julio de 1811 ese Congreso declaró la Independencia estableciendo una república y adoptando como bandera el pabellón tricolor diseñado por Miranda. Los ingleses se habían salido con la suya. Hispanoamérica sería una región fragmentada en países de poco peso geopolítico.

Al año siguiente la joven República de Venezuela colapsó. La economía se paralizó cuando el cacao —que era su principal producto de exportación— no pudo colocarse en el mercado español. Esto hizo que muchos venezolanos perdieran entusiasmo por la Independencia. Tropas y oficiales del ejército patriota empezaron a desertar a los realistas. Pronto provincias enteras se rebelaron contra la república y los españoles se fortalecieron. La república designó a

Miranda como generalísimo y lo puso a cargo de su defensa cuando ya era demasiado tarde. Viendo la situación perdida, Miranda aceptó un armisticio con los españoles y se marchó hacia La Guaira para huir del país. Antes de abordar su nave, Bolívar lo acusó de traidor. Lo detuvo y lo entregó a los realistas. El Libertador obtuvo un salvoconducto que le permitió salir de Venezuela sin ser molestado, mientras que Miranda fue trasladado a la prisión de La Carraca en las afueras de Cádiz, donde murió.

Las peripecias vividas por Miranda dan una idea de las dificultades que existen para poner en práctica la idea de la unión iberoamericana, y lo importante que es la selección de un modelo político aceptable por las mayorías.

CAPÍTULO 4

LOS LIBERTADORES

Divide y vencerás

Divide y conquista (*Divide et impera*) es un antiguo adagio latino que define una estrategia de dominación inventada por los romanos. Según esta idea los imperios debían fragmentar en pequeños trozos a sus colonias para que cada una individualmente tuviera menos poder que la metrópoli. Esta fue una de las estrategias preferidas por Julio César y Napoleón Bonaparte. La Corona española tuvo buen cuidado de mantener divididas sus colonias americanas. Era más fácil controlar pequeños territorios débiles que una enorme y poderosa región. Maquiavelo aplicó la misma idea a la actividad política generalizando su uso.

La estrategia fue empleada por los imperios inglés, francés y español durante la era colonial. En algunos casos los imperios fomentaron odios profundos, como la animadversión entre los hindús y los musulmanes en la India y el rencor entre judíos y árabes en el Medio Oriente. El imperio español, aunque mantuvo divididas sus colonias americanas, no promovió conflictos entre ellas. Tampoco desarrolló una importante actividad económica entre las mismas para evitar el establecimiento de nexos estrechos. Este hecho unido a las enormes distancias, la falta de medios y vías de comunicaciones impidió la creación de una conciencia integradora. Una consecuencia fue la aparición de ambiciosos caudillos celosos por mantener su poder local.

La unión de los países americanos de habla hispana tiene una justificación geopolítica y económica evidente. Francisco de Miranda fue el precursor de la idea y la inculcó a sus seguidores en Londres. Para entonces los ingleses no eran muy afectos a este planteamiento. Por razones imperiales preferían una América hispana dividida. Luego Miranda, Bolívar y otros líderes políticos tocaron el tema sin mayor suerte. Hoy en día Fidel Castro y Hugo Chávez han convertido la integración en una de sus principales banderas revolucionarias. Sus seguidores no se dan cuenta de que tras la integración se ocultan las ansias imperiales de Castro y su pupilo.

Tras esta visión crearon el ALBA, que está compuesta por un conjunto de pequeños países agrupados por razones económicas y de afinidad política alrededor de Cuba y Venezuela. La idea final es convertirla en el núcleo del gran país hispanoamericano soñado por Miranda. Hasta ahora el ALBA es algo menos que la Gran Colombia, la fallida confederación que creó Bolívar. El hecho de que los promotores sean comunistas convierte esta idea en una entelequia. Salvo los miembros de la secta fidelista, pocas personas no comunistas se entusiasmarían con el imperio de Fidel.

Guerras de Independencia

Los movimientos de Independencia hispanoamericana se inician en 1808, luego de que Napoleón forzó las abdicaciones de Bayona. En mayo de 1808 los reyes Carlos IV y su hijo Fernando VII renunciaron al trono de España en favor de Napoleón. A continuación el emperador cedió esos derechos a su hermano José Bonaparte dando inicio a la Guerra Peninsular que se prolongó hasta 1814. En años anteriores hubo varios intentos que fueron controlados fácilmente por los españoles. A partir de 1808 se establecen en las colonias juntas defensoras de los derechos de Fernando VII. Cuando estas se declararon autónomas, se iniciaron las guerras de Independencia. Dichos movimientos de emancipación no se realizaron en forma coordinada entre las colonias. Las fuerzas enfrentadas eran integradas en su mayoría por nativos de Hispanoamérica unos de tendencia monárquica dirigidos por oficiales españoles y otros republicanos. Esta característica convirtió al conflicto por la independencia en una verdadera guerra civiles.

La Guerra de Independencia en las colonias ibéricas en América se llevó a cabo entre 1810 y 1824. Durante este periodo las colonias se fueron independizando separadamente en fechas distintas. Por ejemplo la Independencia de la Capitanía del Río de la Plata se proclamó en 1816, en un Congreso de las Provincias Unidas de Sudamérica. Pese a su nombre, a este Congreso solamente asistieron representantes de Argentina. Posteriormente, la declaración de Independencia de la Capitanía de Nueva España, el actual México, se produjo en 1821 luego de un acuerdo denominado "Plan de Iguala" entre Agustín de Iturbide y Vicente Guerrero. En esa oportunidad los mexicanos establecieron el Imperio Mexicano que tuvo corta vida y en 1823 una república federal, mientras que en Sudamérica seguía la Guerra de Independencia. De la misma manera, las demás provincias se fueron declarando independientes mientras la guerra continuaba. El fin del conflicto se produce cuando los restos del ejército realista del Perú fueron arrinconados por las fuerzas de los ejércitos de Bolívar y San Martín en el Alto Perú. En esa zona fueron finalmente derrotados por el mariscal venezolano Antonio José de Sucre en la Batalla de Ayacucho.

Al final de la guerra habían aparecido dos grandes jefes militares patriotas: los generales Simón Bolívar y José de San Martín. Para entonces, cada uno se había convertido en un caudillo local con ideas muy diferentes sobre la estructura política de los países liberados y su forma de Gobierno. En materia de estrategia militar ambos líderes fueron influenciados por los británicos. Los dos creían que la gran estrategia que se debía desarrollar tenía por objetivo estratégico la toma del Perú, que era el centro de gravedad del enemigo. Tomado este sería fácil liberar México y Centroamérica en la gran nación. Por ello el esfuerzo liberador inicial no se orientó hacia México sino hacia el Perú. Estas eran las grandes líneas del "Plan Maitland", pero había una diferencia. Dicho plan contemplaba un comando único que, dadas las circunstancias, era imposible. Los dos grandes generales sudamericanos tenían personalidades disímiles, concepciones políticas distintas y actuaban autónomamente.

Los líderes que lograron la Independencia en las colonias fueron llamados "padres de la patria". Un título tal vez más apropiado sería el de caudillos. Esta etiqueta dejaba claro que se trataba de patrias separadas y pequeñas, como si se tratara de países pertenecientes a culturas extrañas. Cuando el imperio español se desmembra en pequeños países como lo deseaban los ingleses, la idea de la unión quedó atrás. Entre esta legión de próceres se hallan Simón Bolívar, José de San Martín, Miguel Hidalgo, José María Morelos, Vicente Guerrero, Agustín de Iturbide, Antonio José de Sucre, Francisco de Paula Santander, Eugenio Espejo, José Artigas, Juana Azurduy de Padilla, Martín Güemes, Joaquín Olmedo, León de Febres-Cordero y Fulgencio Yegros.

Todos estos ilustres patriotas fueron personas valerosas, idealistas y bien intencionadas, pero sin una visión de futuro integrado. Bolívar era el único con la perspectiva global necesaria, pero su bonapartismo y ansias de poder total le crearon resistencias entre otros líderes locales. Tanto Miranda como Bolívar buscaban crear una suerte de imperio regido por ellos. En esa época la idea dominante de organización política después de la Revolución Francesa y la norteamericana era la república. Los imperios eran mal vistos y no eran políticamente correctos. Miranda y Bolívar nadaban contra la corriente promoviendo ideas superadas del *ancien régime* europeo. Pese a tener ideas semejantes, al final ambos se enfrentaron en una lucha por el poder.

En este grupo heterogéneo destacaron Bolívar y San Martín, quienes por sus grandes méritos recibieron el título de Libertadores. Ambos habían sido inspirados en Londres por las ideas integradoras del precursor Miranda. Los dos buscaron independizar las colonias con apoyo inglés. La ayuda a Bolívar fue de menor cuantía que la otorgada a San Martín, tal vez debido a que sus ideas políticas napoleónicas no eran populares entre los británicos y porque Venezuela era una provincia pobre. Las ideas de San Martín coincidían con el proyecto inglés. Bolívar en cambio pretendía unir todas las colonias españolas liberadas en una gran nación hispanoamericana centralizada bajo su mando. Este propósito difería de la idea de federación descentralizada de las colonias norteamericanas. San Martín solamente aspiraba a liberarlas y convertirlas en repúblicas autónomas.

La Gran Colombia

Al declararse la guerra contra España, Venezuela proclamó su Independencia en julio de 1810. Ese fue el inicio de una larga guerra llena de altibajos durante los cuales los ibéricos mantuvieron un cierto grado de control, pero sin llegar a destruir totalmente las fuerzas patriotas que se convirtieron en una ubicua fuerza guerrillera. Este cruento conflicto finalmente condujo al sorpresivo cruce de los Andes y a la derrota española en la Batalla de Boyacá, en Colombia en agosto de 1819. Luego de este triunfo, Bolívar decidió proclamar en Angostura el 17 de diciembre la Independencia de un nuevo país compuesto por la Capitanía General de la Nueva Granada y las provincias de Venezuela y Ecuador. A esta unión se le dio el nombre de "Colombia". Era la misma designación en honor a Colón conque Miranda había bautizado la gran unión americana de sus sueños. El Libertador fue declarado presidente de la nueva nación que fue conocida como la "Gran Colombia". Para entonces buena parte del territorio del nuevo país permanecía bajo el control de los españoles.

Dada la situación inestable de la nueva nación, a Bolívar se le concedieron poderes extraordinarios para conducir la guerra, mientras el Gobierno quedó a cargo del general Francisco de Paula Santander. Hasta el fin de las hostilidades, el Gobierno funcionó temporalmente como una república federal descentralizada compuesta por tres provincias con capitales en Bogotá, Caracas y Quito. Más tarde se realizaría una asamblea constituyente en Cúcuta para finiquitar los detalles de la unión. Esta decisión sembró las semillas de la secesión que ocurrirá años más tarde. No había consenso sobre el tipo de unión deseada. La pugna por el poder entre los bolivarianos, los centralistas y los descentralizadores había comenzado antes de lograrse la Independencia.

Congreso de Cúcuta

La Asamblea Constituyente de la Gran Colombia se estableció en el Congreso de Cúcuta, luego de que la Batalla de Carabobo dio fin a la Guerra de Independencia. El 30 de agosto de 1821 afloraron en ese encuentro tres grupos que abogaban por formas diferentes de unión.

Por un lado estaban los bolivarianos que aspiraban a instalar una dictadura perpetua con Bolívar a la cabeza. Él tenía una visión napoleónica y no creía que la federación fuese conveniente. Creía que las condiciones no estaban dadas para establecer un Gobierno democrático y que era necesario un Gobierno dirigido por un hombre fuerte. Esa propuesta fue rechazada.

Bolívar buscaba crear un estado equivalente un imperio, aunque por razones políticas no le dio ese apelativo. La propuesta de El Libertador lo convirtió en el primer caudillo hispanoamericano. Es posible que haya tenido razón en ese momento, pero esta solución tenía que ser temporal hasta estabilizar el nuevo país. Por desgracia, su accionar en el poder ha sido tomado como subterfugio y prototipo permanente, tras el cual se ocultan los depredadores que vinieron luego de él a asolar la región.

Un grupo secesionista venezolano encabezado por el general Páez, quien era otro caudillo, planteó la necesidad de establecer una confederación en la cual las provincias tuvieran un alto grado de autonomía y el derecho de retirarse de la unión. Esta posición también fue derrotada. Otra facción encabezada por el caudillo colombiano Santander propuso establecer una república liberal centralizada. Esta moción que fue acogida y votada favorablemente en la constitución de Cúcuta no satisfizo a muchos participantes incluyendo a Bolívar. Al concluir el Congreso quedó sembrada la semilla del cisma. El desmembramiento de la Gran Colombia a manos de los caudillos era solamente cuestión de tiempo.

Perú, el objetivo estratégico

Después de la firma de la Constitución de Cúcuta, la gran estrategia de Bolívar contemplaba marchar hacia el norte a la conquista del Perú para expulsar a los españoles de América. En el sur, José de San Martín tenía la misma idea. Sin coordinar sus movimientos, luego de consolidar sus bases de operaciones locales, ambos próceres se dirigieron hacia Lima en una carrera contra el tiempo.

Para derrotar a los españoles era necesario arrebatarles el virreinato del Perú, pues allí estaba su principal fuente de riqueza. En base a esta idea, Bolívar y San Martín iniciaron campañas separadas para capturar esta preciada posesión. En teoría, el que tomara el Perú tendría Hispanoamérica a sus pies. Ellos esperaban que de sus ricas minas salieran los recursos necesarios para liberar el resto de la América hispana. Primero se liberaría el sur del continente. Luego la presa final, el virreinato de la Nueva España, que incluía los enormes territorios de México y Centroamérica. Tras largas y cruentas campañas, Bolívar desde el norte y San Martín por el sur convergieron en 1822 en un movimiento de pinzas sobre el Perú. La maniobra si bien no fue coordinada, tenía ecos del "Plan Maitland".

Para Bolívar la unión que había logrado por las armas era parte de un esquema más amplio, que eventualmente incluiría bajo su mandato todas las antiguas colonias de España. San Martín, tal vez influenciado por los ingleses, tenía otros planes. Personalmente no creía en la unión y consideraba que las provincias liberadas debían mantener su autonomía. San Martín había logrado prevalecer sobre José Gervasio Artigas, el prócer uruguayo que planteó una unión federal entre Argentina y Uruguay. Esa proposición fue rechazada privando la idea de San Martín de mantenerse como repúblicas autónomas. La posición de éste fue reafirmada luego de la Batalla de Chacabuco en 1817 cuando fue designado gobernador de Chile. En esa oportunidad renunció inmediatamente designando a Bernardo O'Higgins como gobernador. Fue evidente que el pensamiento de Bolívar y el de San Martín, en materia de integración, eran diametralmente opuestos.

Movimiento de pinzas hacia el Perú

San Martín desembarca en septiembre de 1820 en la Bahía de Paracas en Perú. En ese momento sus fuerzas eran más débiles que las españolas, y por ello no presentó batalla por más de un año. En octubre de 1820 José Joaquín de Olmedo emancipa la provincia de Guayaquil. En enero de 1821 San Martín avanzó hacia Lima luego de que el virrey peruano Pezuela fue destituido por el general La Serna. Antes de entrar a Lima, San Martín propuso al nuevo virrey que aceptara la Independencia del Perú y se creara una monarquía constitucional al estilo inglés. Al efecto se designaría un monarca europeo. La Serna por su parte planteó que los patriotas aceptaran la nueva constitución de 1812 y enviaran emisarios a las Cortes de España. Esta oferta fue rechazada. Ante el fracaso de las conversaciones La Serna abandona Lima, y de inmediato la ciudad es tomada por las tropas argentinas.

San Martín entró a Lima el 12 de julio y a los pocos días es designado "Protector del Perú". Al instalarse el parlamento peruano renunció a su título. Estas acciones demostraban una vez más que no tenía intenciones de quedarse permanentemente al frente de las nuevas naciones que iba liberando ni deseaba integrarlas. Para entonces el Perú no estaba completamente liberado. La Serna había retirado sus tropas de Lima hacia la sierra. Las fuerzas españolas eran superiores a las del prócer argentino. Para derrotar a los españoles, San Martín tenía que unir fuerzas con Bolívar, quien avanzaba hacia el Perú. No quedaba más remedio que reunirse a parlamentar.

En 1822 amenazado por los realistas, Olmedo desde Guayaquil pide auxilio a Bolívar, quien actúa de inmediato enviando al general Antonio José de Sucre a apoyarlo. En el proceso, Sucre libera la Real Audiencia de Quito. En mayo de 1822 derrota a los realistas en Pichincha y toma Quito. Luego asume el control de Guayaquil incorporando esta nación a la Gran Colombia. Con estas victorias, Bolívar consolidó el territorio de la Gran Colombia, que sería el núcleo inicial de la unión hispanoamericana bajo su égida. Finalmente, la escena estaba lista para una reunión cumbre entre los libertadores de la América española, cuyo propósito era decidir el futuro de las antiguas colonias ibéricas. Bolívar tendría finalmente la oportunidad de presentarle a San Martín su plan de la unión hispanoamericana. Probablemente Bolívar pediría mantenerse como el comandante en jefe de los Ejércitos de dicha unión, y San Martín sería el presidente o primer ministro de ese inmenso país. De lograrse este acuerdo, Bolívar emprendería de inmediato la marcha hacia el norte para incorporar a México, Centroamérica y los territorios insulares del Caribe en manos de España. La idea del Congreso Anfictiónico de Panamá para oficializar esa unión ya revoloteaba en su mente.

La oportunidad perdida

Los dos libertadores se reunieron en Guayaquil para unir fuerzas contra los últimos reductos españoles en la sierra peruana. El 11 de julio de 1822 Bolívar llegó a Guayaquil asumiendo el mando político y militar. El 26 de julio arribó San Martín y se reunió privadamente y sin testigos con Bolívar. Ambos próceres convinieron en que esa conversación sería secreta. Dadas las diferencias temperamentales y las ambiciones de mando, una alianza entre ambos era prácticamente imposible. En esa reunión no hubo acuerdo sobre quién sería el jefe ni cuál la estructura política del nuevo Estado sudamericano y el sueño de una gran unión se extinguió. La entrevista de Guayaquil fue un lamentable fracaso. La "patria grande" de Bolívar había recibido un golpe mortal.

70

En Guayaquil, San Martín tuvo que negociar en condiciones de inferioridad con Bolívar. Las fuerzas del venezolano eran superiores y los intentos de convencerlo mediante el diálogo no dieron fruto. Él conocía las ideas integracionistas y las ansias de poder de Bolívar, pero no las compartía. El Libertador del sur presuponía que las antiguas colonias estarían mejor divididas en repúblicas independientes que formando una gigantesca nación. Bolívar no comulgaba con esa idea. Su sueño era unificar la América hispana en un gran Estado centralizado bajo su dominio.

El tema más espinoso era el del mando. En ese momento ambos eran dos caudillos en el pico de su gloria. Esto hacía muy difícil que uno de ellos aceptara subordinarse al otro. Bolívar además de carismático, estratega y guerrero se consideró siempre un hombre predestinado, por lo tanto no podría aceptar semejante propuesta. En ese momento tenía bajo su mando fuerzas superiores a las del argentino, y tras de sí a medio subcontinente unificado bajo la Gran Colombia. Seguramente Bolívar le haya hecho ver a San Martín que él podría derrotar a los españoles en la sierra sin su apoyo. San Martín como militar experimentado debe haber considerado impráctico amenazar a Bolívar con el uso de la fuerza. El sureño fue un hombre prudente y menos ambicioso que Bolívar. Tal vez esas virtudes lo impulsaron a no confrontarlo y retirarse calladamente del Perú.

Luego de la entrevista de Guayaquil, Bolívar emprendió la tarea de liberar el resto del Perú. Al efecto ordenó a Sucre marchar hacia Lima para organizar y ejecutar la destrucción del poderoso ejército español acantonado en la sierra y el Alto Perú. El 6 de agosto de 1824 se libra la Batalla de Junín resultando una victoria para la Gran Colombia. También fue la última victoria de Bolívar en esa guerra. A partir de entonces entregó el mando militar a Sucre.

El 9 de diciembre de 1824 se libró la Batalla de Ayacucho entre las fuerzas patriotas comandadas por el mariscal Sucre y las españolas dirigidas por el virrey La Serna. La capitulación de los realistas selló la Independencia del Perú y fue decisiva para la liberación de Hispanoamérica. Fue la última gran batalla de las guerras de Independencia hispanoamericanas. Sucre proclamó la Independencia de la región a la cual llamó Bolivia, en honor a Simón Bolívar. El pueblo pidió que Bolívar fuera su presidente vitalicio, pero el Libertador declinó cediendo la presidencia a Sucre.

En ese momento Bolívar tenía cosas más trascendentales por hacer. Primero tenía que controlar sus lugartenientes en las provincias de la Gran Colombia que estaban hablando de secesión. Luego debía marchar al norte a poner al resto de la gran patria hispanoamericana bajo su tutela y asegurar la frontera con los EEUU. Logrado este objetivo debería integrar la región meridional de América que San Martín había disgregado. Hecho esto, la "patria grande" sería una realidad. Él estaría al mando de una gran potencia capaz de tratar de tu a tu con los gigantes norteamericanos y brasileños. Ese era su sueño. Desgraciadamente el destino le tenía guardadas algunas sorpresas desagradables al genio de América.

El Congreso Anfictiónico de Panamá

La victoria de Ayacucho impulsó a Bolívar a explotar el éxito a nivel continental. El objetivo estratégico del Perú había sido tomado. Los españoles habían sido derrotados y San Martín le había dejado el campo libre. En ese momento estaba en el apogeo de su poderío militar y político. En esas circunstancias Bolívar asumió que le sería fácil derrotar a las facciones que se agitaban en las provincias de la Gran Colombia convocando a una Asamblea Constituyente, con el fin de imponer de una vez por todas su proyecto centralista de dictadura perpetua.

Con su impetuosidad característica convocó a un Congreso de las antiguas colonias españolas que se celebraría en Panamá en 1826. En honor de la Liga Anfictiónica de la antigua Grecia llamó a este cónclave Congreso Anfictiónico. A esta reunión asistieron representantes de la Gran Colombia (Nueva Granada, Venezuela, Ecuador), Guatemala, México, Perú y las Provincias Unidas de Centroamérica. Los países sureños incluyendo Argentina, Chile, Paraguay y Uruguay no asistieron demostrando poco interés en la unión. Aparentemente los países liberados por San Martín no deseaban la hegemonía de Bolívar. Bolivia no pudo llegar a tiempo. EL Libertador invitó además como observadores extranjeros a Inglaterra, Estados Unidos y Brasil. De ellos, solamente asistió el británico. Los dos representantes enviados por Norteamérica no llegaron a tiempo. Uno murió en el camino y el otro arribó luego de terminar las sesiones. El imperio brasileño no aceptó la invitación.

La agenda del Congreso era muy ambiciosa e incluía asuntos peliagudos difíciles de concertar. Por esta razón solamente se pudieron aprobar muy pocas de las propuestas presentadas. La idea de impulsar la Independencia de Cuba y Puerto Rico fue cancelada ante la oposición de Inglaterra y México. La propuesta de involucrar a EEUU, sobre la base de la Doctrina Monroe, contra intentos de reconquista por parte de España, fue rechazada por los ingleses. Los problemas limítrofes entre México y Centroamérica, y entre Perú y Ecuador, también dificultaron los acuerdos. En el trasfondo de la conferencia subyacía un temor a que la unión propuesta por Bolívar dejara Hispanoamérica bajo su influencia omnímoda. Además los británicos, que supuestamente eran meros observadores, fueron muy hábiles manipulando los asuntos comerciales e impidiendo decisiones que afectaran sus intereses.

Al terminar las deliberaciones, los asistentes firmaron el "Tratado magnífico titulado de la unión, de la liga, y de la confederación perpetua". Entre los principales acuerdos logrados figuran: la creación de una liga de repúblicas americanas con jefes militares comunes, la formación de un pacto mutuo de defensa, y una Asamblea Parlamentaria Supranacional. El tratado fue aprobado por todos los concurrentes, pero solamente fue ratificado en última instancia por la Gran Colombia. En vista de la no aprobación de su gran proyecto, Bolívar se lamentó diciendo: "El Congreso de Panamá sólo será una sombra". En 1830 la disolución de la Gran Colombia marcó el fin de su sueño. Esta circunstancia aceleró su muerte en Santa Marta.

Disolución de la Gran Colombia

Esta se desintegró porque no hubo consenso entre los países miembros para establecer un solo Estado. Aunque la unión parecía atractiva para muchos, la forma como Bolívar la estableció generó oposición. Diversos venezolanos no se sentían históricamente parte de una comunidad junto con la Nueva Granada. Además, como los venezolanos habían jugado un rol protagónico durante la Guerra de Independencia, se sintieron relegados por la escogencia de Bogotá como capital en lugar de Caracas. Adicionalmente las enormes distancias y la falta de vías de comunicación adecuadas hacían la integración muy difícil.

Durante el periodo en que esta unión existió ocurrieron algunos hechos que condujeron inevitablemente a su disolución. La Cosiata fue uno de ellos. Este movimiento civil y militar se generó en Venezuela contra la autoridad de Bolívar, el Gobierno de Bogotá y la constitución centralista de Cúcuta. Su líder fue el general José Antonio Páez, el más avezado guerrero venezolano. En 1828 un movimiento liderado por Santander convocó desde el Congreso de Colombia una Asamblea Constituyente en Ocaña para modificar la constitución de Cúcuta. La idea era transformar la Gran Colombia de Estado centralista a república federal.

Las discusiones degeneraron en un enfrentamiento entre los seguidores de Bolívar y Santander, de los cuales el segundo era el líder militar y político de Colombia. Al no ponerse de acuerdo, los seguidores de Bolívar se retiraron de la reunión declarándolo dictador. El 27 de agosto de 1828 Bolívar asumió la dictadura por decreto. Con esos poderes redactó un proyecto de nueva constitución que incluía a Perú y Bolivia dentro de la Gran Colombia. Además esta propuesta de carta magna establecía un Gobierno central más fuerte, que ampliaba los poderes del ejecutivo. Este documento designaba a Bolívar como dictador perpetuo otorgándole poderes legislativos extraordinarios.

La oposición consideró esta propuesta como inaceptable, porque representaba una involución a la monarquía absolutista. La nueva constitución fue aprobada sin consultar a los Gobiernos de las provincias miembros de la Gran Colombia. Los ánimos se soliviantaron al punto de producirse un intento de asesinato contra Bolívar y varias rebeliones en Perú. La situación obligó a que Bolívar —quien ya era un dictador— marchara a Perú para enfrentar la insurgencia. En su ausencia nombró presidente interino a Sucre.

Dado que las rebeliones secesionistas se extendían, Bolívar decide convocar el Congreso Admirable en Bogotá. Este cónclave (realizado entre el 20 de enero y el 11 de mayo de 1830) fue una Asamblea Constituyente con el objeto de conciliar las diferencias que amenazaban con disolver la Gran Colombia. Antes de constituirse el Congreso, el 13 de enero de ese año el general José Antonio Páez decretó la separación de Venezuela. Una semana después el Congreso Admirable se constituyó bajo la presidencia de Sucre. En la apertura de la reunión, un Bolívar enfermo y derrotado presentó su renuncia a la presidencia dejando prácticamente sin efecto sus poderes dictatoriales y la constitución absolutista que él había impulsado. Los miembros del Congreso le pidieron que esperara hasta que fuera promulgada una nueva constitución que salvaguardara la unión. El esfuerzo fue vano. La reunión fue una continuación de los conflictos que afloraron en la Convención de Ocaña. El 29 de abril se promulgó una nueva constitución y Bolívar entregó la presidencia el primero de mayo de 1830, tras lo cual partió hacia Cartagena.

El 4 de mayo el Congreso de la Gran Colombia nombra presidente a Joaquín Mosquera. El nuevo presidente y la nueva constitución no impidieron la disolución de la Gran Colombia. El 6 de mayo se instaló el Congreso de Valencia declarando la autonomía de Venezuela, con lo cual se consumó la secesión de ese país. Luego de clausurar el Congreso Admirable, Sucre fue asesinado en Berruecos, Colombia, el 4 de junio de 1830. El 13 de junio Ecuador proclamó su Independencia y el 21 de noviembre de 1831 Colombia hizo otro tanto designando a Santander como presidente. El sueño de Bolívar había naufragado, debido a su empeño autoritario y a su negativa de establecer una confederación. Bolívar no fue traicionado, él se hizo el haraquiri al insistir en una idea política que no tenía consenso.

Muerte de Bolívar

El Libertador muere en Santa Marta, Colombia, el 17 de diciembre de 1830 a los 47 años. El último párrafo de la última proclama en la cual mantiene su amor por la unión, sin renegar de su empeño autoritario, es patética: "¡Colombianos! Mis últimos votos son por la felicidad de la patria. Si mi muerte contribuye para que cesen los partidos y se consolide la Unión, yo bajaré tranquilo al sepulcro."

Los partidos políticos a través del voto son la fuente de legitimación de una democracia. Solamente una dictadura puede eliminar los partidos a costa de violentos cataclismos políticos que pueden desembocar en una guerra civil. Bolívar, el genio de América, fue un gran patriota con visión napoleónica que, lamentablemente, nunca entendió cómo funcionaba la democracia. Hasta ahora el endiosamiento de su figura en Venezuela ha impedido un análisis equilibrado que permita ver las virtudes y defectos del gran héroe. El genio de América fue un ser humano digno de admiración, pero no debe ser objeto de culto.

CAPÍTULO 5

EL AMERICANO FEO

América para los americanos

Al producirse la Independencia de las colonias españolas en América, ya los Estados Unidos de Norteamérica tenían medio siglo de existencia. Su laboriosa población, extenso territorio, enormes riquezas naturales, sistema democrático y la adopción de la revolución industrial la convirtieron en una gran potencia. Es imposible para un país de esta envergadura en el mundo pasar desapercibido. Los países poderosos, como los individuos sobresalientes, generan resquemores, a veces por buenas razones. En este departamento los EEUU no son una excepción.

El ejercicio del poder hiere susceptibilidades. Aunque muchas de las colonias del continente americano se habían independizado, algunos imperios seguían manteniendo posesiones e interviniendo en la región. En plena Guerra de Independencia de las colonias españolas, los EEUU trataron de mantener a raya a los imperios coloniales dominantes como Inglaterra, Francia y España que medraban en su área de influencia. En esa época era usual la práctica de las potencias colonialistas de ocupar por la fuerza el territorio de otros Estados o colonias rebeldes. Esas incursiones desconocían leyes internacionales y violaban los derechos humanos de los invadidos. A fin de ponerle coto a esta actividad, los estadounidenses establecieron la "Doctrina Monroe".

La nueva política fue enunciada en 1823 por James Monroe, el sexto presidente norteamericano. En oportunidad de presentar su mensaje anual ante el Congreso, el mandatario advirtió a las potencias europeas que su país no toleraría ninguna intromisión en América. La "Doctrina Monroe" se resume en la frase "América para los americanos". El sentido de esa frase se aplica a los habitantes del continente americano y no solamente a los estadounidenses. En 1826 en el Congreso Anfictiónico de Panamá, Bolívar invocó esa doctrina para involucrar a los Estados Unidos en la lucha contra intentos españoles de reconquista.

Pese a esta advertencia, potencias europeas han intervenido en muchas oportunidades en la región. Por ejemplo, los españoles ocuparon República Dominicana entre 1861 y 1865, los franceses bloquearon los puertos argentinos entre 1839 y 1840, los ingleses ocuparon parte de la costa caribe de Nicaragua entre 1843 y 1860 y las Malvinas en 1833, Inglaterra, Alemania e Italia bloquearon los puertos de Venezuela entre 1902 y 1903. Incluso los norteamericanos empezaron a intervenir en Hispanoamérica. Los comunistas han utilizado esta doctrina para acusar a los americanos de intervencionistas. Lo no dicho por ellos es que, desde que Fidel Castro llegó al poder en 1959, Cuba es el país que más intervenciones extranjeras ha realizado. Las injerencias en otros países con fines coloniales o desestabilizadores no son bienvenidas, no importa de donde vengan.

"Doctrina del destino manifiesto"

Si bien la "Doctrina Monroe" fue formulada con el objeto de evitar intervenciones europeas en América a lo largo del tiempo, algunos presidentes norteamericanos le cambiaron el sentido a la frase convirtiéndola en "América para los norteamericanos". Esta interpretación se basó en la "Doctrina del Destino Manifiesto", según la cual los Estados Unidos están destinados a expandirse y dominar toda América. En cierta forma esta idea es similar a la teoría alemana del *lebensraum,* que usaron los nazis para justificar sus guerras de expansión hacia el resto de Europa y el Asia Central.

A diferencia de la "Doctrina Monroe", la del "Destino Manifiesto" no es una política internacional norteamericana expresada en forma oficial por alguno de sus presidentes. Tal vez el que estuvo más cerca de hacerlo fue Abraham Lincoln cuando en un discurso dijo que: "Los Estados Unidos son la última y mejor esperanza sobre la faz de la tierra".

La "Doctrina del Destino Manifiesto" fue la base que impulsó a los Estados Unidos a anexar Texas en 1840, California en 1845 y la guerra contra México en 1846. Mediante "la cesión mexicana" se adueñaron de más de la mitad del territorio mexicano incluyendo los estados de Colorado, Arizona, Nuevo México, Nevada, Utah y partes de Wyoming, Kansas y Oklahoma. Posteriormente esa doctrina se ha citado para justificar intervenciones militares norteamericanas en otros países. Hoy en día este concepto es usado para asignar a los Estados Unidos la misión de promover y defender la democracia en el mundo. En todo caso las intervenciones norteamericanas no han sido ni serán bienvenidas en Hispanoamérica, porque han sido la causa del nacimiento de la tesis del *americano feo*.

Pese a que España había sido derrotada por los patriotas criollos en tierra firme del continente americano, Cuba seguía en posesión de los ibéricos. Los blancos criollos de la isla no tenían interés en separarse ante el temor que la clase popular de los mambises tomaran el control. Tal vez por ello el primer intento de separar a Cuba de su metrópoli fue promovida por el venezolano Narciso López con apoyo norteamericano. Luego de las anexiones norteamericanas de territorio mejicano ocurre la invasión de López. Este general venezolano había combatido del lado realista en su país y luego del triunfo republicano en Carabobo en 1824 huyó a La Habana. En 1848 viaja a los Estados Unidos a preparar una invasión en New Orleáns. En 1950 invade con 600 hombres desembarcando cerca de Matanzas. Luego de varias escaramuzas con los españoles se ve obligado a huir a los EEUU. Al año siguiente vuelve a invadir con 400 hombres desembarcando en Pinar del Rio. Allí fue derrotado y capturado por las tropas ibéricas. Para la historia no quedo claro si estas incursiones de López fueron un intento de anexión norteamericana o un conato independentista. En todo caso un venezolano había invadido a Cuba antes que Fidel Castro devolviera la visita un siglo mas tarde. Luego de la incursión de López, Cuba debió esperar por casi dos décadas para volver a oír el grito de independencia.

La guerra de los diez años

En 1868 luego de estallar una revolución en Madrid se inicia una insurrección en Cuba que dio origen a la terrible guerra de los diez años. Este conflicto fue encabezado inicialmente por el prócer Carlos Manuel de Céspedes, entre los años 1868 y 1878. Madrid hizo algunas concesiones para lograr una paz que no satisfizo a los cubanos. Pronto el conflicto se transformó en una intermitente guerra de guerrillas, en las cuales los rebeldes llamados mambises, comandados por Antonio Maceo, hijo de un venezolano, y el dominicano Máximo Gómez, tenían el dominio del campo mientras las tropas ibéricas controlaban las ciudades.

Los alzados contra España componían dos bandos: uno independentista y otro anexionista. Los independentistas fueron encabezados por Maximo Gómez y Antonio Maceo. Los anexionistas fueron liderados por el Ignacio Agramonte. Al final esta guerra terminó ante el agotamiento de ambas partes. En el proceso la opción anexionista había sido derrotada pero la independencia no había podido ser lograda por las armas. Los españoles se impusieron, pero el sentido de la cubanidad cobró auge. Esta nueva visión abrió años mas tarde las puertas a un nuevo intento de independencia.

Intervención norteamericana

Para fines del siglo XIX, la mayoría de las colonias españolas en Hispanoamérica se habían independizado estableciendo pequeñas naciones irrelevantes carcomidas por el flagelo caudillista. Solamente quedaban algunos territorios insulares en el Caribe en manos del decadente imperio español. Para la época, los EEUU se estaban convirtiendo en una joven potencia con ideas expansionistas, que veía a Cuba y Puerto Rico con interés creciente.

Cuba fue la última colonia de España en proclamarse independiente de la metrópoli ibérica. Antes de su emancipación los norteamericanos habían manifestado interés en la isla por su cercanía, potencial agrícola y ubicación estratégica en el Caribe. Esa atracción por la isla antillana quedó en evidencia por las ofertas de compra hechas a España en el siglo XIX por los presidentes estadounidenses John Quincy Adams, James Polk, James Buchanan y Ulises Grant.

En 1895 José Martí, "el apóstol de la independencia cubana", desembarca en Cuba dando inicio a una rebelión que fue conocida como la "Guerra Necesaria". Martí era un patriota romántico que deseaba instalar una república democrática e independiente. El admiraba a los Estados Unidos pero recelaba profundamente de ese país por su vocación de dominio continental. Poco después de su arribo, Martí fue muerto en combate en una acción que fue un aparente suicidio con la intención de catalizar la resistencia contra la metrópoli.

En 1896 España envió a Cuba como gobernador al general Valeriano Weyler, junto con una fuerza expedicionaria destinada a aniquilar a los rebeldes. En su campaña, este militar utilizó tácticas brutales que le ganaron el remoquete de "el Carnicero". Durante esta campaña él inventó los campos de concentración y radicalizó los sectores independentistas y no pudo dominar la insurrección.

Entre las tropas de Weyler venía un humilde labriego gallego llamado Ángel Castro, quien había recibido un bono de un vecino rico para ir a pelear a Cuba en su lugar. Ángel fue un hombre duro que se ufanaba de haber participado en el combate en que fue abatido el general José Antonio Maceo, el segundo en comando de las fuerzas rebeldes. Antes de estallar la guerra contra los Estados Unidos, Ángel Castro fue repatriado a España. Aunque regresó a su lar nativo en Galicia, su corazón se quedó en Cuba. Después de la derrota ante los estadounidenses el exsoldado regresó a la isla, donde se convirtió en un próspero terrateniente y procreó varios hijos. Uno de ellos fue Fidel Castro.

La explosión del Maine

El 15 de febrero de 1898 se produjo una explosión en el acorazado norteamericano Maine, que se encontraba haciendo una visita amistosa en La Habana. Ese buque era la mayor embarcación de guerra que había visitado ese puerto hasta esa fecha. Nunca se pudo determinar si la explosión y hundimiento del navío militar se debió a un accidente o a un hecho de sabotaje. Cualquiera que haya sido la razón, los norteamericanos utilizaron la tragedia como un pretexto para invadir Cuba. Un libro publicado en 1976 por el calificado almirante Hyman Rickover concluyó que fue un accidente causado por una combustión interna en la carbonera del navío. Los partidarios de la teoría del sabotaje argumentaban que había ocurrido una explosión externa.

Para algunos, la visita del Maine no fue amistosa sino más bien una maniobra intimidatoria. Aunque el incidente se prestó a todo tipo de especulaciones, lo cierto es que murieron 254 marineros y 2 oficiales. La prensa amarillista controlada por William Adolph Hearst desplegó en grandes titulares lo siguiente: "El buque de guerra Maine fue partido por la mitad por un artefacto infernal secreto del enemigo". Las cartas estaban echadas. A partir de ese momento la guerra entre España y EEUU era inevitable.

Poco después los EEUU acusaron a España de agresión y anunciaron una respuesta militar perentoria. Para entonces la ofensiva de los patriotas cubanos iba en aumento y los españoles estaban rodeados en las ciudades. Ante esta amenaza, el capitán general de Cuba, Ramón Blanco, propuso al jefe rebelde Máximo Gómez que se le uniera para enfrentar juntos a los norteamericanos. Gómez se negó y apoyó a los estadounidenses.

España estaba entre la espada y la pared, y no tuvo más remedio que otorgar autonomía a Cuba y declarar un armisticio. Los rebeldes cubanos no aceptaron la oferta, porque pensaban que estaban a punto de lograr su independencia y decidieron seguir luchando. Ante la incapacidad de enfrentar la superioridad militar de los americanos, aliada con las fuerzas rebeldes, los españoles decidieron rendirse. Mediante la firma del "Tratado de París", España renunció a su soberanía sobre Cuba, Puerto Rico y Filipinas.

Luego de la derrota de los españoles, los estadounidenses se apoderaron de la isla para sorpresa de los mambises, quienes supusieron erróneamente que los EEUU les entregarían el control de Cuba. Los patriotas cubanos siguieron presionando a los americanos hasta obligarlos a retirarse. Para ello, los yanquis exigieron a los cubanos que incluyeran en su constitución la enmienda Platt. Esta cláusula dejaba abierta la posibilidad de una nueva intervención como garantía de la independencia. El 20 de mayo de 1902 nace la República de Cuba, aunque la intervención norteamericana continuó hasta 1909 cuando se firmó el arrendamiento de la base de Guantánamo.

Mientras el orgulloso imperio español zozobraba en medio de la incompetencia de sus gobernantes, el joven imperio norteamericano empezaba a crecer y a hacerse sentir en el mundo. Resuelto el problema de la presencia del imperio español en América, los EEUU se podían enfocar en su desarrollo como gran potencia. La guerra civil había abierto enormes posibilidades de desarrollo industrial. La invención y perfeccionamiento del motor de combustión interna había creado una nueva gran industria, que requería un nuevo combustible obtenido de la refinación del petróleo. Para 1860 ya John Rockefeller estaba haciendo inversiones en esta nueva área de negocios, y en 1870 había creado la Standard Oil Company. Era claro que el desarrollo futuro necesitaba petróleo. Los EEUU tenían importantes yacimientos de este hidrocarburo, pero siendo un producto no renovable se hacía necesario agregar nuevas reservas

El petróleo venezolano

En el área del Caribe había un país que aparte de su posición estratégica no había atraído la atención de los norteamericanos. En Venezuela la existencia de abundantes yacimientos de petróleo era perceptible a simple vista. Los conquistadores españoles encontraron yacimientos de brea al aire libre, pero esta materia prima tenía poco uso práctico.

En el subsuelo había un gran tesoro oculto representado por el oro negro, al cual los españoles no le dieron mayor valor. Este espeso líquido inútil rezumaba naturalmente a la superficie del suelo. Los españoles que eran adversos a la revolución industrial apenas lo utilizaron para calafatear sus naves. Al enterarse por los indios de su poder medicinal enviaron incluso un barril a Madrid para tratar la gota del emperador Carlos V.

Para los ibéricos, el petróleo no valía nada pero los metales preciosos constituían el mayor aliciente. Las ricas minas de oro y plata de esas colonias permitieron la creación del imperio español. A medida que la producción de metales preciosos fue disminuyendo, el orgulloso imperio ibérico iba colapsando. Para cambiar esa tendencia, los hispanos se dieron a la vana tarea de buscar "El Dorado" en el oriente de Venezuela, sin darse cuenta de que caminaban sobre él. Para entonces, la era del petróleo aún no había llegado y hubo que esperar casi 3 siglos para que ese tesoro oculto emergiera.

La fiebre del petróleo contagió a Venezuela a comienzos del siglo XIX. En 1878 fue fundada la compañía Petrolia del Táchira. Su producción era muy escasa y solamente se usaba para el consumo local de kerosén. Entretanto, en el mundo desarrollado la producción iba en aumento y se aceleraba la búsqueda de nuevos pozos.

En 1904, el presidente Theodore Roosevelt en su mensaje anual al Congreso manifestó que: "La adhesión a la Doctrina Monroe puede obligar a los Estados Unidos, aunque en contra de sus deseos... a ejercer un poder de policía internacional". Esa ominosa declaración fue su explicación para justificar la invasión de Cuba. Entre las líneas de ese mensaje público se podía leer también una aseveración que afirmaba el derecho de los EEUU sobre su área de influencia, y su intención de mantener a raya a competidores no deseados. Esa actitud imperial constituye una fuente de sentimiento antinorteamericano en Hispanoamérica.

Al comenzar el siglo XX la demanda de petróleo iba en aumento en el mundo desarrollado. En 1908 toma el poder en Venezuela el general Juan Vicente Gómez, quien de inmediato se vio asediado por solicitudes de permiso para explorar y explotar hidrocarburos. Este dictador dio concesiones para explotar, producir y refinar petróleo a algunos de sus amigos más cercanos. Estos a su vez vendieron sus concesiones a empresas extranjeras. El negocio al comienzo fue de poca monta, pero el aumento de la demanda elevó el consumo del oro negro en forma rápida. La renta petrolera produjo riqueza mal distribuida y acabó con la modesta agricultura del país. Venezuela se convirtió en un país rentista y el trabajo de los Gobiernos se limitó a distribuir y dilapidar esa riqueza.

La enorme fortuna recibida por el Estado venezolano, debido al concepto de la explotación de las concesiones petroleras, permitió que el dictador Gómez se mantuviera en el poder sin problemas mayores hasta el día de su muerte tres décadas más tarde. Entretanto estalló la Primera Guerra Mundial haciendo aumentar masivamente el consumo de petróleo a nivel mundial. A partir de este momento, Venezuela empezó a ser un país muy atractivo para los grandes imperios mundiales.

Petróleo en la Primera Guerra

Una de las razones que facilitó el triunfo de los Estados Unidos en la Primera Guerra Mundial fue contar con abundante petróleo. Adicionalmente, el uso civil del motor de combustión interna había incrementado el consumo del hidrocarburo y se hacía necesario recurrir a fuentes extranjeras del preciado combustible. Uno de los primeros y más grandes yacimientos detectados por los EEUU estaba en Venezuela.

Aunque algunos pozos estaban siendo explotados en forma artesanal, fue luego de terminada dicha guerra que la explotación industrial del petróleo para la exportación se inició en Venezuela. A partir de ese momento el país dejó de ser agropecuario y se convirtió en un campamento minero.

Los embarques de petróleo se iniciaron en 1916 antes de que los EEUU entraran en la guerra. Ese año las exportaciones alcanzaron un monto menor a 100 mil dólares. Diez años más tarde se multiplicaron mil veces superando los 100 millones de dólares. A partir de ese momento, este producto pasó a ser la principal fuente de ingresos del país e incrementó sustancialmente el poder del Gobierno central sobre el Estado y la nación.

El petróleo y la actitud complaciente del dictador Gómez convirtieron Venezuela en un país atractivo para las grandes potencias y empresas multinacionales. La importancia geopolítica de Venezuela se incrementó de la noche a la mañana, gracias a los gigantescos depósitos de hidrocarburos que yacen en su subsuelo.

Al mismo tiempo, gracias a su riqueza petrolera, Venezuela pasó a ser un blanco apetitoso para los imperios convertidos en superpotencias. Empresas petroleras norteamericanas, inglesas y holandesas empezaron a explotar "El Dorado petrolero". Estas potencias modernas eran neocolonialistas que no estaban interesadas en gobernar el país sino en explotar el petróleo. A la cabeza estaban los Estados Unidos, lo cual era natural porque estábamos en su patio trasero. Además, los yanquis tenían la experiencia, tecnología y capital necesario para acometer esta costosa tarea.

Las primeras empresas petroleras extranjeras que se instalaron en Venezuela fueron pequeñas compañías Inglesas como: la Caribbean Petroleum, British Controlled Oilfields, Colon Development Co. y Venezuelan Oil Concessions. La producción inicial fue pequeña. En 1918, por primera vez apareció el petróleo en las estadísticas de productos exportados desde Venezuela. Ese año se reportó la exportación de 147 mil barriles, lo cual promediaba apenas 400 barriles diarios. Esta modesta producción pronto se convirtió en un torrente. Parecía que algo "sobrenatural" estuviese ocurriendo en Venezuela.

El imperio norteamericano

El accionar imperial norteamericano en el mundo, a partir de su victoria sobre el imperio español, dio pie a su apelativo de *americanos feos*. Ese remoquete se popularizó gracias a la novela del mismo nombre de William Lederer. Este libro trata sobre la injerencia de países poderosos en naciones débiles, lo que con razón creó una imagen negativa a los Estados Unidos por sus acciones en el sureste asiático. En la región del Caribe su intervención en Cuba, y el control de los más importantes yacimientos petroleros de Venezuela, dan testimonio de este hecho. Se dice que un país no tiene amigos, sino intereses. Aunque eso sea verdad, un Estado no debe abusar de su fuerza o influencia para explotar o violar los derechos de otras naciones. Los abusos de poder no son una exclusividad de los gringos. Además de *americanos feos* también hubo *soviéticos feos* y aun hay *chinos, rusos* y hasta *cubanos fidelistas feos*.

Cuando los Estados Unidos se convirtieron en la nación más poderosa del planeta trataron de promover los valores de la civilización occidental, la democracia y la economía de mercado. Estas acciones no se ejecutan en un vacío político y es lógico que generen reacciones adversas en otras culturas. Todo ejercicio de poder crea resentimiento en el lado dominado. El resultado es el antinorteamericanismo que observamos hoy en día. Los Estados Unidos son admirados por su democracia, su nivel de vida y sus adelantos tecnológicos, pero son vistos con ojeriza porque ejercen su poder para tratar de cambiarnos y dominarnos. Esos intentos inevitablemente generan animadversión.

Los norteamericanos en la búsqueda de mercados para sus productos y para ejercer su poder sobre otros países han seguido una estrategia neocolonial. Mediante esta política tratan no solamente de vender sus productos sino de influir sobre la soberanía de otros Estados, ello con el fin de adaptarlos a su propia imagen. Los excesos cometidos por los norteamericanos al promover políticas neocolonialistas forjaron un sentimiento nacionalista que degeneró en antipatía contra los norteamericanos. Esa animadversión fue explotada muy hábilmente por la Unión Soviética durante la Guerra Fría, convirtiendo el nombre de "Estados Unidos" en sinónimo de imperio. De esta manera, los soviéticos, que eran un verdadero imperio a la antigua, le endilgaron el peyorativo término de "imperio" a los neocolonialistas yanquis.

Luego del colapso de la Unión Soviética en los años 90, los comunistas siguieron llamando "imperio" a los Estados Unidos ignorando que en el mundo moderno existen otros imperios neocoloniales como China, Rusia, Brasil, etc. Esta treta todavía rinde beneficios, porque el remoquete de "imperio" es políticamente incorrecto y genera reacciones de rechazo.

Dicho vocablo aplicado por los comunistas a los yanquis es un arma semántica. La idea del insulto es contrarrestar los esfuerzos de los EEUU para controlar los recursos naturales de otros países y hacer que el mundo se parezca a ellos. Parte de ese esfuerzo es visible debido al empeño americano en extender la democracia y los valores de Occidente. Estos valores no son aceptados por los comunistas, porque una democracia comunista es una contradicción.

La otra cara de la luna

Los norteamericanos, pese a su comercialismo pragmático, sus excesos y abusos neocoloniales y su tendencia a usar las armas para imponer sus puntos de vista, constituyen una mejor alternativa que los comunistas. La clave de su éxito es su creencia en los valores del mundo occidental. Para ellos la libertad no es solamente de mercado, sino política y religiosa. Aparte de su ética de trabajo y capacidad organizativa, la carta principal que tienen los gringos es su amor por la democracia. Pese a que mucha gente acepta estas virtudes, otros les tienen antipatía y los comunistas los odian. Hoy en día, para algunos, es políticamente incorrecto en Hispanoamérica decir algo bueno sobre ese país. ¿Por qué?

No es fácil ganarse el premio de simpatía en un mundo pobre siendo el pueblo más rico del mundo y menos siendo él, el policía de la humanidad. Estas dos posiciones antipáticas convierten a los EEUU en blanco natural de inquina y envidia. Es el precio del éxito y de los errores cometidos con el fin de lograrlo. Para triunfar, los norteamericanos han trabajado duro pero también han perjudicado intereses, cometido injusticias, y herido el orgullo de otras culturas. La ojeriza no es del todo gratuita.

Fidel Castro ha hecho del antinorteamericanismo una virtud y lo ha convertido en un filón político. La diaria letanía de insultos y acusaciones que el David cubano lanza contra el Sansón gringo ha creado un enjambre de creyentes. Fidel con gran soltura pinta la leyenda negra de los yanquis sin permitir ni un atisbo de sus méritos. Ese es el premio al éxito, y la evidencia de la gran frustración de Fidel al no poder alcanzar los sueños imposibles que se ha impuesto.

CAPÍTULO 6

LA PRIMERA GUERRA MUNDIAL

La violencia como partera de la historia

La primera mitad del siglo XX fue testigo de dos terribles conflagraciones armadas: la primera y segunda guerras mundiales. Ambas indirectamente sirvieron de estímulo al nacimiento de dos revoluciones comunistas: la rusa en 1917 y la china en 1950. Aparte de revoluciones, las guerras mundiales dieron pie al surgimiento de dos grandes potencias: los EEUU y la URSS, que durante muchos años se enfrentaron por el dominio del mundo. Como parte de estas luchas por el poder mundial ocurrieron episodios en el área del Caribe que fueron presagios para la revolución que encabezó Fidel Castro en 1959. Fidel no salió de la nada. Tiene raíces profundas en la región que explican su conducta y facilitaron su emergencia. Es por ello que se incluyeron los capítulos previos, en los cuales se establece el contexto en que surge el déspota cubano.

Carlos Marx acuñó la frase "La violencia es la partera de la historia". Para él los cambios sociales profundos solamente podrían lograrse mediante sangrientas revoluciones. Esta trillada cita de la épica comunista no es totalmente cierta. Han ocurrido más hechos históricos, en los cuales no ha sido necesario recurrir a las armas y viceversa. En todo caso, las dos grandes revoluciones del siglo XX fueron producto de largos conflictos que finalmente desembocaron en revoluciones sin violencia.

La revolución rusa se inició en 1905 a raíz de la derrota ante Japón, y concluyó en 1917 durante la Primera Guerra Mundial con la toma del Palacio de

Invierno. Mientras se produjo esta toma no hubo derramamiento de sangre, porque el edificio fue ocupado estando vacío. La revolución china fue precedida por más de 20 años de esporádicos combates entre nacionalistas y comunistas. La guerra acabó en 1950 sin disparar un tiro con un cese no oficial de hostilidades. De manera que las dos grandes revoluciones comunistas se hicieron sin violencia.

En el siglo XX una de las principales razones de las guerras fue para apropiarse del petróleo que yace en el subsuelo de algunos países. Ese hidrocarburo se ha convertido en el combustible por excelencia en el mundo moderno, lo cual originó en el proceso un enorme flujo de dinero. Ese es el motivo que ha impulsado a Fidel Castro a tratar de controlar la renta petrolera de Venezuela. Hoy en día se puede afirmar que la lucha por el dominio del petróleo es el partero de la violencia en el mundo.

La frase de Marx fue tal vez un pretexto para justificar la toma del poder por asalto. El autor de *El capital* seguramente intuyó que, dada su naturaleza, el comunismo no sería capaz de ganar elecciones limpiamente, ni de entregar el poder mansamente. Para los comunistas la revolución comunista ha sido una coartada orientada a extender su hegemonía en el mundo, por medio de la violencia y la acción necesaria para perpetuarse en el poder a través de una dictadura. La ideología comunista es antitética e incompatible con la democracia, porque está fundada en valores distintos a los del mundo occidental. La dictadura del proletariado, en la cual la clase obrera se establece temporalmente como clase dominante es una falsedad. Bajo este disfraz se esconde la dictadura permanente de los líderes comunistas que asaltaron el poder. Mientras el comunismo no modifique algunos de sus principios rectores como la fingida dictadura "de transición" es prácticamente imposible la convivencia pacífica entre estas dos ideas. No hay sustituto para la democracia.

Paradójicamente, el comunismo al tratar de eliminar un tipo de imperialismo conduce a otro con el agravante de la dictadura. Ningún imperialismo es bueno, ni hay imperialismos aceptables o mejores que otros. La revolución rusa marcó el fin de la era del imperialismo tradicional de explotación económica, dando origen a un imperialismo político que implica una dominación cultural basada en el modelo marxista. El colapso de la Unión Soviética y la evolución de China hacia un modelo no comunista indica que el arquetipo comunista no es viable. Un Estado no tiene derecho a dominar a otro por la fuerza de las armas ni por la influencia de su ideología.

La ideología comunista fue en sus orígenes atractiva, especialmente entre los jóvenes estudiantes. La juventud es fácilmente seducida por el romanticismo de una revolución redentora violenta, que promete resolver de la noche a la mañana las injusticias del mundo. Esta influencia se ha ido reduciendo, pero en los años que siguieron a la revolución rusa el marxismo cautivó a mucha gente, especialmente a los estudiantes.

Los países de Hispanoamérica carcomidos por las dictaduras caudillistas no fueron excepción. En el seno de estos Estados, varias generaciones de jóvenes han luchado y aún lo hacen por imponer el comunismo a la fuerza. La única revolución comunista que ha logrado sostenerse en la región ha sido la de Fidel Castro en Cuba. El castrismo no es una muestra de comunismo puro, sino un popurrí confuso de marxismo con mesianismo, fascismo y caudillismo.

El costo social, económico y político de esta dictadura personalista ha sido la ruina de esa isla. Fidel ha logrado mantenerse por largos años gracias a su carisma, a sus habilidades políticas y a la imposición de un Estado policial totalitario. Este carismático líder ofrece, además de marxismo, dos estímulos irresistibles: la unión de la cultura hispanoamericana en un solo Estado y la venganza contra las humillaciones propinadas por el imperialismo yanqui. Tras esas promesas, más que en pos del comunismo, se fueron varias generaciones de jóvenes iberoamericanos.

Rusia

Rusia ha sido la bisagra que une el mundo oriental con Occidente. Su posición geográfica, su enorme población y la inmensidad de su territorio han permitido el desarrollo de una cultura propia en el país de los zares. Aunque ha sido influenciada por Oriente y Occidente, Rusia tiene características particulares. Hasta la Primera Guerra Mundial fue el imperio de los zares con colonias cabalgando el mundo oriental y occidental. Es una especie de eslabón perdido en el mundo de las culturas, pero no es el único.

Al igual que España representa culturas de frontera entre los mundos oriental y occidental. Dada su ubicación fronteriza, Rusia y España sirvieron de puente hacia ambos mundos: entre el cristianismo y el islamismo. Esta circunstancia establece cierta similitud entre el carácter nacional de ambas naciones. La dualidad Oriente-Occidente crea fuerzas contrarias. Lenin trató de separar Rusia de Occidente. Kerenski se movió en la otra dirección. En España, Ángel Ganivet proponía aislar la Península y Unamuno replicaba con su idea de occidentalizarla y europeizarla. Fidel, desde que se alió a los soviéticos, trata de cortar lazos con Occidente. Luego del desplome de la URSS, ha seguido promoviendo esa política de ruptura que ahora Chávez secunda.

Según Walter Schubert, en *Europa y el alma del Oriente* (Madrid 1948), tanto la cultura rusa como la española manifiestan un espíritu mesiánico y un deseo de acercarse al paraíso terrenal. Al perder la esperanza, ambos pueblos caen en el nihilismo y en la negación de Dios. En conjunto, ambas culturas tienden hacia la utopía y una predisposición hacia el extremismo. Las dos buscan propagar sus creencias por el mundo y defender en forma exaltada su integridad. En general este retrato hablado de ambos pueblos es bastante acertado. Muchas actuaciones de miembros de estas culturas se corresponden al estereotipo descrito. Aunque es obvio que hay muchas excepciones, este análisis permite ver las razones que muestran la existencia de cierta afinidad entre las actitudes de los rusos y españoles. Algunas de estas características culturales hispanas explican muchas de las acciones internacionales de Fidel.

La Unión Soviética

En 1917 nace la Unión Soviética conducida por Lenin. La misma creó grandes expectativas por el advenimiento de una revolución mundial. La URSS fue una nación de corta vida. Para la historia mundial, 70 años son un apenas un suspiro. Esto fue una sorpresa solamente para los comunistas que esperaban un milenio de dominio total. Por desgracia para ellos, la humanidad no tiene mucha paciencia ante experimentos estúpidos.

Cuando Lenin se vio al frente de la URSS creyó que todo era posible. Al apenas tomar el Palacio de Invierno decretó una política de expansión del comunismo en el mundo. Para este líder desbocado, la revolución basada en las ideas de Marx era inevitable. Esa actitud triunfalista se basaba no sólo en contar con una ideología insuperable, sino con el hecho de que la URSS contaba con uno de los depósitos de petróleo más importantes del mundo. Bakú era para entonces la colonia soviética de Azerbaiyán y parecía capaz de producir petróleo para siempre. La Primera Guerra Mundial había dejado clara la importancia del hidrocarburo en el desarrollo industrial de las grandes potencias del mundo. Lenin estaba convencido de que la combinación del comunismo con el petróleo haría invencible la URSS.

El comunismo fue diseñado para atraer a los pobres que constituyen la mayoría de la humanidad. Ese río poderoso de hombres y mujeres comunistas, propulsado por los inmensos depósitos de petróleo, permitiría a la URSS adueñarse del orbe e imponer su cultura aplastando el mundo occidental. De acuerdo con la visión de Lenin, la revolución soviética tenía el triunfo asegurado y conquistaría el planeta instalando con facilidad una dictadura del proletariado a nivel mundial. Lenin sería el primer zar del planeta. La idea era tan simple que parecía imposible que fallara. Después de apenas siete décadas, este sueño hegemónico colapsó y de él quedó solamente la momia de Lenin en la Plaza Roja de Moscú para recordarles diariamente a los rusos ese fiasco.

El objetivo estratégico que Lenin le asignó a la URSS era nada menos que la hegemonía sobre el mundo y la destrucción del capitalismo y del mundo occidental. La idea de la expansión mundial convirtió a los comunistas en "internacionalistas", en contraposición a los "nacionalistas" que propugnaban la defensa de sus propios Estados-nación. Un auténtico comunista no tenía patria ni pertenecía a una cultura. Su cuna era el mundo comunista, su capital era Moscú, su zar vivía en el Kremlin.

Para lograr el objetivo propuesto, Lenin formuló un plan hegemónico que contemplaba cuatro fases: primero tomar Europa Oriental, luego capturar Asia, después apoderarse de Latinoamérica. Una vez que cayera ésta, los Estados Unidos, el capitalismo y el mundo occidental se desplomarían como una fruta madura entre sus manos. En base a estas prioridades, la URSS no ejecutó operaciones mayores en Hispanoamérica durante sus primeros años. La razón fundamental para la no injerencia era la debilidad soviética, que no permitía proyectar su poder lejos de sus fronteras. Otro buen argumento es que en la mayoría de los países de esta región el comunismo estaba ilegalizado. Pese a estas razones, Marx había establecido que la revolución podía hacerse si se presentaban las condiciones objetivas. En los años veinte los soviéticos creyeron que esas míticas condiciones se estaban dando en Cuba: el patio trasero del imperio enemigo.

Luego de la revolución rusa, se inició una pugna ideológica entre la doctrina comunista promovida por el nuevo gigante socialista soviético y los países del mundo occidental con los EEUU a la cabeza. Después de la Primera Guerra Mundial el primer país comunista quedó debilitado. La lucha ideológica por el dominio de la tierra y el rechazo de Occidente hizo que la URSS se viera a sí misma como una fortaleza cercada por enemigos externos.

La mentalidad de asedio hizo paranoicos a los soviéticos. Para defenderse con los limitados recursos de que disponían, la URSS estableció un elaborado sistema de infiltración de agentes dentro de países capitalistas a través de los miembros de los partidos comunistas locales convertidos en caballos de Troya.

La Comintern

El objetivo de Lenin al tomar el poder en Rusia era hacer una revolución mundial centralizada bajo su mando. Para ello, en cada país se establecerían seccionales del partido comunista soviético, que se sometían al control del partido madre de la Unión Soviética en Moscú. A medida que los partidos comunistas locales iban tomando el poder, se irían eliminando todos los gobiernos capitalistas y, paulatinamente, se iría estableciendo un Estado universal bajo el control de un zar comunista en el Kremlin.

El comunismo es una doctrina internacionalista que busca instaurar un imperio marxista mundial. Para ello la URSS creó la III Internacional o *Comintern*. Su objetivo era la creación de un gran Estado internacional soviético en el mundo. En otras palabras, su propósito era expandir la Unión Soviética promoviendo revoluciones comunistas en diferentes países. Estos flamantes Estados comunistas se convertirían en nuevas repúblicas soviéticas que se anexarían a la URSS.

Para tomar el poder, los comunistas de cada país estaban autorizados a emplear cualquier medio legal o ilegal, pacifico o violento, que fuese necesario. El pulpo global, controlado desde Moscú, exigía a los comunistas del mundo que dejaran de ser nacionalistas y se convirtieran en robots internacionalistas que obedecieran ciegamente las órdenes del zar rojo. En vista de ello debían luchar si querían controlar las organizaciones sindicales, obtener el respaldo de los intelectuales occidentales, e infiltrar espías en todos los países. La *Comintern* fue eliminada en 1943 (durante la Segunda Guerra Mundial) por exigencia de los norteamericanos. Sin embargo, su espíritu aún se mantiene como un fantasma rondando el pensamiento de los comunistas del mundo.

Aunque hoy en día estas ridículas exigencias parezcan un absurdo, que solamente un cretino aceptaría, en una época fueron consideras palabra de Dios. Cuando la Unión Soviética daba sus primeros pasos, los soviéticos enviaron un agente a Cuba para establecer la primera oficina de la *Comintern* en Latinoamérica. Su nombre era Fabio Grobart, uno de los comunistas más importantes que ha vivido en esa región. Este personaje jugó un papel muy importante en el desarrollo del comunismo tropical siendo el descubridor y uno de los principales asesores de Fidel Castro.

Fabio Grobart en Cuba

Entre el fin de la Primera Guerra Mundial y el inicio de la segunda, los soviéticos se centraron en el desarrollo y fortalecimiento militar de su enorme país. Con el fin de sobrevivir, Stalin estableció la política de "socialismo en un solo país" reduciendo los recursos para penetrar Sudamérica. Pese a estas limitaciones, Lenin inició un programa piloto en la región y para conducirlo fue seleccionado Fabio Grobart, quiera era un judío de origen polaco miembro de la *Comintern*. Poco a poco su esfuerzo le ganó el respeto de Dimitri Manuilsky, el presidente de dicha organización.

Los Estados seleccionados originalmente fueron tres con costas al Caribe: México, Venezuela y Cuba. México es atractivo por su potencial como líder de la región, Venezuela por su petróleo y Cuba por su cercanía a los EEUU. Los tres están en el patio trasero de este. El esfuerzo en México se hizo de manera limitada, porque había afinidad entre la revolución mexicana y la soviética. México era un país demasiado grande, difícil de manejar y sus yacimientos petroleros no eran tan grandes. Además, había permitido la creación del Partido

Comunista en 1919, debido a lo cual los soviéticos decidieron adoptar una política de no intervención en los asuntos internos mexicanos, aunque los comunistas fueron activos en el área sindical.

Venezuela en ese entonces estaba bajo la dictadura de Juan Vicente Gómez y la mayoría de los comunistas locales estaban en prisión o exiliados. Ante esta realidad, Grobart enfocó su esfuerzo sobre Cuba, donde se estaban dando "condiciones objetivas" para una revolución. Grobart llegó a la isla en 1922 haciéndose pasar por un humilde sastre refugiado de guerra. Pero ya se sabe que era un agente de la III Internacional experto en técnicas de infiltración. El polaco fue a Cuba con el propósito de establecer una base comunista cercana a los Estados Unidos. Stalin conocía la ojeriza antinorteamericana existente en Cuba, debido a la enmienda Platt y a la situación económica que atravesaba la isla por la caída de los precios del azúcar. Este escenario había recrudecido la agitación estudiantil de extrema izquierda provocando condiciones prerevolucionarias.

La infiltración es una artimaña de la guerra usada desde tiempos inmemoriales. Los escritos de Sun Tzu (5 siglos antes de Cristo) ya contenían información sobre cómo llevar a cabo operaciones de engaño y subversión dentro de las filas enemigas. Grobart estaba encargado inicialmente de dirigir en forma encubierta la fundación del partido comunista cubano, así como una universidad popular para promover el marxismo y penetrar los sindicatos. Al llegar a La Habana actúo encubierto bajo la fachada de un modesto sastre, mientras furtivamente desempeñaba delicadas tareas para la *Comintern*. En esas actividades creó una red secreta de activistas comunistas organizados en células. Una de estas células estaba integrada por venezolanos exiliados que huían de la dictadura de Gómez. En 1925 fundó en la clandestinidad el Partido Comunista de Cuba, con el abogado y poeta izquierdista Rubén Martínez Villena y el líder universitario Julio Mella.

El modesto sastre resultó un gigante como organizador, y casi un genio de la inteligencia y las técnicas de infiltración, al punto de que cuando murió setenta años después todavía era considerado uno de los principales asesores de Fidel Castro. A fines de los años veinte este laborioso comunista había logrado construir una potente fuerza en la Universidad de La Habana y en varios sindicatos cubanos. Para la fecha, un logro como éste no lo habían obtenido los comunistas en ningún país de la región. Los esfuerzos de Grobart no se limitaron a Cuba. Como jefe de la *Comintern* para la zona del Caribe estableció bases comunistas y captó prosélitos en toda la región. Analizando sus acciones a lo largo del tiempo, es fácil suponer que Stalin o los estrategas soviéticos le asignaron la toma de Cuba y Venezuela. Como resultado de su incansable trabajo, los comunistas lograron controlar Cuba a partir de 1959 y Venezuela está a punto de caer en sus manos. Las elecciones venezolanas que se celebrarán en octubre del 2012 pueden inclinar la balanza a favor del comunismo en Hispanoamérica, o pueden ser la bala de plata que liquide esta siniestra ideología.

Gustavo Machado

En cumplimiento del plan propuesto por Grobart con el apoyo soviético, Mella fundó en 1923 la Universidad Popular José Martí, dentro de la Universidad de La Habana. Dicha institución se convirtió en un importante foco comunista para propagar el marxismo y captar nuevos militantes en Cuba. Al mismo tiempo, Grobart estaba pendiente de Venezuela y sabía que en la Universidad Central de Venezuela (UCV) se estaba incubando un grupo de izquierda con buen potencial. Como el movimiento en Cuba había ido creciendo, Grobart solicita a la *Comintern* un asistente venezolano para utilizarlo más tarde con el fin de dirigir su plan de penetración en la cuna de Bolívar.

En 1924 la III Internacional envió a Cuba a Gustavo Machado, quien era un comunista venezolano proveniente de una de las familias más ricas del país. En 1917, al estallar la revolución rusa, había sido detenido por la policía de Gómez y fue encarcelado en la prisión de La Rotunda. Al salir en libertad se unió al grupo clandestino "Los Espartacos" junto a Salvador de la Plaza y a Andrés Eloy Blanco. En 1919 participó en la conspiración del capitán Luis Rafael Pimentel y luego huyó a los Estados Unidos. Allí atendió las universidades de Harvard y Cambridge estableciendo contacto con comunistas norteamericanos. Posteriormente fue a Francia e ingresó en La Sorbona. En 1920 asistió a la fundación del Partido Comunista de Francia y se hizo miembro de esa organización. En 1924 se graduó de abogado en La Sorbona junto con

Salvador de la Plaza. En esa época ya Machado era una de las jóvenes estrellas sudamericanas de la *Comintern*.

Con ese currículo, Gustavo Machado viaja a Cuba para ser asistente de Grobart en el desarrollo del movimiento marxista en Cuba y Venezuela. En La Habana, el agente soviético de origen venezolano, encubierto bajo la fachada de un exiliado antigomecista, fundó la revista *Venezuela Libre* y empezó a dictar clases en la Universidad Popular José Martí.

En los años veinte vivía en La Habana una activa colonia de exiliados venezolanos de tendencia izquierdista. Entre ellos (además de Gustavo Machado) estaba su hermano Eduardo, Salvador de la Plaza y Carlos Aponte. Este grupo se reunía en un lugar llamado "La cueva roja", donde editaban la revista *Venezuela Libre*. La célula venezolana, dirigida por Gustavo Machado, mantenía relaciones estrechas con el poeta comunista Rubén Martínez Villena y los líderes estudiantiles Julio Mella y Antonio Guiteras de la Universidad de La Habana. Desde "La cueva roja" el grupo controlado por Grobart constituía el eje del proceso revolucionario cubano. Con el discreto financiamiento soviético, la célula comunista realizaba un conjunto de acciones vinculadas a crear las instituciones y "condiciones objetivas" necesarias para la revolución.

Carlos Aponte fue un revolucionario venezolano que, siendo cadete de la Academia Militar en Caracas en 1919, fue expulsado por participar junto con los líderes estudiantiles Machado y De la Plaza en la revuelta del capitán Luis Rafael Pimentel contra el dictador Gómez. Posteriormente, Aponte luchó a lado del general Emilio Arévalo Cedeño, un legendario guerrillero antigomecista. En esas correrías Aponte fue capturado y posteriormente amnistiado, tras lo cual salió exiliado a Cuba en 1924.

En 1925 bajo la supervisión de Grobart, Villena y Mella fundaron en la Universidad de La Habana, junto con Juan Marinello, Blas Roca, Carlos Rafael Rodríguez y Gustavo Machado, el partido comunista cubano y la Liga Antimperialista de las Américas. Ese mismo año Gerardo Machado, quien no tenía parentesco con Gustavo Machado, fue electo presidente de Cuba en medio de una seria crisis económica.

Gerardo Machado

Pese a haber manifestado que era un demócrata, el nuevo presidente cubano mostró tendencias dictatoriales tratando de dominar la subversión en la isla. Así reprimió a los comunistas que empezaron a calificarlo de tirano proyanqui y Mussolini tropical, a pesar de que este nuevo mandatario les exigía a los norteamericanos la abolición de la enmienda Platt.

Cuando Machado tomó el mando, ya el trabajo dirigido por Grobart había empezado a dar frutos. Buena parte de los líderes de la Universidad de La Habana eran comunistas, aunque la mayoría de los estudiantes eran más nacionalistas antinorteamericanos que marxistas. A partir de ese momento empieza una serie de acciones subversivas dirigidas desde la Universidad, que obligan a Machado a iniciar acciones enérgicas contra los comunistas. Estas confrontaciones provocan reacciones violentas incluyendo atentados terroristas. Entretanto, el sentimiento antinorteamericano aumentaba a medida que caía el precio del azúcar y se mantenía la enmienda Platt.

En 1926 Machado ilegalizó el partido comunista, y expulsó de la universidad a los líderes de la Federación Estudiantil Universitaria (FEU) incluyendo a Antonio Guiteras, Julio Mella, Eduardo Chibás y Aureliano Sánchez Arango. Ese año envió al exilio en México a Fabio Grobart, Gustavo Machado, Salvador de la Plaza, Carlos Aponte y al líder universitario cubano Julio Mella. Desde México, Grobart siguió controlando la subversión en Cuba y en otros países hispanoamericanos como representante de la III Internacional Comunista. La cobertura para su misión en México se hizo a través de la Federación Mundial de Trabajadores (o Federación Sindical Mundial), controlada por el secretario general (para entonces criptocomunista) Vicente Lombardo Toledano.

Nace Fidel

En 1926, en medio de este hervor antinorteamericano, nace Fidel Castro en la aldea de Birán en el oriente de Cuba. El tenso ambiente político existente estaba superpuesto sobre una sociedad muy influenciada por las creencias mágicas y místicas. Cuba es una isla del Caribe, donde es popular la santería: una religión sincrética de origen africano que practica un conjunto de ritos extraños y cree en mitos fantásticos. Por influencia de la santería, buena parte del pueblo llano cubano es proclive a creer en historias esotéricas o "del más allá". La madre de Fidel era fiel creyente de esta secta. Según cuentan viejas historias locales, unos paleros o sacerdotes santeros anunciaron a Lina Ruz que su hijo recién nacido era un predestinado. Al crecer, el impetuoso muchacho supo de esta profecía y la aceptó de buen grado.

La atracción por lo mágico no se limita a Cuba, se extiende a Latinoamérica. Por razones culturales, una proporción elevada de hispanoamericanos dan verosimilitud a historias mágicas para revelar lo inexplicable. Esta inclinación se la debemos a nuestros ancestros indígenas, ibéricos, árabes y africanos, que tradicionalmente han tenido una vocación hacia lo sobrenatural. Estas raíces originaron una nueva cultura en el subcontinente del realismo mágico, donde lo irreal es lo cotidiano.

No todos los iberoamericanos creen en cosas fantásticas, pero buena parte de nosotros somos proclives a aceptar como ciertas la existencia de hechos paranormales inexplicables. Entre ellos hay mucha gente que dice no creer en brujas, pero por las dudas señalan con picardía que "de que vuelan, vuelan". Algunos críticos aseguran que hay una relación inversa entre el desarrollo de una cultura y su grado de afinidad con el ocultismo y la brujería. Es especialmente válido cuando lo taumatúrgico invade el terreno político. De acuerdo a la leyenda, el predestinado Fidel no pudo nacer en una noche ordinaria. Su sino lo llevó a brotar del vientre materno al fondo de una choza en medio de una tormenta estremecedora que azotaba la selva.

En 1926 una alineación de cinco planetas abrió una ventana cósmica anunciada por algunos astrólogos. Esa noche tétrica algo extraño iba a suceder en el universo, porque el equilibrio gravitacional estaba fuera de balance. Para los creyentes en lo ignoto era una señal de futuras catástrofes. El martes 13 de agosto de 1926 nació en Cuba un "iluminado" al filo de la medianoche, luego de un cruel terremoto y en medio de un feroz huracán. Esta conjunción de fuerzas de la naturaleza traía consigo todas las señales maléficas del mal agüero. Esa aciaga noche, el llanto de una criatura extraña con pretensiones de demiurgo, estremeció la manigua cubana. Nadie se imaginó que los gemidos plañideros de aquel pequeño anunciaba el nacimiento de un *supercaudillo* portentoso.

A fin de cuentas, aquel parto en el monte no era nada especial en el oriente de Cuba. Era el advenimiento del hijo de un exsoldado español derrotado por los norteamericanos, que en uso de su derecho de pernada violó a una humilde doméstica de sangre árabe. Aunque el parto fue normal, la criatura nació con los signos indicativos de que un "demonio" se había posado en tierra ese día.

La concepción no fue algo planificado, sino fruto de la lujuria tropical. Cuando la primera esposa del terrateniente Ángel Castro se mudó a un pueblo cercano a educar a sus hijos, el gallego expatriado sedujo a Lina Ruz, una jovencita analfabeta de quince años que trabajaba de sirvienta en la hacienda de Birán. Ella era hija de unos obreros de la finca. Se dice que el padre de Lina era de origen libanés y que su madre mulata era practicante de la santería. Con Lina, Ángel Castro procreó varios hijos ilegítimos, entre ellos a Fidel. La vida siguió su curso y gracias a su disciplina y falta de escrúpulos, Ángel hizo una pequeña fortuna que lo llevó a convertirse en un importante terrateniente de la zona. En el proceso de gestación, nacimiento, crianza y estudios de primaria del futuro líder los comunistas estuvieron muy lejos. Pero su padre, el español nacionalista que odiaba a los americanos, estaba muy cerca.

Desde niño, la imagen de su padre, un implacable gallego a caballo dirigiendo los obreros de su finca, se convirtió en el modelo a seguir. Para Fidel dirigir era comandar.

La figura de Ángel Castro con una pistola al cinto y un foete en sus manos gritando órdenes a los negros haitianos de su finca era natural. La violencia y la muerte no le eran extrañas desde su casa natal. Seguramente conoció las historias que corrían en la aldea de Birán sobre los asesinatos de cortadores de caña haitianos a manos de su papá. Tal vez en alguna oportunidad vio al joven Fulgencio Batista venir a trabajar a la finca. En ese medio se acostumbró a ser violento y a usar armas para dominar a los demás. También de boca de su padre aprendió a odiar a los americanos, quienes habían terminado de destruir el orgulloso imperio ibérico. En ese entonces, sus planes tal vez se limitaban a ser como su padre o quizá tener una finca más grande. En esa época temprana, Fidel probablemente no tenía inclinaciones políticas definidas y solamente le atraía jugar a mandar.

Grobart en México

Tras ser expulsado de Cuba, Grobart y el resto de los exiliados de su equipo establecieron su centro de operaciones en México. En su capital, el agente de la *Comintern* instauró la "Liga Antimperialista" como organización de fachada y coordinó la fundación del Partido Revolucionario Venezolano (PRV) en 1926. Este partido sería el núcleo inicial del futuro Partido Comunista Venezolano (PCV). Entre los miembros del flamante partido estaban: Gustavo y Eduardo Machado, Salvador de la Plaza, Carlos Aponte y el general Emilio Arévalo Cedeño (quien no era marxista y se separó de la organización al conocer su tendencia política).

Paralelamente a estas actividades, Grobart empieza a desarrollar un plan a mediano plazo con el propósito de tomar los principales yacimientos petroleros de Venezuela. Los lineamientos del proyecto incluían una invasión que saldría de Curazao para desembarcar en la costa venezolana que queda a menos de 100 km de distancia. Desde allí sería fácil controlar la zona petrolera del Lago de Maracaibo, que era lo único que le interesaba. La idea de esa expedición se la había dado Rafael Simón Urbina, un caudillo venezolano exiliado en La Habana. Urbina era nativo de la región prevista para el desembarco, conocía bien la zona y contaba con apoyo local. La idea era solamente un bosquejo general que necesitaba mucha más elaboración. Al tener el plan debidamente formulado pensaba solicitar a la *Comintern* los recursos necesarios para financiarlo. Entretanto, Gustavo Machado servía como su jefe de Estado Mayor procesando información de Venezuela, mientras publicaba simultáneamente un panfleto llamado *Noticias de Venezuela*.

Mientras Grobart afinaba su plan, en 1927 Cesar Augusto Sandino inicia sus actividades guerrilleras en Nicaragua contra los marines norteamericanos. En 1828 Grobart recibe órdenes de la *Comintern* para establecer contacto y brindar apoyo al líder guerrillero. Para cumplir con la solicitud envía a Centroamérica a Gustavo Machado y a Carlos Aponte, como comisionados de la "Liga Antimperialista de las Américas". En Nicaragua ambos venezolanos se unen a la guerrilla sandinista. Machado sirve como oficial de Estado Mayor y Aponte como comandante de una cuadrilla. En ese esfuerzo Grobart utilizó los escasos recursos asignados por la *Comintern*.

En 1929 Machado supo, a través del capitán Luis Rafael Pimentel (con quien había conspirado una década antes), que el general Román Delgado Chalbaud estaba organizando una invasión a Venezuela. La invasión del Falke (en la cual venía Pimentel) tenía previsto desembarcar en el oriente venezolano en el mes de agosto de ese año. Machado estaba en cuenta de que la expedición era financiada por capitalistas franceses y el millonario venezolano Antonio Aranguren. Esa invasión era contraria a los intereses de Machado, por lo cual decide adelantársele a Delgado. Al efecto, logran que Grobart los autorice a ejecutar el plan que habían venido diseñando para invadir Venezuela. En aquel momento ese plan era inviable, porque Grobart no contaba con suficientes recursos para ejecutarlo ni había planes bien formulados. Machado insistió manifestando que él contaba con el apoyo necesario, y Grobart no tuvo más remedio que asentir.

En junio de 1929, Machado y Aponte marchan a Curazao para lanzar precipitadamente una invasión promovida bajo la fachada del PRV. En la isla holandesa se reúnen con Miguel Otero Silva, periodista y político venezolano que también era miembro de la *Comintern*. Machado había invitado a Rafael Simón Urbina para comandar la operación militar. Este fue el caudillo venezolano antigomecista que dio la idea de la expedición a Grobart.

Con personal traído de Venezuela por Urbina se organiza una partida. Con ella atacan el Fuerte Ámsterdam en Curazao y se apoderan del armamento que allí se encontraba. En este ínterin, Carlos Aponte y Rafael Simón Urbina tienen una disputa por el mando militar de la invasión. Ambos habían sido cadetes en la Academia Militar, pero Urbina era el más antiguo y asumió el control. Aponte no aceptó alegando que él había sido ascendido a coronel tras haber peleado al lado de Sandino, por lo que decide permanecer en la isla.

Con Machado como jefe político y Urbina como comandante militar, el grupo aborda el vapor Maracaibo y zarpa rumbo a Venezuela. Poco después desembarcan en la Vela de Coro, donde las tropas del dictador Gómez (al mando del general León Jurado) derrotan fácilmente esta improvisada invasión. El primer ensayo del "Plan Grobart" había fracasado, pero sorprendentemente fue revivido treinta años más tarde por Fidel Castro. Dos meses después, la invasión rival —a bordo del vapor Falke con el general Román

Delgado Chalbaud a la cabeza— desembarca en Cumaná, donde los expedicionarios también son masacrados por las fuerzas de Gómez.

CAPÍTULO 7

LA SEGUNDA GUERRA MUNDIAL

La era del petróleo

La Primera Guerra Mundial abrió las compuertas de la era del petróleo. Los avances industriales de la postguerra incrementaron el consumo del hidrocarburo haciéndolo más apetecible a los países poseedores de yacimientos. Para entonces los principales productores de petróleo eran los Estados Unidos de Norteamérica, la Unión Soviética y Venezuela. Los yacimientos petroleros del Oriente Medio aún no estaban siendo explotados. Los soviéticos, que tenían ambiciones de ser una gran potencia y dominar a los estadounidenses, vieron que para ello era indispensable controlar Venezuela.

El potencial petrolero de esta nación ha atraído el interés de imperios deseosos de controlar su riqueza. Luego de la Primera Guerra Mundial, Stalin consideró que Venezuela estaba en el área de influencia norteamericana y decidió no inmiscuirse. Los ingresos petroleros, unidos a la rígida dictadura militar y a la falta de interés soviético durante esos años, mantuvieron la paz interna en esa nación.

Luego de una década, el novedoso experimento de la revolución rusa había generado en el mundo grandes expectativas y la URSS se había ido fortaleciendo. La propaganda soviética magnificaba el progreso alcanzado bajo el comunismo, mientras despotricaba del capitalismo del imperio norteamericano. Dentro de este ambiente de admiración de los supuestos logros socialistas, la juventud venezolana no fue la excepción. Lentamente el número de estudiantes de izquierda fue aumentando en Venezuela, pese a la rígida dictadura que existía en el país. Fabio Grobart (quien también tenía a ese país bajo su responsabilidad) estableció contactos con venezolanos exiliados en La Habana. A través de ellos monitoreaba la situación y mantenía informada a la *Comintern* sobre lo que allí sucedía.

La Generación del 28

En 1928 la calma aparente en Venezuela se rompe cuando los estudiantes empiezan a agitarse. Los alumnos de la UCV decidieron restablecer la Federación de Estudiantes de Venezuela (FEV), que había sido clausurada veinte años antes. En ese año el Partido Comunista venezolano no se había creado, pero el germen de esa ideología ya se había infiltrado en la Universidad.

Al celebrarse el acto conmemorativo de la Semana del Estudiante ocurre un inusitado acto de protesta estudiantil contra el Gobierno. Las autoridades que no estaban acostumbradas a estos hechos proceden a encarcelar a los líderes de la FEV. Este acto de rebeldía fue el bautizo de fuego de un grupo de estudiantes que pasó a ser conocido como la Generación del 28. Uno de sus principales líderes fue Rómulo Betancourt.

Este joven terminó siendo el político venezolano más importante del siglo XX. Se inició en su juventud como un impetuoso agitador comunista, pero posteriormente se convirtió a la socialdemocracia. En 1928, con apenas 20 años de edad, fue detenido por conspirar contra el tirano Juan Vicente Gómez. Al ser dejado en libertad en abril de ese año se une a un alzamiento militar participando en una breve toma del Palacio Presidencial de Miraflores en Caracas. Al fracasar la insurrección huye a Curazao.

Allí funda en 1929 la seccional local del Partido Revolucionario Venezolano (PRV), el partido comunista organizado por Fabio Grobart en México. Pronto Betancourt se separó del grupo por no estar de acuerdo con la línea editorial estalinista del diario *Libertad,* publicado por el PRV. Este impreso era dirigido por Gustavo Machado y Miguel Otero Silva. La línea editorial era consecuencia de la ayuda de la *Comintern*. Los pagos encubiertos se recibían a través de la organización sindical mexicana controlada por Vicente Lombardo Toledano. Al romper con los soviéticos, Betancourt fue atacado en la prensa por Lombardo, quien lo acusó de proyanqui y vende patria. Esos fueron los preludios de futuras agresiones que serían lanzadas contra los que se opusieran al imperialismo soviético.

La muerte de Mella

En 1929, Mella, el líder estudiantil comunista de la Universidad de La Habana y pupilo de Grobart, es asesinado en México. Antonio Guiteras, otro dirigente de ultraizquierda pasa a ocupar su puesto. Ese año se inicia la gran depresión en los Estados Unidos que rápidamente se contagia al resto del globo. Para los comunistas, la catástrofe económica capitalista era el heraldo del triunfo mundial del comunismo en el mundo. A raíz de la crisis, en Cuba el proceso de deterioro político y económico estaba avanzado. En la isla había rechazo contra los norteamericanos que controlaban la economía, y como reacción se habían formado importantes cuadros comunistas en la Universidad de La Habana.

El asesinato de Mella fue el detonante para una explosión de violencia que duró varios años. La Universidad de La Habana se convirtió en un campo armado dominado por las pandillas gansteriles. El nuevo líder, Antonio Guiteras resultó un revolucionario más radical que Mella. Guiteras era un fanático socialista promotor de la violencia como única forma de llegar al poder. Aunque se proclamaba no comunista, la embajada norteamericana siempre lo catalogó como tal. A partir del momento en que tomó el control de las fuerzas de choque de la universidad, el terrorismo se convirtió en el arma favorita de los rebeldes.

Betancourt antiestalinista

Mientras la lucha contra las dictaduras de Gómez y Machado se agudizaba dentro de Venezuela y Cuba, la resistencia contra los tiranos se intensificaba en el exterior. Para sorpresa de la resistencia, el imperialismo que se debía combatir no era solamente el yanqui. Los soviéticos también ejercían el poder a su manera para lograr sus objetivos particulares. Para los nacionalistas, prácticamente no había diferencia entre las apetencias estadounidenses y las soviéticas. El reconocimiento de esta realidad condujo a discrepancias y rupturas de Betancourt con los comunistas.

En 1929 estando en Curazao, Betancourt rechaza las imposiciones de la *Comintern* y entra en sintonía con las ideas del peruano Víctor Raúl Haya de la Torre, el fundador del partido Alianza Popular Revolucionaria Americana (APRA). Haya era contrario a seguir ciegamente los lineamientos de la III Internacional Comunista, a través de la cual Stalin manejaba autoritariamente el comunismo internacional. Esta posición de Haya le había creado la animadversión de Gustavo Machado por lo cual, pese a que Betancourt estaba asilado en Curazao, no fue invitado a la invasión de Venezuela bajo su comando, que zarpó de la isla en junio de ese año.

A partir de allí, Betancourt desarrolló su propia tesis sobre la necesidad de "tropicalizar" el marxismo para adaptarlo a la realidad hispanoamericana dentro de un ambiente democrático. Con esa idea en mente, Betancourt se apartó del internacionalismo comunista a ultranza promoviendo una socialdemocracia nacionalista. Estas ideas lo pusieron en una ruta de colisión con el comunismo internacional y con el Partido Comunista Venezolano.

El partido comunista mexicano fue el primer partido marxista leninista en América Latina. Esta organización fue fundada en 1919 apenas dos años después de la revolución rusa. Al igual que todos los partidos comunistas de la época, el de México era una dependencia subordinada a Moscú. Por debilidad, en sus comienzos a la Unión Soviética no le interesaba aparecer promoviendo desestabilización en otros países. Por ello sus agentes actuaban en forma encubierta y no aparecían como miembros del partido comunista. Uno de ellos fue Vicente Lombardo Toledano, quien fue secretario general de la Federación de Trabajadores de México, América Latina y el mundo. Esta importante posición le permitía transferir fondos provenientes de la Unión Soviética a otros países destinados a apoyar el movimiento obrero internacional. La fachada brindaba soporte encubierto a los partidos comunistas de Hispanoamérica. A la operación dirigida por Toledano en esa época se le llama hoy *lavado de dinero*.

Lombardo Toledano era el tesorero de la Unión Soviética para Hispanoamérica. Entre sus funciones estaba la transferencia de fondos a los partidos comunistas de Venezuela, Cuba y Costa Rica. La ayuda soviética no era gratuita. Los recipientes tenían que "casarse" con la línea de Stalin y promoverla. Betancourt estuvo en desacuerdo con la forma en que se manejaban esos recursos, pero líderes de la estatura de Gustavo Machado y Miguel Otero Silva adoptaron una posición sumisa ante la metrópoli para recibir su mesada del Kremlin.

Betancourt garibaldino

Al abandonar el PRV, Betancourt se dedicó a levantar fondos para comprar armas y reclutar hombres con el fin de invadir Venezuela. En esas andanzas entró en contacto con el coronel venezolano Carlos Aponte Hernández (un exiliado ocho años mayor que él), que deambulaba en el Caribe buscando enrolarse en una expedición contra Gómez.

En 1929 Aponte participa en la invasión de Curazao con Gustavo Machado y Rafael Simón Urbina. Por diferencias con este sobre el comando militar de la operación, el coronel se queda en tierra. Allí se une a Betancourt y viajan a República Dominicana para embarcarse en la goleta La Gisela, con el propósito de reunirse en la Isla de La Blanquilla con la expedición del Falke. Este grupo invasor estaba comandado por el revolucionario venezolano Román Delgado Chalbaud. La Gisela empezó a hacer agua al zarpar y se vieron obligados a regresar a República Dominicana. Los problemas de la goleta le salvaron la vida a Betancourt. Delgado Chalbaud (al no conseguirlos en La Blanquilla) siguió su rumbo hacia Venezuela, donde lo esperaba la muerte.

Ante las adversidades, Betancourt no cede en su empeño. Con gran entusiasmo continúa realizando con Carlos Aponte un recorrido por las Antillas orientales. Llega a Trinidad y de allí viaja a Costa Rica con la intención de comprar armas para invadir Venezuela. Cuando las armas no llegan, marcha en 1930 a Barranquilla dejando a Aponte encargado de recibirlas.

La separación de Aponte marcó el final del periodo juvenil de Betancourt. Él mismo calificó más tarde esta época romántica como su periodo garibaldino. Luego de su experiencia como moderno bucanero del Caribe, Betancourt estaba listo para la política seria. Por su parte, Aponte, el incansable aventurero, siguió sus andanzas. Desde Costa Rica viaja a México, donde se reúne con Gustavo Machado. De allí (por órdenes de Grobart) ambos van a unirse a la guerrilla de Augusto Sandino en Nicaragua. Al lado de Sandino combaten a los marines norteamericanos en la Brigada Internacional en el sector de Las Segovias. En esa guerra, Aponte fue ascendido al grado de coronel del Ejército Libertador Sandinista. De allí viaja a los Estados Unidos y en 1934 regresa a Cuba para unirse a Guiteras. En mayo de 1935 muere acribillado al lado de Guiteras, cuando se disponían a huir hacia México para preparar una invasión de Cuba. El plan de Guiteras era marchar a la Sierra Maestra, luego del desembarco, para crear una guerrilla con la cual tomaría el poder. Fue el mismo plan de Fidel Castro dos décadas más tarde.

El Partido Comunista Venezolano

El PCV fue fundado clandestinamente en el año 1931 durante la dictadura del general Juan Vicente Gómez. Uno de sus fundadores fue Gustavo Machado, el agente de la *Comintern* controlado por Grobart. En ese momento estaba en pleno apogeo el proceso revolucionario en Cuba apoyado por la Unión Soviética contra el presidente Gerardo Machado.

Para entonces la producción petrolera venezolana ya era importante, pero la URSS aún superaba ampliamente la producción de ese país latinoamericano. Venezuela era significativa, pero no era vital para los soviéticos. En ese tiempo Stalin no contaba con suficiente fuerza para comprometerse en más frentes latinoamericanos, y además sabía que Gómez ejercía un control férreo sobre Venezuela. La persecución de la dictadura había hecho huir del país a los principales líderes comunistas e izquierdistas y sus fuerzas locales estaban diezmadas.

A comienzos de los años 30, en medio de la gran depresión, Venezuela venía incrementando la producción petrolera y fortaleciendo la férrea dictadura gomecista. Simultáneamente, la amenaza de Hitler se empezaba a insinuar en el escenario internacional haciendo que el interés soviético se enfocara sobre ese peligro. Este nuevo enfoque hizo pasar a un segundo plano a Hispanoamérica limitando la actividad comunista en la región.

Betancourt integracionista

En 1931 la Alianza Unionista de la Gran Colombia fue fundada en Barranquilla por Rómulo Betancourt. El planteamiento de este grupo era promover el sueño integracionista de Bolívar. Ese mismo año Betancourt marcha a Lima para tratar de reunirse con Haya de la Torre, pero el Gobierno impide el encuentro, por lo que regresa a Barranquilla y funda la Alianza Revolucionaria de Izquierdas (ARDI). Para este grupo, la revolución contra el gomecismo no podía ser impulsada exclusivamente por la clase obrera como lo planteaban los marxistas, sino por una alianza de clases.

Luego de pasar varios años en el exilio como comunista, y haber participado a los 22 años en la fundación del partido comunista de Costa Rica, Betancourt renegó de esa ideología haciéndose un fervoroso socialdemócrata. El motivo que lo impulsó al rompimiento con los comunistas fue su rechazo al colonialismo soviético, hecho a través de una especie de virreyes de la *Comintern*. La metrópoli comunista daba apoyo a los revolucionarios a cambio de sumisión total.

Uno de los sueños de Betancourt era lograr la unión de los países hispanoamericanos bajo una democracia de centroizquierda con sentido social. Viendo que no estaban dadas las condiciones para poner en práctica una idea de esta magnitud, creó con otros líderes de la subregión una organización llamada Legión del Caribe. Esta fue constituida para establecer primero la democracia en los países de esa región y luego expandirla al resto de la América hispana. Una vez que estos países se hicieran socialdemócratas, se podría establecer la unión hispanoamericana como una gran República democrática. Con estos proyectos en mente regresó en 1937 a Venezuela, luego de la muerte del Gómez y fundó el partido Acción Democrática (AD). Este partido fue legalizado en 1941 durante la presidencia del general Isaías Medina Angarita y se convirtió en el partido más grande de Venezuela.

Betancourt fue un campeón de la socialdemocracia no sólo en Venezuela sino en Hispanoamérica e incluso en el mundo. Su firme posición ante Fidel Castro merece la admiración de la región. Paradójicamente, los laureles se los ha llevado, gracias a una exitosa campaña mediática, su archienemigo el dictador cubano. Este libro relatará algunos de los episodios que vivió Betancourt enfrentando a Fidel, a quien derrotó en Venezuela. El antillano no pudo con Betancourt mientras estuvo vivo. A este héroe democrático aún no se le han reconocido debidamente sus méritos.

La gran depresión

La recesión y la depresión son parte de ciclos en el capitalismo que alternan épocas de prosperidad con periodos de bancarrota. Para los marxistas, estas crisis son inevitables y van siendo cada vez más severas hasta que las contradicciones inherentes al sistema lo hagan colapsar. Según esta teoría, cuando esto ocurre se agudizan las luchas de clase estallando en revoluciones comunistas que toman el poder, como ocurrió en Rusia. Una parte de esta hipótesis se cumple, pero no en su totalidad. El triunfo del comunismo no está predeterminado. El sistema capitalista ha demostrado ser superior al comunista y generalmente logra salir de las depresiones económicas cíclicas que sufre. La gran depresión de los años 30 fue uno de estos casos.

Entretanto, tras bastidores Grobart había instalado en México el cuartel general de la *Comintern* para Hispanoamérica. Desde allí manejaba los hilos de la subversión en el Caribe. Este agente soviético se mantenía en contacto permanente con sus jefes en Moscú, y era el encargado de distribuir los fondos que enviaba Stalin para atizar la revolución. En medio de la gran depresión, la agitación y el terrorismo promovidos por el grupo radical Unión Revolucionaria (dirigido por Antonio Guiteras), empezó a incrementarse.

En 1932 Guiteras lanza el "Manifiesto al pueblo de Cuba" exponiendo que solamente mediante el uso de la violencia se podía lograr el triunfo de la verdadera revolución. Dicho documento llama a la lucha armada como la única vía para derrocar la dictadura de Machado.

En medio de la violencia generalizada en Cuba, los soviéticos (apoyándose en los informes de Grobart) habían decidido actuar secretamente en la Perla del Caribe. Esa pequeña isla tenía importancia geopolítica para los soviéticos, porque estaba al lado de los EEUU. Si ellos instauraban un gobierno revolucionario en Cuba, podrían establecer bases militares estratégicas en el Caribe y el efecto de demostración sería substancial.

Si para liquidar la revolución los yanquis invadían Cuba, o si lograban promover internamente su derrocamiento del nuevo Gobierno, la propaganda negativa causaría una reacción mundial muy adversa. Entretanto, la URSS no aparecería directamente implicada, porque su actividad sería encubierta a través de Fabio Grobart, quien no era de origen soviético y vivía en México. Los cálculos soviéticos para sacarle provecho a la recesión fallaron. La revolución comunista cubana no se dio a comienzos de los años 30 y la Universidad de La Habana fue cerrada.

Franklin Delano Roosevelt

En 1933, en medio de la Gran Depresión, asumió la presidencia de los Estados Unidos de Norteamérica, Franklin Delano Roosevelt. Gracias a sus políticas, los estadounidenses superaron sus problemas económicos, por eso fue relecto abrumadoramente en 1936. En relación con Latinoamérica, su principal iniciativa fue la "Política del Buen Vecino". Esta nueva visión transformó la "Doctrina Monroe" en una política de defensa mutua contra agresores. Este cambio fue un avance, porque la vieja doctrina consideraba que Latinoamérica era una zona de influencia norteamericana. En 1933, Roosevelt firmó la Convención de Montevideo y renunció al derecho de intervenir unilateralmente en los asuntos internos de los países de la región.

En 1933, Roosevelt concede reconocimiento diplomático a la Unión Soviética, a la cual los EEUU no habían aceptado desde la revolución rusa. Para justificar este reconocimiento, el presidente norteamericano pidió a Stalin la eliminación de la *Comintern* y la libertad religiosa para la Unión Soviética. La última fue concedida de inmediato y la *Comintern* fue eliminada en 1943, durante la guerra contra la Alemania Nazi.

Las políticas de Roosevelt tranquilizaron a Latinoamérica. Cuba, que había estado al borde de una revolución, empezó a estabilizarse. Stalin (preocupado ante las acciones de Hitler) decidió abandonar temporalmente el internacionalismo para concentrarse en su política original de limitar la revolución comunista a la URSS. En 1938, esta y Alemania firmaron un pacto de no agresión que le permitió a los soviéticos la ocupación de varios países de la Europa Oriental. En 1941 Hitler invade la URSS, lo cual obliga a una alianza de la Unión Soviética con los EEUU, Inglaterra y Francia contra el eje formado por Alemania-Japón-Italia. La Segunda Guerra Mundial detuvo la expansión del imperio soviético y le dio respetabilidad a la URSS entre los países del mundo occidental. Esta actitud soviética cambió a partir del fin del conflicto cuando se inicia la era de la Guerra Fría.

Caída de Gerardo Machado

En 1933, la situación empezó a hacerse insostenible para Gerardo Machado cuando la oposición convocó a una huelga general en Cuba. Washington temía que los comunistas se apoderaran de la isla y para evitarlo exigieron al presidente que entregara el poder. El 12 de agosto de ese año Machado renunció traspasando el mando a Carlos Manuel de Céspedes, el nieto de un héroe de la Guerra de Independencia. La transferencia de la presidencia no calmó los ánimos. Hubo saqueos y actos de pillaje. La situación provocó la intervención militar encabezada por Fulgencio Batista el 4 de septiembre. Dicha insurrección es conocida como "La Sargentada" o la "Revuelta de los Sargentos". En esa oportunidad los militares destituyeron a Céspedes y desconocieron a sus oficiales. A continuación Batista escogió una Junta de Gobierno de cinco miembros que se denomino "La Pentarquía". La Junta fue liderada por Ramón Grau San Martín. Los oficiales del Ejército trataron de oponerse a los sargentos, pero fueron masacrados. Batista se reservó el cargo de jefe de las Fuerzas Armadas con el grado de coronel. A partir de "La Pentarquía", Batista fue capaz de manipular tras bastidores la escogencia de siete presidentes cubanos, entre 1934 y 1940, antes de aceptar postularse como candidato presidencial.

A la caída de Machado, Grobart regresa a Cuba con el objeto de legalizar el partido comunista. Al efecto da instrucciones a Blas Roca, el secretario general del Partido Comunista Cubano, para que se acerque a Batista, quien no era presidente, pero sí era el hombre fuerte de Cuba. Adicionalmente Grobart convence a Antonio Guiteras para que le ofrezca a Batista detener la violencia a cambio de la legalización de los comunistas.

Gracias a Grobart la relación de los comunistas con Batista floreció, al punto de que este en 1934 emitió un comunicado diciendo que: "El partido comunista... denuncia la violencia y por consiguiente tiene los mismos derechos que cualquier otro partido de Cuba".

El mandato de Grau fue efímero. Apenas duró cien días. El poder detrás del trono era Batista. Tratando de controlarlo, Grau inicio una política de acercamiento a los líderes estudiantiles. Una de sus acciones fue incorporar a Guiteras en su gobierno, nombrándolo ministro del Interior, de Guerra y

Marina. Este cargo convirtió al exdirigente universitario (teóricamente) en el hombre más poderoso de Cuba, aunque en realidad lo era Batista. La jugada no le resultó a Grau. Guiteras, el hombre de acción, no pudo detener a Batista y a sus sargentos.

Durante su gobierno, Grau (forzado por Guiteras) ejecutó algunas medidas que alarmaron a los norteamericanos. Al tomar el poder denunció la odiada enmienda Platt y solicitó su anulación. Ante esta actitud, en 1934, los yanquis no reconocieron al nuevo presidente. El desaire permitió al general Batista solicitar la renuncia de Grau. En esa oportunidad los yanquis negociaron el *impasse* con Batista, proponiendo que se instalara como presidente al coronel Carlos Mendieta, y a cambio accedían a abolir la odiada enmienda Platt. Batista aceptó, porque sabía que Mendieta era un militar mediocre a quien podía controlar.

A la salida de Grau, Guiteras se declara en rebeldía y pasa a la clandestinidad. En 1935 organizó una huelga general que fue su acto de resistencia final. Mendieta decretó la ley marcial aplastando el paro. La represión contra los organizadores de la huelga dirigida por Batista fue mortal. Guiteras fue asesinado el 8 de mayo de 1935 antes de embarcar en el yate Amalia (en el Morrillo en Matanzas) que iba rumbo a México para organizar una expedición contra Batista. Ese día lo acompañaba Carlos Aponte (el revolucionario venezolano ayudante personal de Rómulo Betancourt) y Augusto César Sandino. Luego de las muertes de Mella y Guiteras, no quedó ningún líder comunista de talla en Cuba. Entre tanto, Grobart seguía trabajando en las tinieblas, dando instrucciones y apoyo al lugarteniente de Guiteras, Luis Buch, para vengarlo. Aquel como precursor de Fidel, y este como financista y arquitecto de la revolución fidelista, merecen ser conocidos.

Antonio Guiteras

Un apóstol de la violencia era Guiteras, quien creía que la revolución solamente podía hacerse a través de la confrontación armada. Aunque era un hombre de extrema izquierda, no era un comunista ortodoxo al igual que su émulo Fidel. Su discurso mostraba influencias de diferentes pensadores. Muestra de ello es que, pese a ser antimperialista, también se confesaba demócrata.

A partir de la muerte en 1929 del líder comunista Mella en México, Guiteras toma el control del movimiento revolucionario en la Universidad de La Habana. Desde ese momento arrecian en Cuba los asaltos armados y los ataques dinamiteros acreditados a los comunistas. Esta campaña terrorista, conducida por estudiantes, dio origen a los grupos armados que más tarde se convirtieron en "el bonche" y "los gatillos alegres" de la Universidad de La Habana. Entre 1945 y 1950, Fidel Castro fue miembro activo de dichas pandillas.

Algunas de estas agresiones fueron de gran magnitud. Incluso hubo ataques dinamiteros contra el palacio presidencial y varios ministerios. En 1933, luego de una cadena de ataques terroristas y huelgas dirigidas por el partido comunista desde la Universidad de La Habana, los Estados Unidos presionaron por la renuncia del presidente Machado.

Cuando este entrega el poder a Céspedes en 1933, se iniciaron actos de saqueo y pillaje ejecutados por fuerzas de choque dirigidas por Guiteras, que culminaron cuando el Ejército dirigido por Batista impuso el orden. Luego de que Grobart negoció la paz de los comunistas con Batista, Grau fue nombrado jefe de la Pentarquía y Guiteras fue nombrado ministro. Cuando en 1934 Batista saca a Grau del Gobierno, Guiteras se declaró en rebeldía. En 1935 fue asesinado en Matanzas junto con su camarada, el comunista venezolano Carlos Aponte.

Antonio Guiteras el apóstol de la violencia cubana ocupa junto a José Martí, el apóstol de la Independencia, los sitiales más importantes en el panteón patriótico de Fidel Castro. Esta admiración da fe de las dos máximas prioridades de Fidel. Por un lado su obstinación por ejercer autoritariamente el poder total y su voluntad de usar la violencia para lograr sus objetivos. Estas preferencias dejan claro que Fidel es un caudillo.

La muerte de Guiteras y la aparición de Hitler en el horizonte político europeo hicieron cambiar las políticas internacionales de la URSS. La atrevida injerencia soviética en Cuba para derrocar al presidente Machado fue interrumpida cuando la amenaza nazi empezó a manifestarse. La llegada al poder de Hitler presagiaba una guerra en Europa, y la URSS no podía darse el lujo de seguir fomentando revoluciones de bolsillo en pequeñas islas del Caribe.

Aparte del abortado intento en Cuba, la política de no intervención en Hispanoamérica fue mantenida por la URSS hasta el final de la Segunda Guerra Mundial. Al desaparecer, Guiteras abortó la revolución cubana de los años 30, pero las ideas del apóstol de la violencia no murieron. El dogma del terror como arma política retoñó más tarde en la mente de Fidel Castro. El agente portador fue el lugarteniente de Guiteras, Luis Buch, quien además fue su vengador.

Este desconocido personaje fue un comunista cubano importante pero de muy baja silueta. Cuando el gobierno de Grau fue derrocado, Buch estudiaba en la Universidad de La Habana. Siendo un activista político se integra a la organización Joven Cuba, liderada por Guiteras en la clandestinidad y se convirtió en uno de sus lugartenientes. Durante ese proceso, Buch también se convirtió en un agente secreto de la *Comintern*, controlado por Fabio Grobart.

Luego del asesinato de Guiteras, Grobart asignó a Buch la tarea de ajusticiar a Carmelo González, el traidor que lo había delatado causando su muerte. Un año después del asesinato de Guiteras, Buch envió un paquete con una bomba al chivato. Cumplida su misión mortal, volvió a la universidad y se graduó de abogado. Luego se dedicó a la práctica privada (por muchos años) sin olvidar que era un revolucionario amante de la violencia. Así permaneció como un topo en hibernación hasta que fue llamado por Grobart en los años 50 para trabajar junto a Fidel Castro. En esa actividad jugó un papel muy importante como se verá más adelante.

Guerra Civil española

En 1936 se inicia la Guerra Civil en España luego de que los nacionalistas intentaron dar un golpe contra el Gobierno de la República. Los nacionalistas dirigidos por Franco recibieron apoyo de los nazis de Alemania y los fascistas italianos. Los republicanos recibieron apoyo de voluntarios de varios países agrupados en brigadas internacionales.

En esa guerra, Venezuela tuvo muy poca participación, pero Cuba sí fue más activa enviando voluntarios a pelear por ambos bandos. Durante esta época Grobart estuvo encargado de reclutar a jóvenes cubanos para enviarlos a defender la República. Muchos de los voluntarios cubanos que pelearon por ella regresaron a Cuba convertidos en endurecidos comunistas. Gracias en buena parte a los esfuerzos de Grobart, al final de la Segunda Guerra Mundial, el partido comunista cubano era uno de los más desarrollados de Sudamérica. Para entonces el partido comunista venezolano era minúsculo.

Los soviéticos principalmente proveyeron material de guerra y algunos voluntarios. El armamento ruso incluyó 806 aviones, 362 tanques y 1555 piezas de artillería. Estos embarques de armamento (por un valor de más de 500 millones de dólares) fueron pagados con el oro de las reservas españolas.

Muerte de Juan Vicente Gómez

En diciembre de 1935 muere el vesánico dictador venezolano, Juan Vicente Gómez. Su desaparición da inicio a un periodo de transición dirigido por su ministro de Defensa, el general Eleazar López Contreras. Durante su Gobierno se firmó un acuerdo comercial con los EEUU para estrechar las relaciones comerciales entre ambos países. En ese entonces los norteamericanos eran los principales productores y compradores del petróleo venezolano.

Los años de la guerra, que fueron cruciales para los EEUU y la URSS, produjeron pocos eventos importantes en Cuba y Venezuela. El precio del azúcar se había estabilizado y Batista se había convertido en el hombre fuerte de la isla. Inteligentemente había legalizado el Partido Comunista Cubano y había introducido reformas financieras y sociales que mantuvieron la paz social. Adicionalmente ganó puntos con los americanos permitiendo el establecimiento de bases militares yanquis durante la guerra. En Venezuela el aumento del consumo petrolero —destinado a alimentar las operaciones bélicas— mantuvo un flujo de dinero suficiente para conservar tranquilo al pueblo, lo que permitió la elección de un presidente.

Batista y los comunistas

Gracias a los esfuerzos de Grobart, en 1933 Batista había hecho las paces con los comunistas. Ese pacto de "no agresión" hizo que los comunistas cubanos no atacaran directamente al exsargento por más de dos décadas.

En 1937 Batista autoriza la creación del Partido de Unión Revolucionaria, y al año siguiente permite la publicación del periódico *Hoy*, órgano oficial del partido Comunista.

A finales de la década de los años 30, Batista y los comunistas acordaron permitir "elecciones libres", que les permitiera continuar en control del Gobierno. Así mismo decidieron convocar una asamblea constituyente para redactar una nueva constitución, y legitimar el poder del presidente marioneta Federico Laredo Bru.

En 1940, el cuartel general de la *Comintern* en América Latina se trasladó de México a Cuba. Ese mismo año Batista renunció a su cargo como jefe de las Fuerzas Armadas, y con sus declaraciones antinorteamericanas se lanzó como candidato presidencial. Con el apoyo del partido comunista y de los sindicatos obtuvo el triunfo limpiamente. Entre sus ofertas electorales prometió realizar una reforma agraria y aumentar el control del Estado sobre las industrias del azúcar, tabaco y minería

Durante su Gobierno tuvo dos funcionarios comunistas, quienes más adelante ocuparon cargos de alto nivel en el Gobierno de Fidel Castro: Juan Marinello (perteneció al círculo íntimo de Fidel) y Carlos Rafael Rodríguez (terminó siendo vicepresidente de Cuba).

Con Batista, en 1941 Cuba le declaró la guerra al Eje y en 1943 reconoció a la Unión Soviética. La guerra no trató mal a la isla porque Estados Unidos fijó un precio alto al azúcar, lo cual aumentó la popularidad de Batista durante ese periodo. Al final de su mandato, las clases alta y media cubanas habían aprendido que no había nada que temer de Batista ni de los comunistas.

Fidel adolescente

Cuando Castro llegó a la adolescencia, su padre ya era un hombre acomodado y lo envió a estudiar secundaria como interno al Colegio Belén, el de mayor prestigio social en La Habana. Este instituto era regentado por sacerdotes jesuitas provenientes de España donde habían padecido la sangrienta guerra civil. Esos religiosos eran franquistas, autoritarios y sospechaban de las democracias liberales a las que consideraban masonas, judías o peor, comunistas. Para estos sacerdotes lo peor eran los norteamericanos que los habían humillado escondidos tras los valores humanistas de occidente. Con ellos aprendió que España e Íbero América estaban imbricadas por la Hispanidad y tenían un destino común. Allí cantó muchas veces hasta la ronquera el himno falangista "Cara al Sol" de José Antonio Primo de Rivera. Además luego de clases leía embelesado sobre las victorias de su héroe Hitler sobre los villanos gringos. Las hazañas bélicas le atraían y le hacían sentir la necesidad de labrar su propia epica.

En ese medio monacal autoritario lo académico era lo de menos para el joven Castro, aunque era un muchacho muy inteligente dueño de una memoria fotográfica. Como pupilo se distinguió por ser un buen deportista, un indisciplinado rebelde y un nacionalista antinorteamericano. Su admiración por Martí lo hizo partidario de la idea de la unión hispanoamericana y de los planteamientos de Simón Bolívar. Fuera de lo académico, era un amante de la violencia y se sentía predestinado por una fuerza superior para hacer cosas grandes. Debido a la influencia de su madre era un creyente de la santería y de lo esotérico. Por el lado de su padre amaba la hispanidad.

La Segunda Guerra Mundial era algo que ocurría muy lejos. En el Colegio Belén solamente oía hablar de la grandeza de España, de lo terrible que fue la Guerra Civil, de la firmeza de su paisano Francisco Franco y especialmente del ultraderechista José Antonio Primo de Rivera. De los comunistas sabía poco, tal vez por comentarios de algunos profesores que eran educadores republicanos exiliados. En esa época los jesuitas tenían fama de contestatarios sociales, pero no de comunistas. Las conexiones de los jesuitas con la izquierda radical aún no se habían desarrollado. La teología de la liberación aún no había nacido.

En Belén el comunismo estaba lejos de los intereses de Fidel, quien había sido puesto en manos de los jesuitas para que se fuera haciendo un hombre conservador de bien y con fe. Allí fue un joven hiperactivo y alocado, como muchos de su edad. Inteligente, pero mal estudiante. Tozudo, belicoso y protestatario. Su mentor, el padre Llorente, le auguró un gran futuro. Esta predicción no debe haber sido difícil. El carisma y verbo de Fidel le presagiaban condiciones de líder.

En el colegio, los jesuitas continuaron la labor de su padre inculcándole amor a la hispanidad y odio a los norteamericanos. El rencor había sido ganado en buena lid por los gringos. La destrucción del imperio ibérico, y el saboteo de la Independencia a punto de ser conquistada por los patriotas, fue una ofensa equivalente a la castración pública. Cuando los gringos impidieron que los mambises (al mando del general Calixto García) entraran a Santiago de Cuba a declarar la Independencia en 1898, causaron en el alma cubana una herida imposible de cicatrizar. La mutilación al honor de los patriotas fue una declaración de guerra que aún sigue vigente, y que todavía tiene gran peso político en Cuba.

La Segunda Guerra Mundial sorprendió a Fidel en la pubertad y lo acompañó hasta terminar el colegio. Aunque no combatió, las noticias de operaciones bélicas en lejanas tierras han debido interesar al joven amante de la violencia que se veía a sí mismo como un futuro guerrero. La pugna entre visiones políticas antagónicas le debe haber llamado la atención y seguramente ha debido tender hacia alguno de los bandos. Es probable que se haya inclinado por el Eje. La afinidad entre las ideas de esta alianza con las del fascismo español que le había inculcado su padre y los jesuitas era evidente. El rechazo a los norteamericanos (por impedir que los patriotas dieran la Independencia a Cuba) ha debido jugar un papel en sus simpatías. Entre todas esas influencias, en el subconsciente de Fidel vibraba una que buscaba aflorar, pero que no tenía cabida en ese momento. Había una potencia que no participaba en el conflicto pero estaba latente: la unión hispanoamericana.

Embajada soviética

Al final de la Segunda Guerra Mundial, la URSS —tras casi dos décadas de creada— no había podido ir más allá de la primera etapa del plan de Lenin para apoderarse del mundo. Pese a los contratiempos, los comunistas mantuvieron vivo este proyecto imposible. En su mente, Lenin había grabado que algún día serían los dueños del planeta. Entretanto, la alianza con los estadounidenses les dio respetabilidad a los soviéticos permitiéndoles abrir una embajada en Cuba. En una época de pocos recursos, el embajador soviético en La Habana era el mismo embajador en los EEUU. Era poco, pero era el comienzo. Era el primer paso.

En la Cuba de 1943 estas ideas apenas estaban en gestación. Los soviéticos abrieron su embajada para ir probando las aguas en Hispanoamérica y estrechar vínculos con los comunistas cubanos. En esa época muchos jóvenes, motivados por el apoyo soviético a la República en la Guerra Civil española y la heroica lucha contra los nazis, querían saber más sobre la URSS.

Siendo alumno en el colegio Belén, Fidel fue invitado con otros compañeros a inocentes veladas culturales en la nueva embajada soviética. Para los comunistas era un medio de reclutamiento, para los estudiantes era la oportunidad de satisfacer su curiosidad sobre esa nueva ideología que se estaba poniendo de moda. Fidel ya tenía 17 años y sabía que los invitados eran estudiantes seleccionados entre los de mayor potencial de liderazgo. Esta distinción lo enorgullecía y la tomaba como un reconocimiento adelantado a su brillante futuro.

En la embajada, diversos expositores explicaban los avances sociales de su revolución, así como las ventajas sobre el demonio imperialista de Occidente. Las tediosas charlas siempre concluían con el pronóstico del triunfo ineluctable de la revolución comunista. Entre los conferencistas estaba Fabio Grobart. Fidel, que normalmente no ponía atención a esas monsergas, se despabiló cuando este personaje mencionó los nombres de Mella y Guiteras. Ambos revolucionarios asesinados le interesaban mucho. Especialmente el último, que había sido un revolucionario cubano recordado por poca gente, pero que él admiraba por su amor a la violencia.

Al terminar la exposición de Grobart, Fidel lo abordó haciendo varias preguntas sobre ambos personajes, aunque su mayor interés estaba en Guiteras. En relación a este último, Grobart le hizo ver que no había sido comunista pero que fue un gran revolucionario. Luego le contó muchas historias que sobrecogieron el espíritu del colegial. Con el correr del tiempo, Guiteras se convirtió en el héroe de cabecera de Fidel y en su arquetipo. Luego de oír las historias de Grobart, Castro se "enamoró" de Guiteras y a partir de ese momento nació su obsesión por emularlo. Guiteras no había podido hacer la revolución, pero él lo lograría. Él tampoco era comunista, como su paradigma, pero podía trabajar con ellos y conseguir su ayuda para lograr sus propósitos contra los gringos.

En ese momento, Fidel no tenía idea de que su vida se entrecruzaría muchas veces (a lo largo del tiempo) con la de Grobart, quien era mucho mayor que él. Aquel, por su parte, se quedó ese día sorprendido con la impetuosidad e inteligencia de Fidel, y pensó para sus adentros que parecía un joven Guiteras.

En otra velada de la embajada soviética, Fidel se enteró de que la URSS había abierto una embajada en Venezuela. Este hecho le llamó la atención y le hizo preguntarse: ¿Qué interés podría tener Moscú en ese país? Para entonces Fidel sabía poco sobre el tema. Su perspectiva se limitaba a una somera visión de la epopeya de Simón Bolívar y un superficial conocimiento de sus ideas sobre la "patria grande". Este asunto le interesaba porque podría serle útil para sus planes futuros.

Al salir de la embajada decidió investigar en la biblioteca del colegio. Al hacerlo descubrió asombrado que esa antigua colonia española era el principal exportador de petróleo del mundo y el tercer productor luego de los Estados Unidos y la URSS. Venezuela producía casi la misma cantidad de petróleo que los soviéticos. Esa revelación le hizo apreciar aún más la patria de Bolívar. No tenía que hacer muchos cálculos para darse cuenta de que la renta petrolera venezolana podía costear fácilmente la empresa de unir a Iberoamérica. A partir de ese momento, nunca dudó de que el control de Venezuela sería indispensable para lograr su gran objetivo.

Elección de Medina Angarita

En 1941 el Congreso Nacional elige como presidente constitucional al general Isaías Medina Angarita. El 9 de diciembre de ese año (al ocurrir el ataque japonés contra Pearl Harbor), el presidente Medina declaró su solidaridad con los Estados Unidos y congeló los fondos de los países del Eje en Venezuela. El 31 de diciembre rompió relaciones con Alemania, Italia y Japón. Acto seguido, el Gobierno venezolano adoptó un estado de alerta ante los rumores de una posible invasión alemana para apoderarse de los pozos petroleros. A partir de ese momento Venezuela mantuvo una actitud neutral, pero demostrando claras simpatías hacia los aliados.

Durante la guerra, Venezuela jugó un rol de vital importancia por el aumento de su producción, que la convirtió en el primer proveedor de petróleo a los Estados Unidos. En esa época las principales empresas explotadoras del hidrocarburo en el país eran norteamericanas. Venezuela llegó a ser el tercer productor mundial de petróleo después de la URSS y los Estados Unidos. Al final de la guerra, en febrero de 1945, Venezuela le declara la guerra a los países del Eje.

La alianza de la URSS con los Estados Unidos para enfrentar a Hitler mejoró las relaciones entre estos dos imperios. Stalin en señal de amistad eliminó la *Comintern* reduciendo los temores del expansionismo comunista. La

Segunda Guerra le dio a la URSS estatus de potencia mundial y los hizo aceptables para Occidente. Esta decisión de Stalin permitió que la Unión Soviética estableciera embajadas en Cuba (en 1943) sin dificultades, así como en Chile y Costa Rica (en 1944), Brasil, Venezuela, Guatemala y Bolivia (en 1945), Argentina (en 1946) y restableciera las relaciones diplomáticas con México y Uruguay. En varios de estos casos no llegó a producirse el intercambio de embajadores.

Las buenas relaciones entre los norteamericanos y los soviéticos fueron apenas una tregua que iba a suspenderse una vez que el Eje Alemania-Italia-Japón fuese derrotado. Las diferencias ideológicas eran imposibles de apaciguar y los enfrentamientos futuros eran inevitables. Cada uno de los dos grandes imperios tenía ambiciones planetarias y había un solo planeta para compartir.

El mundo occidental empezó a preocuparse por el avance comunista en Europa Oriental y las estrechas relaciones de los partidos comunistas hispanoamericanos con el Kremlin. Adicionalmente, Stalin se apropió *manu militari* de Europa Oriental ayudado por la quinta columna que había infiltrado en esos países. Dentro de este ambiente caldeado llegó Fidel a la universidad, cuando se iniciaba la Guerra Fría. En ese momento ya había escogido en qué bando se iba a ubicar al graduarse. El lucharía por la "patria grande" contra los imperios. No era comunista, pero odiaba a los norteamericanos. Los enemigos de sus enemigos son sus amigos.

CAPÍTULO 8

EL APOGEO AMERICANO

Fin de la Segunda Guerra Mundial

A fines de la última conflagración mundial se empezó a hablar en América Latina del advenimiento de una era democrática para remplazar las dictaduras militares que eran el azote de la región. Gracias a la prédica del presidente norteamericano Franklin Delano Roosevelt, Venezuela y Cuba empezaron a dar sus primeros pasos por la vía electoral. Ambos países eran monoproductores y su mejor cliente eran los americanos. Las dos antiguas colonias españolas tenían una historia caudillista y no sería fácil cambiar esa acendrada idiosincrasia, pero en ese momento los americanos estaban en la cúspide de su poder y sus deseos eran órdenes.

En Cuba el dictador Fulgencio Batista, presionado por Washington, había dado paso en 1944 al presidente electo Ramón Grau San Martín. En Venezuela el general Isaías Medina estaba culminando su periodo de Gobierno, que había sido relativamente democrático, y se preparaba para entregar el poder por medio de elecciones a fines de 1945. En ese momento todo apuntaba al inicio de una nueva época en la política de la región, pero había algo que presagiaba problemas futuros. Al terminar la guerra concluyó la alianza temporal entre americanos y soviéticos, lo que dio inicio a otra fase del conflicto entre ambos imperios que se llamó Guerra Fría. Esas dos potencias con modelos de Gobierno muy diferentes iban a dirimir la supremacía mundial en los años próximos.

En 1945 Fidel era un joven prometedor de 19 años que estaba terminando sus estudios de secundaria en el exclusivo Colegio Belén, y frecuentaba las veladas culturales celebradas en la embajada de la URSS en La Habana. Esos convites de muchachos creaban oportunidades de adoctrinamiento y reclutamiento. Los comunistas contaban conque los estudiantes serían la vanguardia de la revolución y Fidel era un posible alistado. El joven no estaba enamorado del comunismo, pero veía la URSS como un posible aliado.

El fin de la Segunda Guerra Mundial en 1945 marcó el apogeo norteamericano en el mundo. Parecía inevitable que el poder casi omnímodo en manos de los estadounidenses los haría barrer a sus rivales. Pero la vida da sorpresas. Poco después del triunfo, la imagen del *americano feo* se extendió en muchas partes del mundo. Los triunfadores comenzaron a ser odiados y la URSS empezó a competir por la primacía en el planeta. La hegemonía americana presentaba flancos a cómodos ataques. Los dos grandes imperios representaban dos culturas que no solamente diferían en lo político y económico, sino que también tenían ambiciones de dominio mundial y creían en valores distintos. La confrontación imperial puso sobre el tapete la vieja pendencia histórica entre Oriente y Occidente.

Fidel en la universidad

Al terminar sus estudios de secundaria en el colegio, Fidel Castro ingresó a la Facultad de Derecho de la Universidad de La Habana. En la escuela no fue un estudiante aplicado aunque sus profesores le vieron potencial. Como muchos jóvenes, había sido fogoso y rebelde contra la disciplina impuesta por sus superiores. En su hogar había rezongado frente a sus padres, y había refutado a sus maestros en la escuela. Ahora cuando estaba a punto de iniciar la universidad tenía que confrontar sus ambiciones con la nueva realidad.

Su objetivo no era convertirse en un académico sino en un hombre de acción dedicado a la política. Para ello, primero planeaba unirse a las pandillas de gatillos alegres y tener una base de operaciones. Luego trataría de controlar la Federación de Estudiantes (FEU) y, finalmente, al graduarse pensaba dedicarse a la política para ser presidente de Cuba. Todos estos hitos preliminares eran la parte fácil de una ruta trazada en su mente para lograr objetivos mayores.

Al llegar a la imponente escalinata que da acceso a la colina de la universidad se sintió nervioso. Su padre —que era un acaudalado terrateniente— le había regalado un auto nuevo, una pistola 45 y suficiente dinero para no preocuparse, pero iba a entrar en un territorio no explorado. Por fortuna su madre le había inculcado que era un "predestinado", y por ello tenía confianza en que sería fácil convertirse en cabecilla de banda y líder estudiantil. La universidad era solamente la antesala de la vida en la cual obtendría un título que no pensaba utilizar.

Lo más importante de esta etapa era la experiencia y el prestigio viril que ganaría en combates callejeros liderando pandillas armadas. Paralelamente, desarrollaría destrezas políticas que serían necesarias para alcanzar la presidencia de la Federación de Estudiantes. Ese cargo era el trampolín obligado para entrar a la vida política y eventualmente llegar a la presidencia de Cuba. Más allá de esta etapa, muchas ideas grandiosas le bullían en la cabeza. Para financiar su gran proyecto, Venezuela jugaba un papel fundamental y constituía la llave de su futuro

Antes de entrar a la universidad, Fidel había leído el libro *La raza cósmica*, del mexicano José Vasconcelos. Esa obra lo había convencido de que los hispanoamericanos eran la raza del futuro, pero para llegar allí tenía que remover antes el dominio norteamericano. No sería una tarea fácil pero era un "predestinado" y tenía un plan.

Los gringos también tenían un propósito: democratizar la América hispana. A fines de la Segunda Guerra Mundial, gracias a la prédica del presidente Franklin Delano Roosevelt, Venezuela y Cuba empezaron a dar sus primeros pasos por la vía electoral. En Cuba, el dictador Fulgencio Batista había dado paso en 1944 al presidente electo Ramón Grau San Martín. En Venezuela, el general Isaías Medina estaba culminando su periodo de Gobierno, que había sido relativamente democrático. Todo apuntaba al inicio de una era democrática en la región, pero los soviéticos tenían otras ideas.

Al terminar de ascender los escalones que conducían a la universidad, Fidel no imaginó que en esos momentos un grupo de conspiradores se estaban reuniendo en Caracas en una confabulación para derrocar al presidente de Venezuela.

La Revolución de Octubre

El golpe de 1945, conocido en Venezuela como la Revolución de Octubre, dio al traste con el Gobierno de apertura democrática de Medina Angarita. Este general era un hombre liberal, que incluso había creado su propia organización política, el Partido Democrático Venezolano (PDV) para competir en comicios libres. Medina como presidente fue aún más lejos. Aprobó una ley de reforma agraria, concedió el voto a las mujeres y a los analfabetos y legalizó a los comunistas. Ese general no era el típico militar sudamericano de la época. Pese a no ser izquierdista, su accionar en materia petrolera originó roces con las empresas petroleras norteamericanas, y el Gobierno norteamericano empezó a tener reservas sobre sus inclinaciones políticas. Pese a los recelos, Medina se aprestaba a entregar democraticamente el poder al nuevo presidente que sería electo en 1946.

Al aproximarse las elecciones, Rómulo Betancourt —el principal líder de la oposición— contactó a Medina para llegar a un acuerdo que permitiera aceptar al candidato del Gobierno. De acuerdo a las reglas electorales vigentes en ese momento, el Congreso dominado por el régimen designaría al nuevo presidente. Esto convertía al candidato postulado por Medina en el virtual presidente. Ante esta situación, Betancourt manifestó que su partido Acción Democrática estaba dispuesto a consentir la candidatura de quien garantizara aprobar una reforma constitucional para la elección popular del presidente de la República, de los senadores y diputados. Ante esta propuesta, Medina ofrece presentar la candidatura de Diógenes Escalante. La proposición fue aceptada, pero al comienzo de la campaña electoral algo inesperado ocurre. Escalante enloquece y el acuerdo se rompe cuando Medina proclama a Ángel Biaggini como remplazo. Para la oposición esta selección no era aceptable. A partir de ese momento se liberaron los demonios golpistas.

Además de la inviabilidad política del candidato, las decisiones de Medina de legalizar el partido comunista y permitir la apertura de la embajada soviética en Caracas habían creado malestar entre los militares derechistas venezolanos e incluso en Washington. Los militares además murmuraban por la permanencia indefinida en los mandos del Ejército de un grupo de generales y coroneles gomecistas, que se mantenían en el control de las Fuerzas Armadas.

Rómulo Betancourt —entonces el político venezolano más popular— sentía además que Medina propiciaba el hecho de que los comunistas invadieran los predios de su partido. Betancourt estaba al tanto de que los militares conspiraban con los norteamericanos para dar un golpe de Estado. Tomado entre estos fuegos, Betancourt decidió conversar con los líderes de la conspiración: los mayores Marcos Pérez Jiménez, Julio César Vargas, Carlos Delgado Chalbaud y Edito Ramírez. Poco después Medina detecta la conspiración y saca del país a Pérez Jiménez enviándolo como agregado militar en Argentina. Al sentirse descubiertos, los conjurados adelantaron sus planes y tomaron el poder el 18 de octubre de 1945. El derrocamiento de Medina fue la primera manifestación de la Guerra Fría en Hispanoamérica.

El golpe de Estado de 1945 fue promovido por un grupo de civiles miembros de Acción Democrática confabulados con oficiales de las Fuerzas Armadas. El poder fue asumido por los civiles Rómulo Betancourt, Luis Beltrán Prieto Figueroa y Gonzalo Barrios conjuntamente con dos militares: el mayor Carlos Delgado Chalbaud y el capitán Mario Vargas. Pérez Jiménez (que estaba exiliado en ese momento) permaneció en las sombras. Después del golpe de Estado, el partido comunista fue ilegalizado y pasó a la clandestinidad.

El derrocamiento de Medina abrió paso a la inestabilidad política en Venezuela. A partir de allí, durante la siguiente década, los golpes de Estado estuvieron a la orden del día. La Guerra Fría había comenzado y los norteamericanos empezaron a apoyar a dictadores militares como contrapeso al avance comunista. Este contrapeso a la larga tuvo efectos contrarios a los deseados. El rechazo a los abusos de los militares permitió a los comunistas crecer en la clandestinidad e infiltrar otros partidos y las Fuerzas Armadas. Paralelamente, a nivel internacional, el contubernio entre los Gobiernos norteamericanos con los dictadores de derecha fue creando inquina entre los hispanoamericanos. Esta antipatía fue hábilmente aprovechada por los comunistas para captar nuevos simpatizantes.

La hispanidad

Lo ocurrido en Venezuela no preocupó mucho a Fidel Castro. Para él los golpes militares facilitaban sus planes. En la universidad le dedicaba más tiempo a tratar de desarrollar sus proyectos personales que a estudiar. La idea de controlar una banda propia se estaba haciendo difícil, al igual que la posibilidad de convertirse en un gran líder estudiantil. Los desaires y fracasos en ambas empresas le obligaban a pensar en otras alternativas dentro de la universidad. Él estaba seguro de que su idea de la unión hispanoamericana era algo viable, pero para impulsarla tenía que controlar Cuba como base de operaciones y a Venezuela como fuente de financiamiento. En ese momento esas ideas eran solamente fantasías. Sabía que estaba muy lejos de pensar seriamente en esa eventualidad, pero su mente sí podía divagar sobre el concepto de hispanidad y de la raza hispanoamericana.

En la mente de Fidel la idea de la raza cósmica era una continuación natural de la idea de la hispanidad, que le había inculcado su padre en Birán y los jesuitas en el colegio. Esa raza se había engendrado en las colonias españolas de América, que ahora languidecían atomizadas bajo el yugo del imperio norteamericano. La cultura hispanoamericana tendría que unirse para alcanzar el sitial que se merece, como heredera legítima de la grandeza de la cultura ibérica. La hispanidad es la comunidad de gente que comparte una herencia ibérica común. España y varias de sus antiguas colonias celebran el 12 de octubre como el día de la hispanidad al cual los hispanoamericanos llamamos el "Día de la raza". La raza es una cultura huérfana en busca de un líder que la integre de nuevo bajo un solo Estado-nación. Con esos pensamientos en mente, un buen día Fidel se sintió predestinado a ser el paladín de Hispanoamérica.

El pensamiento sobre la hispanidad fue popularizado por José Antonio Primo de Rivera. Este era hijo del general fascista Miguel Primo de Rivera, el dictador español que dio un golpe de Estado en 1923 derribando el Gobierno constitucional. El fascismo tuvo su época de esplendor en Europa después del fin de la Primera Guerra Mundial. La toma del poder por Primo de Rivera fue parte de la ola que llevó al Gobierno a Mussolini y a Hitler. Para los fascistas la democracia era una fachada presta a engañar al pueblo, mientras los países se hundían en la pobreza. Para Primo de Rivera la gloria del imperio español solamente se recuperaría acabando con la democracia y creando un Estado todopoderoso, en el cual los súbditos serían "soldados" de la patria.

José Antonio nunca gobernó España. A comienzos de la Guerra Civil fue detenido y fusilado sumariamente por las fuerzas republicanas. Francisco Franco tomó sus banderas y lo convirtió en un mártir. Las ideas de José Antonio sobre la unión de los pueblos de habla hispana, junto con el pensamiento fascista de su padre, fue inculcado en el joven Fidel por uno de sus preceptores en el colegio, el padre Alberto de Castro.

Estas enseñanzas fueron combinadas en la mente de Fidel con la ojeriza antinorteamericana. Como resultado de este torbellino de ideas se acendró en su mente el pensamiento de que algún día conduciría a los hispanoamericanos a enfrentar el imperio yanqui. Él estaba convencido de que luego de hacerse con el poder en Cuba, sería el alquimista capaz de fusionar el comunismo con el fascismo y la hispanidad, lo que daría paso al fidelismo hispanoamericano orientado a destruir a los yanquis. Esa imagen descabellada estaba sembrada en su espíritu, pero en la universidad estaba muy lejos de hacerla realidad.

La raza hispanoamericana

Para ser políticamente correcto, Fidel remplazó la bandera de la hispanidad con el pendón de la unión hispanoamericana. Esta idea lo atrajo hacia Simón Bolívar. Aunque este gran héroe no tuvo nada que ver con la Independencia de Cuba, a Fidel lo sedujo su fallido sueño de integrar la América hispana y su antipatía contra los norteamericanos.

José Martí (el héroe nacional cubano) también era un promotor de esa unión y, al igual que Bolívar, abrigaba serias dudas sobre las intenciones norteamericanas en la región. Luego de la muerte en combate de Martí se produjo la invasión norteamericana a Cuba, como consecuencia de la explosión del acorazado norteamericano Maine ocurrida en La Habana en 1898. A raíz de ese incidente, Estados Unidos declaró la guerra a España e invadió Cuba, que se encontraba en plena Guerra de Independencia. Los norteamericanos ocuparon militarmente la isla hasta 1902 y al retirarse le concedieron la libertad, pero incluyeron en su constitución la enmienda Platt. Con ella los EEUU se arrogaron el derecho de intervenir en Cuba cuando lo creyeran necesario. Al impedir que los cubanos se liberaran por sus propios medios, e incluir la enmienda Platt en la constitución, los yanquis causaron una profunda herida en la psiquis del pueblo cubano. Fidel nunca olvidó esta afrenta y se consideró llamado por el destino a vengarla.

La intervención norteamericana en Cuba no fue la única. Las frecuentes injerencias de la gran potencia en la región crearon animadversión hacia los gringos. En reacción contra estas ofensas, los hispanoamericanos decidieron cambiar el nombre de la celebración del descubrimiento de América designado como "Día de la hispanidad" a "Día de la raza" en una clara referencia al libro de Vasconcelos. Este mensaje implícitamente indicaba que los hispanoamericanos eran una raza que algún día haría valer sus derechos.

En realidad los hispanoamericanos no conforman una raza, sino una cultura. El mensaje enviado a los americanos era fuerte y claro: somos una cultura y tenemos orgullo de ser hispanoamericanos. Esto indica que hay conciencia de pertenecer a una cultura separada y dispersa en varias repúblicas. Miranda y Bolívar fueron los primeros en intentar crear una nación como hogar único para esta cultura, pero ambos fallaron en su empeño. Las circunstancias convirtieron a Fidel desde muy joven en un furibundo promotor de la integración hispanoamericana y en un fiero enemigo de los norteamericanos.

Para un hombre joven y ambicioso, el cielo es el límite. Siendo un hombre impetuoso y mesiánico, se imaginó que algún día sería capaz de unir todas las repúblicas hispanoamericanas en una sola nación bajo su égida para enfrentar a los norteamericanos. Para hacerlo necesitaba tomar primero el poder en Cuba y luego disponer de muchos recursos para ejecutar su plan. Esa tarea titánica no arredró a Fidel. Él tenía la vida por delante para realizar su sueño, luego de pasar por la universidad. Sabía que si lograba controlar Venezuela tendría resuelto el problema del financiamiento. Lo demás dependía de su liderazgo.

El Trienio de Betancourt

La Junta de Gobierno encabezada por Betancourt se mantuvo en el poder por un periodo de tres años, que fue denominado "El Trienio". Durante ese lapso promovió una serie de reformas políticas, económicas y sociales con el objeto de modernizar el país. En lo político prometió la libertad de actuación de los partidos, pero al mismo tiempo prohibió las actividades del PDV (el partido de su predecesor Medina Angarita a quien expulsó del país junto al expresidente López Contreras). Una disposición muy importante fue la convocatoria a una Asamblea Constituyente para elaborar una nueva constitución y su promesa de realizar elecciones presidenciales universales, directas y secretas para las cuales él no se presentaría como candidato.

En materia electoral prometió realizar elecciones para instaurar un nuevo Congreso, restituir las garantías constitucionales y respetar la libertad de prensa y de agrupación sindical. Aprovechando esta apertura, poco después se crearon dos nuevos partidos: Unión Republicana Democrática (URD) ubicado a la izquierda de AD con inclinaciones socialistas y el Comité de Organización Política Electoral Independiente (COPEI) de tendencia centroderechista.

En el ámbito económico, el mayor aporte de esta Junta fue haber establecido que la participación del Estado en el negocio petrolero debía ser igual a la mitad de las ganancias obtenidas en la explotación del hidrocarburo. Esta revolucionaria ley se hizo famosa como la ley del 50% o Ley *fifty-fifty,* que incrementó notablemente los ingresos del Estado.

En materia internacional rompió relaciones con países bajo dictaduras, incluyendo la España de Francisco Franco, la Nicaragua de Anastasio Somoza y la República Dominicana de Rafael Leónidas Trujillo. Durante este periodo la Junta de Gobierno enfrentó varios alzamientos y conspiraciones, los cuales dejaron claro que la cultura golpista aún seguía viva entre los militares.

La Legión del Caribe

Durante el trienio en que Betancourt estuvo al frente de la Junta de Gobierno Venezuela se convirtió en un polo de atracción de exiliados políticos socialdemócratas y comunistas. Betancourt había sido comunista en su juventud pero luego abandonó esa ideología. Su fiera política enfrentando las dictaduras lo llevo a acoger en Venezuela a lideres socialdemócratas que buscaban extender la social democracia en la región. En este grupo de lideres exiliados en Caracas estaba Juan Bosch, un izquierdista dominicano de quien hablaré mas adelante.

La faceta integracionista de Betancourt jugó un papel importante, pero poco conocido en el trienio de su Gobierno. Durante su mandato, el presidente venezolano —trabajando en conjunto con la Legión del Caribe— apoyó en forma encubierta acciones armadas dirigidas a derrocar dictaduras en la región. Lo hizo con el objeto de formar una confederación de países democráticos del Caribe, que sería la base para realizar el sueño de Bolívar de crear una unión hispanoamericana.

Con esta idea en mente, Betancourt empezó apoyando entre 1945 y 1946 a José Figueres en su lucha contra el Gobierno del presidente Calderón, en Costa Rica. Posteriormente Betancourt financió en 1947 una fallida invasión a República Dominicana, desde Cuba. Por último, en 1948 apoyó a Figueres en la campaña que lo llevó al poder y le permitió derrotar el Ejército de Costa Rica y a los comunistas. El apoyo a Figueres tenía como propósito convertir Costa Rica en una base. Desde ella se lanzarían futuras invasiones para derrocar los dictadores de Nicaragua, El Salvador y Honduras, y remplazarlos por líderes democráticos para luego formar una unión centroamericana. Esta organización se integraría a la futura unión del Caribe, que formarían Venezuela, Cuba, Guatemala y República Dominicana, la cual a su vez daría vida a una confederación de repúblicas democráticas caribeñas. Esta unión sería el primer paso hacia la integración hispanoamericana que había sido el sueño de Bolívar. Sin embargo, estos planes fracasaron con la excepción de la toma de Costa Rica por Figueres.

A fines de 1946, Betancourt convoca a una reunión privada al político y escritor dominicano Juan Bosch, quien estaba asilado en Caracas. El presidente venezolano le propuso que fuera el jefe de una invasión a República Dominicana, que Venezuela financiaría secretamente. El plan sería apoyado por los presidentes miembros de la Legión del Caribe incluyendo a Juan José Arévalo (presidente de Guatemala) y a Ramón Grau San Martín, (presidente de Cuba).

Juan Bosch aceptó la propuesta y organizó secretamente en Caracas un grupo para formular el plan destinado a la invasión. En 1947 se aprueban y asignan recursos financieros a Bosch, quien marcha a Cuba, a organizar la invasión. La Perla del Caribe sería el lugar de entrenamiento y punto de partida del ataque destinado a derrocar al tirano general Rafael Leonidas Trujillo.

Betancourt desde Venezuela cubrió secretamente la mayor parte de los costos para el equipamiento de la expedición. Arévalo en Guatemala se ocupó de almacenar el material de guerra hasta que se fijara la fecha de la invasión.

Grau San Martín costeó los gastos de alojamiento y alimentación en Cuba. Además, permitió que en la isla se hiciera el reclutamiento y entrenamiento bajo la dirección de personas que laboraban en su Gobierno. Las medidas para resguardar el secreto de esta operación no fueron efectivas. Trujillo se enteró de la invasión poco antes de que zarpara y logró convencer a los norteamericanos de detenerla por ser una acción dirigida por izquierdistas.

Cuando la expedición estaba lista para zarpar de Cayo Confites (en Cuba), el Gobierno norteamericano lo impidió abortando la invasión. Uno de los soldados en el grupo invasor era un joven universitario desconocido llamado Fidel Castro.

Los gatillos alegres

Mientras Betancourt hacía los preparativos preliminares para la invasión de República Dominicana, Castro daba sus primeros pasos en la universidad. Para comenzar se lanzó como candidato a delegado de curso, y luego para el cargo de presidente de la Escuela de Derecho, pero perdió ambas elecciones. Las derrotas electorales lo convencieron de que no podía ser electo sin pertenecer a una pandilla. Esto lo llevó a intentar ingresar a la banda más poderosa, cuyo cabecilla era Manolo Castro, quien a la vez era el presidente de la FEU. La banda de Manolo era el Movimiento Socialista Revolucionario (MSR). Fidel imaginó que luego de unirse a esa cuadrilla podía controlarla y convertirse en su jefe. Para su sorpresa, su solicitud de ingreso fue rechazada por Rolando Masferrer, uno de los jefes de la pandilla.

Ante el desaire, a Fidel no le quedó más alternativa que unirse a la segunda banda en importancia: la Unión de Izquierda Revolucionaria (UIR) dirigida por Emilio Tró. En esa cuadrilla Fidel no pasó de ser un pistolero más, y no el jefe de pandilla que quiso ser. Cuando Enrique Ovarez fue electo presidente de la FEU (al graduarse Manolo Castro) su meta de ser presidente de la federación por la vía del voto se esfumó. Solamente le quedaba la senda de la violencia para destacarse en su pandilla.

Dentro del UIR, Fidel organizó un grupo integrado por sus secuaces más cercanos. Entre ellos estaban Rafael Del Pino Siero, Orlando García Vázquez y Gustavo Ortiz Fáez. Los dos primeros prestaron servicio en el Ejército norteamericano, y los tres han sido señalados como posibles infiltrados de la CIA en UIR. Con su grupo, Fidel participó en varios enfrentamientos armados siendo acusado de dos asesinatos. Realizó acciones efectistas tratando de adquirir notoriedad. Esas actividades no le dieron el renombre esperado. Los supuestos asesinatos no fueron comprobados y el frustrado postulante a jefe de pandilla se mantuvo a la deriva. A mediados de 1947 descubrió que en la universidad se cocinaba un proyecto de invasión de República Dominicana promovido por la Legión del Caribe. Esta noticia lo emocionó. El destino le había puesto en sus manos la oportunidad de hacer su propia gesta y convertirse en un héroe.

Invasión de Cayo Confites

Las tropas, y el material para la invasión de República Dominicana, iban a concentrarse en un islote en el oriente de Cuba denominado Cayo Confites. La operación era mantenida en secreto y protegida por el Gobierno del presidente cubano Grau San Martín. El cuartel general de la expedición estaba situado en el Hotel San Luis, cerca del Malecón. El líder civil de la invasión era Juan Bosch, un escritor y político dominicano. El segundo en el mando era el comandante Enrique Jiménez Moya, un dominicano que había vivido en Caracas por muchos años y tenía estrechos contactos con el Partido Comunista de ese país.

Grau había encargado al exjefe de la FEU Manolo Castro (el director de deportes de su Gobierno) de ocuparse del apoyo logístico local para proveer hotel y comida. La organización, reclutamiento y entrenamiento de la fuerza estaba a cargo de Rolando Masferrer, un cubano con experiencia como oficial en la Guerra Civil española. La oficina de reclutamiento quedaba en las oficinas del MSR en la Universidad de La Habana. El principal apoyo financiero para la compra de armas, barcos, aviones, munición, uniformes y otros pertrechos fue provisto secretamente por el Gobierno venezolano. A Betancourt no le interesaba crear conflictos con los americanos, quienes eran sus principales clientes petroleros por lo tanto adoptó una baja silueta. Con el proceso organizativo en marcha, Fidel aplicó como voluntario ante Masferrer, quien lo rechazó otra vez. Ante este nuevo desprecio, Fidel decidió recurrir a un ardid para ser aceptado.

El recluta Fidel

Castro tiene una mente muy ágil. Al llegar a su casa creó una organización virtual: el "Comité pro democracia [sic] en República Dominicana". Como jefe del Comité le envío una carta a Bosch invitándolo a dictar una conferencia en la Universidad de La Habana. Fidel en persona entregó la misiva en el hotel San Luis, donde se hospedaban los exiliados dominicanos. Para su satisfacción, Bosch aceptó la invitación.

En la universidad, a Fidel no le fue difícil reunir un grupo de compañeros para atender la conferencia. Él mismo hizo la presentación de Bosch impresionándolo con su elocuente oratoria y magnetismo. Al terminar la charla del dominicano, Fidel lo acompañó y le pidió ser aceptado como voluntario en la invasión, tras prometerle que aportaría por lo menos 500 seguidores. Bosch conmovido por los esfuerzos de Fidel por su país, e impresionado por la oferta de tropas adicionales, dio instrucciones a Manolo Castro para que este voluntario fuese aceptado. A Manolo y Rolando no les quedó otra alternativa que aceptar al indeseado recluta.

El grueso de los dominicanos y voluntarios de otros países se albergaban en el hotel San Luis, cerca del malecón en La Habana. Pronto saldrían hacia Holguín a recibir entrenamiento militar, junto con voluntarios cubanos. Finalmente se concentrarían en Cayo Confites antes de zarpar hacia República Dominicana.

A los pocos días, Fidel se presentó en el campo de entrenamiento acompañado solamente por tres amigos. Durante la instrucción militar hubo un altercado entre Fidel y Masferrer, que terminó cuando este le propinó un puñetazo en la cara al indisciplinado recluta. Fidel nunca perdonaría este agravio ni la humillación que sufrió con el rechazo de Manolo Castro.

El 22 de junio de 1947 la expedición estaba a punto de zarpar con 4 barcos, 13 aviones y 1200 hombres. Los preparativos se habían hecho con mucha bulla y poca atención por el secreto, por lo cual Trujillo estaba enterado de lo que se tramaba. Poco antes del día fijado para partir, el dictador dominicano denunció la incursión ante los norteamericanos y amenazó al presidente Grau San Martín con bombardear La Habana si se lanzaba la invasión. La amenaza de Trujillo —combinada con presiones del presidente norteamericano Harry

Truman— hizo abortar la expedición. Las tropas que ya estaban a bordo fueron obligadas a desembarcar y sus ocupantes fueron detenidos por unos pocos días. Al ocurrir el abordaje, Fidel optó por lanzarse al mar en la Bahía de Nipe cerca de la costa y de su casa en Birán.

Nadó sin problemas a tierra y caminó hasta la casa de sus padres. Pendiente de crearse su épica personal, la fértil imaginación del joven convirtió su huida en una odisea caribeña. Ese mismo día creó la historia de una fuga espectacular producida en su fértil imaginación. Según esa fábula, Fidel se lanzó a un mar proceloso lleno de tiburones con una ametralladora al cuello. Luego de una peligrosa travesía a nado, por más de 10 millas, llegó exhausto a la playa de Nipe. Estando a punto de ahogarse fue rescatado por unos campesinos. Esa versión heroica forjada aparece en los libros de historia cubanos para crearle a Fidel una aureola de invencibilidad. La gesta no se había producido, pero al menos Fidel tendría algo de que jactarse al regresar a la universidad.

El plan de Fidel

La injerencia norteamericana a favor de Trujillo (que abortó la invasión) añadió un agravio más al expediente que Fidel Castro levantaba contra los gringos. Ya habría tiempo para saldar cuentas con Manolo Castro, Rolando Masferrer y con los gringos. Los engreídos yanquis estaban en su apogeo, pero él estaba seguro de que algún día los derrotaría. La fallida expedición hizo ver a Fidel que el apoyo de Venezuela era indispensable para su financiamiento, y que Betancourt era un hombre dispuesto a brindar apoyo a ese tipo de operaciones.

Aunque solamente tenía 21 años, la breve experiencia de Fidel en Cayo Confites y la somera preparación militar adquirida le permitió evaluar los errores cometidos en ese plan. Él estaba seguro de que podía hacer algo mejor organizado contra Trujillo, con el fin de apoderarse de República Dominicana con facilidad y en el mayor secreto. En su mente las grandes líneas del proyecto seguían en vigencia: la base de la operación seguiría en Cuba, el financiamiento vendría de Venezuela, Juan Bosch sería de nuevo el jefe político y Fidel sería el jefe militar en lugar de Masferrer.

De acuerdo a lo que Bosch le había contado, Betancourt y Venezuela eran las claves del proyecto. Fidel decidió que era necesario reunirse con Betancourt para explicar su plan. Se había enterado de que el venezolano era un socialdemócrata creyente en la integración hispanoamericana y enemigo a ultranza de Trujillo, el dictador dominicano. Estas características harían fácil convencerlo de su plan. El venezolano era un presidente audaz, porque se había atrevido a preparar una invasión contra Trujillo. El plan había fallado, porque no se había cuidado bien el secreto ante los gringos y porque había escogido a la gente equivocada para dirigirlo. Él podría hacerlo mejor, pero necesitaba contar con fondos provenientes del petróleo venezolano.

CAPÍTULO 9

EL BOGOTAZO

Regreso a la universidad

Luego de la frustrada experiencia de Cayo Confites, Fidel regresó a la universidad para continuar sus estudios. A su retorno se insertó de nuevo en la lucha entre bandas. En septiembre de 1947 Emilio Tró (el jefe de la banda UIR a la cual pertenecía Fidel) fue asesinado a balazos junto con cuatro de sus secuaces en Marianao. Fidel acusó a Manolo Castro por su muerte. Después de que se reintegró a la universidad, Manolo es asesinado. Fidel fue señalado como el autor junto con Gustavo Ortiz Fáez, uno de sus guardaespaldas. Estos cargos no pudieron ser probados por lo cual quedó en libertad. Manolo Castro fue remplazado posteriormente como presidente de la FEU por Enrique Ovares. Como secretario de esa organización fue electo el líder comunista Alfredo Guevara.

Posteriormente Fidel y otro de sus guardaespaldas, Rafael del Pino Siero intentaron asesinar a tiros a Rolando Masferrer en su automóvil. El intento falló cuando este respondió el ataque a balazos. Fidel fue acusado por el ataque, pero una vez más quedó libre al no haber pruebas.

Además de ejecutar sus correrías gansteriles, Fidel frecuentaba al líder dominicano Juan Bosch que seguía alojado en el hotel San Luis de La Habana, luego del fracaso de la expedición. Esta relación le interesaba, porque necesitaba investigar los detalles logísticos y financieros de la fallida operación que podían ser útiles para su futuro proyecto. Bosch estaba reclamando que el

Gobierno cubano le devolviera las armas de la fallida expedición para llevarlas a Guatemala.

Lo que más le interesaba a Fidel de Bosch era que le sirviera de puente con Betancourt. Estaba seguro de que si lograba reunirse con el presidente venezolano lo convencería de su plan para lanzar una nueva invasión, bajo su comando, desde Cuba contra la República Dominicana. Una vez capturada República Dominicana -y se estableciera la confederación entre esta, Venezuela, Cuba y Guatemala- sería fácil invadir Centroamérica y apoderarse de Panamá, Costa Rica, Nicaragua, El Salvador y Honduras.

La conexión venezolana

Luego del fiasco de Cayo Confites, el Gobierno del presidente Grau San Martín incautó el armamento de la expedición. Estas armas y municiones, compradas con fondos aportados por el Gobierno del presidente venezolano Rómulo Betancourt, quedaron bajo custodia cubana. Ambos mandatarios acordaron entregar a finales de 1947 el lote de armas en custodia al presidente de Guatemala, Juan José Arévalo (otro miembro de la "Legión del Caribe"). La intención era utilizarlas más adelante en otra operación. El control de ese material lo tendría Betancourt a la espera de una nueva oportunidad. Para no tener roces con los americanos, Rómulo decidió no involucrar directamente a Venezuela sino actuar en forma encubierta.

Fidel a través de Bosch sabía lo que pasaba con esas armas y tenía un plan para utilizarlas luego de terminar la universidad. Esa idea debía planteársela personalmente a Betancourt. Para tener acceso a él obtuvo sendas cartas de recomendación de Bosch y Miguel Ángel Quevedo, el editor de *Bohemia* (la revista más popular de Cuba), quien también era amigo cercano de Rómulo. Esas cartas las entregaría personalmente en un viaje que haría a Caracas para presentar su plan al mandatario venezolano. Al audaz joven de 21 años no le pasó por la mente que dada su edad, el plan (con él a la cabeza) no tendrían mayor credibilidad ante Betancourt.

Este joven audaz y belicoso estaba realmente convencido de que su idea era viable solamente si él lograba primero apoderarse de Cuba para luego obtener el apoyo de Venezuela. Era la idea base de su plan. La estrategia es ir capturando poco a poco las antiguas colonias de España comenzando por

República Dominicana, continuando con Panamá y desde allí expandirse como una mancha de aceite por toda Hispanoamérica. El objetivo inicial es integrar las antiguas colonias españolas en América. Logrado esto sería posible, mediante alianzas con otras culturas dominadas, destruir el imperio yanqui. Una vez derrotado este imperio, vendrá una era de paz y felicidad para el continente americano y para todo el planeta. Fidel piensa en grande, tal vez demasiado en grande.

El plan creado por su mente fantástica es el faro que lo ha orientado a lo largo de su saga revolucionaria. Este designio, que a muchas mentes racionales puede parecer inviable, luce factible para un profeta ungido que quiere alcanzar metas sobrenaturales. Parafraseando a Arquímedes cuando dijo: "dame una palanca y un punto de apoyo y moveré al mundo", Fidel hubiera podido decir: "Dame los recursos de Venezuela y me apoderaré de Hispanoamérica". El propósito va aún más allá. Fidel quiere decir: "Dame Hispanoamérica y con la fuerza del nacionalismo cultural dominaré el mundo con una guerra de civilizaciones".

Luego del chasco de la expedición a Republica Dominicana, Fidel regresó a la universidad con la mente preñada de ideas. Su pasantía por Cayo Confites le había creado una pequeña aureola como guerrero. La amistad con Bosch le había dado acceso a información privilegiada sobre el financiamiento para la invasión dado por Betancourt. Adicionalmente, siendo un "veterano de guerra" su fama de matón se había incrementado. Este palmarés le daba notoriedad en el claustro universitario, pero seguía siendo un desconocido en Cuba. Su hambre de fama era insaciable pero tenía pocos méritos que mostrar. Tenía que trabajar duro para ganarse los galones de jefe.

Elección de Rómulo Gallegos

En diciembre de 1947 se efectuaron elecciones generales en Venezuela y resultó electo el novelista Rómulo Gallegos, de Acción Democrática con 870 mil votos. Entretanto el PCV con la candidatura de Gustavo Machado obtuvo apenas 39 mil votos (menos del 3% de los votantes). Era obvio que para la época los comunistas no tenían vida electoral y esto los forzaba a buscar otras vías para llegar al poder. En esta búsqueda de alternativas los militares se les adelantaron.

Al asumir Gallegos la presidencia en 1948 designó como ministro de la Defensa al coronel Carlos Delgado Chalbaud, quien había sido miembro de la Junta de Gobierno que lo precedió. Este coronel era hijo del general Román Delgado Chalbaud, comandante de la invasión del Falke en 1929. En esa oportunidad Betancourt trató de unirse a la expedición junto con un grupo integrado por Raúl Leoni y Carlos Aponte, entre otros. El punto de encuentro era la isla de la Blanquilla, pero la goleta La Giselle que los llevaba desde Republica Dominicana hizo agua y debió devolverse.

En febrero de 1948 fue asesinado en La Habana Manolo Castro por un grupo de pistoleros de la banda UIR. Aunque hubo testigos que identificaron a Fidel en el sitio de los acontecimientos no hubo forma de comprobarle su participación en el crimen. El famoso escritor norteamericano Ernest Hemingway, quien vivía en Cuba y fue amigo de Manolo, escribió un cuento titulado "The shot" (El disparo) en el cual acusa a Fidel.

Creación de la OEA

Ese mismo año, con la Guerra Fría creciendo, los norteamericanos deciden promover la creación de la OEA como un foro en el cual los Estados de la región se reunieran bajo su égida para discutir sus problemas y planificar acciones orientadas a resolverlas. Los americanos designaron al general George Marshall como presidente de la Conferencia. El general promovía la idea de crear un nuevo "Plan Marshall" para impulsar el crecimiento económico y el desarrollo de Sudamérica. El proyecto sería similar al ejecutado por él con gran éxito en Europa, después de la Segunda Guerra Mundial. Los soviéticos y argentinos vieron esta acción de los EEUU como una amenaza con claras intenciones de dominio geopolítico. En consecuencia decidieron sabotear en forma encubierta su instalación.

Los argentinos y rusos no vieron con buenos ojos el plan norteamericano. Para oponerse Stalin y Perón financiaron una conferencia de estudiantes latinoamericanos contrarios a la OEA en Bogotá, que coincidiría con la organizada por los EEUU. Rusia y Argentina formaron pareja para enfrentar la influencia norteamericana en la región. Para la época Argentina atravesaba una excelente situación económica que le permitió a Perón convertirse en el campeón de la "tercera vía" promoviendo un movimiento cívico militar de descamisados de tendencia izquierdista nacionalista.

El objetivo de los estudiantes era sabotear la instalación de la naciente OEA. Los gastos de esta operación continental fueron costeados encubiertamente por la Unión Soviética y Juan Domingo Perón, el hombre fuerte de Argentina. En ese momento los militares revolucionarios latinoamericanos empezaron a estrechar relaciones con los soviéticos para enfrentar a los norteamericanos.

La ceremonia de fundación de la OEA en Bogotá fue programada para el 8 de abril de 1948. El anuncio puso en movimiento el plan de saboteo organizado por los comunistas. Desde la llegada al poder de Batista en 1940, los comunistas habían ido recuperando terreno en Cuba tras establecer buenas relaciones con su Gobierno. Esta situación había permitido el regreso de Fabio Grobart para encargarse nuevamente de ser enlace con la URSS en la región del Caribe, y apoyar encubiertamente el desarrollo del partido comunista cubano.

En esa oportunidad los comunistas crearon el Partido Socialista Popular (PSP) para efectos electorales. Adicionalmente, Grobart trasladó a La Habana (desde México) el cuartel general de la *Comintern* para América Latina que él dirigía.

Tenía órdenes del Kremlin para organizar una delegación de estudiantes de la Universidad de La Habana, que junto con delegados de otros países sabotearían la fundación de la OEA en Bogotá. El plan era instalar una conferencia paralela con estudiantes comunistas y organizar brigadas de choque en la calle para crear disturbios del orden público. A fin de despistar a la policía, los hombres de acción no deberían pertenecer al partido comunista. La URSS para entonces no quería figurar públicamente como un agente desestabilizador en el área de influencia de los norteamericanos.

Para designar a los participantes, Grobart se puso en contacto con Alfredo Guevara, el líder comunista de la Universidad de La Habana. Este era a su vez el secretario de la Federación de Estudiantes (FEU) y muy amigo de Fidel. Por coincidencia, ambos eran sospechosos en el asesinato del anterior presidente de la FEU, Manolo Castro. Grobart pidió a Guevara que escogiera a dos intelectuales comunistas y a dos hombres de acción no comunistas. Los primeros participarían pacíficamente en los eventos oficiales, mientras que los matones irían en otro vuelo y actuarían separadamente en las actividades de sabotaje y creación de disturbios.

Guevara se autoseleccionó y escogió además a Enrique Ovares, el presidente de la FEU. Los hombres de acción serían dos pistoleros de la banda UIR: Fidel Castro y Rafael del Pino Siero, ambos violentos y diestros en el uso de las armas. Fidel no era aun comunista, pero si era ya profundamente antinorteamericano. Del Pino quien había peleado con el Ejército Norteamericano en la segunda guerra mundial era su guardaespaldas.

A fines de marzo de 1948, Grobart dio instrucciones a Fidel Castro y a Rafael del Pino sobre cuál sería su tarea en Bogotá. Fidel pidió que se le permitiera hacer escala en Caracas en su travesía a Bogotá. Justificó su ida aduciendo que llevaría un mensaje de Juan Bosch a Betancourt. Bosch era comunista y amigo de Grobart, por lo cual Fidel fue autorizado para ir a Caracas. Su verdadera intención era conocer al expresidente de Venezuela, quien pocos días antes había entregado la presidencia a Rómulo Gallegos. Esa sería una buena oportunidad para que Fidel le presentara sus planes a Betancourt y estableciera amistad con él.

Alerta roja

La inminente salida de un grupo de activistas cubanos de izquierda hacia Bogotá —para sabotear la instalación de la OEA— encendió luces rojas en las oficinas de la CIA en La Habana. Ante la información, los operadores de inteligencia norteamericanos empezaron a movilizarse. No es de extrañar que hayan infiltrado algún informante entre los estudiantes seleccionados.

Sin que Fidel ni Grobart lo supieran, Del Pino era un agente de la CIA. Este cubano era un intimo de Fidel. Además de ser veterano del Ejército de Estados Unidos y se había naturalizado en ese país. La banda UIR tenía en sus filas a varios veteranos de las Fuerzas Armadas yanquis, porque su jefe Emilio Tró (además de ser veterano de la Guerra Civil española) había peleado en la Segunda Guerra Mundial con el ejército norteamericano.

Según algunas fuentes, Del Pino fue reclutado como informante por la CIA para hacer seguimiento al grupo de estudiantes saboteadores durante el viaje. También se rumoreó que puso en contacto a Fidel con este organismo de inteligencia. Esta historia puede leerse en detalle en Internet en *Historia oculta de los crímenes de Fidel Castro*, de Ramón Conté (un exagente de la CIA). Según este personaje, la CIA había contratado a Castro y a Del Pino para informar si los estudiantes en Bogotá preparaban un atentado contra el general George Marshall. Esta historia de Fidel como agente doble fue confirmada por Philip Agee en su libro *Diario de la CIA*. En repetidas oportunidades diversos autores han reportado supuestas conexiones de Fidel con la CIA y la KGB, pero nunca han sido confirmadas.

Tal vez nunca sabremos si Fidel fue o no un informante de la CIA, y ese hecho hoy es irrelevante. A Fidel le interesaba reunirse con Betancourt para presentarle su plan. El viaje a Colombia le brindaba la oportunidad de visitar Caracas en ruta hacia Bogotá. La entrevista con el mandatario venezolano era mucho más importante para Fidel que su anodina misión en Colombia, donde desempeñaría un triste papel de comparsa y de matón junto al presidente de la FEU.

Entrevista con Betancourt

Betancourt no había sido candidato de AD en 1947, porque los miembros de la Junta de Gobierno que él había dirigido como presidente provisional desde 1945 se habían comprometido a no participar en esos comicios. Cuando Fidel y su compañero Del Pino aterrizaron en Venezuela, Betancourt había entregado la presidencia a Gallegos. Esto no preocupó a Fidel, porque Bosch le había dicho que Betancourt participaría en las elecciones del 52 y era seguro que las ganaría. Para Fidel estos plazos eran perfectos. Le daría tiempo de graduarse en 1950 y de dar sus primeros pasos como político antes de iniciar la ejecución de su gran plan. Tal vez cuando Betancourt llegara de nuevo al poder, Fidel también sería el presidente de Cuba.

La reunión con Betancourt se hizo en la casa de este. Allí Fidel conoció a su secretario personal, Carlos Andrés Pérez (CAP). Inicialmente CAP señaló que era difícil que el expresidente recibiera a los jóvenes cubanos, pero cuando Fidel sacó las cartas de presentación, CAP se las llevó a Rómulo. Cuando les ordenaron pasar a la oficina, Fidel indicó que entraría solo y dejó a Del Pino en la antesala. La entrevista fue breve. Al salir, Fidel le dijo a su acompañante: "Nos va a ayudar más adelante". Acto seguido salieron al aeropuerto de Maiquetía rumbo a Bogotá.

Fidel acudió a este encuentro con una estrategia clara. El monumental odio entre Betancourt y Trujillo era una buena carta para acercarse al expresidente venezolano. Trayendo a la memoria su ascendencia libanesa, Fidel recordó el viejo dicho árabe: "El enemigo de mi enemigo es mi amigo". ¿Qué trataron estos dos hombres? ¿A qué acuerdo llegaron? ¿Cuál fue el apoyo recibido? Nadie lo sabe con certeza. Es uno de esos secretos de Estado que permanecen ignotos hasta la eternidad. La reunión se conoce porque Del Pino la registró en su diario personal. Salvo este gran amigo y secuaz, los dos participantes en la reunión no tenían interés en que su contenido se conociera.

No es necesario ser adivino o vidente para imaginar cuál fue el centro de esa conversación. Fidel le explicó a Betancourt cuáles —según él— fueron las causas del fracaso de la invasión de Cayo Confites destacando su participación en el evento, su entrenamiento militar y su propósito para Hispanoamérica. Además le confesó cuál era su misión en Bogotá. Finalmente pronosticó en tono conspirativo que cuando Betancourt fuese elegido presidente en 1952, él probablemente estaría en el poder en Cuba. Al efecto le explicó su plan para alcanzar ese objetivo, y le pidió que cuando llegara el momento unieran fuerzas para hacer realidad el sueño de Bolívar. En ese momento el zamarro joven no le dijo nada sobre quién iba a ser el jefe máximo. Esos detalles espinosos se dejarían para más adelante. A los 22 años a Fidel le sobraba tiempo.

Al quedar solo, Betancourt frunció el ceño y quedó pensativo. El arrogante cubano no le daba buena espina. Le parecía peligroso. Habría que tener cuidado con ese locuaz joven en el futuro.

Asesinato de Jorge Gaitán

Al día siguiente de la entrevista privada, Betancourt y Fidel salen hacia Bogotá. No hay registros de encuentros entre ambos en la capital colombiana, pero sí mucha información sobre las correrías de Fidel en el fragor del Bogotazo. Según el mismo Fidel, a Jorge Eliécer Gaitán lo mataron cuando él se disponía a saludarlo, estando a pocos metros del líder colombiano. Probablemente

Gaitán fue asesinado por un sicario colombiano para encender la mecha de lo que ocurrió ese día. Es probable que los mismos organizadores se hayan sorprendido de la magnitud de los disturbios que esa muerte produjo.

En las horas siguientes a la muerte de Gaitán, Fidel participó activamente, armado de un fusil, en las turbas que recorrieron las calles durante el Bogotazo. Fue una reacción popular violenta ante el asesinato de un líder izquierdista muy popular. Pese a su radicalismo, Gaitán no era comunista y mantenía una gran afinidad con Betancourt, el expresidente venezolano que representaba a Venezuela en la creación de la OEA. Los comunistas temen más a los líderes socialdemócratas carismáticos que a los dictadores derechistas. Ellos son sus verdaderos enemigos naturales.

Los grupos de estudiantes de varios países que viajaron a la capital colombiana —con la misión de sabotear la instalación de la OEA— no fueron la causa del grave incidente, pero sirvieron como catalizadores. Algunos de ellos, como Fidel, se unieron con entusiasmo a los disturbios y contribuyeron al caos. El hecho de que Fidel anduviera libremente por la calle, en medio de la poblada arengando a la gente con un fusil en sus manos, indica que había alguna organización en medio de los disturbios. Probablemente algunos de estos estudiantes fueron armados por alguien o robaron esas armas a la policía. Al final del día, Fidel y otros estudiantes extranjeros fueron detenidos por la policía colombiana acusados de incitadores comunistas. El Bogotazo fue el aldabonazo que propulsó la Guerra Fría al frente de la confrontación entre los EEUU y la URSS en Hispanoamérica.

Regreso a La Habana

Fidel no era el mismo al regresar a La Habana. Había sentido en carne propia y visto con sus propios ojos lo que ocurre cuando se liberan las pasiones populares. El Bogotazo falló porque la intención no era usurpar el poder ese día. Fue una gran lección. Algún día haría lo mismo en Hispanoamérica, para lo cual solamente haría falta desatar las pasiones reprimidas en la región contra los *americanos feos* y conseguir apoyo financiero para las operaciones que fueran necesarias. Con esta palanca derrotaría a los americanos. A diferencia de Bogotá, esta vez el objetivo sería apoderarse de las antiguas colonias españolas y establecer su propio imperio. Para eso tenía un proyecto en mente.

Al retornar a la universidad, Fidel se dedicó de nuevo a la lucha entre bandas y a finalizar sus estudios universitarios. Su intención era dedicarse a la política al graduarse de abogado. Primero tenía que llegar a ser presidente de Cuba para dar el siguiente paso en su ambicioso plan. Para materializarlo, su pretensión era probar la vía electoral, si no funcionaba tendría que seguir los consejos de Guiteras y tomar el poder por la violencia.

Con el fin de probar fortuna en las lides electorales en 1947 se hizo miembro del Partido Ortodoxo, cuyo líder era Eduardo Chibás. Fidel tenía algunas afinidades con él. Ambos habían nacido en el seno de familias acaudaladas de origen gallego. Eran nativos de la provincia de Oriente, habían sido educados por los Jesuitas y tenían fama de locos. Lo que realmente le atraía de Chibás no era su retórica revolucionaria y su comprobada honestidad, sino su creencia de que ganaría las elecciones de 1948. En ese momento los candidatos eran Carlos Prío Socarrás, Carlos Núñez Portuondo, Eduardo "Eddy" Chibás y Juan Marinello, el candidato comunista.

Pese a promover la candidatura de Chibás, Fidel siguió proponiendo ideas estrafalarias como atajos para tomar el poder. En 1948 Fidel formando parte de una delegación de estudiantes visitó el Palacio de Gobierno para presentar una protesta ante el presidente Grau por el elevado costo del transporte. Antes de entrar al despacho de Grau le propuso a sus compañeros "Tiremos a Grau por el balcón y proclamemos la revolución." Estos planes descabellados eran típicos de "el loco" Fidel.

La bandera de Chibás era la lucha contra la corrupción. Su lema era "Vergüenza contra dinero" y su símbolo era una escoba con la cual barrería a los corruptos del Gobierno. Esa actitud de honestidad a ultranza, unida a su brillante oratoria y la promesa de introducir cambios revolucionarios dentro de la constitución, atrajo a Fidel al Partido Ortodoxo. Chibás era además una persona emocionalmente inestable y un convencido anticomunista. Esta decisión de Fidel le ganó la animadversión de los comunistas que lo consideraban uno de los suyos. Por eso en la campaña, los marxistas lo atacaron por haber participado activamente en el Bogotazo.

Al realizarse la elección presidencial del 48, poco después del regreso de Fidel desde Bogotá, Carlos Prío Socarrás (del partido Auténtico) fue electo, mientras que Chibás quedó de tercero. El 10 de octubre Prío asume la presidencia de Cuba de manos de Grau San Martín, apenas diez días antes del derrocamiento del presidente de Venezuela, Rómulo Gallegos. Al asumir la presidencia, Prío comenzó a tener enfrentamientos con los comunistas, que lo acusaban de corrupto.

Auténtico era un partido socialdemócrata afín al partido venezolano Acción Democrática de Betancourt. El mandato de Prío se caracterizó por la violencia política, el gansterismo, las revueltas estudiantiles, las huelgas laborales, los disturbios públicos y la corrupción. A raíz de estos ataques, Prío decidió expulsar del país a Grobart y a los demás comunistas a quienes consideraba promotores. A Grobart no le quedó alternativa y se vio obligado a viajar a Europa Oriental estando enfermo de tuberculosis. A partir de ese momento se pierde su pista, hasta que aparece años más tarde en Cuba cerca de Fidel.

Últimos años en la universidad

Terminada su aventura en Bogotá, Fidel se reintegra a la universidad y continúa su vida de pistolero y agitador estudiantil. A fines de 1948 se casó con Mirtha, una estudiante de la Facultad de Filosofía. Su esposa era hija del prominente político cubano Rafael Díaz Balart, por tanto era una rica heredera. El matrimonio no hizo cambiar mucho sus hábitos de vida. Los aburridos estudios de Derecho no le atraían, pero tenía que aprobarlos porque el título de abogado era el pasaporte para el futuro.

Después de varios años en el claustro universitario, había aprendido mucho, pero no tanto de los libros sino de las lecciones asimiladas por sus relaciones y experiencias personales. Sus pocos seguidores le hicieron sentir que era un predestinado con cualidades de líder, que se potenciaban por su oratoria y carisma. Sus entrevistas con líderes veteranos, como Bosch y Betancourt le habían causado impacto. Sus observaciones en Cayo Confites y el Bogotazo le hicieron ver el mundo de otra manera.

Los años de Fidel en la universidad fueron cenicientos. Al abandonar el alma mater era tan desconocido en Cuba como cuando llegó. Dentro del claustro universitario era conocido como un agitador y pandillero de segundo nivel. Al recibir su título nadie hubiera pensado lo lejos que iba a llegar este estudiante desadaptado amante de la violencia. Al graduarse en 1950, su principal bagaje no lo constituían los conocimientos sobre las ciencias jurídicas sino sus experiencias personales. Su graduación no fue para él un hecho importante. Fidel tiene vocación de poder, no de jurista. El título universitario era un medio para hacer política y apoderarse del Gobierno y desde allí proseguir con su proyecto continental. Como no había nacido para ser un simple abogado, iba a provocar una verdadera revolución, que aglutinaría a los pueblos hispanoamericanos para formar una gran nación, la cual sería capaz de enfrentar a los odiados norteamericanos que los habían humillado por tanto tiempo. Para ello tenía un plan en la mente y una pistola al cinto. La violencia sería su instrumento para acelerar ese parto.

CAPÍTULO 10

VENEZOLANOS EN LA HABANA

Derrocamiento de Rómulo Gallegos

La Guerra Fría y los intereses que giraban alrededor del petróleo dieron al traste con el Gobierno de Gallegos. Los militares habían agitado de nuevo el espantajo del control comunista en Venezuela y los americanos tomaron partido por ellos. A tan solo ocho meses de asumir la presidencia, Gallegos es derrocado por un golpe de Estado. Aunque era un buen escritor, era un político sin el fino olfato y astucia política de Betancourt. En su lugar asume la presidencia una Junta de Gobierno integrada por tres militares. El trío estaba encabezado por su antiguo ministro de la Defensa, el coronel Carlos Delgado Chalbaud. Junto a él estaban los tenientes coroneles Marcos Pérez Jiménez y Luis Felipe Llovera Páez. Pérez Jiménez había sido el cerebro tras el golpe de 1945.

Luego del golpe, la Junta Militar cierra el Congreso e ilegaliza el partido Acción Democrática. Esta acción forzó al exilio a la alta dirigencia de Acción Democrática. Un numeroso grupo de jefes de ese partido —incluyendo a los expresidentes Betancourt y Gallegos— se exilian en Cuba. Tras bastidores trabajaba Pérez Jiménez con la intención de tomar el poder absoluto en Venezuela. Después de todo él era el verdadero promotor de los dos últimos golpes militares, pero había sido relegado. En ese momento no se imaginaba que pronto tendría a Betancourt a su disposición en La Habana.

Terminado el conflicto mundial, los dos grandes imperios sobrevivientes —los Estados Unidos y la Unión Soviética— estaban exhaustos y necesitaban un periodo de recuperación de los estragos de la guerra. Debido a las profundas diferencias ideológicas, el enfrentamiento entre ambos colosos era inevitable y para eludir daños mayores decidieron limitarlo.

El método utilizado fue evitar acciones bélicas directas de uno contra otro. La guerra se haría entonces a través de países o grupos sustitutos, que se enfrentarían en conflictos de baja intensidad en áreas geográficas delimitadas. Como estas confrontaciones no serían mundiales sino locales, y no alcanzarían temperaturas peligrosas, se les llamó Guerra Fría.

El golpe contra el general Medina en 1945 cae dentro de esta categoría, aunque los comunistas no intervinieron. Los americanos sí apoyaron a los militares que promovieron el golpe, y Betancourt no tuvo otra alternativa que unirse a ellos para no quedar fuera en un momento crítico.

En 1948 el Bogotazo no dejó dudas de la participación soviética en la subversión en Latinoamérica. A partir de ese momento la política de contención del comunismo quedó en evidencia por el claro apoyo norteamericano a los dictadores militares de derecha. Esta política generó como respuesta soviética un aumento en la ayuda a los revolucionarios comunistas locales.

El derrocamiento de Gallegos también es parte de la cadena de sucesos relacionados con la Guerra Fría. Las medidas nacionalistas para aumentar los ingresos petroleros que habían iniciado Medina y Betancourt (profundizadas por Gallegos) causaron escozor en las grandes empresas que explotaban esas concesiones. Esta animadversión de los industriales petroleros americanos contra los gobiernos socialdemócratas facilitó su derrocamiento y el acceso al poder de los militares de derecha. A la caída de Gallegos, la Junta de Gobierno desató una persecución despiadada contra los líderes del partido Acción Democrática obligándolos a huir del país. Dado que en Cuba gobernaba un régimen afín a la socialdemocracia, la mayoría de los principales dirigentes se exiliaron en La Habana. La llegada de los altos jefes políticos venezolanos brindó una gran oportunidad a Fidel Castro, quien estaba a punto de graduarse de abogado.

Guerra Fría y petróleo

Las confrontaciones de la Guerra Fría se hacían para tratar de mantener o extender áreas de influencia de las dos grandes potencias. Los países de mayor interés para los imperios son los grandes productores de materias primas estratégicas y los que tienen una posición geográfica muy valiosa. Venezuela y Cuba cumplen con ambos requerimientos.

El petróleo, y en menor grado el azúcar, son mercancías estratégicas. El azúcar era el equivalente del petróleo en el siglo XIX. Adicionalmente la ubicación de ambos países es geopolíticamente atractiva.

Al terminar la Segunda Guerra Mundial, los soviéticos comenzaron a buscar formas de controlar a Venezuela y Cuba. En su contra tenían el rechazo de la población de esos países al comunismo. A su favor tenían el aumento continuo de la clase social más pobre que se estaba haciendo mayoritaria. Esta situación generaba simpatías entre muchos estudiantes universitarios, que veían el marxismo como una doctrina de redención social orientada a favorecer a las clases sociales más necesitadas.

La explotación del petróleo u otras materias primas como el azúcar tiene características que sirven de caldo de cultivo para generar odio hacia los imperios. Por ser industrias de capital intensivo, la producción petrolera (e incluso la del azúcar) no requieren un número muy elevado de trabajadores, por lo que generan poco empleo local. La producción industrial masiva de estas materias primas requiere el uso de tecnología y sistemas gerenciales eficientes. Por eso inicialmente requiere la participación de un número importante de extranjeros en los cargos ejecutivos.

Tanto en Cuba como en Venezuela algunos ejecutivos norteamericanos fueron racistas, prepotentes o actuaron en forma despótica. Muchos no se integraban a las comunidades locales, sino que vivían segregados de los nativos en condiciones de vida muy superiores y ostentosas. Todos estos factores fueron los ingredientes que hicieron crecer el sentimiento antinorteamericano. El reconcomio fue utilizado por los comunistas para acusar al "imperio" de todos los males del país. El caldo de cultivo xenofóbico fue propicio para que los grupos de extrema izquierda fueran creciendo en la región.

Cuba y Venezuela estaban condenadas a convertirse en el campo de batalla de la Guerra Fría. Para fines de los años 50, esos pequeños países eran grandes exportadores de petróleo y azúcar y estaban colocados entre los países más ricos de Hispanoamérica.

La explotación de azúcar y petróleo permitió el desarrollo de una poderosa oligarquía y una pujante clase media. Pese a la bonanza existente, la pobreza campeaba en las clases bajas de la población. La codicia y rapacidad de los norteamericanos, unida a la ineficiencia y corrupción de los gobiernos y la oligarquía criolla, fueron terreno fértil para el desarrollo de la miseria.

A medida que el ingreso petrolero aumentaba se incrementaba la desigualdad social. La riqueza se pavoneaba insolente ante los pobres. La indigencia evidente en enormes guetos, enclavados en medio de modernas construcciones, iba extendiéndose como una metástasis. A su alrededor un grupo muy reducido de plutócratas (con acceso a enormes contratos con el gobierno) mostraba con insolencia mansiones, carros, aviones y otras manifestaciones de fortuna provenientes del peculado. Esta disparidad en el ingreso, sumado a la abyecta corrupción, fue minando estas sociedades, y las convirtió en fuente de un antiamericanismo izquierdista. Este caldo de cultivo fue ideal para Fidel Castro y otros líderes mesiánicos que se presentan como salvadores de la patria.

A los yanquis solamente les interesaba extraer y exportar el petróleo y el azúcar a precios bajos. La corrupción y la ineficiencia no eran su problema y hasta las alentaban. Venezuela y Cuba parecían, superficialmente desde afuera, una versión latina del país de las maravillas. Por dentro eran volcanes a punto de erupción que miraban con hostilidad a los gringos. Esta realidad convirtió a esos países en un campo fecundo para el desarrollo de las ideas comunistas.

La obsesión norteamericana por frenar los avances comunistas los llevó a mantener una estrecha relación, que le permitió brindar apoyo político a las dictaduras militares. Al hacerlo se soslayaron los abusos y crímenes de esos Gobiernos. Adicionalmente, cuando los tiranos promovieron políticas económicas liberales de capitalismo salvaje, el número de pobres aumentó en forma exponencial. Esto facilitó el reclutamiento marxista de estudiantes radicales en las universidades. En estas condiciones de Guerra Fría en ebullición y conflicto social interno en aumento se graduó Fidel Castro en 1950.

Venezolanos en La Habana

A partir de finales de 1948, un buen número de exiliados políticos venezolanos buscaron refugio en La Habana. Los líderes llegaron con la idea de preparar una invasión para restituir la democracia en su país. Solicitaron apoyo al presidente Carlos Prío Socarrás y además reclamaron las armas que el Gobierno cubano había incautado al abortarse la invasión de Cayo Confites en 1947. Esas armas habían sido compradas con fondos venezolanos y ellos se consideraban propietarios de ese material bélico.

Prío les brindó apoyo y solidaridad financiando (por largo tiempo) la estancia de muchos de ellos en el hotel San Luis, en la calzada Belascoain de La Habana. El expresidente Gallegos fue alojado inicialmente en el lujoso Hotel Nacional, pero luego se unió a sus compatriotas en el San Luis.

Prío Socarrás les informó que ese arsenal había sido enviado por su predecesor, el presidente Grau San Martín al presidente Arévalo en Guatemala. También les hizo ver que los americanos (en medio de la Guerra Fría) se opondrían a la salida de una invasión contra Venezuela desde Cuba. El acceso al petróleo venezolano era prioritario para los yanquis y no querían poner en peligro esta fuente tan preciada. En ese momento la *Internacional de las Espadas,* compuesta por los dictadores de Hispanoamérica, era más importante para ellos que los demócratas de la "Legión del Caribe". Los países no tienen amigos sino intereses.

Desde 1947, cuando los exiliados dominicanos de la invasión de Cayo Confites se alojaron en este hotel, Fidel se convirtió en asiduo visitante. En esa época el foco de su interés había sido Juan Bosch, el jefe de esa operación. De esa época data su amistad con el propietario del lugar, el canario Cruz Alonso. Este inmigrante tenía dos hijas. Una de ellas, Elda Alonso, que trabajaba en el hotel en esa época. Buena parte de la información relacionada con las actividades de los venezolanos en La Habana fue aportada por ella en dos entrevistas. Su hermana se casó con Braulio Jattar Dotti, uno de los venezolanos exiliados.

A partir de la llegada de los venezolanos, las visitas de Fidel al hotel San Luis se incrementaron. Su objetivo era establecer una relación con Rómulo Betancourt. En esa oportunidad el líder máximo de Acción Democrática no había llegado a la isla por estar asilado en la embajada de Colombia en Caracas. Entretanto, Castro estableció relación con otros dirigentes venezolanos.

La presencia de los venezolanos en La Habana le cayó de perlas a Fidel. La realización de su gran proyecto requería el financiamiento de Venezuela. Su primera reunión con Betancourt en Caracas en 1948 había sido muy breve, y él era demasiado joven para ser tomado en cuenta. Ahora graduado de abogado sería diferente. Juan Bosch le había dicho que tarde o temprano Betancourt sería de nuevo presidente de Venezuela. Además en el hotel San Luis tendría oportunidad de hacerse amigo personal de otros líderes venezolanos con potencial de ser presidentes.

El flamante título universitario le fue útil a Fidel para relacionarse con los venezolanos. Muchos de estos expatriados también eran abogados. Su contacto con la excónsul venezolana Josefina Aché, quien era muy cercana a Betancourt (y estaba casada con un oficial cubano de apellido Durán), fue muy útil para tender puentes con los recién llegados.

Los pininos del abogado Castro

Como todo nuevo graduado, Fidel salió a conquistar el mundo. No pensaba trabajar como abogado. Quería dedicarse a la política para hacer una revolución poniendo en práctica las ideas de sus dos iconos: José Martí y Antonio Guiteras. Estos dos personajes eran su paradigma. La necesidad de establecer empatía con los venezolanos lo hizo incluir a Bolívar en su lista de héroes. La visión de la "patria grande" de Bolívar calzaba perfectamente con sus planes. Las ideas de estas tres figuras constituirían sus columnas fundamentales. En esa época, Fidel no daba señales claras de inclinarse políticamente por el marxismo, sino más bien por ser un caudillo fascista con ambiciones continentales.

Castro nunca fue particularmente religioso. Su formación con los jesuitas en el Colegio Belén le hizo más bien rechazar la beatería y los ritos cristianos, aunque admiraba la severidad y austeridad de los monjes. En la universidad su amistad con algunos comunistas lo hizo sentirse ateo. Pese a su falta de religiosidad, adoraba lo sobrenatural.

Los tres iconos de Fidel tenían relación con su proyecto. Bolívar, el Libertador fue un estratega carismático de estatura mundial. Martí, el Apóstol fue el gran prócer cubano. Guiteras fue un revolucionario a carta cabal asesinado muy joven antes de dar frutos.

Bolívar y Martí eran los grandes héroes románticos de Venezuela y Cuba. Ambos permitían a Fidel sintonizar con la sensibilidad patriótica de estas dos naciones indispensables para su proyecto. Lo más importante de ambos era su devoción por la unión Hispanoamericana y su antipatía hacia los norteamericanos. De Guiteras, Fidel adoptó la necesidad del uso de la violencia para instalar la revolución, y el odio profundo al imperialismo yanqui. Además Fidel copió sus planes.

Entre los objetivos de Guiteras estuvo el asalto al Cuartel Moncada para robar armas. Al fallar en este intento decidió irse a México para organizar una invasión y establecer una guerrilla en la Sierra Maestra. Estas ideas las trató de poner en práctica 20 años antes que Fidel. La muerte impidió a Guiteras desarrollar sus planes, pero su admirador Fidel y su mentor Fabio Grobart se encargaron de ponerlos en práctica años más tarde.

El grupo Joven Cuba (liderado en la universidad por Guiteras) fue el modelo que adoptaron después de su muerte las bandas de pistoleros universitarios del "el bonche cubano". Al entrar en la universidad, Fidel se unió a una de esas pandillas. Ahora graduado iba a tratar de repetir la saga de Guiteras para tomar el poder en Cuba y desde allí controlar Iberoamérica. Para hacerlo iba a necesitar en el futuro el apoyo de los venezolanos.

Gallegos y Betancourt en La Habana

Uno de los primeros exiliados venezolanos que conoció Fidel fue el expresidente Rómulo Gallegos. Fidel no tenía mayor interés en el escritor, porque para sus propósitos, Betancourt era la persona clave. Para entonces este se encontraba asilado en la embajada de Colombia en Caracas, y a Fidel no le quedó más remedio que visitar a Gallegos por cortesía. Fidel se imaginaba que no tendría nada que hablar con un viejo novelista 40 años mayor que él, pero al hacerlo se llevó una sorpresa. Gallegos estaba interesado en escribir un libro sobre el gansterismo universitario en Cuba y Fidel era una buena fuente sobre el tema.

Cuando Gallegos lo entrevistó para su novela, Fidel le contó la historia de su héroe Antonio Guiteras que era como contarle parte de su propia vida. A Gallegos le interesó la historia de Guiteras, al punto de convertirlo en el protagonista de su novela *La brizna de paja en el viento*. Sin saberlo estaba escribiendo el primer libro sobre Fidel. En esa obra Gallegos capta magistralmente la imagen de Castro escribiendo un libro premonitorio. El protagonista es Justo Rigores, "el Caudillo". Este personaje fantástico es el retrato hablado de Fidel. Rigores es un pistolero estudiante de Derecho, que forma parte de los grupos de acción que medraban en la Universidad de La Habana. Su propósito era arrebatar el poder detentado por el dictador Machado, sin que existiera en él un propósito noble y justiciero. Lo suyo era la búsqueda lasciva del poder por el poder. Para encubrir su obsesiva ambición por el mando se hacía pasar por un apóstol predestinado, que le daba a sus acciones criminales un tinte religioso.

En esa obra, Gallegos describe el pensamiento de Rigores haciendo ver que su escuela gravita alrededor de la violencia. Para él "Un buen atentado requiere valor para acometerlo, habilidad para escapar y cinismo". Estas palabras probablemente salieron de la boca de Fidel. Con esta filosofía por delante, Rigores se lanza a la conquista del mundo. Él no deseaba ser un oscuro jefe del bonche universitario o un modesto líder estudiantil, pues se consideraba un iluminado destinado a mandar un imperio por encima de los demás. Para llegar a detentar ese poder estaba dispuesto a usar la violencia. Él era el nuevo mesías.

La trama termina con la muerte de Rigores en un enfrentamiento con otro pandillero universitario. La imagen de Justo Rigores —capturada magistralmente por la pluma de Gallegos— es una buena aproximación de la vida de Fidel en la universidad. Castro no solamente sirvió de modelo al personaje, sino que fue modelo de los detalles e historias planteadas en ese libro. El caudillo de la novela no es ficticio, es un personaje bien real que desea morir en un enfrentamiento armado, como en el viejo Oeste.

En 1950 llega Betancourt a La Habana y rápidamente Fidel establece contacto con él, pero las relaciones fueron distantes. Betancourt desconfiaba del impetuoso joven cubano y además tenía que actuar con mucha prudencia, porque estaba negociando con el presidente Prío el apoyo financiero para invadir Venezuela. La situación se complicaba porque Fidel era asistente personal de Eduardo Chibás, el candidato del Partido Ortodoxo que era el principal partido de oposición. Además Fidel era candidato a diputado en las venideras elecciones.

Carlos Andrés Pérez en La Habana

Luego del derrocamiento de Gallegos, el secretario privado de Betancourt, Carlos Andrés Pérez, estuvo brevemente en La Habana cumpliendo una misión que le había encomendado Betancourt. Su tarea era reclamar las armas que Venezuela había entregado a Cuba para la fallida expedición de Cayo Confites en 1947.

A la llegada de Carlos Andrés, Fidel lo contactó y hubo empatía entre los dos jóvenes, quienes iniciaron una buena amistad. A un observador perspicaz como Castro no se le escapó que Pérez lucía con potencial para ser un futuro presidente de Venezuela, y pensó dedicarle mayor atención pero CAP tuvo que salir casi de inmediato de Cuba.

Cuando CAP se enteró de que el material de guerra que venía buscando había sido enviado a Guatemala, se dirigió de inmediato a ese país. Allí el presidente Arévalo le informó que el arsenal había sido embarcado hacia Costa Rica a pedido del presidente José Figueres.

De inmediato Carlos Andrés viajó a ese país, donde Figueres le hizo saber que las armas habían sido distribuidas para apoyar varias insurrecciones en Centroamérica. Con las manos vacías, CAP regresó a Venezuela en forma clandestina para organizar la resistencia, y fue capturado por las fuerzas de seguridad de la Junta de Gobierno. Luego de estar detenido por más de dos años salió de nuevo al exilio hacia Cuba para unirse a Betancourt, quien estaba tramitando apoyo financiero de Prío Socarrás para financiar una futura invasión a Venezuela.

Las diligencias de Betancourt fueron exitosas y en 1951 Luis Prieto Figueroa (un venezolano exiliado que había sido miembro de la Junta de Gobierno en 1945 y ministro de Educación en su país) recibió en forma encubierta un pago de 300 mil dólares para cubrir esos gastos. El dinero fue entregado por Aureliano Sánchez Arango, quien para entonces era el ministro de Educación cubano.

Primeros infiltrados de Castro en Venezuela

Luego de familiarizarse con Betancourt y CAP, Fidel los infiltró y les ofreció sus buenos oficios para lograr que el Gobierno de Prío les designara dos guardaespaldas. Según Fidel, la idea era protegerlos de posibles ataques provenientes de Venezuela. La intención oculta era sembrarles dos informantes para estar atento a sus movimientos. Los candidatos propuestos por Fidel fueron dos antiguos pistoleros de su banda universitaria UIR: Gustavo Ortiz Fáez y Orlando García.

El primero fue uno de los pistoleros que acompañó a Fidel a Manzanillo en 1947 para secuestrar la campana de Demajagua, que era una reliquia de la Independencia cubana utilizada por ellos en un acto político en la universidad. En 1948 Castro y Ortiz Fáez fueron acusados por el asesinato de Manolo Castro (presidente de la FEU y jefe de la banda rival MSR). Esta acusación no prosperó pero creó serias dudas sobre ambos. Luego de quedar en libertad, Ortiz Fáez pasó a ser el guardaespaldas de Fidel. Orlando García era un pistolero del UIR veterano del ejército norteamericano, que actuó como su guardaespaldas en la universidad y se desempeñaba como oficial de policía en La Habana.

La propuesta de Fidel fue rechazada por Betancourt alegando que él tenía en La Habana su propio guardaespaldas venezolano. Cuando Betancourt llegó a la presidencia en 1959, CAP incluyó a Ortiz Fáez en la guardia personal de Rómulo. Poco después, Betancourt ordenó su remplazo y el guardia pasó a la Digepol. Luego hizo negocios con el Gobierno, instaló una clínica veterinaria y aún vive en Caracas aunque sufre de Alzheimer.

Carlos Andrés Pérez sí aceptó el ofrecimiento de Fidel en La Habana y, a partir de ese momento, Orlando García se convirtió en la sombra de CAP hasta su muerte. García llegó a ser jefe de seguridad de CAP durante sus dos periodos presidenciales y fue alto jefe de la Digepol (la policía política venezolana). Por esta vía Fidel estaba informado sobre los acontecimientos políticos en Venezuela. García estuvo al lado de CAP durante 6 años en Costa Rica y luego acompañó a Pérez hacia Venezuela.

En noviembre de 1950 el presidente de la Junta de Gobierno de Venezuela, el general Carlos Delgado Chalbaud es asesinado, y el general Marcos Pérez Jiménez se convierte en el nuevo hombre fuerte en Venezuela. A raíz del magnicidio, las sospechas recaen sobre Pérez Jiménez quien, dada la suspicacia existente, decide hacer una parodia para no despertar más recelos. Al efecto designan a un civil títere al frente del Gobierno para ganar tiempo. Su nombre era Germán Suárez Flamerich.

El informante de Chibás

Luego de graduarse, Fidel hizo un fallido intento de práctica privada, pero pronto abandonó esa línea de carrera. Le interesaba más la política como trampolín para adueñarse de Cuba y desarrollar sus relaciones con los venezolanos con miras a su plan estratégico. El establecimiento de un Eje Caracas-La Habana era una pieza fundamental para el éxito. Con esa intención en mente, dividió su tiempo entre sus actividades como activista del Partido Ortodoxo, al tiempo que se relacionaba con los exiliados venezolanos.

El Partido Ortodoxo lo atrajo porque pensó que era la vía más expedita para llegar al poder. Su líder Eduardo Chibás se estaba haciendo muy popular acusando de corruptos a sus contendores del partido Auténtico. Dado su dinamismo e ímpetu, Fidel pasó a ser en poco tiempo su asistente de confianza. Con su apoyo, Fidel se registró como candidato a un curul en la Asamblea Nacional en las elecciones del 52.

Chibás era un hombre muy recto, pero a la vez emocional y un poco perturbado. Para promover su campaña mantenía un programa de radio dedicado a denunciar hechos de corrupción en el Gobierno de Prío. Fidel se convirtió en una de sus fuentes de información. En ese momento Aureliano Sánchez Arango, el canciller de Prío, se perfilaba como futuro candidato presidencial del partido Auténtico. El posible rival de Chibás constituía un blanco atractivo para Fidel y empezó a investigarlo. Él sabía de las reuniones secretas de Sánchez Arango con algunos exiliados venezolanos. Por indiscreciones oídas se enteró de que en esos contactos había hablado de intercambio de gruesas sumas de dinero sin autorización oficial.

Aparentemente Sánchez Arango había incurrido en un hecho de corrupción al enviar a Guatemala dinero del Gobierno. Con esos fondos había comprado una hacienda en ese país, por lo que aparentemente incurrió en un hecho de enriquecimiento ilícito. Fidel vio en ello una oportunidad pasando la información a Chibás. Este inició una feroz campaña contra Sánchez Arango acusándolo de corrupto sin tener pruebas. Posteriormente uno de los principales líderes venezolanos del exilio, Luis Beltrán Prieto Figueroa (hombre de una moral intachable), confesó a Chibás haber recibido dinero del ministro para comprar armas destinadas a una invasión a Venezuela. Esas armas habían sido depositadas en un lugar secreto en Guatemala.

La revelación de Prieto Figueroa consternó a Chibás y lo llevó al suicidio. En agosto de 1951 el líder del Partido Ortodoxo cubano (favorito para las elecciones presidenciales programadas para 1952) se dio un disparo en el abdomen durante un programa de radio.

Fidel estaba presente en el sitio y luego acompañó al herido durante su agonía de varios días. Tras el incidente, Fidel no hizo referencia a la información que había presentado el venezolano que impulsó a Chibás a la muerte. Seguramente pensó que esas armas podrían ser útiles más adelante para su plan. Además no quería ser acusado de ser el causante del suicidio por ser él quien llevó la información errónea.

La muerte de Chibás (el 16 de agosto de 1951) y el descrédito de Sánchez Arango como candidato presidencial, crearon un vacío político en Cuba que condujo al golpe de Batista en 1952. Pese a sus defectos, Chibás era un hombre decente que hubiera ganado, y la historia de Cuba habría sido diferente. Para entonces Fidel era solamente un impetuoso joven asistente.

Seguramente Betancourt, Gallegos y CAP hablaron en La Habana sobre este extraño joven cubano. A Betancourt le causaba rechazo, a Gallegos le infundía temor y a CAP le encantaba. En 1952, el derrocamiento de Prío Socarrás a manos de Batista obligó a los venezolanos a huir y Fidel perdió contacto con Betancourt.

El golpe de Batista

Ese mismo año, en plena Guerra Fría, se produce un golpe de Estado en Cuba contra el Gobierno de Carlos Prío Socarrás. El cabecilla del golpe fue el general Fulgencio Batista. Este golpe eliminó uno de los pocos reductos democráticos en Hispanoamérica. La derecha militar, apoyada por los norteamericanos, había tomado la América hispana.

Para las elecciones de ese año se habían inscrito Fulgencio Batista por el Partido de Acción Unitario (PAU), Roberto Agramonte del Partido Ortodoxo y Carlos Hevia por el partido Auténtico. El 10 de marzo del 52, tres meses antes de las elecciones, Batista se dio cuenta de que iba a perder. Esto lo llevó a ejecutar un golpe de Estado apoyado por el Ejército. El cuartelazo estableció un régimen brutal y corrupto.

Luego del golpe, los exiliados venezolanos huyeron de Cuba y se dispersaron por el Caribe. Muchos fueron a Costa Rica, otros a México, Guatemala y Puerto Rico. Fidel Castro pasó a la clandestinidad en Cuba. Su intención era iniciar la lucha contra la dictadura de Batista para tomar el poder. Posteriormente, cuando Betancourt o Carlos Andrés Pérez regresaran a Venezuela, enlazaría con ellos para organizar la invasión a ese país. Para Fidel, la alianza Cuba-Venezuela sería indetenible y constituiría el motor para unir Hispanoamérica.

Asamblea Constituyente en Venezuela

Una vez que Pérez Jiménez consideró que había pasado un tiempo prudencial, se encarga directamente del Gobierno. Con el fin de darle un viso de legalidad a sus intenciones organiza una Asamblea Constituyente para cambiar la constitución.

El Gobierno militar había ilegalizado a AD y el PCV, pero permitió que URD y COPEI siguieran en actividad. Para legitimar su mandato, Pérez Jiménez organizó un partido, el Frente Electoral Independiente (FEI) y convocó a elecciones el 30 de noviembre de 1952, en las cuales se eligieron los miembros de una Asamblea Constituyente. En esos comicios URD obtuvo el 62.8% de los votos con el apoyo de AD. Pérez Jiménez desconoció el triunfo de URD y el Consejo Supremo Electoral dio como ganador al FEI. El 2 de diciembre de ese mismo año la Asamblea Constituyente designa a Pérez Jiménez como presidente provisional desplazando a Suárez Flamerich. Técnicamente, las acciones realizadas por Pérez Jiménez para llegar al poder constituyen un golpe de Estado.

Cuando Pérez Jiménez se encargó de la presidencia de Venezuela, estaba de paso por Caracas un joven argentino llamado Ernesto "Che" Guevara. Este estudiante de medicina, que se sentía atraído por el potencial revolucionario de Hispanoamérica, había decidido hacer un reconocimiento de la región con un compañero. El "Che" estuvo en Caracas solamente 9 días. Durante su corta estancia le ofreció empleo el médico venezolano reconocido por desarrollar la vacuna contra la lepra, el Dr. Jacinto Convit, quien ha sido candidato al premio Nobel de Medicina y actualmente desarrolla una vacuna contra algunos tipos de cáncer que se halla en fase experimental. Como el "Che" Guevara andaba de paseo declinó la oferta del doctor para seguir su peregrinaje.

En abril de 1953 la Asamblea Constituyente aprueba una nueva constitución eliminando aspectos que los militares consideraban socialistas. Pérez Jiménez asume la presidencia directamente cambiando la constitución y asumiendo poderes dictatoriales. Ante el fraude, URD y COPEI pasan a unirse en la clandestinidad con AD y el PCV.

El dictador venezolano logró el apoyo de los Estados Unidos, gracias a su acérrimo anticomunismo y estableciendo políticas favorables hacia las compañías petroleras. Los americanos le reconocieron sus méritos en la Guerra Fría cuando el presidente Dwight Eisenhower lo condecora con la Legión al Mérito.

Fidel en la clandestinidad

El golpe dado por Batista en marzo de 1952 truncó la carrera política convencional de Fidel lanzándolo a la vorágine de la revolución. Ahora podía dedicar su energía a los preparativos para la tarea a la que estaba "predestinado".

El aburrido desvío electoral con el Partido Ortodoxo había quedado atrás. De ahora en adelante se dedicaría en cuerpo y alma a afinar el plan que lo llevaría al poder y la gloria. Ese plan pasaba por el derrocamiento del dictador Batista para imponer su hegemonía en Cuba. Luego vendría la conquista de Venezuela y finalmente el objetivo más difícil: la conquista de Hispanoamérica. Por fortuna le sobraba tiempo, porque apenas tenía 25 años.

Ahora en la clandestinidad, Fidel tenía tiempo para fantasear y acariciar sus sueños. Como hombre violento acostumbrado a las armas, el uso de la fuerza le parecía inevitable y necesario. Para ser aceptado como el jefe máximo de Hispanoamérica necesitaba generar una épica propia que lo hiciera ver como un guerrero frente a sus seguidores. Comandar una base guerrillera en la Sierra Maestra le brindaría la oportunidad de cubrirse de gloria. Las armas las obtendría asaltando un cuartel antes de ir a la Sierra. Tomar Cuba sería fácil con su audacia y determinación. El resto del osado plan tomaría tiempo y sería posible si conseguía controlar los petrodólares venezolanos. Su amistad con CAP le aseguraba el acceso a Betancourt. Fidel estaba seguro de que ambos iban a volver a mandar en Venezuela. Con ellos en el poder, su éxito estaba garantizado.

Con los espejismos del futuro imperio hispanoamericano bailando en su mente, se sintió grandioso. Por algo había tomado la previsión de cambiar su segundo nombre a Alejandro (en honor al héroe de Macedonia que fusionó el mundo conocido en un gran imperio bajo su dominio). Fidel no tenía la menor duda de que su destino sería similar. El golpe de Batista sería el inicio de su campaña para llegar a ser el Alejandro Magno de América.

Asalto al Cuartel Moncada

El 26 de julio de 1953, Fidel a la cabeza de un grupo de 125 individuos mal armados y peor entrenados intentó capturar el Cuartel Moncada. El objetivo consistía en apoderarse del arsenal almacenado en el lugar, que incluía más de 3 mil fusiles y un número indeterminado de morteros, ametralladoras y granadas de mano. Con este material en su poder, Fidel huiría a la cercana Sierra Maestra para iniciar una guerra de guerrillas contra Batista. El asalto fue mal concebido y peor ejecutado. Uno de los mayores errores fue permitir que Fidel condujera uno de los vehículos utilizados en ese ataque. El carisma no es parte de las habilidades necesarias para conducir. Pese a su chambonada, tuvo suerte al salir con vida, pero gracias a su acción suicida su popularidad se había extendido a toda la isla. Había sido derrotado, pero su gesto de rebeldía lo había hecho una figura nacional.

Fidel cae prisionero y es condenado en un juicio en el cual ejerció su propia defensa. Este alegato racionalizó en términos grandilocuentes sus razones para escoger la lucha armada. En cierto modo ese documento titulado "La historia me absolverá" es el equivalente del *Mein Kampf*, de Hitler. En él, Fidel describe las condiciones objetivas que lo llevaron a tomar las armas. La pobreza, corrupción, desigualdad y dictadura en Cuba fueron las causas que lo aguijonearon. Él solamente era el seguidor de José Martí que representaba la generación del centenario del nacimiento del gran héroe cubano.

Este juicio fue la plataforma que finalmente le permitió hacerse famoso en Cuba. Su frase "La historia me absolverá", reminiscencia de una frase pronunciada por Hitler, quedó grabada en la mente de los cubanos. El asalto fallido al Moncada lo había convertido en un personaje famoso. Para capitalizar su notoriedad, Fidel funda un movimiento clandestino de carácter nacional al que llamó Movimiento 26 de julio (M26). Este grupo, formado inicialmente alrededor de la juventud del Partido Ortodoxo, empezó a crecer rápidamente con un número importante de seguidores. Al grupo inicial (integrado por sobrevivientes del asalto al Cuartel Moncada) se le fueron agregando la mayoría de la juventud del Partido Ortodoxo, el Movimiento Nacional Revolucionario dirigido por Rafael García Bárcenas y los miembros de Acción Nacional Revolucionaria dirigido por Frank País.

Como consecuencia del juicio hecho a Fidel, le fue aplicada una pena de 15 años de prisión. Tras veintidós meses de presidio fue amnistiado en mayo de 1955.

CAPÍTULO 11

GENERAL MARCOS PÉREZ JIMÉNEZ

Un conspirador natural

Pérez Jiménez fue un militar golpista inteligente que jugó un papel político destacado en Venezuela entre 1945 y 1958. Fue un conspirador natural que afinó sus destrezas en esos menesteres al hacer sus estudios de Estado Mayor en la Escuela Superior de Guerra de Chorrillos en 1943. Allí se contagió con la idea caudillista de que la institución castrense está destinada a gobernar.

En 1950 fue objeto de sospecha por el asesinato del presidente Carlos Delgado Chalbaud. Para desviar el interés sobre su persona designó como presidente provisional a Germán Suárez Flamerich. Pérez Jiménez remplazó a este títere el 2 de diciembre de 1952, luego de cometer un fraude electoral. Su actuación antidemocrática y dictatorial fue promovida por los Estados Unidos, temerosos de las intenciones expansionistas de la URSS.

Un mes antes los esbirros de la dictadura habían asesinado a Leonardo Ruiz Pineda, el líder de AD en la clandestinidad. La pérdida de este prestigioso dirigente socialdemócrata dejó a Acción Democrática en manos de activistas de bajo rango.

Pérez Jiménez trató de capitalizar esta oportunidad procediendo a ilegalizar el Partido Comunista e incrementando la actividad represiva a través de la Seguridad Nacional. La siniestra policía política del régimen estaba dirigida por Pedro Estrada, quien por sus prácticas de tortura y asesinato de opositores clandestinos fue conocido como "El chacal de Güiria".

Las persecuciones obligaron al Partido Comunista a pasar a la clandestinidad. Los abusos represivos y la corrupción fueron gestando un movimiento de resistencia nacional contra la dictadura. En contrapartida al apoyo gringo, los comunistas venezolanos empezaron a recibir financiamiento a través de los nexos entre el PCV y la KGB.

En vista del aumento de la actividad subversiva comunista, en 1952 fueron cerradas las embajadas soviéticas en Cuba por Fulgencio Batista y en Venezuela por Marcos Pérez Jiménez. Pese a estas medidas, los soviéticos continuaron financiando en forma encubierta la resistencia en ambos países. El enfrentamiento, paulatinamente, se fue convirtiendo en subversión armada. Mientras el Caribe empieza a arder lentamente, en Egipto surgió un nuevo Saladino dispuesto a vengar las afrentas causadas por los imperios que pululaban en el Medio Oriente.

Gamal Abdel Nasser

En 1952 apareció en el mundo árabe un líder militar nacionalista con imagen carismática y mensaje fulgurante. Su nombre era Gamal Abdel Nasser, un coronel egipcio que dirigió la revolución nacionalista contra el rey Farouk y el imperio inglés. Nasser capturó la imaginación de las masas populares árabes al tomar el poder y eliminar la monarquía instalando un Gobierno socialista antinorteamericano con apoyo de la Unión Soviética. Nasser era un nacionalista que aborrecía el mundo occidental por las humillaciones de las cruzadas y el colonialismo europeo del mundo musulmán. Adicionalmente, rechazaba el neocolonialismo norteamericano y la creación del Estado de Israel y amenazaba con destruirlo gracias al apoyo soviético.

Su magnetismo era realzado por su panarabismo, que promovía la integración de los pueblos árabes y la unión de la cultura islámica en un gran califato. Este líder fue una de las figuras más importantes del mundo árabe en el siglo XX. Su aparición creó grandes expectativas, porque anunciaba cambios importantes en la política del Medio Oriente.

Al entrar en conflicto con Israel se asoció con los soviéticos sin ser marxista para obtener armas y apoyo logístico. En este proceso condujo a su país a dos desastrosas derrotas ante los israelitas. Pese a sus descalabros militares y fracasos políticos murió en 1970 convertido en un símbolo de la dignidad árabe. Aunque Egipto queda muy lejos de América del Sur la revuelta de Nasser no pasó desapercibida entre los militares nacionalistas de esa región.

El apoyo soviético no era desinteresado. Aunque en Egipto no hay mucho petróleo, en buena parte del Medio Oriente existen yacimientos muy importantes. Esos pozos están siendo explotados por imperios occidentales. Los soviéticos ya eran una superpotencia y querían parte de la torta. Su alianza con Nasser no era platónica.

La dictadura se consolida

En 1953 Pérez Jiménez estableció una nueva constitución que le dio poderes dictatoriales y le hizo presidente constitucional. Durante su Gobierno, gracias al ingreso petrolero y a la gigantesca inversión en obras de infraestructura, el país vivió una bonanza que permitió el desarrollo de una pujante clase media. Pese al progreso material, los abusos de la dictadura en materia de represión política y fraudes electorales generaron el crecimiento de una activa resistencia, tanto democrática como comunista. En la medida en que la represión aumentaba, los principales líderes de la oposición fueron forzados al exilio. Frente a la resistencia quedó un grupo de jóvenes políticos, que fueron captados fácilmente por los comunistas que contaban con el apoyo soviético.

Con el correr del tiempo, Pérez Jiménez se convirtió en un típico dictador militar sudamericano. El tirano estableció una nueva constitución retrotrayendo el país a elecciones indirectas. Creó un Congreso y una Corte Suprema marionetas que cumplían ciegamente sus órdenes. Concentró a su alrededor todo el poder eliminando de hecho la separación de poderes. Incluso revivió la vieja doctrina gomecista del "Cesarismo Democrático" dándole el nombre de "Nuevo Ideal Nacional". Bajo esta idea, la política perdió importancia y fue remplazada por el progreso material representado por la construcción de grandes y ostentosas obras públicas. Esas obras eran más monumentos en honor al dictador que contribuciones al desarrollo nacional. El énfasis en grandes construcciones disminuyó el gasto en educación y salud.

El Gobierno de Pérez Jiménez, basado en la renta petrolera, desarrolló un capitalismo de Estado mientras permitía la operación de un supuesto libre mercado con muchas restricciones políticas. El resultado fue la construcción de grandes obras de infraestructura y el desarrollo de una clase media incipiente. Pese a la aceptable situación económica, la falta de libertad política fue enturbiando el panorama no solamente en Venezuela sino en Cuba. En la Perla de la Antillas, una serie de paros y atentados contra Batista iban caldeando el ambiente.

La coexistencia pacífica

En octubre de 1952 en ocasión del XX Congreso del Partido Comunista Soviético, el Kremlin hizo pública la política de *coexistencia pacífica*. Esta doctrina se basaba en la percepción de que se estaba produciendo un cambio en la correlación de fuerzas a nivel mundial a favor del socialismo. Ante esta situación, Moscú debía ser más asertivo en su liderazgo internacional. El nuevo escenario hacía necesario que la URSS interviniera más activamente en el Tercer Mundo. Uno de sus focos de atención era Venezuela. El potencial petrolero de dicho país era demasiado atractivo para ignorarlo. Esta nueva correlación de fuerzas hacía conveniente para los norteamericanos la existencia de Gobiernos militares de derecha, como el de Pérez Jiménez en Venezuela, Batista en Cuba, Somoza en Nicaragua y Trujillo en República Dominicana.

En medio de la Guerra Fría, la URSS seguía a la espera de la muerte de Stalin, el dictador eterno que mandaba desde 1922. Para los halcones del Kremlin, este hito sería un buen momento para que el imperio rojo empezara a actuar en forma más asertiva. Era hora de que el imperio rojo desplegara su liderazgo mundial mostrando su poderío militar y avances tecnológicos. El 5 de marzo de 1953 muere "el padrecito" Stalin. Su lugar fue ocupado luego de una lucha interna por Nikita Khrushchev. En el proceso perdió la vida Lavrenti Beria, el poderoso jefe de la KGB que también aspiraba al poder. Tras la llegada de Khrushchev al poder, Venezuela y Cuba pasaron a ser blancos soviéticos dentro del marco de la Guerra Fría.

El nuevo zar comunista decidió actuar en forma más activa en el Tercer Mundo en respuesta a la ofensiva yanqui, que promovía la instalación de dictaduras militares de derecha en esa zona. A partir de allí se inicia la intervención de los soviéticos en África, Asia y Latinoamérica.

Los soviéticos habían estado activos en Sudamérica en los años veinte y treinta, pero a raíz de la Segunda Guerra Mundial suspendieron estas operaciones por algún tiempo. Desde su creación, la URSS tuvo un especial interés en Cuba y Venezuela. La segunda había sido difícil de penetrar debido a la existencia de dictaduras anticomunistas.

El archivo Mitrokhin

Luego de la muerte de Stalin, la idea de intervenir Cuba y Venezuela renace en la URSS, gracias a Fidel Castro y a las recomendaciones de Grobart. Esta aseveración es confirmada por las revelaciones de Vasili Mitrokhin, el agente de la KGB que desertó a Inglaterra en 1992. En su archivo hay un filón de información sobre operaciones clandestinas soviéticas en el Caribe en la década de los años 50. Mitrokhin murió en el 2005, pero dejó publicado *El archivo Mitrokhin II*, en el cual revela nuevas operaciones de la KGB en su batalla por el Tercer Mundo.

Según Mitrokhin, Raúl Castro fue el enlace encubierto de Fidel con la URSS. Fidel no deseaba aparecer como comunista y probablemente no lo era en sus comienzos, pero sí es profundamente antinorteamericano. Para desviar sospechas, Fidel consiguió en 1953 una invitación para que su hermano Raúl asistiera a un congreso de jóvenes comunistas en Praga. En ese viaje, Raúl fue llevado secretamente a Moscú con el fin de coordinar un plan para tomar Cuba y Venezuela. Según Mitrokhin de allí nace la idea de asaltar el Cuartel Moncada con el fin de tomar Cuba, y organizar la invasión a Venezuela para desde allí apoderarse de Iberoamérica. La idea surgió de la mente de Grobart.

Para coordinar ese plan, los soviéticos designaron a Nikolai Leonov, quien acompañó a Raúl Castro en el buque mercante italiano Andrea Gitti hasta México. Desde allí Raúl fue a Cuba a reunirse con Fidel para organizar el asalto al Cuartel Moncada situado en Santiago de Cuba. El plan incluía una operación en la cual la URSS enviaría (en forma encubierta) un barco cargado de armas a la Bahía de Santiago de Cuba a la espera de órdenes. El 25 de julio de 1953 la motonave Zora fondeó en esa bahía. En esa embarcación viajaba Fabio Grobart con una partida de 150 hombres armados, quienes tenían como misión apoyar el ataque al fuerte militar reforzando la operación de Fidel. El fracaso del asalto hizo innecesario el refuerzo soviético y el Zora levó anclas inmediatamente saliendo pronto de las aguas territoriales. Al día siguiente hubo una reunión del Partido Comunista Cubano en Santiago de Cuba y todos los asistentes fueron detenidos. La luna de miel entre Batista y los soviéticos había terminado.

Lo interesante de este relato es que Juan Vives, un ahijado de Celia Sánchez (la asistente personal de Fidel Castro) había contado la historia del Zora antes de la publicación del último libro de Mitrokhin. Esta coincidencia da fortaleza a esta información. Entretanto Leonov se quedó en México trabajando en la embajada soviética y mantuvo contacto con Fidel, Raúl y el "Che" cuando éstos planificaban la invasión del Granma. Luego del triunfo de Fidel en 1959, Leonov fue ascendido a general y ocupó la más alta posición en el Departamento América de la KGB.

Los soviéticos no se amilanan

El fracaso del asalto al Moncada no amilanó a los soviéticos. Sabían que el Caribe estaba en ebullición y que pronto se presentarían nuevas oportunidades. Entre tanto seguirían con su *modus operandi* tradicional y se olvidarían de las asonadas de Fidel. Generalmente la injerencia se iniciaba con un periodo de infiltración. Este era seguido por una fase de apoyo militar y financiero para desarrollar cuadros y crear agitación. Después vendría la toma del poder por sus aliados locales. La última fase concluía con la subordinación total de la nación "liberada" a la metrópoli de Moscú. Básicamente se trataba de la idea de Lenin adaptada al trópico con algunos retoques cosméticos.

La nueva situación estimuló a los soviéticos a competir con los norteamericanos en otras partes de Hispanoamérica. En esa época llegan al poder los izquierdistas Jacobo Árbenz en Guatemala y Víctor Paz Estensoro en Bolivia. La reforma agraria en Guatemala y la nacionalización del estaño en Bolivia fueron apoyadas por la Unión Soviética. Lo de Bolivia no fue visto como un peligro mayor por los americanos, pero lo ocurrido en Guatemala por su cercanía a México, ocasionó que la OEA a solicitud de los EEUU condenara la intervención soviética. Esta acción de la OEA facilitó el derrocamiento de Árbenz en 1954 con una invasión apoyada por la CIA. Khrushchev, quien había logrado penetrar a Árbenz, juró vengarse. La Guerra Fría en Hispanoamérica estaba tomando cuerpo.

Treinta años después el ubicuo Grobart aparecía de nuevo involucrado con el Movimiento 26 de Julio en Cuba y con el Partido Comunista de Venezuela. Su permanencia en la cúpula comunista regional se debió a su habilidad y a que el objetivo de la URSS seguía siendo el mismo: tomar Cuba y Venezuela a mediano o largo plazo. Para ello Grobart había iniciado, tiempo atrás, un metódico trabajo clandestino de infiltración a través de los partidos comunistas locales y ahora estaba cosechando los frutos.

La URSS prueba suerte en Hispanoamérica

El Partido Comunista soviético era el brazo ideológico de la Unión de Repúblicas Socialistas Soviéticas (URSS), el segundo imperio más poderoso del mundo. Siendo un imperio amante del secreto y de las operaciones encubiertas, la infiltración de sus enemigos era su fuerte. La Unión Soviética, primero a través de la *Comintern* y luego de la KGB, movilizó sus tentáculos por el planeta. El cerebro de la URSS estaba centralizado en el Kremlin.

Al terminar la guerra, Europa había sido repartida entre los triunfadores perdiendo buena parte de su tradicional protagonismo. Quedaron en pie solamente dos colosos antagónicos: los Estados Unidos de Norteamérica y la URSS. Una vez derrotada Alemania, la URSS reactivó su plan de convertirse en un imperio mundial. Dentro de ese esquema hegemónico uno de los dos grandes imperios sobraba, lo que dio pie al inicio de la Guerra Fría, que se extendió hacia América Latina.

El "Plan Marshall", con apenas 13 mil millones de dólares, detuvo el avance de la URSS en Europa Occidental. Para contrarrestarlo, Stalin estableció la *Cominform*, una coalición de partidos comunistas de países europeos satélites de la Unión Soviética, que se apoderaría de Europa. Este esfuerzo fracasó y en 1956 la *Cominform* fue disuelta por Khrushchev. El líder soviético, al no poder expandir el comunismo en la Europa Occidental, desplazó la política expansionista hacia los países subdesarrollados incluyendo Latinoamérica. La idea básica seguía igual: derrocar a los Gobiernos burgueses del Tercer Mundo e imponer en ellos Gobiernos comunistas.

Al moverse el escenario al Tercer Mundo, la KGB y la CIA adquirieron gran importancia. A través de esas organizaciones clandestinas la URSS y USA penetraron el Tercer Mundo, apoyando partidos y líderes que compartían sus ideas. Dentro de este escenario convulso aparece en Hispanoamérica una nueva generación de líderes decididos a derrocar a los dictadores de derecha e imponer una revolución de izquierda por medio de la violencia armada. Entre ellos figuran Fidel Castro en Cuba, Douglas Bravo y Fabricio Ojeda en Venezuela.

En 1945 esta nación, bajo el Gobierno de Medina Angarita, había establecido relaciones diplomáticas con la URSS. Siete años más tarde Pérez Jiménez había decretado la ruptura. El militar golpista había acabado con la democracia venezolana, y su Gobierno estaba siendo rechazado abiertamente por los venezolanos. Los soviéticos vieron una estupenda oportunidad para intervenir aduciendo que venían a librarnos de la dictadura militar, pero en realidad venían tras el petróleo.

El PCV contaba con apoyo técnico y financiero de la KGB. Aunque la URSS no tenía el poder de los EEUU, su apoyo era suficiente para mantener vivos y activos los pequeños movimientos de izquierda que se estaban gestando en varios países de la región. Por estas razones, la URSS dio a apoyo encubierto al PCV para su participación en la lucha clandestina contra Pérez Jiménez.

CAPÍTULO 12

EL GRANMA

Viaje a México

A fines de abril de 1955, Fidel junto con los demás indiciados en el asalto al Moncada fue amnistiado por el Gobierno de Batista. Cuando abandonó la cárcel era un hombre diferente al joven abogado recién graduado que había asaltado el Cuartel. Estaba convencido de que para lograr sus metas debía organizar una herramienta política que obedeciera ciegamente sus instrucciones y una operación de guerrillas contra Batista. La respuesta fue el M26.

Fuera de la cárcel pasa dos meses organizando el movimiento vigilado por las fuerzas represivas del régimen. Durante este periodo se da cuenta de que en Cuba no podrá desarrollar sus planes en secreto y que es necesario marchar a México para preparar su invasión.

Poco antes de partir se entrevistó secretamente con Fabio Grobart, quien había regresado a Cuba luego del golpe de Batista. Fabio le explicó los requisitos exigidos por los soviéticos. Fidel analizó la oferta pero las condiciones no le gustaron y decidió no aceptarla. Moscú no da nada gratis. Fidel necesitaba dinero, pero estaba en el proceso de levantarlo de fuentes particulares en condiciones más favorables. En ese momento el apoyo del Kremlin no era indispensable y era peligroso. El derrocamiento de Árbenz en Guatemala dejaba claro que los americanos no iban a permitir Gobiernos comunistas en la región. A Fidel no le convenía reunirse abiertamente con comunistas, porque alertaría a los gringos y era necesario mantener con ellos "por ahora" buenas relaciones. Sabía que si los americanos se oponían a su plan, las probabilidades de triunfo disminuirían.

Antes de retirarse, Grobart le recomendó que reclutara a Luis Buch que sería de gran ayuda para el M26. El hecho de que había sido lugarteniente de su ídolo Guiteras le interesó. Esta recomendación motivó a Fidel a conocerlo antes de partir hacia México. Al hacerlo quedó muy bien impresionado. Cuando Castro abordó el avión, Buch se había convertido en uno de los principales operadores de Fidel en Cuba, siendo a la vez el infiltrado soviético fundamental en el movimiento M26. Dada su importancia, Buch reportaría directamente a Fidel. Por razones de seguridad y para encubrir sus acciones no fue incluido como miembro del Comando Nacional del movimiento y ni siquiera como miembro ordinario. A partir de ese momento pasó a ser mano derecha y embajador secreto de Fidel. En junio de 1955 Fidel Castro pudo salir de Cuba sin inconvenientes en un avión comercial. Su hermano Raúl lo había precedido.

Al arribar a México, Fidel inició los preparativos de lo que llamó la *guerra necesaria*. Su hermano Raúl, que lo había precedido, se había puesto en contacto con Alexei Leonov (el agente de la KGB que laboraba en la embajada soviética en México). La reunión fue secreta para oír una nueva propuesta de la URSS que tampoco satisfizo a Fidel. Sabiéndose vigilado por la CIA, el futuro líder guerrillero decidió anunciar públicamente que recurriría a fuentes de apoyo privadas e inclusive fue personalmente a levantar fondos en los Estados Unidos.

Luego de asegurar los recursos necesarios con sus principales patrocinadores: el expresidente Prío Socarrás, el excanciller Sánchez Arango, más los donantes captados por Luis Buch (y mediante colectas públicas), Fidel pudo abocarse a la organización y entrenamiento de su pequeña fuerza. El núcleo inicial de sus tropas se formó alrededor de su hermano Raúl, que había llegado un mes antes a México y Ñico López, quien había reclutado al "Che" Guevara en Guatemala en 1954. Hecho esto se dedicó a agrupar a los sobrevivientes del fallido asalto al Cuartel Moncada y a incorporar nuevos seguidores.

Dado lo limitado de los recursos disponibles solamente pudo reunir alrededor de 80 hombres. Este minúsculo grupo no puede considerarse una invasión, sino más bien una operación de infiltración de cuadros para formar una guerrilla en Cuba en torno de ellos. Esa modesta fuerza no llegaba ni al 7% de los efectivos con que contó la expedición de Cayo Confites. Dado lo escuálido de esta fuerza, la incursión tendrá solamente un efecto simbólico.

El "Che"

Luego de graduarse de médico en Argentina en 1953, el "Che" había salido en un segundo peregrinaje en moto por Sudamérica. En su vagabundeo sobre dos ruedas trató de conseguir visa para Venezuela, pero le fue negada. Este desaire no le importó mucho porque ya había estado en ese país en su primer viaje. En esta oportunidad su curiosidad había sido picada por Guatemala, donde se estaba realizando un experimento revolucionario que lo atraía.

Al pasar por Guayaquil unos amigos comunistas lo invitan a apoyar el Gobierno izquierdista del coronel Jacobo Árbenz en Guatemala. El "Che", que para entonces ya estaba contagiado por el marxismo, decide acompañarlos. En ruta hacia Guatemala hacen escala en Costa Rica, y el "Che" decide solicitar una entrevista con Betancourt que a la sazón se encontraba allí asilado.

La entrevista con el socialdemócrata venezolano no excitó mucho al "Che", quien esperaba encontrar a un revolucionario fogoso. Al conocerlo se llevó una sorpresa que refleja en su diario, en el cual describe a Betancourt como un político con algunas ideas sociales, pero que está fuertemente con los Estados Unidos. En esa breve reunión no hubo química entre ambos y no se volvieron a ver más nunca. De Costa Rica el "Che" marchó a Guatemala, donde colaboró con Árbenz hasta su derrocamiento en 1954. El general Eisenhower, John Foster Dulles y Allen Dulles habían decidido derrocarlo por considerarlo comunista.

Durante su permanencia en Guatemala, se hizo amigo de un grupo de exiliados cubanos veteranos del Cuartel Moncada que trabajaban para el Gobierno. Uno de ellos, llamado Ñico López, es quien le pone el apodo del "Che" y es quien le habla de Fidel.

A raíz de la caída de Árbenz, se asila en la embajada de Argentina en Guatemala, y de allí viaja hacia México, donde entra en contacto de nuevo con Ñico López, quien le presenta a Raúl Castro. Posteriormente Raúl le presenta a su hermano quien de inmediato lo recluta. Para Fidel, la aparición del "Che" fue una bendición, porque necesitaba un médico para la expedición. El argentino además se convirtió en el ideólogo de la invasión.

Viaje a los Estados Unidos

Desde México, Fidel viajó a los Estados Unidos para levantar más fondos públicamente. Este viaje lo hizo con su viejo amigo de la universidad Rafael del Pino Siero, quien hablaba inglés perfectamente. En 1948 Del pino lo había acompañado a su entrevista con Betancourt y luego en el Bogotazo. La gira fue un éxito de propaganda, pero la colecta fue reducida. Con los pocos fondos disponibles, la aventura mexicana de Fidel se redujo a la mínima expresión. Su incursión sería solamente una fracción de la fallida expedición de Cayo Confites que había sido subvencionada (en buena parte) por fondos venezolanos enviados secretamente por Betancourt. Esa fuente se había secado, porque estaba bajo la dictadura de Pérez Jiménez. Luego del golpe de Batista, el expresidente Betancourt había huido de Cuba refugiándose en Costa Rica. En ese momento el venezolano no estaba en condiciones de apoyarlo. La situación financiera de Fidel no era buena, pero mantuvo la fe. Esa certidumbre le hacía pensar ingenuamente que al desembarcar en Cuba, el pueblo lo seguiría a la Sierra Maestra y desde allí sacaría a Batista del poder.

Las armas venezolanas

Luego de un año de febriles preparativos, cuando la expedición estaba casi lista para zarpar, un hecho inesperado causó caos en los planes de Fidel. La hacienda donde se entrenaba su tropa fue allanada por la policía mexicana y las armas y pertrechos fueron decomisados. Luego de pasar tres semanas detenidos, Fidel fue dejado en libertad con los otros arrestados. Al salir de la cárcel, Raúl Castro y el "Che" Guevara hicieron saber a Fidel sobre sus sospechas de que Rafael del Pino Siero era un informante de la CIA. Fidel lo sabía pero le interesaba que Del Pino informara a los gringos que no había influencias soviéticas en su expedición. Al verse descubierto, Del Pino temió por su vida y desertó del grupo expedicionario.

La acción policial mexicana dejó la expedición desarmada poco antes de zarpar. En ese momento la invasión parecía destinada al fracaso. En medio de un gran pesimismo, Castro recordó la compra ilegal de armas hecha por Sánchez Arango para los exiliados venezolanos que condujo al suicidio de Eduardo Chibás, en 1951 después de denunciar ese supuesto acto de corrupción. Fidel se había olvidado del asunto. Ahora ese cargamento podría ser la solución a su grave problema. A final de cuentas ese alijo podía ser su salvación.

Fidel decidió de inmediato pedirle a Betancourt que devolviera ese lote de armas. Podía alegar que técnicamente ese material de guerra pertenecía al pueblo cubano y que los venezolanos debían entregárselas. El problema era saber dónde estaban las armas y convencer a Betancourt para que las donara de vuelta.

En un torbellino de ideas con Raúl y el "Che" buscando soluciones a la crisis, el argentino dijo que había tenido noticias de las armas venezolanas en Guatemala. En ese país, el "Che" había conocido a Hildegard Pérez Segnini, un político venezolano miembro de AD, casado con la hija del embajador mexicano. Cuando el "Che" le habló a Hildegard de su encuentro con Betancourt en Costa Rica, Pérez Segnini entró en confianza y le contó que había sido el encargado por Betancourt para custodiar ese lote de armas en Guatemala. Este alijo sería utilizado en una futura expedición contra Pérez Jiménez. Ante la posibilidad del derrocamiento de Árbenz esas armas fueron embarcadas en 1954 junto con el menaje de casa de su suegro en un buque carguero, y enviadas a Costa Rica para ser entregadas al presidente José Figueres.

A través de sus contactos en Costa Rica, Fidel se comunicó con Figueres. El presidente le hizo saber que solamente Rómulo Betancourt y Luis Beltrán Prieto Figueroa estaban autorizados a movilizar esas armas. Fidel de inmediato se dio a la tarea de localizar a estos venezolanos que podían constituir su salvación. Ellos tenían las llaves del templo.

En los años 50, la capital de México se había convertido en un lugar de refugio para los exiliados que huían de las dictaduras de los caudillos latinoamericanos. Entre los exiliados había un nutrido grupo de venezolanos, algunos de ellos de izquierda. Una de estas exiliadas era la poetisa y periodista venezolana Lucila Velázquez.

Lucila había nacido en el seno de una familia ligada a AD. Su verdadero nombre era Olga Carmona, hermana de Isabel Carmona (una alta dirigente de AD) y de Jesús Carmona (un líder universitario miembro de la izquierda radical de AD), que luego se fue al MIR y después a las guerrillas fidelistas en las montañas de Venezuela. Lucila era una intelectual marxista que formaba parte del Grupo Contrapunto. Este grupo constituía una peña de poetas y periodistas venezolanos encabezados por Héctor Mujica, uno de los jefes del partido comunista venezolano que fue miembro del Comité Central del PCV y candidato presidencial. La agrupación usaba la poesía con fines más político proselitistas que estéticos, y sus miembros eran férreos oponentes a la dictadura de Pérez Jiménez.

Lucila se había exiliado en México huyendo de la dictadura perezjimenista y compartía un apartamento con Hilda Gadea, la economista peruana de tendencia comunista esposa del "Che" Guevara. Este había conocido a Hilda en Guatemala, donde ella trabajaba para el Gobierno de Árbenz. A solicitud de Hilda, Lucila accedió a poner a Fidel en contacto con un venezolano que podría conducirlos a Betancourt, quien a la sazón estaba establecido en Costa Rica. Al efecto, a mediados de agosto de 1956, se organizó una reunión en el apartamento de Lucila, a la cual acudieron Fidel, Raúl, el "Che" y un venezolano familiar de Luis Beltrán Prieto. Prieto fue la persona que recibió el cheque del Gobierno de Prío en 1951 para comprar armas en Guatemala.

El familiar de Prieto oyó la ansiosa solicitud de Fidel y manifestó que se la haría conocer a su pariente. Entretanto, Lucila cabildeó con su hermana Isabel para que convenciera a Betancourt de que entregara las armas. Finalmente a comienzos de septiembre, Betancourt y Prieto accedieron. Esas armas venezolanas salvaron la expedición del Granma.

"Carta de México"

Fidel siempre estuvo pendiente de ser el jefe máximo de la rebelión contra Batista. Dominar Cuba era el primer paso de su gran proyecto continental, por lo tanto no podía tener rivales. Con este pensamiento hizo llamados a la "unión" de todos los opositores de la dictadura, pero era una unión muy particular. Él siempre planteaba ser *primus inter pares* o el más "igual" entre todos los iguales.

Cuando llegó a México, Fidel todavía era un hombre joven y su movimiento atraía especialmente a los estudiantes universitarios. Por esta razón él era importante para mantener una buena relación con el presidente de turno de la FEU y otros líderes de la Universidad de La Habana. A fines de agosto de 1956 se reúnen en Ciudad de México: Fidel Castro, el líder del M26, José Antonio Echeverría (presidente de la FEU) y Faure Chamón. De ellos Echeverría y Chamón eran rivales de Fidel y líderes de la organización universitaria derechista Directorio Revolucionario. Como resultado de esa reunión se produce un documento de alianza entre el M26 y la FEU llamado la "Carta de México".

Este texto era un buen punto de partida, pero no especificaba quién iba a ser el líder y eso molestaba el ego hipersensible del futuro caudillo. Por ahora era mejor que nada. Esa reunión fue el inicio de una lucha sorda por el poder entre el M26 de Fidel y el Directorio Revolucionario de Chamón.

Además de los problemas de liderazgo, Fidel tenía que ocuparse de finiquitar los preparativos de la expedición. La invasión partiría en noviembre y faltaban muchos detalles por completar. A finales de 1956, poco antes de partir para Cuba, Castro se reúne con Fabio Grobart y Gustavo Machado. Ambos conocían el proyecto de Fidel y lo alentaban, porque era compatible con los planes de la URSS. Este contacto deja claro que los soviéticos sabían de la invasión aunque en teoría permanecían al margen.

Apoyo extranjero

Luego del acuerdo con Betancourt y Prieto, Fidel compra el barco que los transportaría a Cuba. Con los pocos recursos financieros que quedaban de los aportes hechos por Prío Socarrás y los fondos levantados por Luis Buch del Comité del M26 en el exilio, Fidel a través de un testaferro mexicano compró (el 10 de octubre de 1956) por 15 mil dólares el viejo yate Granma. Este bote (de 43 pies equipado con dos motores diesel) estaba diseñado para 12 pasajeros, pero podía llevar confortablemente hasta 20 personas. El yate estaba en malas condiciones atracado en el puerto de Campeche.

Una vez acondicionado, el viejo barco fue enviado en noviembre a recoger en Costa Rica el armamento venezolano. El presidente José Figueres había recibido instrucciones de Betancourt para entregar el alijo que estaba escondido en su hacienda La Lucha, cerca del poblado de San Cristóbal. Allí fueron los cubanos de la tripulación a recogerlo, y una vez embarcado zarparon hacia Tuxpan. Junto con el lote de armas había dos transmisores de radio HF. Por razones de espacio uno de los transmisores fue desembarcado en Tuxpan. El radio que quedó a bordo fue muy útil para comunicarse desde la Sierra Maestra. El radio bajado a tierra fue utilizado más tarde para las comunicaciones de la célula del M26 en Caracas con Fidel.

Poco antes de salir la expedición de Tuxpan, Fidel pasó revista a su delicada situación financiera y logística. Su fuerza era liliputiense y para apoderarse de Cuba tenía que hacerla crecer. El apoyo desde el extranjero era poco probable, salvo la ayuda soviética que por ahora no le convenía. La Legión del Caribe había desaparecido. Venezuela, Guatemala y Cuba vivían dictaduras que no lo iban a apuntalar. De ese grupo solamente quedaba Costa Rica, una nación pobre más pequeña que Cuba, cuyo presidente Figueres podía ayudar limitadamente. El resto de la región (incluyendo República Dominicana, Haití y las naciones centroamericanas) seguían en manos de dictadores militares.

El apoyo del exilio cubano era escaso y no permitiría cubrir los elevados gastos operativos, ni la compra de más material de guerra y el desarrollo de una logística adecuada. La ayuda soviética era condicionada por exigencias políticas que a Fidel le irritaban. Él simpatizaba con el marxismo y estaba rodeado por comunistas, pero deseaba actuar con independencia y no obedeciendo órdenes soviéticas. Además, no era un buen momento para manifestarse públicamente adepto a la ideología comunista.

Al desembarcar, los expedicionarios tendrían que vivir con el apoyo que pudiera brindarle el M26 desde las ciudades, y con el dinero que levantara el M26 entre donantes acaudalados cubanos. El problema era que el apoyo local no era controlado directamente por Fidel sino por líderes del M26 en las ciudades, como Frank País. Este hecho podía poner en peligro su objetivo de ser el líder máximo.

En ese oscuro panorama había una luz de esperanza. Sus contactos con venezolanos exiliados en México le permitían divisar una posible salida a este dilema. La resistencia contra la dictadura de Pérez Jiménez iba creciendo. Los comunistas de ese país constituían la agrupación mejor organizada dentro de los grupos clandestinos. Estas señales esperanzadoras indicaban que Venezuela podría ser (a corto plazo) la principal fuente de recursos para alimentar su revolución.

Conociendo la situación venezolana, Fidel antes de zarpar dio instrucciones al Comité del M26 en el exilio para organizar en Caracas una célula clandestina del movimiento, que trabajaría en la resistencia junto a las células del PCV. Dicha célula establecería contacto con la resistencia venezolana y con la logia militar nasserista, infiltrando estas organizaciones, y lo mantendría informado vía radio HF en la Sierra Maestra.

Zarpe hacia la historia

Poco antes de que el Granma zarpara hacia Cuba, su viejo amigo Del Pino Siero desertó e informó sobre la invasión a la CIA. Los americanos pasaron el dato al Gobierno mexicano, pero Fidel tuvo tiempo de hacerse a la mar antes de la llegada de la policía. Ante las evidencias contra su guardaespaldas, Fidel condenó a muerte a Del Pino. Esa sentencia tardó más de dos décadas para ejecutarse. Como decía Emilio Tró: "La muerte tarda, pero llega".

Después de la medianoche del 25 de noviembre de 1956, la partida compuesta por bisoños reclutas (capitaneada por Fidel) abordó subrepticiamente el Granma. En la cubierta, tras la penumbra, Castro observaba emocionado el abordaje de sus tropas. Era una fuerza minúscula, pero se iba a convertir en un símbolo importante y en núcleo del ejército revolucionario. Fidel sabía que si eran detectados serían aniquilados, por eso había coordinado con Frank País (jefe del M26 en las ciudades) quién iba a causar disturbios para distraer la atención durante el desembarco.

Al terminar el embarque de los bisoños reclutas, el Granma (con su pesada carga) zarpó furtivamente del Puerto de Tuxpan en el estado Veracruz de México. No había marcha atrás. La suerte estaba echada. El joven abogado navegaba hacia su postgrado en la Sierra Maestra. La historia y Batista lo esperaban.

La travesía fue muy difícil, porque había mal tiempo en el Golfo de México y el barco estaba sobrecargado y en malas condiciones de navegación. Pese a ello Fidel insistió en bajar a tierra en un lugar de simbolismo histórico conocido como playa las Coloradas, el área donde 6 décadas antes había desembarcado el prócer independentista José Martí. El 2 de diciembre de 1956 el añoso Granma llegó al área seleccionada acercándose penosamente a la costa.

Esa madrugada arribó la maltrecha expedición con dos días de retardo al sitio de desembarco en la playa de Las Coloradas, en el oriente de Cuba. En ese momento por la mente de Fidel desfilaron sus alegres planes. La revuelta urbana liderada por Frank País era un trapo rojo para distraer al ejército permitiéndole llegar a tierra, y luego marchar a la cercana Sierra Maestra sin ser molestado. Al llegar al Pico Turquino tomaría el control total de la revolución en Cuba y, luego de una breve campaña, entraría a La Habana a la cabeza de sus huestes. En ese momento de euforia, Fidel no se le ocurrió pensar que los planes casi nunca se ejecutan como estaban previstos.

En medio de una pertinaz lluvia, un tenebroso relámpago cruzó el cielo y el maderamen del Granma crujió cuando su vieja quilla se clavó en un bajo. El Granma había encallado y sin que Fidel lo supiera, el ataque divisionario en las ciudades se había lanzado dos días antes y había sido dominado por Batista. Para complicar las cosas, el ejército los estaba esperando para darles una bienvenida poco cordial. La varadura obligó a los invasores a lanzarse al agua lejos de la costa. Al llegar a tierra los sobrevivientes fueron cazados como conejos por las tropas de Batista. El comienzo de la odisea no fue precisamente auspicioso.

Los siguientes días fueron un viacrucis. El ejército los emboscó varias veces y los invasores se dispersaron desordenadamente. Solamente 11 sobrevivientes llegaron maltrechos el 18 de diciembre a la Sierra Maestra. Los demás fueron muertos en combate, asesinados o detenidos. Pese a la debacle, Fidel tuvo el aplomo de informar al M26 en el llano que una docena de ellos estaban en la Sierra vivos de milagro. El número mágico daba visos místicos a su invasión. Fidel mintió a conciencia al jactarse de que 12 apóstoles revolucionarios habían escapado a sus perseguidores y estaban a salvo en su santuario en la Sierra. La noticia recorrió el oriente de Cuba. El nuevo mesías había llegado sano y salvo. La revolución había comenzado protegida por fuerzas sobrenaturales.

Lucha por la sobrevivencia

Para Castro, la Sierra Maestra (y especialmente el Pico Turquino) fueron su Olimpo. En pleno siglo XX él era Zeus. Eso solamente era posible en la tierra del realismo mágico, donde el culto a los héroes conduce a su transformación en arbitrarios caudillos. Como todo caudillo que se respete, Fidel quería apoderarse de su país, pero ese logro era el primer objetivo. Lo más importante vendría después.

El intuía que la isla le quedaba pequeña a su ambición. Como hombre de acción, y siguiendo el ejemplo de su padre, pronto empezaría a "mover las cercas" para extender sus dominios. Fidel no resultó ser un profeta ni un gran guerrero sino un latifundista *terrófago* autoritario y cruel como su padre.

Desde que se atrincheró en la Sierra Maestra, se concentró en los asuntos estratégicos y en la búsqueda de nuevos apoyos, dejando los asuntos operacionales tácticos en manos de sus lugartenientes. En ese momento su prioridad era conseguir apoyo extranjero para su lucha. Su raleada tropa —además de inexperta en materia militar— estaba en muy malas condiciones físicas y había perdido la mayor parte de su armamento y provisiones. La supervivencia había sido una verdadera proeza y su diezmada fuerza no podía considerarse una amenaza para Batista.

La primera prioridad de la guerrilla era entrar en contacto con el M26 en la región de oriente, reabastecerse y reclutar nuevos combatientes. El apoyo de los rebeldes en las ciudades era esporádico y limitado debido a la eficiente represión de Batista. Otra alternativa era buscar apoyo en el extranjero para comprar armas y meter de contrabando los suministros, pero eso tomaría mucho tiempo. Arrebatar armas al ejército era factible, pero esos hechos eran esporádicos, tenían un alto costo en vidas y el volumen robado era reducido. En esas condiciones la misión no era tomar el poder, sino subsistir y perdurar hasta que la guerrilla se fortaleciera y mejorara la situación. En esos momentos Fidel comprendió que el objetivo era sobrevivir.

Aunque no se puede negar que hubo algunos combates con muertos y heridos durante esos primeros meses en la montaña, la verdad es que fueron de poca monta en términos militares. Por razones de propaganda, esos encuentros efímeros fueron convertidos en grandiosas hazañas guerreras para alimentar la fama y el ego de Fidel. Durante los primeros meses de campaña, tal vez el hecho más importante que ocurrió fue la visita a la Sierra Maestra del reportero Herbert Mathew (corresponsal del *New York Times*). Sus artículos sirvieron para dejar en evidencia que era errada la versión de Batista, según la cual Fidel habría muerto en combate. Otro aspecto muy importante de estos reportajes fue disipar la idea de que Fidel era un comunista.

No se sabe con seguridad cuál era la orientación política de Fidel en esa época, aunque siempre anduvo rodeado de amigos de izquierda, y sus principales lugartenientes (su hermano Raúl y el "Che" Guevara) eran marxistas leninistas convencidos. Es posible que Castro no haya tenido una ideología política clara al organizar su expedición. En la medida en que fue mostrando los verdaderos colores de su revolución, los americanos siguieron apoyando a Batista, lo cual obligó a Fidel a acercarse a los comunistas.

De cualquier manera, los artículos de Mathew sirvieron para disminuir la aprensión existente sobre las inclinaciones políticas del líder guerrillero. Las dudas persistieron hasta que en 1961 Fidel admitió públicamente ser comunista. Probablemente la negación de su filiación marxista haya sido una táctica para conseguir apoyo y levantar fondos dentro y fuera de Cuba. Además, a Fidel no le interesaba abrir antes de tiempo un frente muy peligroso con los Estados Unidos. Los americanos apoyaban a Batista por considerarlo anticomunista, pero no eran todavía enemigos de Fidel. Este sí aborrecía a los odiados gringos.

Rebeldes en las ciudades

Mientras Fidel languidecía en la Sierra, la rebelión contra Batista crecía en las ciudades. En ese momento la mayor preocupación de Castro no era el ejército, sino la posibilidad de que otros líderes de la resistencia le arrebataran la jefatura del movimiento rebelde que él se atribuía. Pese a sus esfuerzos, él aún no había sido reconocido oficialmente como el comandante en jefe de todos los grupos opositores en Cuba. El M26 que el controlaba solo en la Sierra mantenía una organización en toda la isla, pero paralelamente existían otras organizaciones opositoras ejecutando operaciones rebeldes autónomas. Uno de los grupos rivales más activos era el Directorio Revolucionario (DR), constituido por un grupo de estudiantes anticomunistas de la Universidad de La Habana, bajo el liderazgo de José Antonio Echeverría (presidente de la FEU), Carlos Gutiérrez Menoyo y Faure Chamon.

En marzo de 1957 ocurre una acción de comando dirigida por el DR. Ese día, 50 de sus hombres actuó en forma autónoma e intentó tomar el poder por la fuerza. Al efecto lanzan un fallido ataque al Palacio Presidencial y a Radio Reloj en La Habana. El objetivo era matar a Batista, tomar el poder y dar el anuncio por la radio. La acción casi suicida fue realizada por un grupo de estudiantes universitarios encabezados por Carlos Gutiérrez Menoyo, Faure Chamón y José Antonio Echeverría. El primero murió en el ataque al palacio y Echeverría fue asesinado por las fuerzas de seguridad, junto con varios compañeros luego de la toma de Radio Reloj.

El asalto al palacio estuvo muy cerca de lograr el objetivo de ajusticiar a Batista. De haberlo hecho, el DR hubiera tomado el poder, mientras Fidel vegetaba en la montaña. El triunfo de sus rivales hubiera obligado a Fidel a abandonar la guerrilla para integrarse a la lucha política democrática. Esa posibilidad no le interesaba al ungido de la Sierra Maestra. Para marcar distancia del DR, en 1957 Fidel declaró a *Bohemia* que el asalto al Palacio Presidencial: "Ha sido un inútil derramamiento de sangre". Fidel aprovechó la entrevista para invitar a los sobrevivientes del DR a unirse con él en la Sierra. Unirse significaba subordinársele. Esa invitación amañada fue lógicamente rechazada por el DR, como lo esperaba Fidel.

Pese a su debilidad en la Sierra, su máquina de propaganda internacional (dirigida por Luis Buch desde Miami) funcionaba a las mil maravillas. La hábil desinformación hacía creer al mundo que Fidel estaba a la cabeza de una poderosa organización militar capaz de derribar el Gobierno de Batista. Solamente el caudillo cubano sabía a fines de 1957 que sus capacidades militares eran muy débiles y que iba a necesitar apoyo sustancial del extranjero para triunfar. En ese momento de tribulación miraba hacia Caracas. Su futuro inmediato dependía de lo que pasara en Venezuela en los próximos días. Sus agentes allí le informaban que Pérez Jiménez pensaba convocar un plebiscito en lugar de elecciones. Si esto ocurría, lo más probable es que ocurriese un golpe de Estado a fines de 1957. Tenía que estar preparado para esta eventualidad. Ese *coup d'etat* sería su salvación.

CAPÍTULO 13

EL OCASO DE PÉREZ JIMÉNEZ

Invasión a Cuba

En diciembre de 1956, en medio de las fiestas de Navidad, una noticia generada por el Gobierno cubano suscitó poco interés en Venezuela, pero gran excitación en la isla. El día 2 de diciembre, un pequeño grupo de invasores —comandados por Fidel Castro— desembarcó en las playas del oriente cubano siendo aniquilados por las fuerzas de la dictadura.

Los venezolanos estaban pendientes de la celebración de fin de año y esperaban ansiosamente la caída de Pérez Jiménez en 1957. En diciembre de ese año la constitución venezolana establecía que debían celebrarse elecciones presidenciales. Pérez Jiménez estaba obligado a acatarla y sabía que no estaba en condiciones de ganar limpiamente esos comicios. Esas elecciones marcarían el fin de su dictadura. Si Pérez Jiménez decidía violar la carta magna se produciría una reacción popular violenta.

Cuando en enero de 1957 se anunció que Fidel Castro estaba sano y salvo en la Sierra Maestra muchos cubanos celebraron, pero los venezolanos ni siquiera se dieron cuenta del hecho. Para entonces Fidel era un desconocido y no significaba nada para los venezolanos.

Al mismo tiempo, Pérez Jiménez tampoco se preocupaba por Cuba y menos por Fidel. Las elecciones que se celebrarían en diciembre del 57 eran su principal problema. Tenía que buscar una forma para manipularlas o tendría que entregar la presidencia. Sintiendo la debilidad del rollizo militar, los grupos políticos y militares venezolanos en la resistencia empezaron a organizarse para derrocarlo en caso de que no convocara a elecciones.

El año fatal de Pérez Jiménez

Todo le había salido bien en la vida a Pérez Jiménez hasta que llegó el año fatal de 1957. Después de 12 años de dominio tras bastidores, y luego desde el centro del escenario, su dictadura estaba agonizando. La magia se había ido evaporando y la gente le fue perdiendo miedo. La prueba era que el número de protestas y conspiraciones contra su Gobierno iban *in crescendo*. La gente no preguntaba si iba a caer, sino cuándo.

Las agitaciones callejeras eran cada vez más frecuentes y su base militar se había ido erosionando. La infiltración dentro de los cuadros de oficiales jóvenes había sido exitosa, y ya el dictador no podía contar con el apoyo incondicional del sector castrense. La oposición militar no era monolítica. Una mayoría del estamento era institucional y apoyaba la constitución a la espera de elecciones.

Varias facciones de uniformados estaban conspirando. Entre ellos había extremistas de derecha, comunistas y una logia secreta de oficiales nacionalistas que crecía rápidamente deslumbrada por el ejemplo de Nasser en Egipto. Para fines de 1957 la logia nasserista estaba tomando dimensiones preocupantes.

El establecimiento de la dictadura militar de Pérez Jiménez coincidió con la instauración de la política yanqui de contención del comunismo. Esto hizo pensar a los adversarios de la dictadura que los EEUU apoyaban a los tiranos. Esta suposición facilitó el establecimiento de nexos entre los sectores democráticos y los comunistas en la resistencia contra la dictadura. Estos contactos de los demócratas con los comunistas en la resistencia facilitaron la infiltración marxista dentro de las Fuerzas Armadas y los partidos políticos venezolanos.

Gracias a este trabajo de zapa, en poco tiempo los comunistas contaban con un numeroso grupo de militares infiltrados entre los militares venezolanos. La idea de los soviéticos era utilizarlos para adueñarse del poder y por esta vía controlar el petróleo de Venezuela.

Los nasseristas hispanoamericanos

La imagen de Nasser, el nuevo héroe nacionalista árabe traspasó fronteras y empezó a ser influyente entre los militares de Hispanoamérica. Desde la Independencia, las logias secretas han sido una tradición entre los militares de la región. En los años cincuenta algunos militares venezolanos nacionalistas y antiamericanos contrarios a Pérez Jiménez se sintieron atraídos por Nasser. El líder egipcio representaba un nuevo paradigma para los amantes de los *coup d'etat,* con lo cual quedaban atrás las arcaicas ideas de Curzio Malaparte. Nasser con su carisma, nacionalismo y antimperialismo había hecho que el golpe fuera atractivo para las masas populares. Ya un golpe no era solamente un acto de audacia de un gorila militar ultraderechista armado a la cabeza, sino un movimiento popular de izquierda radical que gira alrededor de un caudillo cívico-militar. El modelo de Nasser era verdaderamente revolucionario. El egipcio no era comunista pero se había aliado con los soviéticos. Esto hizo ver a algunos militares venezolanos que era tolerable hacer causa común con los marxistas contra los gringos siendo nacionalista. Esta actitud facilitó las labores de infiltración de los comunistas y los fidelistas dentro de la institución militar venezolana.

La influencia fue confirmada personalmente por el general venezolano Evelio Gilmond Báez. Dicho general (siendo mayor) fue el lugarteniente del teniente coronel Hugo Trejo, el líder del golpe militar del 1° de enero de 1958 contra Pérez Jiménez. Gilmond Báez declaró en una entrevista realizada por mí que: "Nuestro movimiento armado estuvo inspirado en las ideas de Nasser".

La influencia de Nasser no se limitó al alzamiento contra el dictador Pérez Jiménez. Cinco años más tarde oficiales venezolanos involucrados en otra insurrección militar aducen las mismas razones. Al efecto, en una referencia similar, el historiador izquierdista Pedro Pablo Linárez en su libro *La lucha armada en Venezuela* cita al capitán de corbeta Víctor Hugo Morales diciendo: "La conducta política de los oficiales que insurgieron en el carupanazo [sic] y porteñazo [sic] guarda relación con el nasserismo y el fidelismo". El capitán Morales fue uno de los líderes de una insurrección militar ocurrida en Venezuela en 1962.

Las ideas nasseristas estaban en boga en 1957. Los comunistas tomaron ventaja de esa moda exaltando su afinidad con el líder egipcio y su rencor con los americanos. Nasser, sin proponérselo, hizo simpáticos a los comunistas en Sudamérica. En Venezuela los vasos comunicantes de la resistencia contra Pérez Jiménez tendieron puentes entre los militares y la Junta Patriótica. .

El comienzo del fin

El 27 de mayo ocurre un incidente de gran relevancia cuando el arzobispo de Caracas Monseñor Rafael Arias Blanco publicó una carta pastoral en el diario La Religión denunciando la situación inhumana en que muchos venezolanos vivía. A partir de ese momento la iglesia católica paso a ser otro importante centro de descontento contra el gobierno y la conspiración contra Perez fue avanzando.

A mediados de 1957 la dictadura de Pérez Jiménez, que parecía inexpugnable seis meses antes, empieza a hacer agua. A comienzos de junio se crea la Junta Patriótica una organización integrada por todos los partidos de la oposición incluyendo al Partido Comunista.

Capitación de los nasseristas

En octubre la Junta Patriótica estableció un "Comité Cívico-Militar" con la misión de tender lazos entre los conspiradores civiles y las Fuerzas Armadas. El PCV con Douglas Bravo a la cabeza sacó mucho provecho a esta organización reclutando una gran cantidad de militares descontentos que en su mayoría no eran comunistas.

El rechazo a la dictadura se fue convirtiendo en un alud de conspiraciones. Dentro de este ambiente insurreccional, dos jóvenes periodistas dirigentes de URD en la resistencia: Fabricio Ojeda y José Vicente Rangel deciden que había llegado el momento de actuar. Ambos eran del ala de extrema izquierda de URD.

Ojeda no actuaba *motu proprio*. Tenía un expediente como activista del PCV tras haber sido detenido por la Seguridad Nacional en Maturín en 1952. Posteriormente fue infiltrado en URD con instrucciones de activar un movimiento popular contra el dictador, encubierto tras la fachada de una coalición de partidos democráticos. Un partido de centroizquierda como URD tenía credenciales impecables para promover la idea de esta coalición. La consigna de los comunistas era actuar furtivamente sin generar sospechas, pero manteniendo el control de los acontecimientos.

En ese momento, los máximos líderes de URD estaban en el exilio, por ello Fabricio y José Vicente se reúnen con el encargado del partido Amílcar Gómez, con el objeto de plantear la idea. URD aprueba la iniciativa y contacta a los demás grupos de la resistencia. A fines de junio de 1957 se celebra una reunión secreta integrada por los partidos de la oposición (incluyendo el PCV) para crear la Junta Patriótica. Esta organización se encargaría de coordinar la resistencia contra Pérez Jiménez, junto con miembros de las Fuerzas Armadas. La Junta Patriótica era una federación de partidos clandestinos junto a una logia militar, en la cual cada uno mantenía un alto grado de autonomía. Este tipo de alianzas desprovistas de un comando central no son prácticas para una confrontación contra un enemigo armado y dispuesto a reprimir.

Aunque el Partido Comunista era el más pequeño en la clandestinidad en Venezuela, era el mejor organizado y con mayores recursos para adelantar esta clase de luchas. Luego de la muerte de Stalin, Khruschev se mostraba más inclinado a intervenir en Hispanoamérica amparado en la nueva política soviética de *Coexistencia Pacífica*. En esa época, ya Occidente había reconocido de hecho el predominio de la Unión Soviética sobre su área de influencia en Europa Oriental. Esta actitud fue interpretada como una señal de debilidad, que envalentonó a Khruschev y lo impulsó a intervenir en forma encubierta en Hispanoamérica. En ese momento Fidel y los soviéticos salivaban ante la gran oportunidad que se les estaba presentando en Venezuela. Para esa fecha Fidel parecía no tener mucha oportunidad de sacar provecho, pero iba captando amigos en Caracas.

Los miembros de la Junta Patriótica eran en su mayoría jóvenes de izquierda, que tomaron la dirección de los partidos en la resistencia ante el exilio de los líderes fundamentales. Este hecho (unido a la fuerza del PCV en la resistencia gracias al apoyo soviético) convirtió esta organización en un polo revolucionario. A la Junta Patriótica venezolana se incorporaron como representantes de sus partidos: Moisés Gamero por AD, Amílcar Gómez por URD, Enrique Aristiguieta Gramcko por COPEI y Guillermo García Ponce por el PCV.

Más tarde Gamero fue remplazado por el dirigente izquierdista Silvestre Ortiz Bucarán. Finalmente el puesto de este último fue ocupado por Simón Sáez Mérida, quien era el secretario general de AD luego del asesinato de Leonardo Ruiz Pineda. Para evitar hegemonías, se decidió que la Junta Patriótica tendría un Gobierno colegiado y rotativo compuesto por un miembro de cada una de las organizaciones que la componían.

Con la excepción de García Ponce, quien era uno de los principales líderes del PCV, los demás miembros de la Junta Patriótica no eran de ese mismo calibre en sus respectivos partidos. García Ponce era en ese entonces miembro del Buró Político del PCV. Las autoridades nacionales de los partidos democráticos estaban en el exilio. Sáez Mérida tenía el rango de secretario general para llenar el vacío dejado por el asesinato de Ruiz Pineda y la ausencia de Rómulo Betancourt. Enrique Aristiguieta era un joven activista de COPEI poco conocido. Amílcar Gómez era locutor deportivo de Radio Continente y no poseía mayor rango político. Fabricio Ojeda y José Vicente Rangel (de extrema izquierda afiliados a URD) siguieron en contacto con la Junta tras bastidores.

El poder de la Junta Patriótica lo controlaba entre bastidores el partido comunista, gracias al apoyo encubierto de la Unión Soviética. Además, dada su experiencia, la KGB los asesoraba en áreas de organización y control de las células clandestinas de resistencia. En materia de trabajo encubierto, la KGB de la época era la organización de seguridad e inteligencia más poderosa y con mayor experiencia a nivel mundial. El objetivo de los comunistas era apoderarse del Gobierno luego de la caída de Pérez Jiménez. Para ellos los otros partidos solamente eran compañeros de ruta.

Además de coordinar el esfuerzo de los partidos en la clandestinidad, la Junta Patriótica empezó a establecer los contactos con los militares. La participación del sector castrense era fundamental, porque constituía la principal base de apoyo de la dictadura. Muy hábilmente el PCV tomó la iniciativa de penetrar a los militares o atraerlos al seno de la conspiración. En ese momento García Ponce (además de miembro de la Junta Patriótica) era el jefe del aparato militar del PCV, y su lugarteniente Douglas Bravo era el responsable por el Frente Militar de Carrera (FMC).

El plebiscito de Pérez Jiménez

El periodo de Gobierno de Pérez Jiménez concluía a finales de 1957, de acuerdo con la constitución que él mismo estableció. En cumplimiento de la carta magna, el Congreso venezolano estableció el 15 de diciembre de 1957 como la fecha de las elecciones generales. Por coincidencia, en esos días Fidel cumpliría un año vegetando en la Sierra Maestra.

Intuyendo que iba a ser derrotado en unas elecciones libres, el dictador decide remplazar esos comicios con un plebiscito. En el referéndum, el pueblo en lugar de escoger a un nuevo presidente venezolano decidiría si quería seguir bajo el Gobierno de Pérez Jiménez o rechazaba su relección. Los asesores del dictador lo convencieron de que los resultados del plebiscito serían más fáciles de manipular, y el fraude podía ocultarse sin problema. El dictador compró la idea sin darse cuenta de que iba al desastre. El plebiscito violaba la constitución, porque la carta magna no contemplaba ese procedimiento. Todos los partidos de oposición promovieron la abstención por considerar que esta votación era amañada. La rabia afloró en Venezuela y Pérez Jiménez empezó a ser odiado. No obstante, el general siguió adelante con su idea. La convocatoria a un plebiscito fue la gota que colmó el vaso.

La noticia del plebiscito en remplazo de las esperadas elecciones fue una declaración de guerra contra la oposición. Esto facilitó que, a partir de mediados de 1957, la resistencia venezolana estableciera una organización integrada por todas las corrientes políticas opositoras, con lo cual se constituyó un frente unido ante la dictadura. Esta organización fue la Junta Patriótica que, aunque nunca pudo actuar como una fuerza operativa efectiva, al menos servía para presentar públicamente un frente único contra el tirano.

Douglas Bravo

Este revolucionario venezolano era un joven y combativo líder sindical comunista. La misión del FMC era captar y reclutar a oficiales de las Fuerzas Armadas y establecer con ellos una red interconectada de células clandestinas controladas por Bravo. Esta logia comunista —con García Ponce como líder político y Bravo como comandante militar al frente— sería la vanguardia de la revolución cuando se dieran las condiciones objetivas. El grupo ya existía antes de la creación de la Junta Patriótica, pero no era suficiente para intentar derrocar a Pérez Jiménez. Esto obligó a Douglas a usar su pequeña logia militar para ir penetrando el resto de las Fuerzas Armadas.

En este proceso de penetración del estamento castrense, Douglas se dio cuenta de que había varios grupos militares conspirando. El más fuerte era el de los nasseristas, los nacionalistas antinorteamericanos que admiraban a Nasser. Este grupo, compuesto por oficiales de rangos medios y bajos, no se llamaba a sí mismo nasseristas. Su líder era el teniente coronel Hugo Trejo, quien para entonces cumplía funciones como instructor en la Escuela Superior del Ejército. En ese momento Bravo tomó la acertada decisión de penetrar la logia militar nasserista, con el fin de atraerla hacia la Junta Patriótica. La tarea era más fácil que tratar de convertirlos al comunismo.

El esfuerzo de Bravo fue exitoso. En poco tiempo controlaba un numeroso grupo de oficiales que, en su gran mayoría, eran nacionalistas antinorteamericanos pero no comunistas. Con esta fuerza bajo su control, Douglas Bravo se convirtió de hecho en el jefe militar del PCV. A mediados de 1957, el PCV alistaba las piezas para ejecutar un golpe de Estado junto con el grupo de militares nasseristas. Paradójicamente, esta insurrección dirigida por los comunistas y los militares se presentaba al país como un movimiento de carácter democrático y civilista. Mientras Venezuela se agitaba, Fidel seguía poco activo en la Sierra y en las ciudades la agitación política iba en aumento.

Fidel en la Sierra Maestra

Durante el primer año de Fidel en las montañas de oriente no ocurrieron acciones militares notables. Los 11 sobrevivientes del contingente inicial que desembarcó del Granma no participaron en una invasión, sino en una infiltración de cuadros y trataron de sobrevivir en medio de una situación catastrófica.

Con esa pequeña fuerza diezmada y encerrada en su santuario en las montañas, era poco lo que Fidel podía hacer contra Batista. Esporádicamente se producían algunas acciones aisladas diseñadas más que todo para efectos de propaganda con la intención de hacer ver que la guerrilla estaba viva.

Desde su inicio en diciembre de 1956, los rebeldes de la Sierra Maestra no habían tenido encuentros de importancia contra tropas del Gobierno. Las

pocas acciones habían sido escaramuzas de poca monta y no las batallas conque Fidel había soñado. Para mediados de 1957 no habían avanzado mucho,
pero al menos lograron sobrevivir al cerco del ejército y a algunos ataques aé-
reos aislados que no causaron mayor daño.

Mientras Fidel seguía parapetado en la Sierra Maestra, la lucha en las ciudades del llano cobraba intensidad en Cuba. En las ciudades, el M26 no era el
único movimiento rebelde. Había grupos anticomunistas, como el Directorio
Revolucionario (DR) que eran rivales. El M26 contaba con cuadros de combate valiosos en las ciudades con activistas como: Frank País, Armando Hart,
Celia Sánchez, Haydee Santamaría y Faustino Pérez, entre otros. Pero ninguno de ellos tenía el control de la situación en el llano. Con frecuencia, este
hecho sacaba de sus casillas a Fidel que quería concentrar en su persona todo
el poder.

El 13 de marzo de 1957 ocurren los asaltos sensacionalistas del Directorio
Revolucionario contra el Palacio de Gobierno y Radio Reloj en La Habana.
En julio del mismo año se escapa Armando Hart Dávalos, esposo de Haydee
Santamaría y miembro del Comando Nacional del M26 cuando era conducido a juicio. Hart era uno de los principales líderes del movimiento. Al huir
se esconde con su esposa en casa de Luis Buch, donde permanece oculto por
más de tres meses. Su esposa era hermana de Abel Santamaría, el lugarteniente
de Fidel asesinado por la policía luego del asalto al Cuartel Moncada. Para
entonces la casa de Buch era uno de los principales centros de conspiración de
La Habana, aunque oficialmente Buch no era miembro del M26.

Poco después, el asesinato de Frank País (líder del M26 en la provincia
de oriente) fue otro duro golpe para los rebeldes. Para Fidel las muertes de
Echeverría y País significaban dos rivales menos en la lucha para liderar la revolución. Entretanto la rebelión contra Batista seguía creciendo en las ciudades,
mientras Fidel continuaba estancado en la Sierra.

A fin de salir del marasmo, Fidel espoleó a su tropa y el 17 de septiembre de 1957 se produjo un encuentro de cierta importancia contra las tropas
de Batista. El ataque de Pino del Agua fue el primer combate significativo de
la guerrilla fidelista, gracias al cual arrebató una buena cantidad de armas al
ejército. Esta acción le elevó el espíritu a Fidel, quien para entonces estaba al

tanto de que la caldera venezolana se hallaba a punto de estallar contra Pérez Jiménez.

Fidel tenía que encontrar una manera rápida para bajar al llano, antes de que otros líderes pudieran arrebatarle la jefatura de la insurrección. Su problema mayor no era la falta de reclutas, sino la escasez de armas y munición.

Acciones en Venezuela

Mientras la lucha se caldeaba en Cuba en 1957, otro tanto venía ocurriendo en Venezuela pero con menos violencia. Para entonces, Fidel estaba en la Sierra sin causar efectos importantes en el llano. Desde su atalaya, seguía con atención los acontecimientos en Venezuela. Los reportes de sus agentes en Caracas eran esperanzadores, pues indicaban que Pérez Jiménez podía ser derrocado a corto plazo.

La guerrilla tenía alrededor de 200 combatientes divididos en tres columnas en julio de 1957. Una la dirigía el propio Fidel y las otras Raúl y el "Che" Guevara.

Este minúsculo grupo no representaba una seria amenaza para Batista. La guerrilla sobrevivía, pero el tiempo iba pasando. La Sierra Maestra era un reducto de difícil acceso, pero no inexpugnable. Fidel sabía que era cuestión de tiempo para que el Ejército organizara una fuerza capaz de destruir la guerrilla. Él contaba con muchas ofertas de voluntarios para unírsele en la lucha, pero no tenía suficientes armas. De alguna manera tenía que ingeniársela para obtenerlas.

El segundo semestre del mismo año fue más de lo mismo. La guerrilla se había adaptado al nuevo ambiente y había establecido una cruda infraestructura logística, que les permitía mantenerse pero su crecimiento vegetativo era muy lento.

Tropas del Gobierno los asediaban en las estribaciones de la Sierra, pero no penetraban profundamente en la montaña por lo intrincado del paraje. El Ejército no podía montar una operación de envergadura, porque en ese sitio no se contaba con adecuado apoyo aéreo y de artillería. El resultado fue que la guerra en la Sierra se convirtió en una guerra de desgaste, con pequeños encuentros, escaramuzas e incursiones.

Agentes de Fidel en Caracas

Mientras seguía estancado en su santuario de la Sierra Maestra, Fidel seguía dando importancia estratégica a Venezuela. A fin de recibir información sobre lo que ocurría en ese país, dio órdenes para crear allí una seccional del Comité del Exilio Cubano. Se creó la Sección Venezuela del Movimiento 26 de julio integrada por Francisco Pidival Padrón, Oscar Villara Fernández, Juan José Díaz del Real, Sergio Rojas Santamaría y Manuel Piedra de la Concha. Gracias a esta seccional empezó a recibir frecuentes noticias vía radio aficionado.

Viendo que necesitaba tener acceso al comando de la resistencia venezolana, Fidel decidió establecer en Caracas una célula clandestina del M26 cuya misión sería infiltrar la Junta Patriótica. Gracias a sus contactos con los comunistas locales la tarea no sería difícil.

Esta célula sirvió para establecer contactos directos con la resistencia venezolana y fue una activa fuente de información privilegiada sobre lo que allí ocurría. Poco después, Fidel se enteró de que la célula del M26 en Caracas había enlazado con la resistencia del PCV, y estaban trabajando en conjunto con la Junta Patriótica. A través de los comunistas, la célula del M26 se había puesto en contacto en Caracas con Fabricio Ojeda, un periodista que cubría la fuente del palacio presidencial de Miraflores.

Entretanto, la inteligente promoción de las supuestas hazañas de Fidel en la Sierra Maestra atraía cada vez más seguidores en Venezuela. Viendo que su aureola crecía en dicho país gracias a la propaganda, Fidel pensó en la necesidad de crear una red de seguidores. De inmediato dictó órdenes a la célula venezolana del M26 para evaluar a los líderes de la resistencia. Su idea era detectar y captar a los combatientes más destacados para convertirlos en sus hombres en Caracas. Esa tarea no fue difícil. Había muchos jóvenes ansiosos de unirse a las fuerzas de Fidel, quien ya se estaba convirtiendo en un mito. A partir de ese momento los nombres de tres jóvenes activistas: Fabricio Ojeda, Douglas Bravo y Alí Rodríguez Araque empezaron a encabezar la lista de candidatos.

"Pacto de Miami"

Luego del asalto fallido al Palacio Presidencial de La Habana, se estableció en Miami una organización integradora de los movimientos opositores al

Gobierno de Batista (incluyendo el M26 y el DR). Al efecto se convocó un encuentro de representantes de distintos grupos en Miami el 1° de noviembre de 1957. Esta conferencia fue promovida por los norteamericanos quienes, dudando de Fidel, intentaban colocar el M26 en un segundo plano dando relevancia al DR. El delegado del M26 en ese cónclave fue Felipe Pazos. Al terminar la reunión se formó la Junta de Liberación Cubana y se firmó el "Pacto de Miami".

Atento a la jugada de los norteamericanos (el 14 de diciembre de ese mismo año), Fidel denuncia ese pacto públicamente. Al efecto emite un comunicado manifestando que Pazos había actuado sin su consentimiento. Además añadió que: "Mientras los dirigentes que suscriben este pacto en el extranjero están haciendo una revolución imaginaria, los dirigentes del M26 están en Cuba haciendo una revolución real". Fidel tenía información de que Pazos estaba planeando apoderarse de la dirección del M26. Desde esta posición intentaría tomar la presidencia de Cuba luego del derrocamiento de Batista. Felipe Pazos había hecho un movimiento en falso al cometer el sacrilegio de desplazar al profeta de la Sierra, por lo que debía ser expulsado del M26 y liquidado sin contemplaciones. Sus acólitos refrendaron esta idea de inmediato. El "Che" Guevara lo acusó de traidor y saboteador. Raúl Castro opinó que Pazos debía ser fusilado.

Ante la agresión de Castro, el flamante "Pacto de Miami" se esfumó, la Junta colapsó y Felipe Pazos renunció al M26 ante la amenaza de muerte. El DR respondió diciendo que nadie era dueño de la revolución. Le recordaron a Fidel la frase de Martí: "La Revolución no es patrimonio de nadie y la República ha de ser con todos y para el bien de todos". Esta débil reacción no tuvo mayor efecto sobre Fidel, quien continuó tratando de imponer su hegemonía sobre todos los disidentes cubanos. El concebía el M26 como la locomotora de la revolución, y a sí mismo como el jefe único y conductor de toda la oposición contra Batista.

En la mente de Fidel, en su bando no había lugar para el DR a menos que se subordinara al M26. Como no lo hizo, Fidel acusó al Directorio Revolucionario de "mostrar patriotismo sin entusiasmo y cobardía". Esta ruptura con el DR lanzó a Fidel a los brazos de la izquierda comunista y puso a los jefes del DR bajo la égida de los norteamericanos. A partir de este momento la participación de la KGB y la CIA se amplió y el conflicto cubano pasó a ser un escenario importante de la Guerra Fría.

Pese a este hecho que puso las cartas ideológicas sobre la mesa, Fidel —por razones estratégicas— decidió esperar hasta 1961 para confesar que era marxista. En ese entonces contaba con el apoyo oficial y decidido de la URSS. Cuba, como Caperucita, logró escapar de las garras de los EEUU metiéndose bajo las faldas imperiales del oso Soviético.

Fin de año 1957

Fidel era prisionero en las montañas de oriente cuando entró en sus postrimerías el año 1957. Se había dejado arrastrar por su entusiasmo juvenil creyendo que su estadía en la guerrilla sería breve. La toma de Cuba se le estaba haciendo más difícil de lo que había pensado. La Sierra era un santuario donde estaba a salvo de Batista, pero a la vez era una cárcel que le impedía avanzar hacia el logro de sus objetivos.

Fidel sabía que se preparaba para el 6 de enero una huelga general que estaba siendo organizada por Douglas Bravo, quien a su vez era el jefe del ala militar del PCV. Gracias a sus contactos con los oficiales nasseristas, Douglas logra que los militares acepten que a la huelga general le siga un golpe militar.

A todas estas, los agentes de Fidel en Venezuela estaban en contacto con los líderes del movimiento, y ya Fabricio Ojeda le había informado que luego del golpe recibiría todo el apoyo necesario en la Sierra Maestra. A mediados de diciembre del 57 todo parecía bajo control en Caracas. Las señales indicaban que los venezolanos se le iban a adelantar. Esta circunstancia obligaba a un ajuste en la secuencia del plan. Fidel debe haber pensado en ese momento que el orden de los factores no alteraba el producto. De darse el golpe como estaba planteado, tendría que prepararse para llegar a La Habana después de la caída del dictador venezolano y luego retomar su plan. Tendría que actuar rápido, porque el "Plan de Miami" le había dado mala espina.

Entretanto, su situación en la Sierra Maestra no era desesperada, pero estaba varado en el Pico Turquino. Dentro de su feudo en la montaña había establecido un rudimentario sistema de transporte, que le permitía suplir a lomo de mulas su mesnada a través de estrechas trochas en la espesura. Los militares no entraban el santuario por lo intrincado de la zona. La cacareada fábrica de bombas y el hospital en la Sierra eran solamente desinformación para dar la sensación de una fortaleza inexistente. Las incursiones fuera de allí eran graneadas y de poca monta. Nada más servían para demostrar que las guerrillas aún existían.

Su mayor tesoro era el transmisor de Radio Rebelde a través del cual emitía hacia Hispanoamérica continuos comunicados de victorias imaginarias. Por ese medio también mantenía continuos contactos con el M26 en las ciudades, con el exilio cubano en Miami y con la célula del M26 en Caracas. A través de esa misma vía mandaba sus creativas historias describiendo victorias y avances en batallas ficticias. El mito estaba creciendo pero mientras su imagen se inflaba, su escuálida guerrilla caminaba estacionariamente sobre una esterilla mecánica que no le permitía avanzar entre el denso follaje. La situación era precaria pero habían sobrevivido y por lo tanto estaban ganando.

CAPÍTULO 14

EL PLEBISCITO DE PÉREZ JIMÉNEZ

Último año del dictador

1957 fue el último año del autócrata venezolano. Durante ese lapso, el país vivió una recesión económica que redujo el ingreso del Gobierno, impidió la construcción de nuevas obras y aumentó el desempleo. Los problemas económicos dispararon protestas populares, que fueron aprovechados por los líderes de la oposición que estaban en la clandestinidad. Ese año el movimiento de resistencia contra la dictadura —que era difuso y poco asertivo— empezó a estructurarse.

En dicho periodo, la represión se incrementó en la medida en que el tirano se fue dando cuenta de que la resistencia a su Gobierno iba cobrando fuerza. Los principales jefes de los partidos políticos de la oposición estaban presos o en el exilio, lo cual dio oportunidad a líderes jóvenes al frente de la resistencia civil. Entretanto, la resistencia militar también se iba organizando alrededor de varios líderes.

A fin de unir esfuerzos, los partidos en la clandestinidad establecieron una organización para coordinar las acciones de los grupos civiles y militares que conspiraban contra Pérez Jiménez. Los grupos militares pertenecían a logias conspirativas que no formaban un conjunto monolítico. Muchos oficiales jóvenes tenían un difuso pensamiento pronasserista que los hacía a la vez nacionalistas y antinorteamericanos. Algunos eran derechistas, otros socialdemócratas y una minoría era comunista. El grupo militar más numeroso era el de los trejistas, que aglutinaba a los oficiales de grados medios y bajos. El cabecilla de esta facción era el teniente coronel Hugo Trejo.

La constitución en 1957 obligaba a Pérez Jiménez a convocar elecciones generales. El dictador decidió remplazarlas con un plebiscito para legalizar su mandato. Ante esta convocatoria anticonstitucional, los partidos ilegalizados crearon una coalición clandestina a la que llamaron Junta Patriótica.

Eventualmente, a esta Junta se unieron militares en servicio activo. En teoría la organización constituía una confederación de iguales pero en la práctica no era así. Había unos más iguales que otros. Sin que lo supieran los demás conspiradores, la Junta se había convertido en un instrumento de los comunistas para tomar el poder. Fidel con su minúscula fuerza en la Sierra Maestra era una parte pequeña del juego, porque había logrado penetrar la Junta. En el Pico Turquino, Fidel no significaba mucho, pero su relación encubierta con los comunistas lo apalancaba.

El PCV en ese momento, a pesar de ser el partido más pequeño de la coalición clandestina, era el que tenía más recursos y mejor organización gracias al apoyo de la Unión Soviética. Para Khrushchev, Venezuela y Cuba eran blancos muy importantes que merecían su mayor atención. Nikita, el regordete campesino ucraniano, era un hombre decidido que estaba dispuesto a pagar el precio que fuera necesario por estos objetivos.

La estrecha relación en la clandestinidad estableció gran solidaridad entre los perseguidos por los órganos represivos de Pérez Jiménez. Cuando se comparten peligros se establecen fuertes lazos de amistad. Estos nexos permitieron la captación por parte del PCV de algunos líderes de los partidos democráticos y de las Fuerzas Armadas. Venezuela estaba lista para explotar violentamente después del plebiscito.

Al hacerse el escrutinio de los votos del referéndum, el Gobierno decidió que había obteniendo 88% de las papeletas. Este dictamen fue el insulto final que agregó un intolerable ultraje a la injuria del plebiscito. Ningún partido de oposición reconoció esa victoria falaz. Un extenso sector de las Fuerzas Armadas, especialmente en la oficialidad joven, también lo rechazó. Ese día el repudio a la dictadura hizo eclosión y Pérez Jiménez perdió el control del país.

A partir de ese momento se abrieron las compuestas a través de las cuales la oposición exacerbada saltó a las calles a combatir abiertamente al tirano.

Aunque era época de Navidad, el ambiente en Venezuela se tornó prerrevolucionario. Los dirigentes de los grupos conspiradores decidieron que el 6 de enero de 1958 se convocaría un paro nacional, que sería acompañado por un alzamiento de las Fuerzas Armadas. La primera víctima de esa decisión fue el secreto. La euforia del momento, aunada a la locuacidad de los venezolanos, hizo que esta noticia corriera y llegara a oídos no deseados. Muy pronto el Gobierno, los EEUU, la URSS y hasta Fidel en la Sierra Maestra, se enteraron de ese plan y actuaron en consecuencia.

Mientras ese drama se desarrollaba en Venezuela, Fidel Castro había pasado un año casi inadvertido en su reducto de la Sierra. Su guerrilla (con alrededor de 120 hombres) no poseía suficiente fuerza para amenazar al Gobierno. Esa realidad había hecho que el foco de Fidel pasara de enfrentar a Batista a lidiar contra sus rivales, que dirigían la revolución en las ciudades. A mediados de diciembre de 1957 todo indicaba que la primera gran batalla por el control de Hispanoamérica entre la URSS y los EEUU se iba a librar en Venezuela y no en Cuba. El plan de Fidel no estaba funcionando.

El Partido Comunista

Entre todos los grupos civiles en la resistencia, el más activo y mejor organizado era el Partido Comunista de Venezuela (PCV). Era la agrupación con mayores recursos provenientes del apoyo encubierto de la URSS, y además contaba con un grupo de jóvenes idealistas combatientes bien disciplinados. Imbuidos de la doctrina marxista tenían un pensamiento internacionalista, y estaban deseosos de establecer la dictadura del proletariado para redimir a los pueblos de Hispanoamérica del yugo imperial yanqui. Para estos ingenuos jóvenes la democracia era una rémora diseñada para engañar al pueblo.

El PCV venía infiltrando con poco éxito las Fuerzas Armadas de Venezuela desde los años 40. Una de las células más antiguas estaba en el seno de la infantería de Marina. Estaba dirigida (desde comienzos de los años cincuenta) por los tenientes Víctor Pérez Morales y Jesús Molina Villegas, quienes eran oficiales navales provenientes de la tropa y se sentían relegados en la infantería.

La penetración formal de las Fuerzas Armadas empezó a incrementarse a partir de 1957. Para entonces existían muy pocos oficiales comunistas allí. Hasta ese momento el PCV (tradicionalmente sumiso a la URSS) no había recibido instrucciones de Moscú para penetrar fuertemente al estamento castrense. Ese mismo año, la KGB se percató de que Venezuela era una bomba de tiempo y tenían que estar preparados para actuar allí en cualquier momento. Para entonces los comunistas crearon el Aparato Militar de Carrera, dirigido por Douglas Bravo (jefe de los cuerpos de choque comunistas). Esta organización no solamente infiltró la logia nasserista dirigida por Hugo Trejo, sino incluso al grupo de conspiradores derechistas presidido por el teniente coronel del Ejército, Juan de Dios Moncada Vidal. El teniente Nicolás Hurtado Barrios también fue uno de los agentes comunistas infiltrados en esa época.

La camaradería de la vida clandestina, la necesidad de compartir riesgos y coordinar la lucha, hizo que algunos líderes jóvenes comunistas establecieran relaciones estrechas con miembros de otros grupos políticos y militares. Este caldo de cultivo permitió que comunistas se entremezclaran con miembros de la Junta Patriótica, oficiales de las fuerzas armadas con agentes de las célula del M26. La camaradería facilitó la captación de nuevos reclutas para el PCV. Con la figura de Fidel haciéndose popular en la Sierra Maestra, en 1957 los comunistas empezaron a encubrirse tras su imagen, a fin de no despertar recelos. A la caída de Pérez Jiménez, Fidel era en Venezuela un héroe que luchaba por implantar la democracia contra la dictadura de Batista.

El mito de Fidel

Tradicionalmente, los mitos se van creando alrededor de leyendas que pasan de generación en generación. En el mundo moderno la construcción de los mitos se puede acelerar gracias al milagro de la tecnología de las comunicaciones. Los medios de comunicación modernos pueden construir mitos en muy poco tiempo partiendo de casi nada. Es el caso del mito de Fidel Castro. Lo ocurrido con la construcción de su mito en Venezuela es un asunto digno de estudio.

Pérez Jiménez y la Seguridad Nacional estaban enfocados en la detección y desmantelamiento de las conspiraciones nativas que pululaban en el país en

1957. Para los cuerpos de seguridad, la aparición de un joven guerrillero con un grupúsculo a su alrededor en la Sierra Maestra no era una amenaza que aparecía en el radar. Fidel para la época negaba ser comunista, y se hacía ver como un nacionalista luchando contra la corrupción y el imperialismo norteamericano. Por esa razón las noticias sobre las presuntas hazañas de Fidel en Cuba no eran consideradas subversivas por el aparato represivo venezolano.

Los jóvenes comunistas venezolanos, además de luchar contra la dictadura perezjimenista, empezaron a recibir (a partir de ese año) un constante bombardeo de información sobre las virtudes revolucionarias del héroe de la Sierra Maestra. Esta prédica que difundió la Unión Soviética a través del PCV sedujo a muchos de los combatientes de la resistencia, que empezaron a endiosar a Fidel y a verlo como un gran líder. La leyenda creció hasta convertirse en un mito casi religioso. Muchos miembros de la resistencia se hicieron fieles discípulos del nuevo héroe del cubano, quien se transfiguró en un dios en el Olimpo de la Sierra Maestra.

Los lugartenientes venezolanos de Fidel

Dentro de esta bonanza de prosélitos venezolanos, Castro se dio el lujo de escoger a los mejores como lugartenientes. Entre los jóvenes que lo endiosaban había varios con inteligencia, ambición y futuro. Tres de ellos eran Fabricio Ojeda, Douglas Bravo y Alí Rodríguez Araque. Fidel los escogió como sus hombres en Caracas. Su idea era apoyarse en ellos para tomar Venezuela y por su intermedio controlar la fabulosa renta petrolera.

Así como los españoles construyeron su imperio gracias a los ingresos de las minas de oro y plata en América, Fidel planeaba construir su imperio utilizando el tesoro que yace en el subsuelo venezolano. Lograr este objetivo era cuestión de tiempo y paciencia, contando con la ayuda de seguidores capaces y audaces como este trío de jóvenes que lo reverenciaban.

Fabricio Ojeda (el mayor de ellos) era un periodista apenas tres años mayor que Fidel. En la universidad se afilió al partido URD, una organización social demócrata. Fabricio nunca declaró ser comunista aunque se confesaba públicamente socialista. Cuando a Fidel un periodista le preguntó cuál era la diferencia entre comunismo y socialismo, el tirano confesó sonriendo pícaramente: "No hay diferencia, es lo mismo". A lo largo de su vida, el desempeño de Fabricio puso en evidencia que era un comunista infiltrado en URD. Nunca conseguiremos su carnet del partido comunista, porque tal vez nunca lo recibió, pero lo que está a la vista no requiere mayores explicaciones. Fabricio más que un comunista era un fidelista, un adorador del piache cubano.

Douglas Bravo se inició como sindicalista y fue reclutado por el PCV. Desde muy temprana edad fue un hombre de carácter belicoso y con inclinaciones hacia la violencia. Durante la resistencia contra Pérez Jiménez fue encargado del reclutamiento y control de oficiales enemigos del Gobierno dictatorial. Por esa vía se convirtió en el jefe del aparato militar del PCV contra Pérez Jiménez. Los seleccionadores no notaron su acendrado nacionalismo.

Alí Rodríguez Araque era el más joven. Había sido captado por el partido comunista desde que ingresó a la UCV. Aunque no luce como un hombre de acción, es partidario de la violencia. Para entonces era un abogado recién graduado, activo en la resistencia, disciplinado y un convencido marxista leninista

La resistencia comunista

La dura represión de la dictadura en 1957 obligó a huir del país a los viejos líderes comunistas. Dirigiendo la organización quedaron algunos jefes de las generaciones intermedias, que por diversas razones fueron soslayados por Fidel.

Ese mismo año, el jefe de la resistencia comunista venezolana era el legendario Pompeyo Márquez (cuyo nombre en la clandestinidad era "Santos Yorme") y su lugarteniente era Guillermo García Ponce, un joven *aparatchnik* del partido. Pompeyo Márquez no era un anciano, pero era mayor que Fidel, y su peor pecado era ser un fiero nacionalista. García Ponce tenía la misma edad de Fidel pero era un frío intelectual fiel a la Unión Soviética. Su rol era el de comisario político del aparato militar del PCV. Ninguno de estos dos jefes rojos cumplía con los requisitos exigidos por Castro. Por ello Fidel no los consideró. Centró su búsqueda de lugartenientes en jóvenes que se ajustaran al perfil deseado por él, y que tuvieran buenos contactos con la Junta Patriótica. Douglas Bravo (el joven sindicalista jefe de las tropas de choque del PCV) sí se ajustaba al perfil deseado.

Fidel sabía que la Junta Patriótica había sido diseñada a conciencia por el PCV, como una entelequia que no jugaba un papel operativo en la resistencia. Desde su instalación, los partidos y los militares fueron celosos en mantener el control directo de sus combatientes. Ese concepto operativo convertía la Junta en un mascarón de proa sin fuerza propia. Este modelo frágil fue promovido deliberadamente por los propios comunistas para facilitar la tarea de deshacerse de ella más tarde.

Desde el comienzo, los comunistas se plantearon controlar la Junta Patriótica de forma encubierta para evitar suspicacia de los otros partidos y evadir la vigilancia de los norteamericanos. A ellos no les interesaba que esta organización fuese un auténtico comando de la resistencia con fuerza propia. La idea era que fuera un ente débil, con apariencia democrática, y fácil de echar a un lado luego de tomar el poder. Eso era lo que estaba previsto.

Con esta idea en mente los comunistas decidieron que, para evitar sospechas, esta Junta no debía ser promovida abiertamente por ellos sino por uno de los partidos socialdemócratas. Dentro de esta tramoya, Fabricio Ojeda (comunista infiltrado en URD) resultó hecho a la medida. Dado que Jóvito Villalba y los demás jefes importantes de este partido estaban exiliados o detenidos, el PCV ordenó a su agente presentar la idea de la creación de la Junta Patriótica ante la junta directiva de URD.

El 11 de junio de 1957 se reunió en casa de Ojeda la junta directiva de URD. A la convocatoria asistieron el propio Fabricio Ojeda, José Vicente Rangel y Amílcar Gómez: los tres jóvenes dirigentes a cargo del partido. Al iniciarse la sesión, Ojeda propuso la idea de la Junta Patriótica. Rangel votó a favor. Gómez, quien era el presidente de la organización, acogió la idea y accedió a presentarla ante los demás partidos de la oposición.

Eventualmente, todos estos partidos de la resistencia aceptaron el proyecto. Para evitar la pugna por la jefatura se decidió que el presidente de la Junta Patriótica se elegiría de manera rotativa. Cada mes la regiría un partido diferente. Los dirigentes escogidos inicialmente como representantes fueron personajes poco conocidos, salvo Guillermo García Ponce del PCV. Los otros miembros fueron: Silvestre Ortiz Bucaram (AD), Enrique Aristiguieta Gramcko (Copey) y Amílcar Gómez (URD). Nótese que en esta lista no figura Fabricio Ojeda. El PCV mantenía además un gran interés en infiltrar las Fuerzas Armadas. Uno de sus principales líderes, Radamés Larrazábal, tenía un primo que era almirante y estaba constituyendo una célula en la Marina de guerra. Esa organización naval era embrionaria y no estaba en capacidad de aportar mucho a la revolución en ese momento. A fin de captar militares de otras fuerzas, el PCV encargó a Douglas Bravo que hiciera contacto con los militares nasseristas dirigidos por el teniente coronel Hugo Trejo.

A los pocos días del acuerdo comenzaron a circular en Caracas volantes de la Junta Patriótica llamando al pueblo a la rebelión contra Pérez Jiménez. A finales de agosto circuló el "Primer manifiesto de la Junta Patriótica" y poco después empezó a transmitir una emisora clandestina "La voz de la Junta Patriótica". Pese a toda esta actividad, la Junta nunca pasó de ser una entelequia que hacía ruido. No tenía la fuerza necesaria para hacer caer al régimen.

Por razones de seguridad, su organización era virtual y difusa, así evitaba que sus miembros fueran capturados por la Seguridad Nacional (la policía política de Pérez Jiménez). La idea de la Junta no era dirigir las acciones del movimiento antidictatorial sino facilitar su organización y coordinar la relación entre los partidos. La Junta (en teoría) estaba compuesta y mantenida en términos de igualdad por todos los partidos de la oposición, pero en realidad era financiada primariamente por la Unión Soviética. Por eso dicha organización, sin proponérselo, sirvió de fachada para encubrir las operaciones del PCV.

La Junta no era una organización de combate. Las fuerzas de choque de la resistencia estaban compuestas por militares jóvenes, estudiantes y obreros. Las universidades y sindicatos obreros estaban infiltrados y dirigidos por los comunistas. Los militares también empezaron a ser penetrados. A los grupos locales se agregó la célula clandestina del M26, cuya misión fundamental era establecer enlaces con la Junta Patriótica a través del PCV. Por medio de sus combatientes infiltrados en Venezuela, Fidel Castro buscaba establecer contactos con los triunfadores y hacer acto de presencia en el momento de la caída del régimen.

Esta organización de nombre rimbombante era una entelequia, pues no comandaba la resistencia. Su labor se limitaba a servir de foro de enlace y caja de resonancia a los diferentes grupos que componían la resistencia. Los grupos de combate actuaban en forma autónoma. La fuerza más poderosa eran los militares, pero se hallaban divididos en grupos dirigidos por caudillos castrenses. Existían grupos militares tanto de izquierda como de derecha y de centro. Entretanto, Fidel estaba colocando sus fichas. Pronto los hilos de la insurrección cívico-militar de izquierda los manejaba tras bastidores el PCV, a través de los tres mosqueteros de Fidel en Caracas. Los comunistas creían estar listos y bien ubicados para tomar el poder en el momento en que el Gobierno de Pérez Jiménez colapsara. Posteriormente vendría un segundo golpe que desplazaría a los partidos democráticos. Oculto tras esa mampara, Fidel (desde la Sierra Maestra) manejaba los hilos de su propia conjura. Por ahora el apoyo de la Unión Soviética era necesario, pero al lograr el control de Venezuela podría desarrollar sus propias ideas sacudiéndose el yugo del Kremlin.

En los próximos capítulos cubriremos en detalle las intervenciones soviéticas en Venezuela y Cuba, que produjeron la caída de Pérez Jiménez el 23 de enero de 1958. Su derrocamiento no produjo el acceso al poder de los comunistas venezolanos, pero permitió que durante ese año el Gobierno del almirante Wolfgang Larrazábal apoyara en forma decisiva el triunfo de Fidel Castro.

CAPÍTULO 15

CAMBIO DE ESCENARIOS

Un plan no es una línea recta

Cuando un proyecto falla es común oír el lamento de que la causa de su fracaso fue el incumplimiento del esquema propuesto. Los planes se hacen imaginándose un escenario que muchas veces no ocurre. La ejecución va revelando complejidades y resistencias desconocidas que no fueron tomadas en cuenta en el momento de su formulación. Todo designio tiene que ser ajustado en sus estrategias, tácticas u objetivos en la medida en que se va desarrollando. Esto es especialmente válido en los planes de guerra que tiene al frente un enemigo, cuyas acciones no controlamos. Son apenas los puntos de partida de los cambios, porque son ideas en continua evolución, no documentos fosilizados. El escenario había cambiado y el deseo de Fidel no fue la excepción a la regla.

Fidel estaba atascado en el Pico Turquino y su plan estaba haciendo agua a fines de 1957. El apoyo local no era suficiente para apoderarse de Cuba. La posibilidad de perder el liderazgo de la rebelión en su patria era muy probable. Al mismo tiempo era evidente que en Venezuela se iba a producir un alzamiento militar antes de que él bajara de la Sierra Maestra. La idea original de Fidel asumía que él triunfaría en Cuba primero, y que luego actuaría en Venezuela para apoyar el derrocamiento de Pérez Jiménez. Ante esta posibilidad, su mente empezó a trabajar en un plan alterno.

Todo indicaba que el golpe esperado en Venezuela sería ejecutado por fuerzas civiles y militares democráticas que Fidel no controlaba. Esta posibilidad no le parecía atractiva, pero por fortuna, esas organizaciones estaban profundamente infiltradas por los comunistas. Para solucionar el problema había pensado en la posibilidad de que los miembros de la resistencia, controlados por el PCV desplazarían por la fuerza a los demócratas y se apoderarían del Gobierno. Sería un escenario similar al ocurrido en Rusia cuando Alexander Kerenski se vio forzado a entregar el poder a los comunistas bolcheviques. En el caso venezolano, los comunistas locales irían acompañados por un pequeño grupo de agentes cubanos infiltrados que servirían de enlace con Fidel.

Para tomar el poder por la fuerza, en un golpe de mano no se necesita tener una mayoría. Solamente hace falta que un grupo armado (audaz y decidido) sea capaz de desplazar —en el momento apropiado— a las autoridades constituidas e instalar un nuevo Gobierno. A fines de 1957, los comunistas venezolanos en la resistencia (al igual que Fidel) creían tener esa fuerza contundente a su disposición. Para ello no solamente contaban con sus fuerzas de choque, sino con una buena porción de la oficialidad militar. En caso de tener que ceder el poder a los militares que eran controlados por ellos sería por un periodo breve. Una vez que se dieran las condiciones objetivas, los hombres de Fidel en Caracas desplazarían (junto con los bolcheviques locales) al Kerenski tropical.

La nueva estrategia asumía que, aunque los comunistas no tomaran el poder en Venezuela, el nuevo Gobierno infiltrado por Fidel lo apoyaría con armas y dinero, facilitando la toma de Cuba. Para ello ya había logrado captar a sus futuros hombres en Caracas. A partir de allí el plan continuaría desarrollándose como estaba previsto originalmente.

Se adelanta el golpe

El plan de Fidel en la Sierra no iba viento en popa a fines de 1957. Había sobrevivido, pero la conquista de Cuba se veía muy lejana. El nuevo objetivo era sobrevivir a la espera de tiempos mejores. Entretanto las noticias de Venezuela eran preocupantes. Debido a delaciones, los servicios de inteligencia de Pérez Jiménez habían descubierto el complot en marcha.

La conspiración en Venezuela no era controlada por Fidel. El líder cubano se limitaba a tratar de cabalgar la ola de la confabulación con sus agentes del

M26. En cualquier escenario que se desarrollara, para Fidel era vital tener influencia en el nuevo Gobierno, pues así garantizaba que Venezuela le brindase apoyo en la Sierra. El golpe se había convertido en una necesidad para él. Si el dictador venezolano no era derrocado a corto plazo su plan sufriría un grave descalabro

El 30 de diciembre de 1957, los agentes cubanos en Caracas reportaron que varios conjurados habían sido detenidos y que el golpe se iba a adelantar. Entre el 31 y el 1° de enero, el dictador domina la intentona deteniendo a buena parte de los oficiales involucrados en la conjura. El golpe quedó prácticamente decapitado y momentáneamente todo pareció estar perdido. El plan de Fidel lucía exangüe pero aún había esperanzas. Sus principales piezas políticas en Venezuela no habían sido capturadas. La mayoría de los detenidos eran oficiales de las Fuerzas Armadas. Fidel estaba en cuenta de que la oposición a la dictadura crecía en Venezuela. Esto hacía posible que una fuerte reacción popular devolviese la iniciativa a la resistencia. Si esto ocurría, sus agentes en Caracas debían actuar de inmediato.

Los peones del plan

El proyecto de Fidel requiere seguidores fieles y disciplinados en los países que serán ocupados. Estos acólitos constituirán una suerte de *quisling* tropical y, por lo tanto, deben ser obedientes y capaces de mantener a sus países bajo control. El perfil de estos individuos demanda que sean comunistas convencidos, seguidores disciplinados y hombres de acción dispuestos a correr riesgos.

No es posible predecir al comenzar una partida de ajedrez cuáles peones se convertirán en reinas. Como en el ajedrez, el desarrollo de la vida humana es aleatorio. Dada la incertidumbre, la siembra de agentes (o topos dentro del campo enemigo) se limita a colocar allí a varios infiltrados con la esperanza de que alguno sea exitoso.

Los topos comunistas están programados para salir de su hibernación al presentarse las condiciones objetivas. Esas condiciones se darán tarde o temprano, creadas por las contradicciones entre las fuerzas productoras y las relaciones de producción. Cuando ese escenario se produzca, la revolución será inevitable. El triunfo comunista será seguido por la dictadura del proletariado y allí terminará la historia del mundo. Al menos en eso creían los soviéticos antes de que el techo de su frágil imperio les cayera encima. El ambicioso Fidel sabe que este elemental catecismo es falso, pero le conviene propagarlo — siempre y cuando sea el jefe máximo de esa dictadura.

Ante la inminencia del golpe, Fidel envió algunos jóvenes combatientes del M26 a Caracas en noviembre de 1957, incluyendo francotiradores, con la misión de apoyar las fuerzas de choque de la resistencia.

Uno de estos agentes infiltrados fue Rafael del Pino Díaz, quien no tiene relación con el Rafael del Pino Siero del Bogotazo. Este individuo que arriba a Caracas a finales de 1957 era un joven activista del M26 que había estado preso en las cárceles de Batista. Al ser dejado en libertad fue enviado a Venezuela con la misión de infiltrar la Junta Patriótica. Con apenas 20 años, este joven rebelde fue seleccionado con otros de perfil similar por su fama de audaz, temerario y por ser un hombre de acción. Además tenía un familiar exiliado en Caracas de nombre Arturo Ramos, quien tenía varios años en Venezuela y era sastre de algunos políticos, incluyendo a Carlos Andrés Pérez. Este inocuo sastre (que pasaba desapercibido) era miembro secreto de la delegación clandestina del M26 en Caracas. Del Pino Díaz describe sus aventuras en Venezuela a la caída de Pérez Jiménez en Internet (http://secretoscuba.cultureforum.net/t172-escrito-del-general-rafael-del-pino).

Golpe del primero de enero del 58

A fines de 1957, la resistencia venezolana fijó el 6 de enero de 1958 como la fecha para el inicio de una huelga general, que iba a ser convocada por la Junta Patriótica. Esa huelga iba a coincidir con un golpe de Estado que sería ejecutado por conspiradores militares de grados medios.

El cabecilla militar era el teniente coronel del Ejército, Hugo Trejo, quien contaba con gran prestigio en la institución militar. Al regresar de un curso en España fue enviado a la Dirección de Operaciones del Estado Mayor Conjunto, y desde allí empezó a organizar su propia logia como había hecho Pérez Jiménez en 1945. La conjura había sido infiltrada por oficiales de tendencia comunista, dirigidos por el capitán Héctor Vargas Medina. Los militares comunistas eran controlados por Douglas Bravo.

Trejo no era comunista, aunque trabajó junto a Douglas Bravo en la planificación del movimiento. El PCV trató de captarlo al notar su gran sensibilidad social, pero su acendrada formación religiosa no lo hizo posible. Adicionalmente, sus estudios en la España de Franco le habían creado una mentalidad conservadora. Trejo era un líder carismático natural con potencial para convertirse en el Perón venezolano. Estas características lo convirtieron en una amenaza política.

Además de la logia nasserista, había otros grupos militares desafectos a Pérez Jiménez que no interesaban a los comunistas. Uno de ellos era de extrema derecha y estaba dirigido por el comandante del Ejército, el general Hugo Fuentes y por el coronel de la Aviación, José María Castro León. Otro grupo estaba compuesto por militares de alto rango con ideas político-democráticas que aspiraban a llenar el vacío de poder a la partida de Pérez Jiménez. Estos grupos no estaban interconectados, por lo tanto la conspiración militar no era monolítica.

A fines de 1957, Trejo empezó a hacerse sospechoso ante los organismos de seguridad del Estado. Como no había prueba formal de sus actividades conspirativas, fue enviado bajo observación a la Escuela Superior del Ejército, lejos del comando de tropas. En los días subsiguientes, el jefe conspirador comprobó que efectivamente el Servicio de Inteligencia de las FAN (SIFA) estaba tras su pista, y decidió lanzar un golpe de Estado el 6 de enero de 1958 al regreso del segundo turno de vacaciones navideñas del personal militar. En ese momento Perez Jiménez tenía información que un oficial llamado "Hugo" comandaba la conspiración militar y asumió que era el general Hugo Fuentes que era el Comandante General del Ejército. De inmediato procedió a detenerlo junto con el coronel de la Fuerza Aérea Jesús Maria Castro León. Estos arrestos hicieron adelantar el golpe.

Los planes de la Junta Patriótica se vinieron abajo cuando la Seguridad Nacional detuvo a estos oficiales aunque ellos no eran parte integrante de la sublevación. Al iniciarse las averiguaciones, fueron detenidos varios que si eran miembros de esa conspiración, incluyendo a los capitanes Héctor Vargas Medina, y Araque Rojas. Tras las detenciones se empezó a rumorear que los detenidos al ser torturados iban a hablar. La posibilidad de ser delatados produjo gran nerviosismo entre los conjurados, quienes se vieron obligados a adelantar el golpe programado para el 6 de enero.

Los alzamientos militares del Ejército —en la noche del 31 de diciembre de 1957 y de la Fuerza Aérea el 1° de enero del 58— fueron parte de estas acciones desorganizadas que Pérez Jiménez dominó con relativa facilidad. El golpe de Trejo se realizó en forma incompleta y desordenada. Días antes el coronel Pulido Barreto Director del Servicio de Armamento había retirado la munición de los tanques almacenada en el Cuartel Urdaneta. Efectivamente, los tanques estaban desarmados para evitar que fueran a tomar Miraflores. El 31 de diciembre de 1957, el mayor Evelio Gilmond Báez, segundo comandante del Batallón Blindado Bermúdez, se declaró en rebeldía tomando el Cuartel Urdaneta. En vista que los tanques no tenían munición Trejo ordeno que los carros blindados se dirigieran a Maracay dado que el batallón de custodia comandado por el coronel Víctor Maldonado Michelena estaba dotado con *bazookas* antitanques. Este cambio en los planes abortó la intentona golpista.

Durante la mañana del 1° de enero el mayor Edgar Suarez Mier y Terán, comandante del Grupo 35 de la FAV, sobrevoló Caracas a bordo de un jet Vampiro. Esa era la señal acordada para indicar que Maracay estaba bajo control de los rebeldes. Ante este hecho Perez Jiménez envió a Maracay a su piloto personal el teniente coronel Martín Parada para obtener información sobre lo que ocurría. Al aterrizar Parada se unió a los rebeldes.

A la 1 PM aviones Vampiro, Venom, Sabre y Camberra atacaron el Palacio presidencial de Miraflores en Caracas. Esa misma tarde el capitán Ricardo Sosa Ríos, el jefe de la guarnición de La Guaira, decidió apoyar la rebelión ordenando que los buques de guerra en dicho puerto salieran del puerto.

Cuando Trejo llego a Maracay ya los lideres rebeldes habían huido a Colombia. Entretanto el CN Sosa Ríos ordeno el regreso de los buques de guerra y Trejo fue capturado por una columna comandada por el coronel Marco Aurelio Moros Angulo. La precipitación y la falta de organización causaron el fracaso de la insurrección. El golpe fallido del 31 de diciembre permitió la captura de los principales líderes trejistas y de muchos oficiales subalternos de esta logia. Los oficiales detenidos (cuyo número se estima en unos 300) fueron conducidos a los sótanos del Palacio Blanco, frente al Palacio de Miraflores.

Pese al fiasco de la intentona castrense, el disgusto contra la dictadura seguía aumentando en la calle y en los cuarteles. Pese a las detenciones muchos integrantes de la logia nasserista aun estaban libres y conspiraban abiertamente. El creciente clamor popular debilitó rápidamente la fortaleza del Gobierno que hasta diciembre lucía inexpugnable. El golpe abortado del 1º de enero sirvió de preludio al 23 de enero.

Entretanto, los generales y almirantes desafectos, que no pertenecían a la logia de Trejo o al grupo de ultraderecha, no fueron detectados. Al no quedar en evidencia, esos altos oficiales permanecieron en sus cargos. Aunque el golpe inicial falló, el Gobierno de Pérez Jiménez estaba herido de muerte. A partir del 1º de enero, el país le perdió el miedo a la temida Seguridad Nacional y las manifestaciones callejeras aumentaban día a día. La policía y los militares no se daban abasto para contener las protestas, y la institución armada empezó a resquebrajarse. En los días subsiguientes, el dictador se vio obligado a remplazar a varios generales cercanos, al enterarse de que estaban conspirando. Pese al triunfo temporal del tirano, todo indicaba que el fin de su régimen estaba cerca.

Cambios de alto nivel

El 9 de enero se produce un movimiento extraño en La Guaira cuando el capitán de Navío Ricardo Sosa Ríos, ordena de nuevo zarpar 5 destructores colocándolos frente al puerto de La Guaira sin autorización del comando de La Marina. La salida de los buques de guerra creó una crisis que fue resuelta mediante negociaciones, en las cuales intervino el jefe del Estado Mayor Conjunto, general Rómulo Fernández. Aunque el gobierno prometió que no habría retaliación si las unidades eran traídas a puerto el general de brigada Luis Felipe Llovera Paez al frente de una columna de vehículos blindados ocupo el puerto arrestando a los oficiales al mando de las naves. Pese a esto las exigencias de la Marina obligaron a hacer ajustes en el Gobierno los días subsiguientes.

El 10 de enero, el general Rómulo Fernández junto con otros altos oficiales solicitaron al presidente las destituciones del ministro del Interior, Laureano Vallenilla y de Pedro Estrada (jefe de la temida Seguridad Nacional). Además. Además se exigió la destitución de otros miembros del gabinete y del alto mando militar que incluía al ministro de la Defensa Oscar Mazzei Carta y a los comandantes de fuerza.

Pérez Jiménez que estaba entre la espada y la pared, aceptó la exigencia y designó a Rómulo Fernández como ministro de la Defensa para ganar tiempo. Entre los nuevos jefes nombró a dos almirantes a quienes había conocido en sus tiempos de cadete: Wolfgang Larrazábal (comandante de las Fuerzas Navales) y a su hermano Carlos Larrazábal (ministro de Fomento quien era su compadre). Ambos marinos eran más antiguos que él, y por eso Pérez Jiménez los había mantenido alejados de las Fuerzas Armadas. Pérez Jiménez no simpatizaba con Wolfgang, pero sí con Carlos con quien había conspirado en 1945. Pese a esa cercanía entre ambos, Pérez Jiménez no sabía que Carlos era el jefe de la célula comunista en la Marina de guerra. En cambio en Cuba, Fidel Castro sí estaba en cuenta de las inclinaciones políticas de este almirante.

Dos días después, el dictador destituye y arrestó a Rómulo Fernández y asume personalmente el Ministerio de la Defensa. Fernández fue exiliado a Republica Dominicana. Simultáneamente Llovera Paez dirigió una columna de tropas leales al Ministerio de La Defensa arrestando numerosos oficiales sospechosos de estar conspirando. En ese momento el mal ya estaba hecho. Los intentos de control fueron pocos y se hicieron muy tarde. Perez Jiménez había mostrado debilidad y la gente le había perdido el miedo.

CAPÍTULO 16

LOS HERMANOS LARRAZÁBAL

Una familia de marinos

El colapso de Pérez Jiménez produjo el surgimiento de los hermanos Larrazábal. Aunque Wolfgang fue presidente, la vida de su hermano Carlos es más apasionante, por lo cual vale la pena hacer un breve paréntesis para relatarla. Los Larrazábal son una familia de origen vasco que, siguiendo el ejemplo de sus ancestros marineros, han procreado una distinguida clase de hombres de mar venezolanos. Para no ahondar muy profundo en el árbol genealógico de la estirpe, basta decir que la familia se asentó en Carúpano en el oriente de Venezuela, al lado del Caribe. En ese hogar nacieron oficiales navales destacados como Felipe Larrazábal, quien fue director de Marina en el viejo Ministerio de Guerra y Marina, y el capitán de corbeta Fabio Larrazábal. Fabio y Felipe hicieron carreras distinguidas en la Marina de guerra. Otro hermano, Heraclio Larrazábal fue a buscar trabajo en las petroleras y se estableció en Cabimas en el estado Zulia.

Los almirantes Wolfgang y Carlos Larrazábal eran hijos de Fabio. Wolfang nació en 1911 y Carlos en 1914. Ambos a su vez tienen hijos que alcanzaron la misma jerarquía naval. Wolfgang y Carlos tuvieron un primo hermano (hijo de Heraclio) llamado Radamés Larrazábal, quien llegó a ser un importante político comunista miembro del Comité Central del PCV. Una prima de la esposa de Felipe Larrazábal fue la madre de uno de los oficiales de la Marina que participaron en la revuelta militar del Carupanazo: el capitán de corbeta

Jesús "Chuchú" Molina Villegas. Él era asiduo visitante en casa de Fabio, el padre de Wolfgang y Carlos. Radamés Larrazábal y Jesús Molina van a jugar (más adelante) papeles importantes en la vida de Carlos y Wolfgang.

Fieles a su tradición marinera, Wolfgang y Carlos ingresaron juntos a la Escuela Militar y Naval. Wolfgang era un hombre de familia, sociable y disciplinado. Carlos era un casanova, taciturno y rebelde. Carlos (el más joven) se graduó de primero en su curso naval, mientras que Wolfgang fue segundo en una promoción naval de apenas tres oficiales.

Siendo estudiantes de segundo año, ingresó en la Academia un cadete nuevo del Ejército llamado Marcos Pérez Jiménez, de quien se hicieron amigos. En ese momento no se imaginaban que el destino los iba a unir 26 años más tarde, en circunstancias cruciales para Venezuela. En enero de 1932 los hermanos se graduaron y se incorporaron al servicio activo como oficiales de la Armada. Al año siguiente se graduó de primero en su curso, con calificaciones extraordinarias, el subteniente Marcos Pérez Jiménez.

En la vida profesional, el orden de mérito de los hermanos se invirtió, pues Wolfang pasó al frente por tener mejores calificaciones como oficial. Wolfgang fue exitoso en su carrera, pero Carlos tuvo dificultades que le hicieron gravitar políticamente hacia la izquierda. Estas diferencias marcadas entre el jovial y el introvertido, el triunfante y el mediocre, el demócrata y el comunista, generaron en Carlos un complejo de Caín en relación a Wolfgang.

Arresto en fortaleza

La carrera militar es muy estricta, y los errores o faltas son sancionados con severidad. Las faltas graves normalmente destruyen la carrera de un militar. Mientras el disciplinado y simpático Wolfgang se desempeñaba impecablemente a finales de 1943, su incómodo hermano menor dio un peligroso traspié.

En 1943 fue enviado a un astillero de los EEUU (para reparaciones mayores) el cañonero General Urdaneta. El comandante de esta nave era el teniente de navío, Carlos Larrazábal. Como parte de esa repotenciación hecha en Galveston, se cambiaron los cañones de a bordo remplazándolos por otros más modernos pero de menor calibre. El jefe de artillería del buque se quejó de esta alteración con su comandante. El teniente de navío, Carlos Larrazábal elevó el reclamo ante el Ministerio de Guerra y Marina. Hecha la denuncia, el ministerio ordenó una inspección a la nave que fue realizada por el capitán de fragata Antonio Picardo (director de la Marina). En su informe, Picardo manifestó que el cambio de armamento era necesario dada la obsolescencia de los viejos cañones. Adicionalmente señala que encontró el cañonero en muy malas condiciones de salubridad por negligencia del comandante de la unidad. Para rematar, el inspector reportó que Carlos Larrazábal había abandonado el buque sin autorización. Y para complicar aún más las cosas, durante la travesía de regreso murieron dos tripulantes a bordo, debido a una enfermedad desconocida.

En vista de la gravedad de la acusación, el 13 de septiembre de 1943 se hizo un Consejo de Investigación, encabezado por el general Antonio Chalbaud Cardona para decidir sobre el caso del teniente de navío Carlos Larrazábal. Vistos los recaudos y oídos los involucrados, el Consejo determinó aplicar a este oficial la sanción disciplinaria de 60 días de arresto severo en fortaleza, por abandono de su puesto de comando y negligencia en sus funciones. En la minuta del Consejo de Investigación no se menciona el tema de la sustitución de los cañones del barco.

Dos meses de prisión en el Castillo Libertador en Puerto Cabello deben haber sido largos y angustiosos para Carlos. La perspectiva de un posible retardo y la pérdida de su carrera naval eran elevadas. En esa mazmorra había presos políticos en su mayoría comunistas y algunos arrestados militares. Durante el tiempo en que se les permitía ir al patio de la prisión a tomar sol, los encarcelados se mezclaban y conversaban. No es descartable que haya servido de correo a su primo Radamés transmitiendo mensajes del PCV a sus detenidos. También es posible que haya establecido amistad con algunos de los comunistas allí confinados y haya sido catequizado. Carlos (desde su juventud) había tenido contacto, a través de su primo, con el mundo marxista pese a que en esa época el partido comunista estaba ilegalizado en Venezuela.

Al compartir prisión con los comunistas en el Castillo de Puerto Cabello se generó en Carlos una empatía con la gente de izquierda. Esa actitud, que normalmente hubiera dificultado su ascenso en una institución muy conservadora como la Marina de guerra, no le hizo mella porque era un hombre de pocas palabras y muy discreto.

Carlos Larrazábal vuelve a la Marina

En circunstancias normales, un arresto de esta naturaleza al comandante de un buque significa el fin de la carrera del oficial sancionado. Muchos oficiales en esta situación piden la baja al salir en libertad. Carlos decidió tercamente mantenerse en servicio activo. Dado su récord, fue enviado a desempeñar cargos de poca monta, como práctico de río, en puestos de pilotaje alejados e inhóspitos. Al ser relegado y con su cabeza llena de ideas marxistas, empezó a cambiar.

A comienzos de 1945, fue enviado como jefe de la zona de pilotaje de Barrancas, que era un puesto insignificante e insalubre en las riberas del Orinoco. Prácticamente, Carlos Larrazábal había llegado al final de su carrera y solamente le quedaba pedir la baja. En esos días se enteró de que se había encargado de la Dirección de Personal del Ministerio de la Defensa el capitán Pérez Jiménez, con quien tenía una buena relación desde que coincidieron como cadetes en la Academia Militar y Naval. Decidió aprovechar la oportunidad y acudió a explicarle a Pérez Jiménez que la sanción impuesta era injusta. Según él, la causa de su arresto en fortaleza fue su denuncia sobre el cambio del calibre de los cañones de su barco y no negligencia.

En ese momento Pérez Jiménez no podía hacer nada para cambiar la decisión o resarcir los daños. El arresto había sido aprobado por el general Chalbaud Cardona, quien era su suegro. Pérez Jiménez, sin embargo, aprovechó la oportunidad para invitar a Carlos a unirse a la conspiración que estaba organizando clandestinamente con Carlos Delgado Chalbaud (el primo de su esposa). Para entonces, Pérez Jiménez era el líder de una logia militar denominada Unión Patriótica Militar (UPM). En reciprocidad, Carlos confesó a Pérez que controlaba una célula clandestina de oficiales golpistas en la Marina.

En Barrancas del Orinoco, Carlos podía aportar poco con su pequeña guarnición, pero una vez triunfante el golpe, su papel en la Marina podría ser relevante gracias a su cercanía con Pérez Jiménez. Este necesitaba a Carlos, porque en la Armada tenía muy pocos seguidores, y para sus planes requería tener gente de confianza en todas las fuerzas.

Pérez Jiménez astutamente le dejó ver que de triunfar la futura insurrección, se haría justicia en su caso. Su expediente sería limpiado eliminando el injusto arresto sufrido. De este modo Carlos no tendría más problemas futuros y podría seguir su carrera sin inconvenientes para efecto de ascensos. Ese día el teniente de navío Carlos Larrazábal, quien creía tener su carrera destruida, fue captado para la insurrección. El sol había vuelto a salir en su vida. La esperanza es lo último que se pierde. La venganza sería dulce.

El 18 de octubre de 1945 el teniente de navío, Carlos Larrazábal se alzó con 10 hombres en la lejana aldea de Barrancas del Orinoco. Tres de ellos eran grumetes que se preparaban para hacer un curso especial, orientado a graduarse de oficiales de la naciente infantería de Marina. De ellos, dos tenían parentesco lejano con Carlos: los hermanos "Chuchú" y "Cheché" Molina Villegas, y el otro era el grumete Víctor Hugo Morales. En 1962 "Chuchú" comandó el Carupanazo, y Víctor fue uno de los líderes del Porteñazo.

Pérez Jiménez, quien era uno de los principales líderes, había sido detenido previamente, y no participó en la designación de la Junta de Gobierno que se hizo esa misma noche.

El minúsculo alzamiento de Carlos Larrazábal no generó violencia, porque el Gobierno no tenía otras fuerzas en los alrededores. En ese momento, a su lado estaba un bisoño grumete de su mayor confianza: el marinero Jesús Molina Villegas, un familiar lejano asiduo visitante en casa de sus padres. El apoyo de Carlos Larrazábal no fue de gran importancia para el movimiento, pero su gesto le hizo ver a Pérez Jiménez que él sería un buen aliado en el futuro.

Entrevista de Carlos Larrazábal con Pérez Jiménez

Poco después de la Revolución de Octubre, Pérez Jiménez es nombrado jefe de la primera sección del Estado Mayor Conjunto. Esta organización es la encargada de los asuntos de personal del Ministerio de la Defensa. El cargo es importante, porque permite que un conspirador ubique en forma encubierta a piezas de su movimiento en la estructura militar con miras a un futuro golpe. También permite "hacer favores" a amigos ubicándolos en posiciones importantes y enviar oficiales a cargos en el extranjero.

Luego del golpe, Pérez Jiménez ocupó el cargo de subjefe del Estado Mayor General. En esa posición, a los pocos días recibió la visita de Carlos Larrazábal. Pérez Jiménez le agradeció su participación en el golpe del 45, y decidió enviarlo como agregado militar en Washington mientras la gente se olvidaba de su reciente arresto. El puesto era codiciado por oficiales de mayor graduación. En ese momento, los Estados Unidos habían ganado la Segunda Guerra Mundial convirtiéndose en la primera potencia del mundo. En todo caso, este nombramiento de un oficial subalterno en un cargo reservado para oficiales superiores, con un arresto severo a cuestas, causó murmuración pero el apoyo de Pérez era santa palabra. Pérez Jiménez sabía lo que estaba haciendo, y el teniente de navío Carlos Larrazábal entendía lo que estaba pasando. Su vida había tomado de nuevo el carril del éxito gracias a su amigo Pérez Jiménez.

El cargo de agregado naval es generalmente ocupado por capitanes de navío bien calificados, pero con poca posibilidad de ascenso al grado de almirante. En ese cargo el tiempo máximo de servicio es de tres años, y tradicionalmente se ejerce una sola vez. El caso de Carlos Larrazábal violó estas prácticas.

En Washington asciende en forma acelerada y sin explicación a capitán de corbeta y fragata, en un período de dos años. Entretanto, su apolíneo hermano Wolfgang continúa su impecable carrera al punto de que en 1947 es nombrado por el jefe de la Junta de Gobierno, Rómulo Betancourt, en el cargo de comandante general de la Armada. Para entonces este distinguido oficial era apenas capitán de fragata

A partir de la designación hacia los EEUU, Carlos Larrazábal fue destinado en forma consecutiva a cuatro importantes agregadurías navales en el extranjero: Brasil, Colombia, México y España. Ocupar consecutivamente en un periodo de 10 años cinco de las más apetecidas agregadurías, y no perder ningún ascenso en el proceso, es algo inconcebible en la Marina de guerra venezolana. El viento de cola en la carrera de Carlos Larrazábal provenía de Caracas y se llamaba Marcos Pérez Jiménez, quien seguía necesitando contactos en la Marina de guerra y Carlos tenía allí una buena red en la infantería de Marina.

Desde 1945, por un lapso de 13 años, Pérez Jiménez fue el padrino poderoso que protegió a Carlos Larrazábal, enviándolo a cargos por encima de su grado y evitando que el arresto severo sufrido arruinara su carrera. Durante ese periodo, Pérez Jiménez estuvo en posiciones claves en el Ministerio de la

Defensa que le permitían decidir quiénes iban a ser agregados militares. ¿Por qué la deferencia con Carlos? ¿Por qué había empatía? Ambos eran similares, introvertidos y conspiradores. Es posible que Pérez Jiménez en sus ambiciosos planes lo haya considerado uno de sus futuros aliados en la Marina. Además, Carlos era amigo de Flor Chalbaud, la esposa del dictador. A través de ella tenía acceso al centro de poder. Lo que no sabía Pérez Jiménez es que su protegido era un gran admirador de su primo, el líder comunista Radamés Larrazábal.

En 1948 fue derrocado el presidente electo Rómulo Gallegos. Ahora le tocó a Wolfgang Larrazábal seguir la ruta de su hermano Carlos. Al tomar el poder la nueva Junta de Gobierno, Wolfgang fue relevado del comando de la Marina y enviado de agregado naval a Washington. Él disciplinadamente aceptó ser expatriado por Pérez Jiménez, quien lo consideraba allegado a Betancourt. Luego de cuatro años en dicha ciudad, fue designado director de deportes en 1952, y posteriormente director del Círculo Militar en 1957. Estos cargos de segunda línea eran un desaire a un oficial que había sido comandante de la Armada. Wolfgang aguantó callado.

Mientras Wolfgang, después de haber sido comandante de la Marina de guerra, vegetaba en cargos de poca monta, su hermano Carlos continúa ocupando cargos en las agregadurías navales más importantes.

Al acercarse el ascenso a contralmirante, Carlos decide que es tiempo de regresar a Venezuela. En 1955 fue nombrado jefe del Instituto de Canalizaciones. Ese cargo civil es una canonjía que generalmente es otorgada a oficiales almirantes amigos del régimen. Para la época, ya se había hecho compadre del dictador Pérez Jiménez. Al regresar se puso en contacto con algunos oficiales izquierdistas de la infantería de Marina, a quienes conocía desde cuando se alzaron en el Barrancas del Orinoco: su familiar "Chuchú" Molina Villegas y Víctor Hugo Morales.

La situación política empezó a deteriorarse en 1957, y la resistencia clandestina contra Pérez Jiménez se activó. Allí fueron muy eficaces los comunistas que estaban ilegalizados. Por intermedio de su primo Radamés Larrazábal (miembro del Comité Central del PCV), Carlos (desde la Dirección de Canalizaciones) mantuvo un discreto contacto con el PCV sin ser detectado. Entretanto, la conspiración contra Pérez Jiménez avanzaba a pie firme.

Grupos conspiradores

Había cuatro sectores de militares confabulados para derrocar a Pérez Jiménez a fines de 1957. Uno era el Alto Mando Militar institucionalista que deseaba establecer una democracia. Otro grupo estaba integrado por oficiales de extrema derecha deseosos de imponer una dictadura fascista. En el Ejército había una logia nasserista integrada por oficiales de grados medios y bajos con una difusa ideología nacionalista y antinorteamericana. Adicionalmente había un pequeño grupo de oficiales izquierdistas concentrados en la Marina, que deseaban instaurar una república comunista. En este último grupúsculo, el líder era el taciturno contralmirante Carlos Larrazábal. Era un hombre de pocas palabras y baja silueta, ideal para moverse silenciosamente en las penumbras de la resistencia comunista.

Los marxistas sabían que no tenían fuerza suficiente para remover al tirano, y que si se lanzaban solos habría una inmediata reacción de los norteamericanos. Por ello se escudaron tras la Junta Patriótica, y empezaron a hacer contactos con el grupo militar de oficiales jóvenes del Ejército por considerarlo el más fuerte y conveniente a sus planes.

A finales de 1957, Pérez Jiménez siente que el piso se le está moviendo. Para tratar de protegerse empieza a rodearse con gente de absoluta confianza. Carlos Larrazábal, su compadre, era uno de ellos pero tenía muchos años fuera de la línea de mando. En ese momento los Larrazábal no podían ayudar mucho. Carlos era director del Instituto de Canalizaciones y Wolfgang era apenas el director del Círculo Militar. Desde estos cargos no se podía hacer mayor cosa.

Un movimiento extraño en la guarnición de la Marina, ubicada en el puerto de La Guaira, se produce el 2 de enero de 1958. El capitán de navío, Ricardo Sosa Ríos ordenó que zarparan los 5 destructores bajo su mando. Sosa era un prestigioso oficial casado con Esther Larrazábal (hermana de Wolfgang y Carlos). Luego de negociaciones entre Sosa y el jefe del Estado Mayor Conjunto, el general Rómulo Fernández se acordó de exigirle a Pérez Jiménez ciertas condiciones para que los buques de guerra regresaran a puerto. Como consecuencia de esas conversaciones, Pérez Jiménez aceptó hacer una restructuración profunda en su Gobierno y no sancionar a Sosa Ríos.

El 10 de enero, el general Rómulo Fernández solicitó al presidente las destituciones del ministro del Interior, Laureano Vallenilla y de Pedro Estrada, el jefe de la temida Seguridad Nacional. Además exigió la destitución de otras autoridades vinculadas estrechamente con el dictador. Entre los que debían ser removidos figuraban jefes militares, incluyendo el ministro de la Defensa Oscar Mazzei Carta, los comandantes de fuerza, junto a algunos ministros y gobernadores de Estado.

En esa oportunidad, Carlos sirvió de intermediario entre su compadre Pérez Jiménez y su cuñado Sosa Ríos contribuyendo a que la flota regresara a puerto. La recompensa por su mediación fue su nombramiento el 10 de enero del 58 como ministro de Fomento, y el de su hermano Wolfgang como comandante de la Marina. Wolfgang regresó a ocupar el mismo cargo después de diez años de ausencia. En ese momento, Pérez Jiménez no sabía que su compadre Carlos se estaba reuniendo —secretamente— a conspirar en su contra con jefes comunistas de la resistencia.

Para la época, Carlos Larrazábal tenía contactos con la célula comunista que funcionaba dentro de la infantería de Marina. Los líderes de esa célula eran los capitanes de corbeta "Chuchú" Rodríguez Molina y Víctor Hugo Morales, los antiguos grumetes con quienes se alzó en 1945 en Barrancas del Orinoco. Esta célula, a través de la red controlada por Douglas Bravo, tenía contactos con la resistencia y la Junta Patriótica. Gracias a ellos, Carlos conoció a Fabricio Ojeda, el periodista comunista infiltrado en Miraflores, y estaba al tanto de que la situación de Pérez Jiménez se estaba complicando pues se avecinaba un golpe militar.

CAPÍTULO 17

CAÍDA DEL GENERAL PÉREZ JIMÉNEZ

23 de enero de 1958

Pérez Jiménez destituyó al general Rómulo Fernández y asumió el Ministerio de la Defensa el 13 e enero de 1958. A partir de ese momento la situación de orden público en Venezuela se fue deteriorando. La calle se estaba calentando y se había perdido el miedo a las fuerzas de seguridad del régimen. Día tras día se iban incorporando a las protestas densos sectores de la sociedad que no habían participado anteriormente. La rebelión popular crecía como una bola de nieve, incluso en los cuarteles.

El Gobierno aumentó la represión que generó mayor rechazo. Había más de 200 oficiales detenidos, la gran mayoría eran nasseristas y estaban liderados por Hugo Trejo, aunque también había presos de extrema derecha dirigidos por los teniente coroneles Moncada Vidal y Castro León (e inclusive un grupo de jóvenes militares comunistas controlados por Douglas Bravo). Esta conflictividad social era alimentada por una recesión económica causada por la baja de los precios del petróleo. No solamente las clases bajas empezaron a oponerse, la burguesía que controlaba la economía privada también pasó a la oposición. Dentro de esa ebullición varios grupos civiles y militares quisieron aprovechar la crisis para asaltar el poder. La situación era insostenible. La caldera venezolana estaba a punto de estallar. El Gobierno de Pérez Jiménez tenía los días contados.

La mayoría de los principales conjurados militares estaban detenidos dejando la conspiración virtualmente acéfala. A causa del golpe abortado

Douglas Bravo había perdido el control de la logia militar nasserista. En medio del caos un grupo de coroneles no afectos a Pérez Jiménez, que no eran miembros de la logia nasserista de oficiales de grados medios, se empezaron a reunir sigilosamente en la Academia Militar de Venezuela con la idea de tomar el poder.

El 21 de enero la Junta Patriótica convoca a una huelga general, la cual se realiza con éxito creando una tensa calma. Esa noche Perez Jiménez decreta toque de queda demostrando que aun mantenía cierta fortaleza militar. El 22 de enero el piso empezó a moverse bajo los pies del tirano. Esa tarde los conspiradores de la Academia Militar se reunieron para decidir la composición de la Junta de Gobierno que reemplazaría al dictador. En principio había acuerdo que dicho cuerpo colegiado debía ser integrado por oficiales de las diferentes Fuerzas. Había urgencia para hacer las designaciones porque todo indicaba que Pérez Jiménez estaba a punto de claudicar. Al caer la noche había acuerdo sobre los representantes de las fuerzas con excepción de La Marina de Guerra.

Los conspiradores en la Academia Militar incluían a los capitanes de navío José Vicente Azopardo y Jesús Carbonell Izquierdo como representantes de la Armada. Ante la necesidad de designar un candidato Naval para la Junta de Gobierno, ellos recomendaron designar al almirante Larrazabal por ser el oficial mas antiguo de las Fuerzas Armadas. Este oficial había sido relegado injustamente por Perez Jiménez después del golpe de 1948. La propuesta fue aceptada por los conjurados y se les encargo a los capitanes contactar al almirante para que se trasladara esa noche a la Academia Militar.

Cuando Azopardo y Carbonell le presentan la propuesta, Wolfgang ya estaba en cuenta de lo que estaba pasando y tenía preparada la respuesta. Su hermano Carlos había recibido esa tarde una llamada de Fabricio Ojeda indicando que esa noche se produciría un golpe de Estado. De inmediato se comunicó con Wolfgang instándole a ponerse en contacto con los conspiradores exigiendo ser nombrado presidente de la Junta de Gobierno que se iba a instaurar por ser el oficial mas antiguo. Además Carlos le pidió requerir que el fuera nombrado Ministro de la Defensa.

El contralmirante Carlos Larrazabal era un militar de conocida tendencia izquierdista. Tal vez por ello Perez Jiménez no le había dado puestos de comando pese a ser su compadre. Aunque Carlos no tenía fuerzas militares a su disposición, mantenía en estrecho contacto con la Junta Patriótica y el PCV por medio de Fabricio Ojeda. Su principal misión en ese momento era controlar la célula comunista que había sembrado en la infantería de Marina. Dicha célula liderada por los tenientes de navío Víctor Hugo Morales y Jesús Molina Villegas esperaba órdenes de Douglas Bravo para atacar el Palacio de Miraflores y entregar armas a las turbas comunistas en caso que Pérez Jiménez no fuese derrocado. Simultáneamente los civiles jefes de los grandes partidos social demócratas de la oposición AD, URD Y COPEI presionaban fuertemente a través de la Junta Patriótica por la designación de un Junta Cívico Militar.

Cuando la contrapropuesta de Wolfgang Larrazabal fue presentada a los conjurados en la Academia Militar hubo reacciones conflictivas. Todos lo aceptaban como presidente de la Junta de Gobierno, pero las ideas políticas de Carlos Larrazabal eran conocidas y causaron rechazo. Por fortuna Azopardo presentó una alternativa salomónica: Carlos Larrazabal podía ser sin problemas Comandante de la Marina con Ricardo Sosa Ríos de Comandante de la Flota. Sosa era un oficial altamente estimado y de profunda raigambre democrática. El poder de fuego de la Armada está en la Flota no en el Comando de la Fuerza Naval. Carlos Larrazabal no podría hacer nada sin el consenso de su cuñado Sosa Ríos. Esta brillante sugerencia fue aceptada. Para entonces era ya medianoche y Perez Jiménez acababa de huir de Miraflores luego que Llovera Paez le dijo "Nos vamos Pérez, porque los pescuezos no retoñan". Al enterarse Wolfgang Larrazabal del escape del dictador, en lugar de ir a la Academia Militar se dirigió a Miraflores a instalar la Junta de Gobierno.

Huida sorpresiva del dictador

El gran escape presidencial de medianoche cogió por sorpresa a la Junta Patriótica, y sus líderes no estaban en capacidad de reaccionar. Esa noche el Gobierno se desplomó, pero el poder no cayó bajo su control como ellos esperaban. El poder se derrumbó como fruta madura en manos de un grupo de militares, compuesto por los comandantes de fuerzas y otros oficiales de alto rango. El resultado no era el esperado en el plan formulado por la Junta

Patriótica. Esta organización mostró ser una entelequia sin poder y fue echada a un lado. Ninguno de sus miembros formó parte de la Junta de Gobierno.

Los comunistas también habían quedado fuera de juego, pero Carlos Larrazábal les había tranquilizado diciéndoles que si su hermano era nombrado presidente de la Junta ellos pasarían a formar parte del Gobierno y él sería el nuevo ministro de la Defensa. En caso de que Wolfgang no fuese escogido, se activaría el plan de contingencia ideado por García Ponce, el representante del PCV en la Junta Patriótica.

El plan alterno incluía un asalto a Miraflores esa misma madrugada, antes de que el nuevo régimen se consolidara. La toma de la sede del Gobierno estaría a cargo de las fuerzas de choque del partido comunista, que estaban apoyados por una turba revolucionaria y por efectivos de la infantería de Marina (encabezados por los tenientes de navío Víctor Hugo Morales y Jesús Molina Villegas). Al controlar Miraflores se nombraría una Junta de Gobierno, cuyo presidente sería el contralmirante Carlos Larrazábal.

Tan pronto éste confirmó que su hermano había sido designado presidente de la Junta, se comunicó con Douglas Bravo para que no activara el "Plan B".

Ojeda, presidente accidental de la Junta Patriótica

Fabricio Ojeda, en su rol de corresponsal del diario *El Nacional* en Miraflores, fue de los primeros en enterarse de la fuga de Pérez Jiménez y la designación de Wolfgang Larrazábal como jefe de la Junta. El periodista comunicó de inmediato la noticia a Guillermo García Ponce, su superior en el PCV.

El líder comunista que también era periodista, redactó rápidamente una breve proclama anunciando la huida del tirano y llamando al pueblo a volcarse a las calles para celebrar el triunfo y disuadir a los perezjimenistas. Esa alocución debía ser leída por el presidente "de turno" de la Junta Patriótica, quien era el locutor Amílcar Gómez (de URD). Esta proclama le fue entregada a Ojeda para que la llevara personalmente a la casa del anunciador. Gómez debía leerla por la radio para dar a conocer al país la noticia sobre la huida del déspota y convocar al pueblo a la calle.

Amílcar Gómez era un joven locutor deportivo afiliado al partido URD, de tendencia social demócrata. Era el representante de URD en la Junta

Patriótica y en ese momento le tocaba el turno de ser su presidente. A través de Radio Continente transmitía un popular programa diario que se iniciaba a las cinco de la mañana. La madrugada del 23 de enero llegó Fabricio en forma intempestiva a casa del locutor. Para su sorpresa lo encontró enfermo y alegó no poder ir a la radio. Ante la emergencia, Ojeda (que únicamente actuaba como mensajero y ni siquiera era miembro de la Junta Patriótica) decidió ir a Radio Continente y leerla él mismo.

Al amanecer del 23 de enero, Ojeda leyó en la radio la arenga anunciando la huida del tirano y llamando al pueblo a la calle. Ese amanecer nace en Venezuela el mito de Fabricio Ojeda como presidente de la Junta Patriótica. Esa fugaz lectura lo convirtió en la primera estrella popular izquierdista venezolana. En ese momento nadie sabía que el quimérico presidente de la Junta Patriótica era ahora el principal hombre de Fidel en Caracas.

Fabricio al identificarse, sin serlo, como presidente de la Junta Patriótica y dar al país la primicia de la fuga del tirano se convirtió en el líder fugaz de la insurrección. La breve lectura de una proclama que no escribió, simulando ser quien que no era, dejó su nombre grabado en el imaginario colectivo venezolano. La proclama de la Junta leída por él fue la despedida de esa ingenua entelequia. En ese momento el poder estaba en manos de un grupo de jefes militares encabezados por Wolfgang Larrazábal. El plan de contingencia no era necesario "por ahora". El sueño de García Ponce de tomar el poder se esfumó y las huestes comunistas no recibieron la orden de tomar Miraflores.

Aunque Wolfgang Larrazábal estaba al frente de la Junta, la revolución no resultó como esperaban los comunistas. Esa noche Venezuela cayó en manos de políticos y militares de tendencia socialdemócrata. Aunque en la mañana del 23 de enero la Junta Militar fue modificada incluyendo dos civiles, el poder se había escapado de las manos de los comunistas. De allí nacen las recurrentes lamentaciones de la izquierda radical alegando que el 23 de enero la odiada burguesía les birló el poder tras el cual habían luchado tan arduamente.

A la caída de Pérez Jiménez, los comunistas venezolanos tenían tiempo tratando de penetrar las Fuerzas Armadas. Muchos de ellos estaban convencidos de que no se podía hacer una revolución sin los militares. El proyecto formal de realizar una revolución cívico-militar en Venezuela nació en 1957, al final de la dictadura de Pérez Jiménez. En esa oportunidad el brazo armado del Partido Comunista —comandado por Douglas Bravo, Teodoro Petkoff y Eloy Torres— acordó que era necesario ideologizar políticamente a las Fuerzas Armadas venezolanas y que era factible trabajar políticamente en su seno. No en vano la mayoría de la oficialidad provenía de los sectores más modestos de la población, especialmente de la clase media baja. A partir de allí la captación de oficiales de dichas fuerzas fue una política permanente del PCV.

Douglas Bravo había hecho un buen trabajo al penetrar el sector castrense y captar oficiales jóvenes para su movimiento. En 1956 se presento una gran oportunidad al producirse el cierre del Liceo Fermín Toro en Caracas. Este plantel estaba situado en el sector popular del Silencio, cerca del Palacio de Miraflores. El instituto secundario se había convertido en el semillero de la Juventud Comunista y la principal fuente de reclutamiento de Douglas. Allí las autoridades del plantel permitían que se impartieran abiertamente clases de marxismo leninismo en las aulas. Uno de los instructores comunistas en ese plantel era José Esteban Ruiz Guevara quien inculcaría el comunismo a Hugo Chavez en Barinas una década mas tarde mas tarde.

La clausura del Fermín Toro fue causada por los continuos disturbios que allí se producían contra el gobierno. El cierre coincidió con el traslado del Liceo Militar Gran Mariscal de Ayacucho desde El Junquito a las instalaciones de la Escuela Normal Miguel Antonio Caro en la Avenida Sucre de Catia. Dadas las circunstancias para que no perdieran el año de estudio muchos miembros de la Juventud Comunista fueron transferidos del Fermín Toro como alumnos externos al Liceo Militar en Catia. Muchos de ellos posteriormente ingresaron a las Escuelas Militares de las distintas fuerzas y se graduaron constituyendo una fuente invalorable de militares afectos al PCV. Algunos desertaron durante la época de la guerrilla, otros siguieron carrera protegiendo a las futuras generaciones de infiltrados. Incluso unos pocos llegaron a generales. Luego del cierre del Fermín Toro el adoctrinador comunista Ruiz Guevara se integró a las fuerzas de choque del PCV dirigidas por Douglas Bravo. Posteriormente Ruiz siguió a Bravo a combatir en las guerrillas.

Gracias al tesonero trabajo de zapa de Douglas, en pocos años la cantera del Fermin Toro y el Liceo Militar Ayacucho le permitió controlar cerca de un centenar de oficiales y cadetes. Este grupo infiltró a los nasseristas constituyéndose en el corazón de los militares dirigidos por Bravo. La huida sorpresiva de Pérez Jiménez en 1958 tomó a Bravo y la dirección comunista sin una estrategia para tomar el poder. Posteriormente Betancourt logro excluirlos tras el "Pacto de Punto Fijo" dejándolos fuera del Gobierno. Pese a la derrota sufrida por los comunistas, la fuerza de Douglas en el sector militar era considerable. Apoyándose en ese grupo cívico militar Douglas Bravo se fue a la guerrilla permaneciendo en armas por casi dos décadas.

La oportunidad de Fidel

Entre tanto, en la Sierra Maestra Fidel seguía la situación en Caracas minuto a minuto. Gracias a la célula clandestina del M26 y al radiotransmisor HF que les había enviado, Fidel se enteró casi en tiempo real de lo que estaba pasando en Venezuela. Lo que había ocurrido no era lo ideal, pero tampoco era malo para sus planes. La nueva Junta de Gobierno estaba compuesta por un grupo de oficiales superiores no pertenecientes a la logia nasserista. Pero Fidel tenía una carta en la manga. El comandante de la Marina era Carlos Larrazábal, uno de sus admiradores más importantes en Venezuela. Fabricio Ojeda le había hecho llegar un mensaje de este almirante prometiendo apoyarlo en la Sierra Maestra.

En la madrugada del 23 de enero, el radio transmisor de Fidel recibió un mensaje urgente de texto en clave: el dictador había huido y Wolfgang Larrazábal era el jefe de la Junta de Gobierno. Al día siguiente Ojeda le hizo saber que Carlos era el nuevo comandante de la Armada. La noticia fue un alivio, porque el almirante rojo se había hecho una pieza fundamental en su esquema.

Los comunistas no habían podido tomar el poder en Venezuela, pero era bueno para sus planes. Fidel venía desarrollando una cobertura haciendo ver que no dependía de los soviéticos. Él mantenía relación secreta con Grobart a través de Buch y eso era suficiente. Él no era comunista ortodoxo. Era fidelista. La experiencia de Jacobo Árbenz en Guatemala le había hecho ver que no debía mostrarles trapos rojos a los gringos hasta no tener control total sobre Cuba.

La designación de Carlos Larrazábal abrió la ventana necesaria para lograr el apoyo de Caracas a la guerrilla de la Sierra Maestra. Eso era lo importante para Fidel. Por eso espoleó a Fabricio para que contactara a Carlos Larrazábal inmediatamente. Tan pronto el nuevo comandante de la Marina asumió su cargo, Fabricio se reunió con él para coordinar las futuras acciones.

CAPÍTULO 18

PRESIDENTE CONTRA SU VOLUNTAD

Un militar no adicto al poder

Los miembros del grupo castrense que escogieron a la Junta en la Academia Militar, no eran conspiradores natos como José María Castro León o Hugo Trejo. La mayoría de los altos oficiales convocados eran profesionales de limpia trayectoria, que habían sido designados en sus cargos a raíz de las exigencias hechas a Pérez Jiménez por el general Rómulo Fernández. Siguiendo la tradición militar, estos jefes decidieron colocar al frente de la Junta de Gobierno al oficial de mayor antigüedad. Dos de los presentes: los coroneles Abel Romero Villate y Roberto Casanova estaban siendo señalados como cercanos al dictador.

El contralmirante Wolfgang Larrazábal Ugueto era el oficial activo más antiguo entre los relegados por la dictadura. Dos semanas antes había sido nombrado a regañadientes comandante de la Armada, a raíz de las exigencias del general Rómulo Fernández durante su breve paso por el Ministerio de la Defensa. Anteriormente Pérez Jiménez lo había mantenido "en el refrigerador" como director del Círculo Militar, un cargo sin poder en términos militares.

Wolfgang Larrazábal fue un profesional destacado de la Armada venezolana. Era un hombre sencillo y tenía una gran simpatía personal. Sus críticos opinaban que era irresoluto y no asertivo. Por primera vez, en 1947 siendo capitán de fragata fue designado por Rómulo Betancourt como comandante general de la Armada. Al producirse el derrocamiento de Gallegos el 24 de noviembre de 1948, Wolfgang cae en desgracia, porque era más antiguo que Pérez Jiménez, y por lo tanto su presencia era incómoda para el futuro dictador. Por eso es enviado al extranjero como agregado militar en los EEUU. Ese fue el cargo ocupado por su hermano Carlos luego del golpe de 1945. Posteriormente, bajo el Gobierno de Pérez Jiménez regresa a Venezuela y ocupa cargos de poca significación. Wolfgang fue director del Instituto Nacional de Deportes entre 1952-55. Estuvo sin cargo entre 1955-57. Realizó Curso de Estado Mayor en la Escuela de la Marina Norteamericana en Newport en 1956, y fue director del Círculo Militar entre 1957-58. Estando al final de su carrera, fue encandilado por los fuegos artificiales de la Sierra Maestra y se hizo admirador de Fidel Castro. Siendo un hombre tranquilo de centroizquierda, su entusiasmo fue sosegado y no apasionado como el de su hermano Carlos.

Wolfgang Larrazábal —a diferencia de Fidel— no era un adicto al poder. La noche del 22 de enero de 1958 se encontraba en su casa en Santa Mónica listo para ir a la cama. Al ser invitado a la reunión decisiva en la Academia Militar solamente atinó a decir: "¡No me echen esa vaina!". Más tarde, al saber que la nueva Junta de Gobierno había decidido ofrecerle la presidencia pidio que su hermano fuera nombrado Ministro de la Defensa. Cuando esta solicitud fue declinada acepto que Carlos lo reemplazara en el Comando de La Marina.

Wolfgang salió para Miraflores contra su voluntad. No iba a luchar por el poder, sino a recibirlo en bandeja de plata. Su antigüedad, simpatía y sencillez lo hicieron aceptable a tirios y troyanos, quienes lo consideraban inofensivo. Por suerte para Venezuela, el simpático marino era también un hombre decente y un demócrata a carta cabal.

Larrazábal, presidente de la Junta de Gobierno

Al llegar a Miraflores, el contralmirante fue designado presidente de la Junta de Gobierno integrada inicialmente por cinco militares. Esa Junta fue modificada pocas horas después por presión popular contra Romero Villate y el "turco" Casanova, quienes eran inaceptables para los políticos. La nueva Junta incluyó dos civiles en remplazo de los jefes militares acusados de ser de extrema derecha. A todas éstas, la Junta Patriótica y los comunistas quedaron fuera de juego, y ninguno de sus miembros formó parte de la Junta de Gobierno.

Una de las primeras decisiones del presidente de la Junta fue designar a su hermano, el contralmirante Carlos Larrazábal como su sustituto en el comando de la Marina, pese a que había pasado 13 años consecutivos fuera de las Fuerzas Armadas. Esta designación fue poco ortodoxa, porque como ministro de la Defensa había nombrado al coronel Jesús María Castro León. La nominación colocaba en el tope de la línea de mando militar a un coronel de la Fuerza Aérea, y por debajo de él en la Marina a un almirante. Esta decisión indica que los militares no permitieron que Wolfgang nombrara a su hermano como ministro de la Defensa. El izquierdismo de Carlos era conocido, y su carácter agrio no era bienvenido en el ambiente castrense. El nuevo comandante naval aceptó esta situación embarazosa, porque tenía un plan personal y una importante misión que cumplir.

Wolfgang sabía que su hermano era una persona difícil, pero creía que podría controlarlo en la Marina a través de su cuñado, el capitán de navío Ricardo Sosa Ríos. Este era esposo de su hermana Esther y era un brillante y respetado oficial, con mucho carácter y recia personalidad. Era más antiguo que los Larrazábal, pero se había ido de baja por varios años durante el Gobierno de Pérez Jiménez. Posteriormente se había reincorporado al servicio activo y ocupaba el cargo de comandante de la flota. El 9 de enero del 58, Sosa había ordenado zarpar a las unidades bajo su mando del muelle en La Guaira. La extraña maniobra (hecha sin autorización) obligó al dictador a aceptar los cambios que le propuso el general Rómulo Fernández, incluyendo el nombramiento de Wolfgang como comandante de la Marina de guerra.

En la selección de Carlos Larrazábal para el comando de la Marina privaron los lazos familiares sobre los requerimientos de Estado. Wolfgang sabía que su hermano no había hecho una carrera que lo calificara para esa posición, y que no tenía condiciones adecuadas de liderazgo militar. Como la presión de Carlos era muy fuerte prefirió no crear una crisis fraternal. Wolfgang estaba en cuenta de que Carlos era un hombre de izquierda, que mantenía estrechas relaciones con altos jefes del PCV, y que simpatizaba abiertamente con la guerrilla de Fidel en la Sierra Maestra. Pese a estas referencias de significación, el presidente necesitaba tener una ficha de confianza en el alto mando militar. ¿Quién mejor que su hermano para esta misión?

A diferencia de la cordialidad de Wolfgang, su hermano Carlos era un personaje de carácter hosco e introvertido. Largos años de exclusión del seno de la Marina de guerra lo habían hecho un hombre frustrado y cargado de resentimiento. Su personalidad le impedía ser un líder militar efectivo y, sintiéndose relegado, se refugió en la ideología comunista, con la que se sentía más cómodo y creía tener un buen futuro. La relación familiar con su primo Radamés Larrazábal y su estrecha amistad con Gustavo Machado (ambos miembros del comité Central del PCV) le sirvieron de puente hacia el alto mando comunista y hacia Fidel. Como se recordará, Gustavo Machado era el comunista venezolano asistente de Grobart que había invadido Venezuela en 1929. Posteriormente entre 1955 y 1956 había servido de enlace entre Fidel y Grobart en México.

El apoyo secreto a Fidel

El 25 de enero de 1958, dos días después de asumir el comando de la Armada, Carlos Larrazábal fue a casa de su hermano en Santa Mónica acompañado por Fabricio Ojeda. La excusa de la visita era agradecer su nombramiento y presentarle a Fabricio, pero la verdadera razón era exponerle a Wolfgang un plan que había ideado con Ojeda para apoyar a Fidel Castro en la Sierra Maestra.

Carlos tomó primero la palabra y explicó a su hermano que siendo agregado naval en Washington, al terminar la Segunda Guerra Mundial, había observado que los americanos habían quedado con una gran cantidad de material excedente de guerra. Buena parte de este *surplus* estaba siendo entregado a países amigos bajo un programa de préstamo y arriendo (*lend-lease program*), sin desembolso de dinero. En esa oportunidad le recomendó a su amigo Pérez Jiménez, quien era jefe del Estado Mayor General, que aprovecharan esa oportunidad para equipar a la incipiente infantería de Marina venezolana que se estaba desarrollando.

Sobre la base de esa recomendación, el Gobierno venezolano hizo una solicitud ante el Gobierno norteamericano. Tras un largo trámite burocrático, varios años después Venezuela recibió gratuitamente de los EEUU un importante lote de material de guerra. La donación incluía cinco mil fusiles Garand M1, un número indeterminado de ametralladoras livianas Browning de calibre .30 y ametralladoras pesadas Browning calibre .50 con su correspondiente carga de munición, más un lote de morteros y granadas de mano.

El material había llegado al país a comienzo de los años 50 y estaba depositado en los arsenales del Servicio de Armamento del Ministerio de la Defensa. La infantería de Marina no había utilizado este material aduciendo problemas logísticos. Las armas donadas por los americanos eran de un calibre diferente al usado por el resto de las Fuerzas Armadas venezolanas. Al terminar de dar esta explicación a su hermano, Carlos Larrazábal soltó una bomba que sorprendió a Wolfgang, ya que le propuso enviar secretamente esas armas a Fidel Castro en la Sierra Maestra.

En ese momento tomó la palabra Fabricio Ojeda. El periodista manifestó emocionado al presidente que una alianza entre Venezuela, Cuba y otros países afines de la región afianzarían la democracia en Hispanoamérica. De esa manera sería posible ir reduciendo la influencia norteamericana en la región, y se iría recuperando la soberanía perdida. La puesta en práctica de esta idea pondría en vigencia el sueño de Bolívar de la gran patria hispanoamericana. Al terminar su planteamiento agregó que dentro de este esquema de colaboración, Fidel quería hacerle la proposición de realizar una campaña en Venezuela para recolectar fondos y promocionar la lucha del M26 en la Sierra Maestra. Fabricio remató la idea diciendo que esta acción aumentaría indirectamente la popularidad de Wolfgang con miras a su reelección.

Estos argumentos sobre la "patria grande" y los venideros comicios le sonaron bien al presidente de la Junta, pero aun así manifestó dudas sobre la legalidad de la operación. Carlos salió al paso de estos recelos indicando que las posibles repercusiones legales de la decisión eran mínimas, porque tenían una coartada blindada.

La coartada perfecta

La operación de entrega de armas se haría en secreto y nadie se enteraría de lo sucedido. Sería algo así como un crimen perfecto donde el presidente no aparecería. El comandante de la Marina haría una solicitud al Servicio de Armamento requiriendo la entrega de un material de la infantería de Marina que tenía allí en depósito. En base a esa solicitud el Servicio de Armamento haría una entrega administrativa rutinaria de esas armas a la Marina. Luego Carlos las traspasaría bajo su responsabilidad a Fabricio, quien haría la entrega clandestina a los cubanos.

En caso de detectarse el traspaso, Wolfgang podría alegar que no tenía conocimiento de este hecho. Si esto ocurría, Carlos se haría responsable y sufriría las consecuencias. Otra posibilidad era que el presidente alegara que lo ocurrido era un secreto de Estado y que él tenía plena autoridad para manejar a discreción la política exterior de Venezuela. En ambos casos el presidente no tenía nada que temer.

Al finalizar, Fabricio solicitó a Wolfgang que concediera una audiencia a un enviado secreto que Fidel mandaría para finiquitar el asunto. Wolfgang siendo admirador de Fidel, y por consideración al presidente de la Junta Patriótica, manifestó estar de acuerdo con el plan y concedió la audiencia. De seguidas comisionó a su hermano y a Fabricio Ojeda para coordinar secretamente el proyecto. También dijo que iba a poner al enviado de Fidel en contacto con un publicista venezolano amigo suyo. El plan estaba en marcha.

Al salir de la reunión con Wolfgang, Fabricio contactó a la delegación de M26 en Caracas y les hizo saber la decisión del presidente. A los pocos minutos, el radio transmisor de Fidel en la Sierra empezó a imprimir un mensaje en clave que una vez descifrado le fue entregado al comandante. Ese día Fidel recibió la mejor noticia de su vida. Sin pérdida de tiempo envió un mensaje a Luis Buch designándolo su enviado secreto en Venezuela para reunirse con Wolfgang Larrazábal.

Trejo entra al plan

Con la aprobación presidencial, Carlos Larrazábal procedió a realizar algunas coordinaciones necesarias para ejecutar el plan. Para ello contactó al teniente coronel Hugo Trejo, quien acababa de ser nombrado subjefe del Estado Mayor General. El Servicio de Armamento estaba bajo el control de la subjefatura del Estado Mayor Conjunto y a Trejo le reportarían la entrega de ese armamento.

El comandante de la Marina conocía al líder de los nasseristas desde la resistencia contra Pérez Jiménez y había empatía entre ambos. Carlos también sabía que Trejo (al igual que él) era un gran admirador de Fidel Castro. Antes del 23 de enero, Carlos les había presentado a dos jóvenes oficiales de la infantería de Marina: "Chuchu" Molina Villegas y Víctor Hugo Morales, quienes formaban parte de la resistencia naval y se los puso a la orden. Trejo agradeció la adición de oficiales navales a su logia, sin saber que ese grupo era de tendencia comunista.

Carlos Larrazábal informó a Trejo sobre la decisión presidencial de entregar armas a la Armada. También le indicó que, por razones de Estado, no debía comentarla con nadie, ni siquiera con su superior inmediato el coronel Pérez Morales, quien probablemente notificaría al ministro de la Defensa el coronel ultraderechista Jesús María Castro León.

El comandante de la Marina le hizo saber a Trejo que la entrega de ese material de guerra debía hacerse como algo rutinario, sin que el director del Servicio de Armamento se enterara. La entrega solicitada no era ilegal per se, siempre y cuando el material fuera a manos de la Marina. Carlos no informó a Trejo que el destinatario final del armamento era Fidel, aunque sería fácil suponerlo. Carlos se limitó a indicar que había razones de seguridad de Estado para hacer ese traslado con mucha discreción. Recibida la orden, Trejo procedió a darle cumplimiento. Debe haber pensado que la Marina deseaba reforzar su infantería para hacerle un contrapeso al Ejército en caso de un golpe de Estado. Esa debía ser la causa del secretismo conque estaban manejando la entrega del material. Trejo decidió cumplir la orden pensando que más adelante, luego de que él tomara el poder se encargaría de recuperar ese material. Trejo seguía controlando la logia nasserista y, ante la posibilidad de que Betancourt ganara las elecciones previstas para ese año, estaba preparando un nuevo golpe de Estado. Trejo no quería poner en peligro esta operación.

Para asegurarse de que la misma se hiciera sin contratiempos Trejo nombró de inmediato como segundo jefe del Servicio de Armamento a su gran amigo el mayor Evelio Gilmond Báez. La entrega se realizó sin problemas unos días más tarde como estaba previsto. En esa fecha, el jefe del Servicio de Armamento fue enviado a una comisión en el interior del país por órdenes de Trejo, y no estuvo presente durante la entrega del cargamento a la infantería de Marina.

El día de la entrega, un grupo de soldados de la infantería de Marina comandado por "Chuchú" Molina Villegas y Víctor Hugo Morales se presentaron con varios camiones a recoger el material. El mayor Gilmond hizo la entrega como estaba pautada. Se hizo como algo administrativo de carácter rutinario y fue notificada debidamente al teniente coronel Trejo.

El cargamento cubierto con lonas fue trasladado cautamente al muelle de la Marina de guerra en La Guaira, y puesto a bordo de un buque de carga. Al ser recibido el material, un grupo de miembros del PCV inició la labor de borrar los seriales y otra identificación de las armas. Al llegar a La Guaira con el cargamento, Molina llamó al comandante de la Marina y le informó que la misión había sido cumplida sin novedad. Este oficial de la infantería de Marina estaba lejanamente emparentado con Carlos Larrazábal, y en 1945 (siendo grumete) se había alzado con él en el puesto de pilotaje del Orinoco.

Luego de la subrepticia entrega, tanto Trejo como Gilmond no supieron más del asunto. Ni el jefe del Servicio de Armamento, ni el jefe del Estado Mayor General, ni el ministro de la Defensa se enteraron de esta operación "rutinaria". Todo se hizo en la forma debida. El plan de apoyar a Fidel iba sobre ruedas. Ya las armas estaban en los depósitos de la Marina en La Guaira y el resto de la confabulación quedaba en manos de Carlos Larrazábal, el hermano del presidente. El siguiente paso era la venida a Caracas del enviado secreto de Fidel.

El 28 de enero de 1958 Carlos Larrazábal le informó al presidente que Luis Buch (el enviado secreto de Fidel) había llegado a Caracas y solicitaba la audiencia convenida. Wolfgang lo convocó a la casa de un publicista que era su amigo personal, a quien había encargado una campaña para promover su imagen. Antes de retirarse, Carlos describió brevemente el perfil del visitante.

El embajador plenipotenciario

El enviado de Fidel era su principal operador para asuntos supersecretos. Antes de venir a Venezuela ya era miembro incógnito del Directorio Nacional del M26. Para entonces había cumplido importantes misiones encubiertas para este movimiento en la clandestinidad, sin estar registrado públicamente como miembro de ese grupo. Su palmarés incluía acciones exitosas levantando fondos para la revolución, promoviendo la imagen de Fidel a nivel internacional y realizando contactos secretos con los soviéticos. Para encubrir su verdadera actividad se le nombró coordinador general del exilio y responsable de las relaciones públicas en el extranjero. Sus ideas publicitarias fueron acrecentando la imagen de Fidel como el predestinado guerrillero heroico en la Sierra Maestra. Buch incluso promocionó indirectamente a Fidel a través de importantes medios de comunicación social norteamericanos. Podría decirse que Buch fue el hombre que inventó a Fidel y no Herbert Matthews, el reportero norteamericano del *New York Times*, quien entrevistó a Fidel en la Sierra en 1957.

Su inteligencia y capacidad profesional lo convirtieron en un acaudalado abogado, que fue apoderado de clientes adinerados y empresas multinacionales. Gracias a estas conexiones podía mover (a través de sus cuentas) cantidades importantes de dinero sin generar sospechas. Esta característica de hombre adinerado, unida a su discreción, lo hacía ideal para trabajar en la clandestinidad. Acostumbrado a moverse a alto nivel, era el hombre para las misiones de levantamiento de fondos y para representar a Fidel ante jefes de Estado. Este personaje incógnito se movía en la penumbra, y por lo tanto era poco conocido en Cuba y un ser anónimo en Venezuela.

En 1933 se unió al movimiento de Guiteras y pasó a ser su asistente. Buch era un hombre de acción muy inteligente. En la Universidad de La Habana perteneció al comité central de Joven Cuba. En esa posición fue responsable por el frente estudiantil y la ejecución de acciones de combate callejeras y sabotaje. Luego de la muerte de Guiteras fue quien envió la bomba que mató al delator de su jefe.

Al graduarse de abogado, se dedicó a su profesión convirtiéndose en un hombre muy rico, al punto de que construyó en La Habana una mansión de 9 habitaciones, con 7 sirvientes y 4 automóviles. El palacete estaba ubicado frente al Caribe, en el exclusivo sector de Miramar.

Fidel conoció a Buch porque ambos eran amigos comunes de Haydee Santamaría y Armando Hart, dos altos miembros del directorio del Movimiento M26. Santamaría era la hermana de Abel Santamaría, quien fue el segundo de Fidel en el asalto al Cuartel Moncada, donde fue capturado y asesinado. Buch al conocer a Fidel vio que sus ideas revolucionarias coincidían con las de Guiteras y decidió unirse al M26 y subordinarse a Fidel pese a ser mucho mayor.

Inicialmente Buch no fue a la Sierra porque ya era un hombre de mediana edad y Fidel se dio cuenta que era mas valioso en otras actividades. En atención a sus conocimientos, experiencia y capacidad de trabajo, Fidel asignó a Buch grandes responsabilidades. Entre otras, se le facultó para ejecutar complejas misiones en el exterior. Fue el responsable por la operación de las comunicaciones secretas de la Revolución. Fue encargado de romper los vínculos con la oposición antibatistiana del "Pacto de Miami". Participó en la selección del candidato del M26 para ocupar la presidencia provisional de la República en 1959. Jugó un rol importante en la organización de la huelga general de abril de 1958. Participó con Fidel, Raúl y el "Che" en la "reunión decisiva" de la guerra de liberación, en el Alto de Mompié, en mayo de 1958. En esa reunión hecha en mayo del 58, luego del fracaso de la huelga de abril, el directorio del M26 decidió consolidar el liderazgo civil y militar de la revolución en Fidel Castro designándolo como comandante en jefe. Esta decisión era vital para Fidel, que hasta entonces era considerado solamente un comandante de la guerrilla en la Sierra Maestra.

Buch en calidad de coordinador general del Movimiento 26 de Julio en el exilio, junto con Haydee Santamaría y José Llanusa, consolidó bajo su mando los Comités del Exilio. Condujo las relaciones diplomáticas previas al triunfo de la revolución incluyendo los contactos secretos con el Gobierno de los Estados Unidos. Creó una efectiva cobertura periodística y de publicidad para Fidel y la revolución cubana en EEUU, Europa y Latinoamérica. Negoció con la Cruz Roja Internacional la entrega de cientos de prisioneros de guerra. Negoció y firmó en nombre de Fidel el "Pacto de Caracas" para unir los sectores opositores insurreccionales.

Probablemente la tarea más importante encomendada por Fidel a Buch, durante su larga carrera, fue asegurar que Wolfgang Larrazábal enviara el mayor cargamento de armas que llegó a la Sierra Maestra. Este apoyo hecho a través de un puente aéreo fue decisivo para consolidar el liderazgo de Fidel en Cuba y para la derrota de las fuerzas de Batista. Gracias a la misión exitosa de Buch, Fidel unificó el mando en Cuba alrededor de su persona, derrotó la gran ofensiva de verano de Batista y pasó a la ofensiva invadiendo con sus fuerzas el llano.

Al triunfar la revolución, fue seleccionado por Fidel para desempeñarse como ministro de la presidencia y secretario del Consejo de Ministros en el Gobierno del Dr. Urrutia Lleo. Al final de su carrera fue designado magistrado del Tribunal Supremo de Cuba. Buch fue una de las mentes más lúcidas y el organizador más destacado de la revolución cubana. Su aporte fue tan extraordinario, que Fidel en una concesión excepcional le permitió quedarse viviendo con su esposa en su mansión de Miramar, mantener la servidumbre y el opulento tren de vida que tenía antes de enrolarse en el Movimiento 26 de Julio. En agradecimiento por sus invalorables servicios a la revolución, Fidel permitió que Buch fuese el único oligarca cubano que vivió como un potentado hasta el fin de su vida en La Habana. ¿Qué hizo Buch para merecer todos esos honores y prebendas? En el próximo apartado veremos lo que este enviado secreto hizo en Caracas.

El porqué del secreto

La misión de Buch en Caracas fue encubierta, y por lo tanto los pormenores de su agenda en la capital de Venezuela son desconocidos. Sobran razones para que las partes envueltas en un envío ilegal de armas traten de mantener en secreto su operación. Al Gobierno venezolano de Wolfgang Larrazábal no le interesaba hacer público que enviaría —sin autorización— una importante cantidad de armas, cedidas gratuitamente por los norteamericanos a la infantería de Marina venezolana. Este envío era ilegal, porque de acuerdo a las condiciones de cesión, Venezuela no podía entregar esas armas a otros países sin autorización de los EEUU.

Para complicar aún más las cosas, la entrega no se hizo a Cuba oficialmente. Fue una donación secreta a un grupo insurgente que las usaría contra un Gobierno aliado de los estadounidenses. El cargamento se le entregó a Fidel Castro un guerrillero izquierdista manifiestamente antiyanqui.

Dado que el envío iba a ser ilícito, el Gobierno venezolano al autorizar esta entrega ilegal debió haber impuesto condiciones de confidencialidad.

Seguramente Fidel se comprometió a no revelar la fuente de ese armamento. Los militares que entregaron esas armas deben haber borrado los seriales y cualquier otra identificación antes del traspaso.

Es posible que la naturaleza de este cargamento, su volumen exacto, y los detalles de su procedencia, no hayan sido revelados en su totalidad a Wolfgang Larrazábal por los encargados de realizar la entrega furtiva. Está comprobado además que el retiro del armamento de los depósitos militares no fue notificado formalmente al ministro de la Defensa. La cesión de un cargamento secreto de armas a Fidel fue ilegal, tanto interna como internacionalmente. Esta circunstancia indica que había una red dentro del Ministerio de la Defensa que estaba ocultando al alto mando la naturaleza y magnitud del envío.

Adicionalmente, para el ego de Fidel era más atractiva la posibilidad de aparecer ante la opinión pública mundial como un pequeño David que venció al poderoso ejército de Batista con una fuerza pobremente armada. Al no revelar la importante dotación de armamento recibido de Venezuela podía alardear de que su débil guerrilla había triunfado gracias a su moral y alto espíritu revolucionario, sobre los corruptos militares de Batista.

Como es lógico, en operaciones encubiertas ninguna de las partes reconoce haberlas realizado. Fidel solamente aceptó en público haber recibido de Venezuela una pequeña dotación de armas que le entregó el capitán de navío Carlos Taylhardat. Este piloto naval venezolano era gran amigo y hombre de confianza de los hermanos Larrazábal. Fue el encargado de coordinar el puente aéreo que se estableció entre Caracas y la Sierra Maestra para abastecer con armas norteamericanas a la guerrilla cubana. También fue el piloto responsable de llevar el primer cargamento enviado a la Sierra Maestra en un avión civil Curtis C46, comprado clandestinamente por el capitán de Corbeta Héctor Abdelnour Musa, uno de los edecanes del presidente Larrazábal. Para la compra del avión y el pago de otros gastos de la operación secreta (sin usar recursos del presupuesto oficial) se utilizaron fondos percibidos en la campaña "Un bolívar para la Sierra Maestra". Con ella se recaudaron alrededor de un millón de dólares y se promocionó activamente la imagen de Fidel en Venezuela.

Buch, un héroe de la revolución

Gracias a este gran servicio, Buch se convirtió en un héroe de la revolución. Por la naturaleza secreta de su misión, su nombre no fue glorificado como ocurrió con otros. Luego del triunfo ocupó discretamente el cargo de ministro de la Presidencia y secretario del Consejo de Ministros. En estas posiciones se desempeñó como una especie de jefe de Estado Mayor de Fidel Castro. Este cauteloso hombre jugó un papel trascendental en el triunfo de la revolución cubana, pero los detalles de su misión son poco conocidos, así como la historia de la misión secreta de Buch en Caracas. Fue un hombre de baja silueta y poco comunicativo. Por razones de seguridad y para evitar problemas con los Estados Unidos, tanto Fidel como Wolfgang guardaron el secreto por más de cuarenta años, hasta que la historia de esta operación secreta fue revelada en un libro editado en Cuba.

En el año 2001 la Editorial de Ciencias Sociales de La Habana publicó *Una Insurrección en dos épocas*, cuyo subtítulo es "Con Antonio Guiteras y con Fidel Castro". Esta obra contiene una entrevista hecha a Buch por el escritor castrista Reinaldo Suárez, en la cual explica en detalle su experiencia como embajador encubierto de Fidel en Caracas en 1958. La extraordinaria historia sobre el personaje pueden leerla accediendo a http://www.scribd.com/doc/33983132/Reinaldo-Suarez-Suarez-Una-insurreccional-en-dos-epocas-Con-Antonio-Guiteras-y-con-Fidel-Castro.

Dado que el contenido de esta obra incluye información que Fidel consideró clasificada por mucho tiempo, es de suponer que no puede haber salido al público sin su autorización. Buch era la mejor carta que tenía disponible en ese momento y la jugó con éxito. Este misterioso protagonista, de un importante pero desconocido episodio histórico cubano, murió sin pompa en el año 2000 en La Habana. Tal vez ese libro fue el homenaje póstumo que Fidel le hizo. Aparentemente, muy poca gente ha leído esta obra, que revela secretos sensacionales sobre el vital apoyo que Venezuela ofreció a Fidel Castro en la Sierra Maestra.

Como parte de su misión, Buch viajó a Caracas pero no llegó como embajador de una nación sino como enviado personal de un insurgente, que estaba alzado en el monte contra un país con el cual Venezuela tenía relaciones diplomáticas. Su visita era forzada, porque Castro estaba varado en la Sierra y tenía necesidad urgente de ayuda. Fidel temía que los líderes rebeldes que controlaban las ciudades se le adelantaran y tomaran el poder mientras él seguía atascado en las montañas. El apoyo venezolano le daría la fuerza necesaria para dominar a los otros cabecillas de la resistencia contra Batista y convertirse en el líder máximo.

La necesidad de las armas venezolanas era urgente, porque su red de inteligencia había alertado que a partir de julio del 58 Batista iniciaría una gran operación contra su enclave en la Sierra Maestra. Los embarques de Venezuela resolverían esa imperiosa necesidad.

La noticia tenía eufórico a Fidel, pero además había una razón oculta muy importante. La relación secreta con el Gobierno de Venezuela podría poner a su disposición los fondos necesarios para financiar su proyecto imperial. Este gran objetivo se lograría cuando el almirante Carlos Larrazábal tomara la presidencia de su país.

Cuando este asume el poder en Venezuela, Buch se reúne con él en la casa de René Estévez, un publicista venezolano muy amigo del presidente que estaba encargado de promover su imagen. Tanto Wolfang como Buch llegaron sigilosamente de incógnito. Estévez era esposo de Isa Dobles, quien conocía a Fidel desde los tiempos del exilio de los venezolanos en La Habana. El presidente venezolano, quien todavía no se sentía muy seguro en su cargo y pensaba que esa operación podía ser ilegal, deseaba que esta reunión se realizara en el más absoluto secreto.

Fabricio Ojeda fue el encargado de llevar furtivamente al emisario de Fidel a la presencia de Wolfang Larrazábal. Luego de un breve saludo, el almirante fue al grano prometiendo a Fidel todo el apoyo necesario. Luego le indicó en forma sibilina que sería la última vez que lo vería, y que para todos los efectos ellos nunca habían hablado. Antes de despedirse le indicó que al día siguiente debería presentarse con Fabricio en la oficina de su hermano Carlos Larrazábal, en la comandancia de la Marina. También le indicó que en lo sucesivo los contactos futuros se harían a través de Fabricio, quien sería el coordinador general de la operación. Ese breve contacto de Buch con Wolfgang apenas duró unos minutos, pero fue suficiente.

En esa reunión Buch propuso que en Venezuela se hiciera una campaña con estudiantes universitarios para promover la imagen de Fidel, bajo el pretexto de recolectar fondos para la lucha en la Sierra Maestra. Wolfgang Larrazábal estuvo de acuerdo y designó a su amigo el publicista René Estévez para diseñar esta campaña. La operación resultó un gran éxito.

El encargado de controlar los fondos obtenidos fue Alí Rodríguez Araque, quien gracias a esa tarea se ganó el remoquete de "el Habilitado". Alí era uno de los asistentes de Douglas Bravo. Él recolectaba las donaciones y las entregaba a los cubanos Sergio Rojas Santamaría y Manuel Piedra de La Concha. Ambos vivían en Caracas y eran directivos del Comité del Exilio Cubano en Venezuela, el cual enviaba las donaciones a través de la red financiera de Buch. A partir de ese momento Fabricio, Douglas y Alí se convirtieron en los hombres de Fidel en Caracas.

Visita al comando de la Armada

Al día siguiente en la mañana, Fabricio condujo a Buch al comando de la Marina. Allí un ayudante del almirante los condujo a la sala de operaciones. En ese lugar el propio comandante general hizo una presentación detallando las características del primer cargamento. Con una sonrisa de satisfacción, el almirante manifestó que el material ya estaba listo para ser embarcado en La Guaira con destino a un puerto en el oriente cubano que podría ser Santiago de Cuba o Manzanillo. El enviado de Fidel no podía creer cuando Carlos Larrazábal le informó que tenían listas inicialmente 200 toneladas de material de guerra incluyendo fusiles, munición, explosivos, uniformes, botas y otros equipos militares. Aunque la información proporcionada por el almirante era extraordinaria, los puertos previstos para la entrega de las armas no estaban en manos de la guerrilla de Fidel. Además, en ese momento Fidel no contaba con la logística necesaria para descargar y distribuir el cargamento. Al oír esto, Carlos manifestó que Radio Rebelde había anunciado que esas ciudades cercanas a la Sierra Maestra eran controladas por la guerrilla Fidelista. Buch sonrió pícaramente cuando respondió: "Disculpe Almirante, eso fue propaganda de guerra".

Como alternativa para transportar la carga, Buch recomendó que se enviara en forma fraccionada por avión. El almirante tomó nota y manifestó que no había problema. Venezuela compraría un avión de carga capaz de aterrizar en la Sierra Maestra, y lo pondría a la disposición de Fidel.

Como broche de oro a su exposición, Carlos Larrazábal confesó a Buch que era un gran admirador de Fidel, y que hubiera deseado ir a pelear a la Sierra Maestra a su lado. Al efecto le había pedido permiso a su hermano quien lo había negado. Para finalizar le informó que esta sería la primera entrega, y si más adelante requerían material adicional solamente tenían que hacérselo saber. Al igual que había hecho Wolfgang, Carlos informó a Buch que en lo sucesivo canalizara todas sus solicitudes y coordinaciones a través de Fabricio Ojeda.

Antes de retirarse de la comandancia de la Marina, Carlos le informó a Fabricio que se pusiera en contacto con el mayor Hugo Trejo. El subjefe del Estado Mayor Conjunto ya tenía instrucciones para brindar ese apoyo. Antes de despedirse, Carlos Larrazábal obsequió a Buch un moderno y poderoso transmisor de radio multifrecuencia de HF, para remplazar al viejo equipo que Fidel usaba para comunicarse desde Caracas con la Sierra Maestra. De ahora en adelante podrían comunicarse directamente con el Gobierno venezolano a través del indicativo de llamada *Indio Azul*. Pocos días más tarde se había establecido una fluida comunicación entre *Indio Azul* (Fabricio Ojeda) y Fidel. La conexión venezolana estaba funcionando. La vela de las armas había terminado.

Misión cumplida

La entrega secreta de las armas se realizó sin incidentes. En el ínterin, los gringos se dieron cuenta de que Fidel estaba recibiendo armas norteamericanas procedentes de Venezuela. Lo único que se le ocurrió al Gobierno de Eisenhower fue aprobar un embargo de armas, que afectó más a Batista que a Fidel. El flujo de petróleo al gigante norteamericano era más importante que sancionar las travesuras cometidas por dos almirantes venezolanos. Pocos meses después, Hugo Trejo cayó en desgracia y fue sacado del país y nombrado embajador en Costa Rica. El jefe de los nasseristas no denunció el envío de armamento, porque había jugado un papel importante en el hecho y podía ser incriminado.

Fabricio desaparece durante buena parte de 1958 alegando como excusa estar ocupado en la coordinación del envió de armas a Fidel. En realidad pasaba buena parte de su tiempo visitando los casinos de La Habana. Sus viajes los justificaba con su misión de coordinador de los envíos de armamento a Cuba, para lo cual el Gobierno de Wolfgang le pagaba pasajes, hotel y otros viáticos y gastos de representación. Durante esta hedonística actividad revolucionaria, al ficticio "jefe de la Junta Patriótica" le fue fácil ser elegido diputado al nuevo congreso venezolano. Entretanto, el verdadero padre de la ayuda a Fidel, el vicealmirante Wolfgang Larrazábal, se lanzó como candidato a la presidencia y perdió las elecciones ante Rómulo Betancourt. Posteriormente fue designado embajador en Chile.

Carlos Larrazábal se mantuvo en el cargo de comandante de la Armada hasta enero de 1962 cuando fue pasado a retiro por propia solicitud durante el Gobierno de Betancourt. La célula comunista que protegió en la infantería de Marina causó graves problemas luego de que pasó a retiro.

Fidel siguió tratando de construir su imperio desde La Habana, pero en enero de 1958 aún le quedaba un largo año de combate para apoderarse de Cuba. Al final de su existencia todavía le queda mucho trecho para coronar su sueño y probablemente nunca lo logrará.

CAPÍTULO 19

GOBIERNO DE WOLFGANG LARRAZÁBAL

Cero ambición de poder

Una vez en la presidencia, los gobernantes buscan perpetuarse. Wolfgang fue una excepción: llegó al poder a regañadientes. Anunció elecciones de inmediato y se lanzó como candidato cuando ya no tenía chance de ganar. Al recibir su mandato alivió las tensiones políticas haciéndose *harakiri* al anunciar que realizaría elecciones generales antes de finalizar 1958. Esa fue probablemente la decisión más importante de su corto mandato.

Otra de sus primeras decisiones fue autorizar el apoyo a Fidel Castro en la Sierra Maestra. Al efecto designó a su hermano Carlos y a Fabricio Ojeda para que coordinaran secretamente el envío de material de guerra a Cuba. Hecho esto se dedicó a sus funciones de jefe de Estado. En realidad no era mucho lo que podía hacer, porque iba a gobernar por menos de un año. Otra medida relevante fue el establecimiento del "Plan de Emergencia" para enfrentar la difícil situación económica existente desde el año anterior. Ese plan —destinado a crear empleo y ayudar a los pobres— lo hizo muy popular, aunque la economía continuó postrada.

En el campo militar, enfrentó dos intentos de golpe de Estado promovidos por militares de extrema derecha. El primero ocurrió en julio del 58 y fue dirigido por el ministro de la Defensa, coronel Jesús María Castro León. El segundo aconteció en septiembre liderado por los oficiales José Ely Mendoza y Juan de Dios Moncada Vidal. Estos movimientos fueron dominados con facilidad gracias a la popularidad de Wolfgang y a la actitud democrática de las Fuerzas Armadas.

Durante este corto periodo presidencial, los comunistas no crearon problemas al Gobierno porque Wolfgang estaba apoyando a Fidel y tenía la disposición de no excluirlos. El marino presidente los trató con tacto e indulgencia, porque esa era su naturaleza de hombre bonachón y simpático. Esta actitud hizo que las células comunistas en las Fuerzas Armadas permanecieran tranquilas y a la expectativa, esperando órdenes superiores para actuar.

Los comunistas habrían preferido como presidente de la Junta al almirante Carlos Larrazábal, quien era un hombre de izquierda y tenía contactos estrechos con algunos miembros del comité central del Partido Comunista. La actitud de Wolfgang y la designación de Carlos como comandante de la Marina de guerra los tranquilizó, aunque siguieron con sus planes secretos de tomar el poder e implantar una revolución socialista satélite de Moscú. Para la fecha Fidel no había confesado ser comunista, pero el PCV estaba claro sobre cuál era su ideología y sus intenciones al tomar el poder.

El 23 de enero de 1958 la izquierda radical perdió una oportunidad histórica. El tren de la victoria había partido sin ellos. El vacío de poder había sido llenado por militares no relacionados con Douglas Bravo. Cuando Fabricio Ojeda leyó la proclama de la Junta Patriótica ya el poder estaba asegurado en manos del alto mando militar. El golpe de los cuadros medios castrenses había sido abortado, pero la posición de la logia nasserista seguía siendo fuerte y aún tenían cartas importantes por jugar. A la caída de Pérez Jiménez todos los militares conspiradores que estaban detenidos fueron dejados en libertad y volvieron a los cuarteles para seguir conspirando. Un grupo importante de estos oficiales medios y subalternos habían sido captados por Douglas Bravo. Más adelante estos militares de izquierda tomarían el poder.

Problemas con Hugo Trejo

Pese a ocupar el importante cargo de subjefe del Estado Mayor General, el comandante Trejo no estaba feliz en su nueva posición. Él sabía que Pérez Jiménez había desempeñado ese mismo cargo en su marcha hacia el poder, pero él no tenía paciencia para esperar tanto. Trejo sabía que el poder estaba al alcance de su mano y que esa oportunidad era pasajera. También estaba seguro de que Wolfgang Larrazábal era un ingenuo que se iba a caer rápido, porque había varios grupos complotando contra su Gobierno. Tenía que actuar antes de que otros se le adelantaran. Tampoco tenía mucho interés en que Carlos Larrazábal remplazara a su hermano. Sabía que Carlos era comunista y él era nacionalista. Para evitar esto, Trejo reactivó su logia golpista empezando a conspirar de nuevo.

La inteligencia militar se enteró pronto de la reactivación de la conjura de Trejo y lo vigilaban de cerca. A finales de abril, el Gobierno detuvo al jefe nasserista y le hicieron escoger entre irse del país o ir a prisión. Trejo aceptó mansamente el cargo de embajador en Costa Rica y se marchó junto con su grupo de seguidores. Hasta allí llegó su carrera militar y su liderazgo.

Cuando Trejo fue sacado del Ministerio de la Defensa, un grupo de estudiantes de la UCV inició una serie de disturbios en protesta por este hecho. Luego de que el Gobierno amenazó con enviar fuerzas militares a restablecer el orden en la universidad, un camión de la infantería de Marina entró al campus y distribuyó un lote de fusiles entre los estudiantes. Esas armas eran parte del cargamento entregado por el Servicio de Armamento de las Fuerzas Armadas al contralmirante Carlos Larrazábal. Por fortuna la situación se distendió y ese material no se utilizó en ese momento. Las armas quedaron en manos de un grupo de estudiantes izquierdistas.

Los grupos conspiradores híbridos

El apoyo brindado por Wolfgang Larrazábal a Fidel en la Sierra Maestra había hecho que los comunistas adoptaran una actitud amistosa con su Gobierno. Los derechistas no estaban atados a estas restricciones ideológicas y seguían conspirando por la libre. Desde 1957 los comunistas habían estado infiltrando a diversos grupos de oposición en Venezuela, incluyendo los militares de extrema derecha. No olvidemos que los extremos se tocan. Para las relaciones con el sector castrense, los comunistas habían creado una organización denominada "Aparato militar de carrera" dirigido por Douglas Bravo. Este aparato coordinaba acciones con grupos militares tan variados, como la célula comunista de la infantería de Marina: la logia nasserista de Hugo Trejo y los conspiradores derechistas de Juan de Dios Moncada Vidal. Esta coordinación era utilizada por la gente de Douglas con el fin de captar militares de todas las tendencias para el partido comunista, lo que dio origen a grupos conspiradores híbridos.

Un ejemplo de este tipo de relación se puso en evidencia en septiembre de 1958 cuando ocurre una intentona militar para tomar el Palacio Blanco, el cual es una instalación militar que alberga a la Guardia Presidencial frente al Palacio de Miraflores en Caracas. Esta tentativa insurreccional fue dirigida por el entonces ultraderechista teniente coronel Moncada Vidal, el mayor Manuel Azuaje y el teniente Hurtado Barrios. Este era una ficha comunista que había infiltrado al grupo de derecha de Moncada. Años más tarde Moncada se transformó en un líder de la guerrilla comunista.

Venezuela en 1958 era una caldera en ebullición que no estallaba gracias a la flexible personalidad de Wolfgang, que le permitía ir sacando golpistas de las filas militares antes de que asaltaran el Gobierno. Las válvulas de escape que impidieron la explosión fueron el anuncio hecho por Larrazábal de que habría elecciones presidenciales a fin de año, y el acuerdo de apoyar secretamente a Fidel Castro. Estas decisiones hicieron que el golpismo pasara a un segundo plano.

"Pacto de Punto Fijo"

Poco antes de las elecciones, los rumores conspirativos en los cuarteles iban incrementándose. Para controlar la inestabilidad política, Rómulo Betancourt propuso que los partidos democráticos firmaran un acuerdo de gobernabilidad, que permitiera la realización de las elecciones en diciembre y fortaleciera el nuevo Gobierno ante los embates golpistas. En este momento se habló incluso de nombrar un candidato unitario para las venideras elecciones. Los candidatos propuestos fueron el almirante Wolfgang Larrazábal, Rafael Pizani (quien era independiente) y el excanciller Carlos Morales (de AD). Esta propuesta no cristalizó.

En el mes de octubre de 1958 los partidos AD, COPEI y URD firman el acuerdo conocido como "Pacto de Punto Fijo". Los firmantes se comprometían a respetar los resultados electorales de la venidera elección presidencial, el establecimiento de un mandato de unidad nacional, y cumplir con un programa de Gobierno común en el periodo presidencial 1959-64. El partido comunista no fue incluido en este acuerdo por presiones de Betancourt, quien argumentó que este partido era de naturaleza antidemocrática. El hecho puso en pie de guerra a los marxistas contra el líder de AD. Fidel, quien ya estaba enemistado con Betancourt pero aún no se había confesado comunista, entró en cólera al enterarse de esa exclusión.

En noviembre de 1958, Larrazábal —al no ser propuesto como candidato unitario influenciado por Jóvito Villalba— renuncia a la presidencia de la Junta y se lanza como candidato presidencial apoyado por URD. Durante su breve mandato, el marino dejó una imagen de hombre cordial, sencillo y honesto. Al abandonar la presidencia dejó en el cargo de comandante de la Marina a su hermano Carlos Larrazábal. Su principal contendor en la elección fue Rómulo Betancourt, líder de AD.

La proclamación de Wolfgang Larrazábal como candidato presidencial de URD abrió las puertas para la propuesta de Betancourt como candidato presidencial. El 7 de diciembre de 1958 Betancourt gana las elecciones. El presidente electo asumiría su cargo en febrero de 1959. Para entonces la semilla de la guerra entre el PCV, la izquierda de URD, AD y Betancourt ya estaban sembradas. El 1° de enero huye Batista, y el 8 de ese mes entra triunfante en La Habana Fidel Castro. En ese momento los vientos de fronda de la Guerra Fría empezaron a azotar a Venezuela.

Ayuda venezolana

1958 fue el año decisivo en la campaña de dos años ejecutada por Fidel. Este periodo fue una montaña rusa. Luego del desastroso desembarco del Granma, vino el año 1957 perdido en la Sierra Maestra. En este lapso, lo único favorable fue el hábil manejo de los medios de comunicación que permitió a Fidel hacerse conocido sin ganar una batalla importante. Este periodo de sobrevivencia es seguido por un poderoso avance en la segunda mitad de 1958, luego de que la guerrilla empieza a recibir las armas venezolanas.

Los frutos de la reunión de Wolfgang Larrazábal y Buch (en enero de 1958) se empezaron a recibir muy pronto en la Sierra Maestra. A partir de febrero se inició un puente aéreo clandestino con envíos de armas desde Venezuela. Al recibir estos cargamentos, el ejército rebelde se fue fortaleciendo y fue extendiendo su área de operaciones hacia el llano. En abril las columnas de Raúl Castro y Juan Almeida empezaron a operar independientemente. Camilo Cienfuegos irrumpe en la llanura del río Cauto y se acerca a Bayamo. A partir de ese momento el avance de la guerrilla fue sostenido.

Simultáneamente a los envíos de armas, en Venezuela se había iniciado la campaña propuesta por Buch a René Estévez "Un bolívar para la Sierra Maestra" para recolectar dinero, pero el objetivo real era promocionar la figura de Fidel. Los fondos acopiados por miles de estudiantes no fueron muy abundantes, pero la figura de Fidel se agigantó gracias a la publicidad. En poco tiempo el barbudo llegó a ser más conocido y popular en Venezuela que en la propia Cuba.

En abril del 58 la dirección del llano del M26 consideró que había llegado el momento de declarar una huelga general en Cuba. Esta sería coordinada con acciones armadas en las ciudades así como en la Sierra Maestra y derrocaría la dictadura estableciendo un Gobierno provisional revolucionario. Fidel se opuso inicialmente a esta acción, pero eventualmente apoyó la huelga. El paro fracasó provocando una feroz represión por órdenes de Batista, quien incluso anunció que la revolución había sido derrotada. Ese fracaso debilitó el M26 en las ciudades, fortaleciendo a Fidel en la Sierra Maestra. Fidel aprovechó la oportunidad para promover la formación de un gobierno revolucionario unificado, establecido en la Sierra Maestra con él a la cabeza.

Como los rebeldes en el llano estaban desmoralizados por las bajas sufridas en la fallida huelga, Batista asumió equivocadamente que la guerrilla también se había debilitado. Sobre esa base, el dictador decidió que había llegado el momento de darle la estocada final a Fidel. Batista no sabía que el apoyo militar clandestino del Gobierno de Wolfgang Larrazábal, desde Venezuela, estaba incrementando rápidamente el poderío militar de la guerrilla castrista. Sin que Batista se enterara, el balance de poder entre la guerrilla de Fidel y el Ejército cubano estaba cambiando.

Reunión de Altos de Monpié

La guerrilla de Castro se había ido fortaleciendo (a fines de abril del 58) gracias a los envíos de armas provenientes de Venezuela. Para entonces Fidel consideraba la Sierra Maestra como territorio liberado, aunque aún no estaba listo para invadir el llano. Ahora con más armamento en sus manos, la montaña estaba dejando de ser un escondite para convertirse en una fortaleza segura a salvo de las incursiones militares de Batista. Con un mayor poder bélico en sus manos, había llegado el momento de crear un gobierno revolucionario en armas en la Sierra Maestra, donde él sería el jefe máximo (tanto para la sierra como para el llano).

Las muertes de sus rivales más importantes en el llano (en 1957), y el fracaso de la huelga de abril de 1958 habían subido las acciones de Fidel dentro del movimiento revolucionario. Además, el extraordinario apoyo que recibía de Caracas estaba produciendo un viraje en la fortuna del movimiento guerrillero. La guerrilla era ahora más fuerte que el llano, y era hora de unificar el mando del M26 alrededor de su persona. Aprovechando el momento favorable, el 3 de mayo de 1958, Fidel convocó a una reunión en los Altos de Monpié con el directorio nacional del M26, que no controlaba en su totalidad. Su plan era unificar el liderazgo político y militar de la rebelión cubana alrededor de su persona. Hasta ese entonces, los jefes del llano se habían mostrado reticentes a reconocerlo como jefe único.

En esa reunión mostró su carta principal: el apoyo del presidente de la Junta de Gobierno venezolana, Wolfgang Larrazábal. Esa valiosa baraja le dio el poder necesario para convertirse en el líder máximo del M26 y unificar los grupos civiles y militares que actuaban autónomamente en las montañas y las ciudades. En ese cónclave se debatieron muchos asuntos de importancia trascendental para el M26. Gracias al as que conservaba en su mano, las decisiones tomadas en esa reunión favorecieron a Fidel. Al final del cenáculo se había convertido definitivamente en el líder máximo e indiscutido del M26. El clima tenso inicial de la reunión se había transformado en un ambiente amigable y sin discrepancias. Había luz al final del túnel, y Fidel era el dueño de la lámpara.

Nixon en Caracas

Mientras la reunión del alto mando del M26 en los Altos de Monpié se desarrollaba cimentando el poder de Fidel en Cuba, en Venezuela había protestas populares alentadas por los comunistas contra la visita del vicepresidente norteamericano Richard Nixon a Caracas. El 13 de mayo de 1958 arribó en un viaje de buena voluntad, y la recepción fue terrible. El clima antinorteamericano mostró la irritación creada por las políticas norteamericanas en la Guerra Fría. El excesivo foco de los americanos en promover dictaduras anticomunistas (como la de Pérez Jiménez) los había hecho antipáticos. Simultáneamente, las campañas desarrolladas por el Gobierno de Larrazábal (que ensalzaban y glorificaban la imagen de Fidel como un redentor social) lo habían convertido en un héroe.

En medio de este ambiente de descontento llegó Nixon a Caracas. Al desplazarse por las calles de la ciudad, manifestantes vociferaban en su contra a lo largo de su ruta. Al entrar en la ciudad, el auto de Nixon fue atacado por turbas izquierdistas. El hecho dejó claro el avance de esas ideas radicales en Venezuela. Nixon había servido de catalizador a un descontento existente por largo tiempo en ese país, donde la explotación petrolera estaba fundamentalmente en manos norteamericanas. La protesta se fortaleció luego de que Nixon utilizó los medios de comunicación social locales para atacar a los comunistas.

Los venezolanos tenían abundantes razones para protestar. Los yanquis dirigían la industria petrolera venezolana en forma imperial. Los ejecutivos y capataces norteamericanos vivían aislados dentro de complejos cerrados, construidos exclusivamente para ellos con todas las comodidades. Los obreros criollos eran peones sin acceso a dichas ventajas. Los abundantes ingresos petroleros no llegaban al pueblo debidamente a causa de la ineficiencia y la corrupción. Esta situación creó resentimiento creciente. La exclusión fue mal vista y se consideró un insulto dentro de una sociedad igualitaria como la venezolana.

El antiyanquismo es una reacción de rechazo ante excesos causados por políticas del Gobierno americano y por acciones depredadoras de empresas privadas estadounidenses. Este sentimiento de repulsa es una de las armas más poderosas contra los yanquis en Latinoamérica. Los soviéticos, a través de los comunistas locales, amplificaron este reconcomio. Fidel convirtió este repudio en una obra de arte.

La atracción fatal creada por Fidel no permitió ver a sus nuevos seguidores lo inviable y dañino de la ideología comunista. Solapados tras una magistral campaña de culto a la personalidad del nuevo caudillo, se encubrían las ambiciones dictatoriales y la egolatría del héroe de la Sierra. El heredero de Bolívar no era profeta, ni era un genio. Era un autócrata más con ambiciones galácticas que lo convirtieron en el *supercaudillo* de la región. El almirante Larrazábal en Venezuela fue uno de los seducidos por el efluvio de Fidel.

La visita de Nixon dejó en evidencia cuál era la verdadera realidad. El vicepresidente norteamericano agredido por turbas, en medio de insultos y escupitajos tuvo que ir a refugiarse en su embajada. La situación fue tan tensa que los americanos enviaron una fuerza de tarea naval a su rescate. Su empleo no fue necesario, pero la actitud de los venezolanos pobres quedó en evidencia. Wolfgang Larrazábal incluso llegó a declarar: "Si yo hubiese sido un estudiante, también hubiera salido a lanzarle piedras a Nixon".

Al regresar a los EEUU, el vicepresidente entregó un reporte señalando con acierto que "Venezuela representaba una de las más grandes amenazas de toma del poder por los comunistas en el hemisferio". No estaba equivocado, pero nada cambió. Las políticas norteamericanas continuaron igual, como si nada hubiera ocurrido. Entre tanto, los Gobiernos democráticos que siguieron a la dictadura en Venezuela no pudieron enfrentar debidamente el aumento desmedido de la pobreza. Esta incapacidad le abrió el campo a Fidel Castro en la procura de su gran plan de conquistar ese rico país petrolero.

Secreto de Estado

El substancial apoyo venezolano en términos de armas y dinero, más su potente cabildeo internacional en contra de Batista, hizo inevitable el triunfo de Fidel. Batista no tenía los recursos para contrarrestar este alud que se le vino encima y eventualmente se derrumbó. De los apoyos recibidos de Venezuela, el único comentario de Fidel hace referencia superficial a un solitario y pequeño embarque aéreo que recibió en la Sierra Maestra. El piloto en esa oportunidad fue el capitán de navío venezolano Carlos Alberto Taylhardat. Hasta ahora, Venezuela y Fidel se han abstenido de ahondar en el tema del apoyo de Venezuela por tratarse de un secreto de Estado. Pese al silencio oficial, los trapos sucios son demasiado evidentes.

El secreto se ha mantenido, porque ni a los EEUU ni a Venezuela les interesa ventilar esta controversia públicamente. Venezuela sabe que es responsable por la entrega ilegal de armas norteamericanas a Fidel, y los yanquis saben que necesitan el petróleo venezolano. Seguramente en el acuerdo entre Fidel y Larrazábal había una cláusula de confidencialidad. El silencio cubano tiene que ver además con la percepción de Fidel, según la cual de conocerse estos hechos su aureola épica se vería disminuida. Él desea aparecer ante la historia como un heroico David, no como un musculoso Goliat.

En todo caso el libro *Una insurrección en dos épocas* (editado en Cuba en el 2001 por la Editorial de Ciencias Sociales de La Habana) revela la magnitud de estos embarques. Según Luis Buch (enviado secreto de Fidel a Caracas), el almirante Wolfgang Larrazábal —presidente de la Junta de Gobierno de Venezuela— le ofreció de entrada 200 toneladas de armamento y munición. Es probable que el volumen de suministros total recibido por Fidel haya sido más elevado. Revelar que el triunfo se debía en buena parte a este aporte extraordinario de Venezuela quitaría mucho a la pátina heroica del superhombre de la Sierra Maestra.

Como era de esperar, la CIA finalmente se enteró de que Venezuela estaba enviando armas norteamericanas a Fidel, y en marzo de 1958 declararon un embargo a los dos bandos combatientes. El mal ya estaba hecho. Fidel había recibido de Venezuela suficientes armas enviadas por Larrazábal, y ahora era capaz de apoderarse fácilmente de las armas del Ejército de Batista en desbandada.

La ofensiva final

El 24 de mayo de 1958 Batista inicia su formidable "Ofensiva de verano". Un total de diecisiete batallones, integrados por unos diez mil soldados, fueron enviados a exterminar definitivamente a la guerrilla de Fidel en la Sierra. A los 10 mil soldados al mando del general Eulogio Cantillo les esperaba una ingrata sorpresa. Gracias a la ayuda venezolana, la guerrilla (que ya contaba con 300 efectivos) estaba bien apertrechada y la moral en alto. En lugar de una fácil victoria, las tropas de Batista empezaron a sufrir una serie de decepcionantes derrotas en combates de diferente envergadura. En ese momento las emboscadas y las minas sembradas por las guerrillas frenaron el avance. Entretanto, Fidel aceleraba el equipamiento de su fuerza con las armas recibidas de Venezuela.

Al comenzar la segunda mitad de 1958, la ofensiva de Batista fue respondida por una sorpresiva contraofensiva de Fidel. La inesperada fortaleza de la guerrilla desmoralizó a las tropas del Gobierno, al punto de que en la Batalla del Jigüe, un batallón del Ejército de Batista se rindió sin pelear ante las fuerzas rebeldes con todas sus armas y pertrechos.

Cuando se inició la ofensiva de verano, el ejército rebelde contaba con un poco más de 300 guerrilleros. Con el abundante material de guerra recibido de Venezuela, la guerrilla pudo incorporar sin problema a los nuevos reclutas que subían voluntariamente desde las ciudades. En ese momento, con la guerrilla fortalecida y sintiendo que el ejército se debilitaba, Fidel decide invadir el llano. A partir de allí el colapso de la dictadura fue acelerado.

El rechazo a la gran ofensiva del Gobierno envalentonó a Fidel al punto de que ordenó a las columnas de Camilo Cienfuegos y al "Che" Guevara avanzar hacia el centro-occidente de Cuba con fuerzas muy exiguas. El "Che" contaba con unos 150 hombres, y Cienfuegos con menos de 100. Fidel se quedó en la retaguardia con una mínima fuerza. El objetivo de Camilo era Pinar del Río, y el del "Che" era la provincia de Santa Clara. El plan era dividir la isla en dos permitiendo que Fidel tomara Santiago. Este audaz plan tenía lógica, porque el ejército de Batista se estaba desplomando antes de combatir. Las rendiciones y deserciones eran incontenibles y el armamento del Gobierno iba directo a manos de los rebeldes. A partir de entonces, el avance fue arrollador gracias al colapso de la moral del ejército de Batista.

Dada la cantidad de armas y voluntarios disponibles, Fidel dispuso que se abriera una escuela de reclutas en Minas del Frío, designando al "Che" Guevara como su director. Su columna quedó al mando de Ramiro Valdés. Desde el punto de vista militar, este cambio abrupto de un cargo de combate a un puesto administrativo es extraño. Es probable que el asma del "Che" haya tenido que ver con el asunto. Incluso hay gente que asegura haberlo visto en Caracas en esta época.

El "Pacto de Caracas"

El 20 de julio de 1958, con el ejército de Batista batiéndose en retirada en la Sierra Maestra, en Venezuela se firmó con bombos y platillos el "Pacto de

Caracas". Los firmantes fueron los representantes de los partidos de oposición cubana y el M26. En ese pacto las partes "acordaron una estrategia común para derrocar a la dictadura a través de la insurrección armada" y designaron a Fidel Castro como "comandante en jefe de las fuerzas de la revolución".

El exjuez Manuel Urrutia Lleó y el exlegislador José Miró Cardona fueron nombrados presidente provisional y primer ministro del futuro Gobierno. Ambos se comprometieron a dirigir un breve Gobierno provisional de transición a la caída de Batista. El nuevo Gobierno "debía encauzar al país por el procedimiento constitucional y democrático". Entre los firmantes del pacto estaban Fidel Castro y el expresidente Carlos Prío Socarrás por el Partido Auténtico y E. Rodríguez Loeche por el Directorio Revolucionario.

Mediante la firma de este pacto, Fidel —que ya controlaba la totalidad del M26 luego de la reunión del Alto de Mompié— logró que los partidos de la oposición lo designaran jefe máximo de todas las Fuerzas Armadas contrarias a Batista. El nombramiento de Urrutia como presidente, quien era un exjuez con fama de moderado, logró atenuar los recelos contra Fidel. Esta jugada le permitió convencer a los líderes rivales de la oposición de formar con él un frente común. A partir de la firma de este documento, Fidel dejó de ser solamente el jefe del M26 y se convirtió en el líder supremo de las fuerzas rebeldes y opositoras de toda Cuba. Salvo Fidel, los ingenuos firmantes del "Pacto de Caracas" no sabían que Mao había dicho que el poder estaba en la punta del fusil. Al triunfar la revolución, Fidel controlaría todos los fusiles de la isla.

Como cortina de humo, para ocultar la proveniencia de su nuevo armamento, Fidel hizo correr la voz de que su tesorero Raúl Chibás había regresado a la Sierra Maestra llevando el material de guerra utilizado por las columnas rebeldes del "Che" Guevara y Camilo Cienfuegos en su ofensiva hacia La Habana. Cuando la guerrilla toma la capital, Chibás entra con Camilo Cienfuegos al frente del ejército rebelde al Cuartel Columbia (el último bastión de Batista). Para resguardar su imagen heroica y cumplir con el compromiso que hizo al presidente de Venezuela Wolfgang Larrazábal, Fidel mantuvo en secreto por más de 40 años el rol fundamental jugado por Luis Buch para obtener el apoyo venezolano que le dio la victoria. Buch fue el gran señuelo que despistó a los historiadores que han investigado el triunfo de Fidel.

En noviembre del 58, tratando de evitar lo inevitable, Batista convocó a elecciones presidenciales contando con el apoyo de los EEUU. Los firmantes del "Pacto de Caracas" boicotearon estos comicios, a los cuales asistieron menos del 10% de los votantes inscritos. Luego de unos escrutinios fraudulentos se declaró ganador al primer ministro de Batista, Andrés Rivero Agüero.

Tras ser electo, Rivero trató de negociar con la embajada americana, y con líderes de partidos de la oposición, una salida a la crisis. Pero era demasiado tarde. Las tropas del ejército rebelde ya avanzaban a paso firme sobre La Habana. El régimen de Batista estaba condenado, pero el dictador se resistía a entregar el poder teniendo el juego perdido.

La aventura dominicana

Fidel es un aventurero empedernido que no rechaza ninguna invitación para invadir a sus vecinos. En 1947 conoció a Enrique Jiménez Moya un militar izquierdista dominicano que participó en la fallida expedición de Cayo Confites. Jiménez era el segundo de Juan Bosch. Ambos eran amigos de Rómulo Betancourt, quien los había protegido en Venezuela durante su Gobierno entre 1945 y 1948.

Fidel se había reunido con ambos en el hotel San Luis de La Habana cuando trataba de ser admitido en la expedición. Por ellos se enteró de que la invasión de Cayo Confites había sido encubierta por Betancourt. En esa oportunidad Jiménez había reclutado en Caracas a un numeroso grupo de estudiantes que querían pelear contra Trujillo. Cuando la operación fue abortada, esa fuerza fue dispersada y Fidel perdió contacto con el dominicano.

A fines de 1957, cuando su ofensiva final en la Sierra estaba en plena marcha, Fidel se enteró de que Jiménez Moya se encontraba otra vez en Caracas. En esta oportunidad el dominicano envió un mensaje diciendo que había logrado reclutar a más de cien venezolanos dispuestos a participar en una invasión a la República Dominicana. Jiménez también informó que trabajaba en Venezuela apoyando la campaña presidencial de Betancourt, y que las encuestas indicaban que Betancourt sería el triunfador en esos comicios.

Su posible triunfo preocupó a Fidel. Larrazábal era su candidato, porque el almirante había demostrado ser generoso e ingenuo. La afinidad ideológica de Fidel con su hermano Carlos era invalorable. De ganar Rómulo el acceso que tenía a los Larrazábal, a través de Fabricio Ojeda, se perdería. Necesitaba una carta para jugar en caso de que triunfara Betancourt.

El plan de Jiménez Moya, y su cercanía a Betancourt, generó una idea en la mente de Fidel. Si Betancourt llegara a vencer, él iría a Caracas a pedir apoyo para la incursión contra Trujillo que preparaba Jiménez. Betancourt había financiado la expedición de Cayo Confites comandada por Bosch y Jiménez. Esto hacía muy probable que apoyase este nuevo intento. El plan de Fidel iba más allá de República Dominicana, lo de Jiménez era apenas un abrebocas.

Luego de la captura de Quisqueya dejaría a Jiménez de presidente, y procedería a pedir apoyo adicional a Betancourt para desarrollar su plan estratégico. A Betancourt le ofrecería ser el presidente de la unión hispanoamericana, y él se reservaría modestamente el comando de las Fuerzas Armadas. No en vano el apotegma de Mao Zedong "El poder está en la punta del fusil" era uno de sus favoritos.

En caso de que Betancourt se negase a apoyar su plan, Fidel estaba convencido de que se vería obligado a tomar medidas extremas. No iba a permitir a nadie torpedear su gran designio. Si Rómulo se opusiera, lucharía contra él para arrebatarle Venezuela, pero antes avanzaría con el proyecto de invadir República Dominicana.

Fidel es un hombre impetuoso y no quería perder tiempo. Tan pronto tomara el control de Cuba, procedería a entrenar y armar al grupo de Jiménez asignando esa fuerza a algunos de los mejores oficiales del ejército rebelde cubano. En poco tiempo este grupo estaría listo para invadir Quisqueya. Esa sería una tarea fácil, que serviría para foguear en combate a los bisoños guerrilleros venezolanos. Este grupo (reforzado con veteranos cubanos del ejército rebelde) sería luego la vanguardia en la captura de Hispanoamérica, mediante la propagación de focos guerrilleros que promovía el "Che".

En caso de que Betancourt no apoyara su proyecto, Castro usaría este contingente fogueado en combate en República Dominicana como núcleo de varios focos guerrilleros en Venezuela. Esos focos crecerían rápidamente, y en poco tiempo repetirían su hazaña de la Sierra Maestra. Ese triunfo sería más fácil, porque sabía que era más popular que Betancourt en la patria de Bolívar. En 1959 Fidel tenía a Venezuela a sus pies, y si lograba controlar el petróleo de ese país la toma de Hispanoamérica sería cuestión de tiempo.

Triunfo de Betancourt

El 7 de diciembre de 1958 se realizaron elecciones presidenciales en Venezuela y resultó ganador Rómulo Betancourt. Fidel hubiera preferido el triunfo de Wolfgang Larrazábal, porque le había dado un apoyo extraordinario y sería más fácil de controlar a través de su hermano. Ahora tenía que negociar con Rómulo Betancourt, con quien no tenía mucha empatía. Conocía a Betancourt desde sus días de exilio en La Habana, pero no había sentido empatía hacia el suspicaz líder venezolano. Desde esa época Fidel sintió que había una barrera que los separaba. Por eso ahora, al saber de su triunfo, Fidel se sentía aprensivo. Por fortuna, Carlos Andrés Pérez (secretario de Betancourt) sí era un buen amigo y además lo tenía infiltrado.

Cuando Betancourt ganó las elecciones, Fidel avanzaba airoso hacia La Habana. El caudillo cubano estaba embriagado de satisfacción ante su inminente victoria, pero lo más importante para él no era llegar a la capital, sino ir a Caracas a conversar con el nuevo presidente venezolano.

Betancourt era un hombre difícil, pero no le podría negar su pedido de apoyo para iniciar la siguiente fase de su magno proyecto. Los venezolanos siempre lo habían ayudado. Betancourt le había entregado las armas depositadas en Costa Rica para equipar la invasión del Granma. Luego Larrazábal le envió 5 mil fusiles y dinero con los cuales estaba derrotando a Batista. Fidel estaba en el tope de la gloria y nada le parecía imposible. Si Betancourt le negaba el apoyo se arrepentiría. En caso de necesidad tendría como aliados inmediatos a los venezolanos reclutados por Jiménez Montoya.

Al día siguiente del triunfo de Betancourt, Fidel dio instrucciones para que enviaran en un vuelo especial desde Venezuela a la Sierra Maestra a Manuel Urrutia y al líder dominicano Enrique Jiménez Moya. Había decidido que Urrutia asumiría la presidencia de Cuba, luego del triunfo de la revolución. Jiménez Moya fue invitado por Fidel para iniciar la planificación de la invasión a República Dominicana. Esa intervención (que sería su primera acción en el extranjero) le serviría de entrenamiento, y le mostraría a Betancourt que sus fuerzas eran imbatibles.

En medio del triunfo de Betancourt pasó inadvertida la elección como diputado de Fabricio Ojeda, el hombre de Fidel en Caracas, con quien tenía planeado tomar el poder en Venezuela más adelante.

Urrutia en la Sierra

El "Pacto de Caracas" dio origen inicialmente al Frente Cívico Revolucionario, que sesionaba inicialmente en Miami, pero el poder estaba en la Sierra Maestra. Cuando el triunfo de la guerrilla se hizo inevitable, Fidel dio instrucciones para que Manuel Urrutia viajara desde Caracas hasta la Sierra Maestra a constituir un gobierno revolucionario en armas, fuera de los Estados Unidos. Al llegar Urrutia, Fidel lo designa presidente provisional de la república cubana en armas, reservándose el título de comandante del ejército rebelde.

Ese mismo día en la Sierra, Urrutia (siguiendo instrucciones de Fidel) nombra a los ministros del gobierno revolucionario. El primer designado fue el secretario del Consejo de Ministros, Luis Buch pues era la pieza clave que obtuvo el generoso apoyo financiero y logístico de Wolfgang Larrazábal, decisivo en la guerra contra Batista.

El 28 de diciembre de 1958, el general Eulogio Cantillo (jefe militar de la provincia de Oriente) negocia con Fidel un posible golpe de Estado del Ejército contra Batista. Castro rechaza la oferta. Acto seguido el ejército —desmoralizado y acéfalo— se desmorona. El 31 de diciembre Batista huye dejando el poder en manos de una Junta, encabezada por Carlos Piedra (de la Corte Suprema), Gustavo Pelayo (como Premier) y el general Cantillo (como jefe militar).

Ante estos hechos, Castro ordena seguir el avance y convoca a una huelga general exigiendo que la Junta fuera destituida y Manuel Urrutia fuese designado presidente. Ante esta nueva situación, el general Cantillo ordenó un cese al fuego a las tropas del Gobierno. Al conocerse la noticia, los partidarios del M26 se lanzaron a la calle en La Habana iniciando actos de vandalismo.

El costo de la victoria

El triunfo de Fidel tuvo un costo relativamente bajo en términos de muertos y heridos. Durante la campaña, el ejército rebelde apenas tuvo 80 bajas (incluyendo 27 muertos en combate). El ejército de Batista tuvo mil bajas entre muertos y heridos. Las cifras indican que la refriega, aunque sangrienta no tuvo un carácter épico, y que los combates fueron de baja intensidad. Las fuerzas de Batista se rindieron o huyeron dejando el campo libre a Fidel. La estampida fue un tributo a su capacidad de infundir temor en el enemigo.

El ejército rebelde (en la segunda mitad de 1958) siempre tuvo la iniciativa estratégica e impuso con facilidad su voluntad. Las armas venezolanas permitieron equipar debidamente las columnas de Cienfuegos y el "Che", que invadieron el occidente de la isla facilitando la toma de Santiago por Fidel. La campaña militar de Fidel no puede considerarse excepcional desde el punto de vista estrictamente militar, pero logró su objetivo provocando la huida del dictador.

Los historiadores cubanos asignan toda la responsabilidad del triunfo a Fidel quien, según ellos, es el único responsable por todas las victorias. Hizo méritos para lograr su triunfo, pero hubo apoyos importantes de Venezuela que no se mencionan. Pareciera que a posteriori este apoyo luce pecaminoso. Para estos cronistas, la capacidad de maniobra de Fidel, unida a su sagacidad, inteligencia y autoridad moral fueron las únicas causas del triunfo. Es sabido que los intelectuales comunistas piensan lo que les ordenan sus jefes.

La toma del palacio

El 31 de diciembre a medianoche, la huida de Batista y la desbandada del Ejército generaron en La Habana un vacío de poder. Esto permitió que fuerzas del Directorio Revolucionario (DR), los eternos rivales de Fidel al mando de Faure Chamón, ocuparan sin resistencia el Palacio Presidencial.

El 1 de enero Fidel toma simbólicamente el Cuartel Moncada. Luego, desde el Ayuntamiento de Santiago de Cuba, proclama el triunfo de la revolución. Allí mismo designa a Manuel Urrutia como nuevo presidente y a los nuevos ministros sin consultar al DR. El choque entre ambos bandos era inevitable, pero en los últimos meses el apoyo venezolano había convertido a Fidel en todopoderoso. Durante los primeros días de enero de 1958 ocurren tiroteos alrededor del Palacio de Gobierno entre el DR y el M26.

El 4 de enero, el "Che" Guevara envía un ultimátum al DR para que desalojen el Palacio de Gobierno en 24 horas. El 6 de enero, el DR se retira como un ejército derrotado y toma posesión teórica del poder Manuel Urrutia. Digo teórica, porque el que realmente manda en Cuba desde el 1° de enero del 59 es Fidel Castro, quien entonces se había quedado "apenas" con el cargo de comandante del ejército rebelde.

Cuando Urrutia toma posesión de su cargo en el Palacio Presidencial de La Habana recibe a los voceros del DR. Ellos insisten en vano en la necesidad de que el nuevo Gobierno represente a todas las fuerzas revolucionarias. El pusilánime "presidente" Urrutia les dice que no puede tomar decisiones, y que hay que esperar la llegada de Fidel Castro, quien es el que manda.

Antes de la llegada de Fidel a La Habana, un comando armado del DR tomó la base aérea de San Antonio de los Baños capturando un enorme cargamento de armas provenientes de Venezuela. Esto provocó una airada reacción de Fidel, quien calificó a Chamón de ser un "lidercillo resentido" y a las fuerzas del DR como un "grupo criminal". Fue el fin del Directorio Revolucionario. Empezaba la tenebrosa era de Fidel en Cuba, quien desde antes de entregar el mando a Urrutia ya estaba pensando en cómo apoderarse de Venezuela.

CAPÍTULO 20

FIDEL EN CARACAS

Primeros días en el poder

El 1 de enero de 1959 Fidel fue informado de la fuga de Batista y de un intento de golpe en marcha para llenar el vacío de poder. Ante estas noticias reaccionó en un santiamén dando instrucciones vía radio para iniciar una huelga general. Ordenó a los activistas del M26 (que estaban en la resistencia) que salieran armados a la calle en las ciudades para mantener el orden, y así remplazó a policías y soldados. Esta fuerza paramilitar, identificada con brazaletes del movimiento, tenía la misión de bloquear cualquier intento de toma del poder por parte de los jefes militares que no habían huido. Esta acción no era necesaria, porque el ejército se había desplomado. Hecho esto, Fidel y su comitiva se dirigieron a Santiago de Cuba.

La orden de huelga general fue acatada de inmediato por el partido comunista cubano. Una fuerza de choque de ese partido, dirigida por Juan Marinello, presidente del Partido Socialista Popular (PSP), tomó la Radio Unión en La Habana a las 8:45 a.m. del mismo día, y proclamó su apoyo a Fidel Castro y a la huelga general.

El 2 de enero, Fidel entra en Santiago y empieza a organizar su Gobierno. Ese mismo día, en una concentración para celebrar la victoria, fue el orador de orden. Entre las autoridades que estaban en el estrado cerca de Fidel se encontraban Luis Buch y Fabio Grobart.

Al día siguiente entrega formalmente la presidencia a Urrutia, quedándose solamente con el cargo de comandante en jefe de las Fuerzas Armadas.

Antes de marcharse designó a su hermano Raúl como gobernador militar en oriente. Ese día se iniciaron los fusilamientos indiscriminados en la isla, aparentemente por orden de Raúl y del "Che" Guevara. Estas ejecuciones no pudieron ser hechas por iniciativa de los lugartenientes de Fidel.

A partir de ese momento Fidel fue avanzando lentamente hacia La Habana, como la procesión triunfal de un emperador romano. De esta manera se conectó con muchos cubanos que no lo conocían bien, y se promovió la idea de que él no solamente era un hombre sobrenatural sino el escogido por los dioses para gobernar Cuba y más adelante Hispanoamérica. Entretanto, los norteamericanos miraban con recelo el desfile del héroe triunfante hacia La Habana.

Días después de la huida de Batista, el presidente norteamericano Dwight Eisenhower tendió un ramo de olivo al declarar que: "El pueblo de ese país amigo... podrá conseguir paz, estabilidad y progreso". Mensajes similares fueron enviados por otros jefes de Estado en Hispanoamérica en esos días iniciales. En los primeros días de euforia, la figura de Fidel fue ensalzada como si fuera un héroe democrático.

Entrada triunfal a La Habana

El 8 de enero llega Fidel a La Habana, luego de darse un baño de pueblo por una semana. Su lenta procesión desde Santiago hasta la isla creó las bases de su mito. Al entrar en Cuba da un discurso cuya frase más interesante fue: "No nos engañemos creyendo que en lo adelante todo será fácil; quizás en lo adelante todo sea más difícil."

Es una de las pocas verdades que este huracán revolucionario ha dicho en su vida. Cuando decía estas palabras una de las palomas mensajeras que utilizaban para comunicarse en la Sierra se posó sobre su hombro. El hecho, que pudo haber sido planeado, convenció a la multitud de estar ante un mesías con poderes mágicos. Sus seguidores entraron en un frenesí místico. El nuevo profeta había arribado. Pocos sabían que su verdadera religión era el fidelismo.

Fidel va a la universidad a reunirse con el directorio del DR el 13 de enero. Al final de una larga reunión, que duró toda la noche, el DR tiró la toalla. Habían medido mal el poder de Fidel, que ahora controlaba las masas y los había arrollado. Faure Chamón (con más pena que gloria) se rindió ante el poder avasallante de Fidel.

Poco después el héroe predestinado instala su oficina en el *penthouse* del hotel Habana Hilton. A partir de ese momento el lugar se convirtió en el verdadero centro de poder de la isla, junto con la casa de Cojimar. En ella funcionó al principio de la revolución un gobierno a la sombra integrado por: Fabio Grobart, Raúl Castro, el "Che" Guevara, Ramiro Valdés, Camilo Cienfuegos. Allí se hacían los planes secretos sobre el futuro gobierno, y se hacían las propuestas sobre los grandes temas que luego se llevaban a Fidel para su aprobación.

Con los militares en su puño y el país a sus pies, Fidel aprovechó su impulso arrollador para dar de inmediato el siguiente paso que lo llevaría a apoderarse de Hispanoamérica. Ya su objetivo intermedio (que era Cuba) había sido tomado, pero era apenas un aperitivo. Cuba siempre le ha quedado pequeña a Fidel. Su siguiente meta era lograr el apoyo de Venezuela.

El paredón

En la medida en que se fueron conociendo las noticias de los miles de fusilamientos que se producían sin fórmula de juicio conforme a la ley, la opinión internacional fue cambiando. Fidel, ya instalado en el Olimpo, se fue enfureciendo contra los que osaban criticarlo. El 15 de enero, al entrar al *lobby* de La Habana Hilton, un periodista le preguntó sobre los juicios sumarios y la posibilidad de que los americanos intervinieran para detener la purga. Ante este cuestionamiento Fidel explotó diciendo: "Si los Estados Unidos envían marines a Cuba, 200 mil gringos morirán". Ese día el Júpiter tonante de Hispanoamérica desenterró el hacha de la guerra, y aún no la ha soltado tras más de medio siglo de lucha.

Las ejecuciones aumentaron y los reproches internacionales arreciaron. Para contrarrestar esta campaña, el 21 de enero Fidel convocó al pueblo a la Plaza de la Revolución. Ante una multitud enardecida por su vehemente oratoria el nuevo caudillo vociferó: "Levanten las manos los que creen que los esbirros de Batista deben ser fusilados". Un mar de brazos se elevaron y una tormenta de aplausos ahogó los gritos de paredón ¡Paredón! El juicio público había terminado. Fidel había sido autorizado por el pueblo para continuar su tarea de depuración. La justicia fidelista estaba mostrando sus verdaderos colores.

Rumbo a Caracas

En medio de un caos político y administrativo, Fidel entregó la presidencia de Cuba a Urrutia teniendo buen cuidado de quedarse a cargo del comando del ejército rebelde. El 21 de enero de 1959 Fidel se embarcó inesperadamente en un viaje no oficial hacia Caracas. No estaba hecho para trabajar en una oficina dirigiendo una burocracia. Era como Bolívar, quien le escribió a su maestro Simón Rodríguez: "Usted formó mi corazón [...] para lo grande y para lo hermoso". Fidel (que había hecho suyo el sueño del Libertador y quería emularlo) decidió ir de peregrinación a la tierra de su héroe. Nadie en Cuba conocía el objeto de ese viaje. En su país solamente se sabía que era una decisión del comandante y esto era suficiente. Nadie se atrevía a hacerle preguntas que pudiera considerar impertinentes. Fidel era el único que estaba claro sobre el objetivo de esa romería.

Sus prioridades no estaban en Cuba, sino en la patria de Bolívar. Ese extraño viaje —que para muchos no tenía sentido— era indispensable para él. Iba a Caracas para asegurar la cooperación de Venezuela con el fin de iniciar la segunda fase de su plan estratégico. La toma de Cuba había sido un aperitivo. Ahora, después del éxtasis del triunfo inicial, había que prepararse para el plato principal: la toma de Hispanoamérica. Esa sería la obra maestra que lo convertiría en el zar tropical. Nadie podría evitarlo, porque "fuerzas sobrenaturales" lo empujaban. Por algo se llamaba Fidel Alejandro.

En ese momento mientras cabalgaba el triunfo se sentía indetenible, pero sabía que era indispensable controlar Venezuela para poder desarrollar su plan estratégico. Para ello debía viajar a Venezuela cuanto antes para reunirse con el presidente electo Rómulo Betancourt. El sabía de su rol en la Legión del Caribe y estaba seguro que apoyaría su proyecto de integración para crear la "Patria grande". En medio de la euforia del triunfo Fidel ordenó reemplazar las armas enviadas por Wolfgang Larrazabal con el material incautado a las tropas derrotadas de Batista. De esta manera cumplía la promesa hecha al almirante de no revelar la magnitud de la ayuda recibida haciendo desaparecer las huellas que podrían crear problemas internacionales. Esa decisión tenía la virtud adicional de hacerlo ver como el débil David que gracias a su elevada moral revolucionaria fue capaz de vencer al gigante Batista.

La entrevista con Betancourt para pedir apoyo tenía problemas protocolares. Como Comandante del Ejercito Rebelde el era el hombre fuerte de Cuba, pero oficialmente no era el presidente. Por fortuna Betancourt no había asumido aun la presidencia. Para complicar las cosas el no había sido invitado, pero ese era el menor de los inconvenientes. Al igual que hizo una década antes cuando visitó a Betancourt, Fidel tuvo el brío de ir a Caracas "autoinvitado". El protocolo diplomático no es el fuerte de este audaz personaje. Esas menudencias no lo iban a detener en su marcha triunfal hacia el futuro imperio fidelista. Para llenar este vacío Fidel llamó a Fabricio (su hombre en Caracas) pidiendo que lo convocaran a dar un discurso en el Aula Magna de la UCV sus fervientes admiradores en esa casa de estudios.

Para Fabricio fue fácil convencer a Jesús Carmona, el ultraizquierdista presidente de la Federación de Centros de la Universidad. Carmona era miembro de Acción Democrática (el mismo partido de Rómulo Betancourt), pero pertenecía al ala izquierda más furibunda de ese partido. Pese a provenir de una familia de políticos socialdemócratas, Carmona (como tantos otros jóvenes) había sido seducido por el mito de Fidel, y se había convertido en un ferviente fan. Este joven era hermano de Lucila Velázquez, la poetisa venezolana por cuyo intermedio se consiguieron las armas venezolanas con las cuales pudo equipar su invasión del Granma.

El 23 de enero de 1959, el líder cubano arriba a Caracas bajo la infantil excusa de querer celebrar el primer aniversario de la caída de Pérez Jiménez. Su verdadera intención era entrevistarse en privado con Betancourt, antes de que asumiera el poder y promoviera personalmente su imagen.

La propaganda alrededor de la figura de Fidel, presentándolo como un nuevo redentor y libertador de Hispanoamérica, fue cuidadosamente orquestada. Antes de su llegada, los medios aclamaron al héroe de la Sierra Maestra como un Bolívar redivivo. Gracias a la truculenta campaña promocional, el patriotismo de los venezolanos se sintió identificado con la figura de Fidel.

Dado que la visita no era oficial, y que Fidel no era un jefe de Estado, las principales autoridades venezolanas no lo recibieron en el aeropuerto. Para entonces ya Wolfgang Larrazábal no era el presidente de la Junta Patriótica. Pese a la ausencia de autoridades, una multitud de más de treinta mil personas acudieron espontáneamente a darle la bienvenida. Para evitar reunirse con él, Betancourt, quien era el presidente electo, inició una gira por el interior del país durante esta visita.

El desaire de Rómulo no pasó inadvertido para Fidel, pero la necesidad de ayuda era tan perentoria que decidió esperar el regreso de Betancourt a Caracas. Entre tanto, utilizó el tiempo disponible para darse un baño de pueblo en Caracas, visitar los principales centros de poder y reunirse con los líderes civiles y militares que simpatizaban con él. En ese momento su popularidad estaba por las nubes y los jóvenes venezolanos lo adoraban.

Para asombro del comité de recepción, cuando el avión se detuvo frente a la rampa presidencial, Fidel apareció en el tope de la escalerilla e inició el descenso a tierra con un amenazante fusil terciado al hombro. El mensaje intimidatorio fue recibido fuerte y claro: Fidel es un hombre de acción dispuesto a usar la violencia para lograr sus objetivos.

Antes de bajar la escalerilla se colocó a su lado Luis Beltrán Prieto Figueroa, uno de los líderes más importantes de Acción Democrática que aprobó la entrega de armas a Fidel en México. Fidel lo abrazó pues lo conocía desde su exilio en La Habana.

Al pisar tierra se desencantó al no ver en la comitiva de recepción al presidente de la Junta de Gobierno, Edgar Sanabria. El escuálido comité fue decepcionante para decir lo menos. Los demás eran algunos altos jefes comunistas incluyendo a Gustavo Machado y a Guillermo García Ponce. A su lado estaba el joven Fabricio Ojeda, el presidente ficticio de la Junta Patriótica, y varios líderes estudiantiles de la UCV encabezados por Jesús Carmona miembro de la juventud de AD, quien lo había invitado a Caracas.

Aunque Fidel se sintió desairado, la recepción tenía que ser así porque no era presidente de Cuba y tampoco un invitado oficial. Su viaje era de carácter privado para encubrir el verdadero objetivo de esa intempestiva visita: hablar secretamente con Betancourt para solicitar ayuda destinada a su proyecto.

Cuando la prensa preguntó sobre la razón de su sorpresiva llegada, su respuesta fue frágil: "Vine invitado por la Federación de Centros Universitarios (FCU) de la Universidad Central a celebrar el primer aniversario de la caída de Pérez Jiménez". Por supuesto nadie creyó la pintoresca salida del líder guerrillero, aunque para confirmar la respuesta estaba a su lado Jesús Carmona (presidente de la FCU). En realidad, Carmona lo había invitado por la solicitud que el propio Fidel le había hecho a través de Fabricio Ojeda.

Una vez en tierra, en medio de una lluvia de flores, Fidel preguntó ansioso por Betancourt. De inmediato le informaron que estaba en el interior visitando instalaciones militares y regresaría el domingo 25 de enero. El orgulloso Fidel frunció el seño ante lo que para él era una afrenta. ¡Cómo se atrevía ese hombrecillo de voz atiplada a agraviar en público al héroe de la Sierra Maestra! Aunque molesto por el desprecio a su investidura, decidió disimular porque esa reunión era vital para sus planes. Pero el mal estaba hecho. A partir de ese momento Fidel empezó a sentir un odio visceral contra el nuevo presidente de los venezolanos.

La entusiasta recepción que le dio la multitud en el aeropuerto de Maiquetía, y los miles de admiradores que lo ovacionaban a su paso por las calles de Caracas, le levantó el espíritu y fue la mejor medicina para su ego herido por el desaire.

Los discursos de Fidel en Caracas

De allí en adelante se dedicó a regañadientes a atender una serie de invitaciones y homenajes que le hicieron para hacer tiempo hasta la entrevista con Betancourt. La campaña de propaganda —realizada con pleno apoyo del Gobierno venezolano— lo había convertido en un semidiós. En Caracas sintió que el pueblo venezolano lo adoraba y se consideró todopoderoso al ser aclamado como "El héroe de Hispanoamérica". El epíteto le encantó y lo puso eufórico, porque coincidía con su visión de sí mismo.

Mientras esperaba a Betancourt visitó el Congreso Nacional, la UCV, el Concejo Municipal de Caracas y la Plaza El Silencio. En todos los sitios mintió con soltura, diciendo que el motivo de su visita era expresar agradecimiento al pueblo de Venezuela por su valiosa contribución moral y material a la causa por la libertad de Cuba. A todas partes llevó al cinto su inseparable colt 45. Alguien prudentemente le había recomendado dejar el fusil dentro de su automóvil. Venezuela no era el Lejano Oeste.

El 23 de enero, la Plaza El Silencio se llenó totalmente con varios cientos de miles de personas que lo oyeron embelesados. Allí Fidel pronunció un discurso apuntando a la integración de Hispanoamérica. Al efecto dijo que: "Venezuela debe ser el país líder de la unión de los pueblos de América". En su gira, en todo momento Bolívar estuvo presente en sus discursos. Fidel recordó que el Libertador no se olvidó de Cuba y que entre sus planes estuvo liberarla. Él sabía que alabar la imagen de Bolívar era la forma más fácil de congraciarse con los venezolanos. Además se consideraba el nuevo Bolívar que iba a hacer realidad el sueño inconcluso de aquel gran hombre. Antes de terminar su discurso hizo un gesto teatral señalando el cerro El Ávila, que servía de telón de fondo a la concentración insinuando con gran desparpajo que en esas montañas eran ideales para hacer una revolución. En una entrevista trasmitida por Radio Caracas el 24 de enero, Castro declaró algunas cosas que retratan su pensamiento:

> "Durante estos años de lucha los venezolanos nos han ayudado mucho... todos los latinoamericanos tenemos las mismas aspiraciones, los mismos sentimientos, el mismo lenguaje... En Venezuela hay montañas más grandes que la Sierra Maestra... Venezuela es tan heroica como Cuba..."

El mensaje de Fidel fue transparente: en Venezuela se podría hacer una revolución como la de Cuba. Betancourt se enteró de la serie de amenazas subliminales que había ido lanzando en sus apariciones en Caracas. Sus imprudentes alusiones a la necesidad de hacer la revolución en las montañas de Venezuela, unidas a los desplantes teatrales y la desfachatez del cubano, causaron escozor. Así como en La Habana no hubo química entre estos dos líderes, en Caracas tampoco habría empatía.

Mala sangre entre Betancourt y Fidel

Fidel en el tope de su gloria tuvo que pasar en Caracas más tiempo de lo necesario esperando una audiencia con Betancourt. Era obvio que el presidente venezolano no quería recibir al guerrillero convertido en hombre fuerte de

Cuba. El desaire no pasó desapercibido al orgulloso cubano, pero su interés en la entrevista era tal que prefirió sobrellevarlo y disimular su irritación.

Betancourt recelaba del locuaz y petulante Fidel desde que lo recibió por primera vez en Caracas en 1948. Luego, durante su exilio en los años 50, tuvo que soportar en La Habana sus largas peroratas. Los proyectos fantasiosos del joven cubano, sus recurrentes preguntas sobre el paradero de las armas de Cayo Confites, y su meridiana ambición de ser el jefe máximo de un movimiento hispanoamericano, incomodaban al impaciente Rómulo.

El guerrillero cubano ya no era el desaliñado mozo que había conocido. Ahora era el hombre fuerte de Cuba, enfundado en un impecable uniforme de campaña, barbudo y con un arma al cinto. En ese momento la inconveniente visita de un guerrillero izquierdista antinorteamericano no podía ser bienvenida por el recién electo presidente de Venezuela.

El nirvana guerrillero

Fidel es incapaz de hacer discursos convencionales, sus alocuciones son arengas belicosas que siempre terminan llamando al combate contra los norteamericanos. Durante ese viaje, el estribillo de Fidel fue la exaltación de El Ávila como futura cuna de la revolución venezolana. Este mal disimulado llamamiento a la violencia no cayó bien en un país que acababa de salir de una dictadura para abrazar la democracia. La referencia ofensiva fue una monumental falta de tacto que generó un natural rechazo en Betancourt. Su atrevimiento causó aprensión en el nuevo Gobierno de un país que le brindó gran apoyo en la Sierra Maestra. Fidel nunca ha sido un buen diplomático. La violencia es su alfa y omega.

Sus peroratas habían exasperado a Rómulo. El recelo que el presidente electo de Venezuela sentía hacia el prepotente líder cubano empezó a transfigurarse en resentimiento. Los barruntos se convirtieron en certezas cuando fuentes de inteligencia informaron a Betancourt sobre una reunión secreta, en la embajada cubana en Caracas a la cual no tuvieron acceso.

Reunión secreta en la embajada cubana

El 25 de enero de 1958 (en la noche) se realizó esa reunión en la embajada de Cuba en Caracas. La sede diplomática estaba ubicada en una colina con una imponente vista a El Ávila. La hermosa mansión había pertenecido a uno de los generales de Pérez Jiménez. El pequeño grupo estaba integrado por los principales líderes comunistas de Venezuela y algunos invitados especiales. La excusa formal de la reunión era una cena privada que ofrecía el embajador a Fidel. El objetivo real del cenáculo era el deseo de que éste diera a conocer a los líderes comunistas venezolanos, enterarse de sus puntos de vista y al final exponerles en secreto sus planes. El embajador recibió estrictas instrucciones de extremar las medidas de seguridad para impedir el acceso de curiosos o espías. Un contingente del G2 cubano acordonó la embajada.

Antes de ir a la mesa se hizo un brindis de bienvenida, que sirvió para romper el hielo y para que Fidel conociera personalmente a sus invitados y conversara brevemente con ellos. Luego de media hora de charla en pequeños grupos, Fidel comprobó que sus invitados estaban furiosos por haber sido excluidos de la Junta de Gobierno que dirigió el almirante Wolfgang Larrazábal, por el "Pacto de Punto Fijo" y por el triunfo de Betancourt en las elecciones presidenciales. Todos se lamentaban de haber sido dejados fuera, luego de haber hecho un gran esfuerzo y corrido riesgos en la resistencia contra Pérez Jiménez. Según ellos, había que prepararse para la toma del poder, porque Betancourt no duraría mucho en el Gobierno. Fidel puso atención cuando uno de sus contertulios le dijo que el presidente electo sería derrocado fácilmente.

Los comunistas venezolanos, además de lamentarse ante Fidel, le informaron que en la clandestinidad habían logrado infiltrar gente suya en los partidos socialdemócratas y en las filas militares. Esos eran los caballos de Troya destinados a pulverizar al enemigo desde adentro. En ese encuentro, Fidel notó que sus invitados lo veían como un ser predestinado y todopoderoso. Por lo visto los materialistas comunistas también creían en cuestiones mágicas. Estaba seguro de que estos discípulos (a quienes veía embobados por su presencia) lo seguirían donde ordenara. El efluvio hechicero de Fidel estaba funcionando en Caracas. Esa noche Fidel se sintió el jefe indiscutible de la izquierda en la patria de Bolívar. Después de tomar el pulso del grupo, los invitó a sentarse a la mesa. Al terminar la cena, el héroe de la Sierra Maestra se levantó y empezó a hablar en un susurro de tono conspirativo.

Durante varias horas les describió su proyecto de unir la "patria grande" bajo la bandera del socialismo. Para ello les hizo ver a sus convidados que necesitaba el apoyo de Venezuela. Había venido para pedir amigablemente ayuda a Betancourt, pero si le era negada tendría que apelar a otros métodos.

Si Betancourt no colaboraba, entonces acudiría a los soviéticos. Cuando tuviera los recursos necesarios estaba dispuesto a recibir en Cuba a voluntarios venezolanos para ser entrenados en las tácticas de guerra de guerrillas y en técnicas de infiltración. Al terminar su preparación, los voluntarios regresarían a Venezuela a tomar sus puestos en el Ejército de Liberación. Algunos se infiltrarían en partidos políticos del estatus y en las Fuerzas Armadas. Otros se integrarían a las fuerzas de choque para conducir operaciones de guerrilla urbana o establecerían focos de guerrilla rural como él había hecho en Cuba. Cuando se dieran las condiciones objetivas, se convocaría a una huelga general, seguida por alzamientos de guarniciones militares coordinadas con un estallido de violencia urbana. En ese momento bajaría la guerrilla de la montaña y tomaría el poder.

El comando supremo de la operación estaría en La Habana, pero los jefes locales serían venezolanos asesorados por oficiales cubanos. Al oír esta idea nadie se opuso. Todos los convidados bajaron la cabeza tragando grueso. El nuevo Bolívar había hablado y era santa palabra. Los hijos del verdadero Libertador se habían enamorado de Fidel, un Bolívar falso y hábil vendedor de quimeras. En ese momento con su silencio cómplice, la izquierda venezolana aceptó sumisamente que su país se convertiría en una colonia cubana.

A ese cenáculo íntimo asistieron (además de los más importantes líderes comunistas venezolanos) algunos visitantes insospechados. Gustavo Machado y Radamés Larrazábal vinieron acompañados por el contralmirante Carlos Larrazábal (hermano del expresidente y comandante de las fuerzas navales venezolanas). Para no llamar la atención, el almirante estaba vestido de civil. Al terminar el cónclave, Fidel recibió en privado a esta terna de importantes venezolanos.

Aparte del trío de jefes, Fidel estaba interesado en conversar en privado con algunos jóvenes que habían jugado un importante papel en la caída de la dictadura de Pérez Jiménez y en el apoyo a la guerrilla de la Sierra Maestra.

El trío había sido identificado por sus agentes en Caracas, como ciegos admiradores suyos que podrían constituir un futuro gobierno revolucionario en Venezuela. Douglas Bravo, Fabricio Ojeda y Alí Rodríguez Araque fueron los tres jóvenes seleccionados.

Los viejos jefes comunistas no sabían que él los había seleccionado a sus espaldas para desarrollar sus planes y necesitaba conocerlos personalmente. Al final de la reunión, cuando los demás invitados se retiraron, los futuros mosqueteros de Fidel fueron llamados a una reunión privada con su jefe. El influjo de Fidel en su relación personal es una de sus armas secretas. El contacto directo con estos muchachos permitiría completar su captación, haciéndolos caer bajo el embrujo con el vaho de su maquiavélica personalidad.

Mientras Fidel ofrecía a los comunistas entrenar voluntarios para luchar contra Betancourt, seguía insistiendo con el mayor cinismo en entrevistarse con el presidente para pedirle ayuda. Rómulo aplicó tácticas dilatorias, pero finalmente se vio obligado a recibirlo en su casa el 26 de enero. En esa tertulia privada Fidel planteó unos requerimientos que no fueron aceptados por Betancourt. Ante el rechazo a su solicitud, Fidel se fue furioso a Cuba. No podía haber empatía entre dos personajes tan diferentes. Los tiranos no se llevan bien con los demócratas.

Entrevista Betancourt-Fidel

Betancourt no estaba interesado en hablar con Castro. Los fusilamientos masivos (sin fórmula de juicio) hechos por los castristas al avanzar hacia La Habana, y el importante rol que los comunistas tenían en Cuba, causaron enorme molestia al líder social demócrata de Caracas.

Betancourt fue un político muy sagaz y bien informado. Estaba al tanto de los rumores sobre los devaneos comunistas y el gusto por la violencia del joven Fidel Castro. Era vox populi que a Fidel le gustaba rodearse de marxistas, y fue el prototipo del gatillo alegre en la universidad. Por todo eso Betancourt nunca se sintió cómodo a su lado y siempre trató de evitarlo.

El 26 de enero de 1958 Rómulo Betancourt regresó a su residencia en la quinta Marymar en Caracas. Como político bien informado ya conocía las alusiones de Fidel a repetir la hazaña de la Sierra Maestra en las montañas venezolanas. También le irritó saber que el líder cubano había estimulado las pitas contra él en su arenga en la concentración de El Silencio. Molesto, Betancourt trató de evitar un encuentro con el arrogante guerrillero. Sin que lo supiera, su asistente Carlos Andrés Pérez le informó a Fidel que Betancourt había regresado a Caracas y se apresuró a visitarlo. A Betancourt no le quedó más remedio que recibir a Fidel cuando llegó a su casa.

En la puerta de la residencia, los guardias de Betancourt detectaron que Fidel portaba una pistola 45 al cinto. Cortésmente le exigieron dejarla fuera de la casa. Fidel molesto la entregó en manos de sus guardaespaldas. Antes de iniciarse la reunión ambos líderes manifestaron que era una visita de carácter privado. Fidel y Betancourt charlaron a solas por espacio de dos horas. Fue un encuentro tenso. Fidel pidió ayuda económica por un monto de 300 millones de dólares, más petróleo y armas para su proyecto de invasión a República Dominicana. Betancourt lo paró en seco informándole que no podía satisfacer su solicitud. El héroe de la Sierra Maestra se retiró furioso de la reunión ordenando a sus guardaespaldas ir de inmediato al aeropuerto para volar a Cuba.

En Maiquetía fue tal la premura para partir, que el piloto nervioso no se dio cuenta de que el jefe de seguridad de Fidel, el comandante Paco Cabrera, estaba en tierra cerca de la hélice del avión. Al encender la nave, la pala golpeó a Cabrera matándolo en el acto. Fue un mal final para un viaje perdido.

Fidel no obtuvo dinero del presidente venezolano, pero al menos se llevó la satisfacción de saber que era más popular que Betancourt. Además hizo contacto de nuevo con Carlos Andrés Pérez, a quien consideraba un futuro candidato presidencial. Este nexo era importante, aunque consideraba que partidarios suyos en el PCV jugarían un papel más importante en el futuro. El PCV contaba con infiltrados en las Fuerzas Armadas y en los partidos políticos socialdemócratas. Estos grupos disciplinados era una excelente quinta columna para la toma del poder más adelante. ¡Ya aprenderían los venezolanos quién es Fidel! Una vez en el aire manifestó abiertamente su disgusto con Betancourt diciendo en alta voz: "No se dan cuenta de que soy el líder de la revolución hispanoamericana, no el jefe de un pequeño país antillano". La ofensa de Rómulo fue una bofetada que creó un odio monumental y una enemistad eterna. Fidel no perdona ni olvida, porque tiene memoria fotográfica.

CAPÍTULO 21

LAS GUERRAS DE CONQUISTA DE FIDEL

Regreso a La Habana

Al despegar hacia La Habana luego del chasco con Betancourt, Fidel ya había decidido aceptar el apoyo soviético y utilizar parte de esa ayuda para invadir primero República Dominicana como una demostración de fuerza y capacidad militar. Posteriormente iniciaría la campaña para conquistar Venezuela.

A su regreso a La Habana empezó a urdir planes para llevar adelante su proyecto. Por ahora la ayuda soviética le sería necesaria mientras lograba el control de Venezuela. Las estrechas relaciones del Kremlin con los viejos líderes comunistas venezolanos le molestaban. Él no era comunista sino fidelista, pero necesitaba que los rojos de Venezuela dependieran de él. Ellos tenían los disciplinados cuadros necesarios para crear su quinta columna en Venezuela. Entretanto, Fabricio Ojeda, Douglas Bravo y Alí Rodríguez Araque serían sus caballos de Troya.

Los soviéticos restringían sus movimientos, objetaban algunas de sus ideas y se atrevían a darle instrucciones. Para poseer libertad de acción tenía que acceder a los recursos petroleros de Venezuela y dominar a sus comunistas sin recurrir a Moscú. Fidel no estaba dispuesto a ser el perro faldero de Khrushchev. Quería ser el jefe máximo, pero por ahora necesitaba la ayuda de la URSS y tendría que morderse la lengua.

La posibilidad de someter a Venezuela era viable, porque en ese momento era el político más popular allí. En Caracas contaba con fichas políticas jóvenes que le obedecían tanto en el PCV como los infiltrados en los partidos social-demócratas y en las fuerzas armadas. Con estos discípulos que lo endiosaban podría hacer *by-pass* a los vejestorios rojos que obedecían perrunamente a la Unión Soviética. Sabía que los deslumbrados seguidores venezolanos obedecerían sus órdenes, sin emitir opiniones discordes o críticas a sus planes. Esos eran los hombres que necesitaba para ejecutar su plan.

La visita a Caracas le permitió darse cuenta de que tenía varios ases en su manga. Allí se dio cuenta de que contaba con un vigoroso grupo de jóvenes seguidores entre los militares locales. Douglas Bravo había hecho un buen trabajo acercándose a ellos en la resistencia contra Pérez Jiménez y había captado buenas fichas en ese submundo. La ayuda castrense sería útil para derrocar a Betancourt, el mequetrefe que se había atrevido a negarle apoyo.

Los soviéticos

A su regreso a La Habana con las manos vacías, Fidel no tuvo más alternativa que pedir apoyo a los soviéticos. Este acercamiento a los comunistas en medio de la Guerra Fría hizo que la ruptura con Venezuela y los americanos fuese inevitable. No le quedó otro recurso que lanzarse en los brazos del imperio soviético. Por ello una de sus primeras órdenes fue reabrir la embajada del Kremlin en Cuba.

El *affaire* de Fidel con los soviéticos fue una unión de conveniencia. A cambio de un generoso subsidio económico y un flujo copioso de armas, convirtió Cuba en un satélite de la gran potencia roja. Aunque con ellos solamente compartía de corazón un odio rabioso contra los gringos.

Fidel se declaró comunista para halagar a Nikita Khrushchev y ganarse su confianza. Su verdadera ideología es el fidelismo. El comunismo le atrajo por tres razones poderosas. Primero porque necesitaba ayuda económica urgentemente. Segundo porque le permitió instalar una dictadura férrea encubierta con una ideología redentora y antimperialista. Por último porque podía contar de inmediato con el apoyo de los disciplinados cuadros rojos. Declararse comunista fue el precio que tuvo que pagar y lo hizo con gusto, aunque no era un ideólogo fundamentalista como su hermano. Raúl sí era comunista desde una década antes, al igual que el "Che". Estos dos ultraizquierdistas constituían su entorno más cercano y lo tenían hastiado con su fastidiosa monserga marxista.

Castro accedió a este matrimonio forzado con los soviéticos pensando que era un connubio temporal. Sus prioridades eran diferentes a las de los rusos. Sabía que para tener libertad de acción y manejar su futuro imperio sin interferencias necesitaría el financiamiento venezolano. Por ello tenía que apoderarse del país de Bolívar

Fidel en el Gobierno

Con todos los hilos del poder bajo su férreo control, Fidel empezó a mostrarle al mundo su verdadero talante. El impoluto héroe de la Sierra Maestra se quitó la piel de cordero y empezó a demostrar quién era. Los norteamericanos finalmente se dieron cuenta de las inclinaciones izquierdistas de Fidel. Su alianza con el Kremlin no se limitaba a ayuda humanitaria. Pronto la inteligencia norteamericana detectó la presencia de armas y militares soviéticos en números alarmantes en Cuba. Para ellos la permanencia de Castro en el poder podría ocasionar un efecto dominó que arrastraría a otros países de la región a caer en brazos de la Unión Soviética. Pero aún existían dudas sobre sus intenciones. Mientras fusilaba y encarcelaba a miles de cubanos y expropiaba empresas en Cuba, en sus viajes al exterior hablaba apasionadamente de paz, democracia y libertad. Todo ello con el fin de despistar a sus enemigos mientras consolidaba su régimen. Al igual que Justo Rigores, el personaje de la novela de Gallegos, el violento Fidel tiene un cinismo descomunal.

En febrero del 59 comenzaron a aparecer las primeras grietas en el edificio de la revolución. El primer ministro José Miró Cardona, molesto por el giro comunista que tomaba el Gobierno, presentó su renuncia junto con otros ministros. De inmediato Fidel asumió el cargo de primer ministro. Entretanto su Estado Mayor (dirigido por el "Che" Guevara y supervisado por Grobart) adelantaba en secreto en Cojimar los planes para radicalizar Cuba y conquistar Venezuela.

Pronto Fidel se aburrió de la rutina que significaba ser primer ministro y comandante del ejército rebelde. Luis Buch era el secretario de la presidencia y a través de él controlaba al títere Urrutia. Fidel se dio cuenta de que Buch era capaz de manejar perfectamente la burocracia cubana. Fidel no hacía falta en su isla sino en el mundo promoviendo el evangelio fidelista. Su tarea no era gobernar sino hacer la revolución para fundar su imperio. Pronto sus seguidores se dieron cuenta de que, aun no siendo Fidel formalmente presidente, el poder en Cuba estaba donde estuviera él. Al liberarse de la carga burocrática, quedó en libertad de hacer lo que quisiera con su tiempo. A partir de ese momento, sin ser jefe de Estado se convirtió ante el mundo en la voz e imagen de Cuba y en el profeta de la revolución iberoamericana. El presidente cubano era un jarrón chino.

Fidel se va de viaje

Luego de la debacle ante Betancourt, Fidel vendió su imagen internacionalmente mientras negociaba apoyo para su proyecto con la URSS. Pronto Fidel se marchó en un largo periplo hacia varios países para explicar su revolución al mundo. Derrochando carisma y gran desparpajo, convirtió esa travesía en un éxito de relaciones públicas.

A mediados de abril de 1959 va a los Estados Unidos en una visita no oficial y aprovecha para visitar al vicepresidente Nixon. En Washington se sintió ofendido porque el presidente Eisenhower no lo recibió por estar jugando golf. A continuación visitó Harvard y Princeton y se entrevistó con el secretario general de la Naciones Unidas, Dag Hammarskjold. Por último realizó un mitin ante una gran concurrencia en el Parque Central de Nueva York. Poco a poco los gringos iban conociendo a Fidel, quien astutamente hablaba de democracia y libertad. El cinismo de Fidel es infinito.

El carisma de Fidel cautivó a los norteamericanos. Los estudiantes de Harvard y Princeton lo aclamaron y lo sacaron en hombros. Incluso atrajo a una multitud de más de 30 mil personas a oírlo en el Parque Central de Nueva York. En un discurso ante la Sociedad de Editores de Prensa en Nueva York, Fidel con una sonrisa burlona, aseguró a su audiencia que Cuba no expropiaría tierras o industrias en manos extranjeras. El viaje fue apoteósico y lo convirtió en una figura internacional. En los propios Estados Unidos era una "estrella de rock" política.

Sus mentiras públicas fueron tan convincentes que incluso el propio Richard Nixon informó por escrito al presidente Eisenhower que él no creía que Fidel fuese comunista, sino que lo consideraba un "joven idealista increíblemente ingenuo". Pero el ingenuo resultó ser Richard Nixon.

En mayo, Fidel se marcha a Buenos Aires, donde propone la creación de un mercado común hispanoamericano. Este era un abreboca de su idea para unir a las antiguas colonias españolas bajo un solo techo. Desde Argentina parte a Uruguay, Canadá y Brasil.

A su regreso encuentra que el presidente Urrutia estaba chocando con el gabinete de sombra comunista de Cojimar, dirigido por su hermano Raúl y el "Che". A mediados de julio renuncia al cargo de primer ministro de Urrutia declarándolo traidor y se queda astutamente como jefe del ejército rebelde. Este anuncio provocó una movilización popular alentada por los comunistas, que obligó al presidente a renunciar. Fidel nombró para este cargo a Oswaldo Dorticós, un izquierdista dócil y volvió a ocupar su posición de primer ministro. Esto le permitió seguir adelante con sus planes de radicalizar la revolución y tomar Venezuela.

¿Era Fidel comunista antes del triunfo?

Mucho se ha especulado sobre la filiación política de Fidel. La verdad es que no hay una prueba concreta de que era comunista hasta 1961, cuando el mismo lo anunció luego de la invasión de Bahía Cochinos. A falta de pruebas hay una larga cadena de indicios. El cordón umbilical de las sospechas es conectado por su larga asociación con Fabio Grobart.

Según Salvador Díaz-Versón (jefe de la Policía Nacional cubana en 1934 y jefe de inteligencia militar entre 1948 y 1952), Fidel se había hecho comunista desde 1943. Para ese entonces tenía 17 años, era estudiante del Colegio Belén y era un frecuente visitante de la embajada soviética. Díaz-Versón dijo que las pruebas de estos hechos le fueron arrebatadas en 1959 en La Habana por fuerzas de seguridad fidelistas. En el colegio regentado por los jesuitas estudiaban los hijos de la aristocracia cubana. Esta congregación no se puede calificar de izquierdista, pero no se puede negar que muchos sacerdotes afiliados a la teología de la liberación provienen de sus filas. Además se sabe que algunos de los profesores de este colegio eran españoles veteranos de la Guerra Civil y probablemente tenían simpatías comunistas.

Existen testimonios de Joseph Zack Kornfeder, un norteamericano de origen austrohúngaro fundador del Partido Comunista de los EEUU, en los que declara que Fidel era comunista desde antes de ir a la universidad. Zack fue criado en España, allí aprendió el idioma y se afilió al Partido Socialista Español. En 1930 fue designado por la Unión Soviética como jefe de la Internacional Comunista en Hispanoamérica. En estas actividades fue detenido en Venezuela en 1931 y fue deportado luego a los Estados Unidos. Es probable que Zack y Grobart hayan estado en Venezuela en 1931 para asistir a la fundación del PCV.

En 1943 Grobart era el jefe de la *Comintern* para la región del Caribe y realizaba actividades sindicales y de reclutamiento de estudiantes en Cuba. No es descartable que durante este periodo haya tenido contacto con Fidel en La Habana. Es posible que Grobart (principal reclutador comunista en La Habana) le haya informado a su jefe Zack sobre este prometedor candidato habitué de la embajada soviética.

Fidel al menos fue el "compañero de viaje" de los comunistas, porque prefería su libertad de actuar sin obligarse a la rígida disciplina del partido. En realidad es difícil imaginarse a un individuo tan indisciplinado y temperamental como Fidel comportándose mecánicamente como un obediente *aparatchnik* soviético.

Dadas sus características personales y sus cualidades innatas de líder, es probable que Fidel haya atraído la atención de los reclutadores comunistas desde que estaba en el Colegio Belén. Hay informes de inteligencia enviados por Spreuille Briden, a la sazón embajador norteamericano en Cuba, los cuales indican que Fidel (antes de terminar la secundaria en 1945) mantenía relación con agentes de la KGB y visitó varias veces la embajada soviética en La Habana.

La conexión de Fidel con comunistas reconocidos en dicha Universidad también se presenta como una prueba. La Universidad era una inagotable fuente de reclutamiento para Fabio Grobart, y es prácticamente imposible, que Fidel no se haya cruzado con él en el campus de ese instituto.

El viaje de Fidel con un grupo de estudiantes comunistas de la Universidad de La Habana a Bogotá (en 1948) se presenta como una prueba adicional de su inclinación política. El objeto del viaje era sabotear la creación de la OEA.

Pese a estas huellas de contactos con los soviéticos no se consiguieron pruebas para confirmar la participación comunista en el hecho. El Bogotazo solamente dejó claro que Fidel era un peligroso hombre de acción.

Fidel se declara comunista

Luego del triunfo de la revolución, era público y notorio que el Movimiento 26 de Julio estaba infiltrado por comunistas al más alto nivel. La presencia de Raúl Castro y el "Che" Guevara es prueba evidente. Inclusive el cuñado de Fidel, Rafael Lincoln Díaz-Balart, que era su amigo y lo conocía muy bien, fue quien en 1960 reveló que Fidel era miembro de la III Internacional Comunista.

Algunos investigadores niegan esta posibilidad aduciendo que de haberse conocido, los norteamericanos hubieran intervenido más activamente en Bahía de Cochinos o antes para evitar su llegada al poder. Según esta teoría, John Kennedy no consideraba que hubiese una amenaza comunista en Cuba, por lo tanto esa invasión no era prioritaria para los EEUU.

El primer anuncio oficial de las inclinaciones comunistas de Fidel fue cuando dio a conocer el 17 de abril de 1961, un día antes de la invasión de Bahía de Cochinos, que en Cuba había una revolución socialista. Siete meses después de proclamar Cuba como nación socialista, Fidel se quita la careta. El 2 de diciembre de 1961 declara públicamente que es marxista leninista y que Cuba había adoptado el comunismo como ideología de Estado. Con este gesto, obligado por los soviéticos, Fidel quemó sus naves y se convirtió en un peón de la URSS.

Un año antes el presidente norteamericano Dwight Eisenhower había declarado un embargo parcial contra Cuba. La medida fue insuficiente y se ejecutó muy tarde. Los soviéticos habían firmado un tratado secreto con Fidel. La Guerra Fría se empezó a calentar y él era una de las puntas de lanza. La alianza con los soviéticos le insufló oxígeno a la revolución cubana, pero los objetivos de Fidel no coincidían exactamente con los de los soviéticos. Además Fidel odia que le den órdenes. Él solamente juega en equipo si es el jefe máximo. El reconocimiento de sus inclinaciones políticas no fue ninguna sorpresa.

Fidel tuvo simpatías hacia la izquierda desde que cursaba estudios secundarios, pero para entonces aún no se había hecho comunista. Se convirtió en marxista en Méjico antes de invadir Cuba. Sus contactos cercanos con un marxista mesiánico como el "Che" Guevara, un comunista convencido como su hermano Raúl, y un comunista fanático como el venezolano Gustavo Machado, reforzaron su inclinación natural hacia la izquierda. El antinorteamericanismo también le sirvió de estímulo para hacerse comunista.

Su aspiración a formar y dirigir a perpetuidad un gran imperio con las antiguas colonias españolas lo llevó a ver la idea de la dictadura del proletariado como un modelo natural. La dictadura eterna siempre ha sido parte de sus sueños. Para extender ese poder hasta la eternidad era necesario destruir no solamente a los yanquis sino el capitalismo y el mundo occidental. La estúpida diversidad de partidos y la separación de poderes de la democracia serían remplazadas por el partido único con un mando unipersonal absoluto. La producción de riquezas pasaría a manos del Estado y así eliminaría a la oligarquía capitalista que era su enemiga natural. Para impedir la acumulación de capital, la propiedad privada sería destruida. La lucha de clases derribaría el modelo productivo capitalista, y la lealtad al caudillo remplazaría a las teorías elitescas de la tecnocracia. Ese era el mundo deseado por Fidel. Hacia su construcción dedicaría su "sobrenatural" carisma y su increíble energía.

La Guerra Fría entra en calor

Tuvieron que transcurrir más de seis meses desde el triunfo de la revolución para que el Gobierno americano aceptara que Fidel era una amenaza comunista. Ante la evidencia acumulada, el presidente Eisenhower dio la orden de preparar un plan para enfrentar al diminuto enemigo que lanzaba rugidos de león a 90 millas de sus costas.

Pese a esta disposición presidencial, los estrategas gringos seguían viendo a Fidel como un ser inofensivo. La subestimación de este enemigo hizo que la reacción de los yanquis fuese débil y tardía. Además había razones políticas de peso para no actuar de inmediato. Los republicanos no querían atacar un pequeño país vecino en un año electoral, en un momento en que su candidato presidencial Richard Nixon no mostraba gran fortaleza. Por ello decidieron esperar hasta después de las elecciones para actuar. Cuando reaccionaron, lo hicieron con poca fuerza y muy tarde. El resultado fue el descalabro de Bahía de Cochinos.

El retardo norteamericano dio tiempo para que Fidel estrechara relaciones con la Unión Soviética. Ante los evidentes preparativos de una invasión de fuerzas cubanas anticastristas, Fidel pidió ayuda para contrarrestar el ataque que veía venir. Pronto el Kremlin envió a Cuba más de un centenar de asesores militares, incluyendo veteranos de la Guerra Civil española, como Enrique Lister. En febrero de 1960 la URSS empezó a enviar petróleo a la isla, luego de que las refinerías norteamericanas en Cuba decidieron suspender su actividad en protesta por las expropiaciones. En ese momento los Estados Unidos rompieron relaciones con Cuba. De inmediato la URSS empezó a enviarle a esta gran cantidad de ayuda financiera y material militar.

A partir de ese momento Castro radicalizó la revolución. A fines de ese año, Cuba se había convertido en un país comunista, y los americanos iniciaron planes para invadir la isla. En septiembre del 60, los Estados Unidos empezaron los preparativos para invadir Cuba y derrocar a Castro.

La elección de John Fitzgerald Kennedy a fines de 1960 puso el tema de la invasión en el refrigerador. Los resultados de ese retraso, y los cambios que Kennedy introdujo en el plan, favorecieron a Fidel Castro. Esta serie de errores e indecisiones han permitido que medio siglo más tarde el anciano Fidel todavía controle Cuba a través de su hermano Raúl.

Durante la luna de miel con el Kremlin, Fidel recibió todo el apoyo que pedía. Tanto para Fidel como para los soviéticos el mayor atractivo era el petróleo venezolano. Por eso autorizaron a Fidel a utilizar parte de su asistencia en Venezuela para impulsar su proyecto. Con este apoyo inició la conquista de esa nación sudamericana.

CAPÍTULO 22

PLANES DE GUERRA

Fidel toma el poder

A la huida de Batista, Castro asume el poder pero en lugar de empezar a gobernar promueve invasiones contra sus vecinos. Las mismas no eran accidentales sino parte de un plan que venía madurando desde hacía muchos años. Fidel sin saberlo era un leninista de corazón. Creía que una pequeña fuerza bien motivada podía tomar el poder con solo proponérselo. A Lenin el truco le funcionó a las mil maravillas en el Palacio de Invierno, pero a Fidel no le resultó tan sencillo.

Cuando llegó al poder tenía tantas cosas por hacer que no podía establecer prioridades. Por ello le dejó la monotonía de la burocracia a Urrutia mientras se iba tras su sueño en Venezuela. Al regresar a Cuba se encontró con que tenía tres invasiones pendientes. La vida es demasiado corta para hacer todo lo que uno quiere.

Betancourt asume la presidencia

Rómulo, aunque fue fogoso y garibaldino en su juventud, había ido madurando. El Betancourt que el 13 de febrero de 1959 asume la presidencia de Venezuela no era el apasionado revolucionario de los años 30. Al recibir el solio presidencial sabía que tenía al frente una dura tarea para completar la transición a la democracia iniciada por su predecesor Wolfgang Larrazábal. La economía atravesaba una recesión y los precios del petróleo estaban por el piso. Adicionalmente algunos militares seguían conspirando y los comunistas estaban en pie de guerra contra él por haberlos excluido del "Pacto de Punto Fijo" y del Gobierno.

Aparte de los problemas locales, Betancourt intuía que algo malo debía estar preparando Fidel en La Habana. La mirada fulminante que le lanzó al despedirse apretando los puños y esbozando una mueca que quiso ser sonrisa lo decía todo. Lo que más le preocupaba es que la juventud de su partido había sido seducida por Fidel Castro y eso traería problemas. Rómulo no estaba equivocado en su apreciación, pero no se imaginó en ese momento que Fidel ya estaba formulando en La Habana sus planes de guerra contra Venezuela.

Al asumir el cargo de presidente, Betancourt proclamó una política exterior que se denominó la "Doctrina Betancourt". El objeto de esta política era excluir del seno de la OEA a los Gobiernos dictatoriales. Para Betancourt, que traía planes de paz y democracia, la única fuente legítima de poder eran las elecciones. Los gobiernos que no respetaran los derechos humanos, limitaran la libertad y aplicaran políticas totalitarias debían ser excluidos de la OEA. Esta doctrina fue una declaración de guerra contra Trujillo, Fidel y otros dictadores de la región. Como consecuencia de esta doctrina, Betancourt rompió relaciones diplomáticas con España, Cuba, República Dominicana, Argentina, Perú, Ecuador, Guatemala, Honduras y Haití.

Planes de guerra de Fidel

Mientras Betancourt buscaba la paz, Fidel promovía la guerra. El desaire de Betancourt a su proyecto lo había hecho explotar y tenía que vengarse. Cuando Fidel se dio cuenta de que no podía contar con Venezuela para obtener financiamiento decidió apelar a su "Plan B": acercarse a los soviéticos. Al comienzo, la ayuda otorgada fue de menor cuantía mientras se llegaban a algunos acuerdos de fondo. Aun así con la pequeña ayuda recibida, Fidel actuó en pequeña escala mientras recibía la ayuda sustancial prometida por la URSS para su gran plan continental.

Al regresar a La Habana, luego del viaje a Caracas, reunió al estado mayor del ejército rebelde para dictar su guía de planeamiento. Los exhortó para que formularan varios planes de guerra de vital importancia para su proyecto. Tres eran de carácter inmediato para invadir en forma escalonada Panamá, República Dominicana y Haití en un plazo no mayor de seis meses. El objetivo de esta *blitzkrieg* caribeña era dar una demostración a Betancourt de la capacidad militar de la revolución cubana, que sería capaz de apoderarse fácilmente de estos tres países. Fidel estaba seguro de que el éxito en esta campaña relámpago intimidaría a Betancourt.

El otro plan era la invasión de Venezuela, que se programaría para después de la captura de República Dominicana. Por ser más complejo, dicho plan requeriría mayor preparación y su ejecución se iniciaría a fines de 1960. Los recursos financieros y las armas necesarias serían provistos por Fidel de los fondos aportados por la URSS. Para realizar este esfuerzo bélico, los partidos comunistas de esos países enviarían voluntarios con el fin de ser entrenados en Cuba. Las invasiones serían comandadas por oficiales cubanos. Fidel sería el comandante en jefe de las campañas y el cuartel general estaría ubicado en La Habana. El líder cubano esperaba una campaña rápida y de muy bajo costo.

Los cubanos pondrían el liderazgo y prestigio de Fidel, unido a la experiencia y el conocimiento de los mejores oficiales del ejército rebelde. Los combatientes de otras nacionalidades pondrían la carne de cañón. Los planes se basarían en la teoría del foquismo del "Che" basadas en su experiencia en la Sierra Maestra. En los países que serían conquistados se establecerían focos guerrilleros rurales, mientras simultáneamente en las ciudades se crearía un ambiente prerevolucionario por medio de acciones de guerrilla urbana. Los focos guerrilleros obligaron al ejército a dispersarse en las montañas perdiendo el efecto de masa y dejando las ciudades desguarnecidas. Eventualmente se convocaría a una huelga general que culminaría con el alzamiento de guarniciones militares infiltradas por agentes fidelistas. Cuando esto ocurriera, las guerrillas rurales bajarían a las ciudades y tomarían el poder.

Este plan se iría ejecutando país por país en el hemisferio y al final Hispanoamérica sería suya. Fidel estaba seguro de que contra su plan no existía defensa posible. Los primeros países en la lista de conquista eran Panamá, Nicaragua, República Dominicana y Haití.

Invasión a Panamá

Desde su fundación, el Partido Comunista de Panamá estuvo subordinado al cubano, aun antes de la llegada de Castro al poder. Para él este era un blanco muy fácil porque la Guardia Nacional panameña era muy débil, y Fidel contaba con los miembros del Partido Comunista de Panamá (como quinta columna) para apoyar la invasión, además de otros grupos políticos locales contrarios al Gobierno.

Fidel ordenó que se entrenaran 200 hombres en Pinar del Río a cargo del comandante del ejército rebelde Dermidio Escalona. Cuando se lanzó la expedición el 19 de abril de 1959 solamente salieron 82 cubanos, dos panameños y un norteamericano bajo el comando de Cesar Vega. Este era un cubano compañero de la universidad de Fidel y de la invasión frustrada de Cayo Confites.

La invasión iba a coincidir con varios alzamientos locales, pero por falta de coordinación no ocurrió. El primer movimiento en tierra llamado la Rebelión de Tute ocurrió el 3 de abril de 1959. Este pequeño grupo fue controlado fácilmente por la Guardia Nacional. El 19 de abril, una agrupación encabezada por Roberto Arias desembarcó en la playa Santa Clara en el Golfo de Panamá y fue capturada. Roberto Arias terminó asilándose en la embajada de Brasil. El 25 de abril los tripulantes enviados por Fidel se acercaron a la playa San Blas en el Atlántico. Los invasores que venían a bordo del barco Mayarí lanzaron barcazas que naufragaron en los riscos de la playa. Para la vergüenza de Fidel, su invasión tuvo que ser rescatada por buques de la Marina de guerra norteamericana. Panamá denunció la invasión a la OEA y esta envió una comisión al istmo.

Entretanto, el grupo invasor encabezado por Cesar Vega estaba detenido por los americanos y se vieron obligados a entregarse a la OEA para recuperar su libertad. Mientras esto ocurría, Fidel Castro se hallaba de viaje en los EEUU y tuvo que enviar dos altos oficiales del ejército rebelde a parlamentar con los norteamericanos y la OEA con el fin de rescatar a los sobrevivientes de la desastrosa expedición. Esta intentona fue una improvisación que terminó sin pena ni gloria.

Aunque parezca exagerado, es un hecho comprobado que los intentos de intervención extranjera realizados por Fidel (desde que tomó el poder) han sido

GENERAL CARLOS PEÑALOZA

más numerosos que las intervenciones norteamericanas en Latinoamérica en ese mismo período. En todas las tentativas en que Fidel empleó la fuerza militar fue derrotado. Paradójicamente, los triunfos recientes de algunos seguidores como Hugo Chávez fueron alcanzados a través de los votos en países democráticos.

Esta fue la primera batalla extranjera del dictador cubano luego del Bogotazo. También fue el primero de una serie de fracasos que han jalonado la carrera expansionista del dictador cubano. A partir de la derrota ante Trujillo, Fidel empezó a desarrollar una maestría especial para convertir sus derrotas en victorias o achacárselas a otros.

Invasión a Nicaragua

En 1956 cuando Fidel se encontraba preparando su expedición en México se reunió con Carlos Fonseca Amador, quien era un comunista que había conocido a Raúl Castro en Moscú en 1952. En esa oportunidad Fidel y él se pusieron de acuerdo para ayudarse mutuamente en caso de que alguno de ellos alcanzara el poder. Poco después del triunfo de Fidel acudieron a La Habana a solicitar ayuda dos grupos nicaragüenses. Uno estaba dirigido por el anticomunista Pedro Joaquín Chamorro y el otro era el grupo comunista liderado por Carlos Fonseca Amador. En esa oportunidad Fidel decidió apoyar a los marxistas.

El 28 de mayo de 1959 un buque de transporte cubano desembarcó un alijo de armas en Nicaragua que fue entregado a las guerrillas comunistas. Tres días más tarde Fidel envío un avión de transporte a Punta Llorona. A bordo iban Fonseca y un grupo de comandos cubanos junto a 5 toneladas de armas y municiones. En tierra lo esperaban 75 guerrilleros nicaragüenses que se equiparon con el alijo enviado por Castro. Una vez dotados se pusieron en marcha hacia Chontales y Matagalpa.

El dictador Somoza reaccionó con rapidez y la Guardia Nacional de Nicaragua rechazó con facilidad esta invasión. Años más tarde Fonseca se convertiría en el principal líder sandinista hasta su muerte en 1976.

Invasión a Republica Dominicana

Poco después de asumir la presidencia, los servicios de inteligencia informaron a Betancourt que un grupo de estudiantes venezolanos habían viajado a Cuba a entrenarse para invadir República Dominicana bajo la dirección del comandante izquierdista Jiménez Moya. Betancourt conocía al dominicano Jiménez desde 1945 cuando él y Juan Bosch vinieron a pedirle apoyo para invadir a su país. En esa época movilizó sus influencias en la Legión del Caribe y con el aporte mayoritario de Venezuela preparó en 1947 la abortada expedición de Cayo Confites.

Luego de la caída de Pérez Jiménez, el comandante dominicano volvió a hablar con Rómulo para proponerle una nueva invasión contra Trujillo. La incursión partiría de Venezuela luego de que Betancourt ganara las elecciones que se harían en diciembre del 58. Rómulo, que conocía las difíciles condiciones económicas que atravesaba el país, le respondió con franqueza que no estaba en condiciones de apoyarlo. Esta contestación llevó a Jiménez a ofrecerle sus servicios a Fidel en la Sierra Maestra en diciembre de 1958. A Fidel le encantó la idea y le pidió que se incorporara a la guerrilla. Además le prometió que lo iba a apoyar después del triunfo.

Jiménez fue infiltrado clandestinamente en Cuba, en diciembre de 1958, junto con Manuel Urrutia a bordo del avión venezolano procedente de Caracas. Esta aeronave era la misma que había sido utilizada para transportar armas a la Sierra Maestra. El director de inteligencia militar le mostró a Betancourt una copia de la factura de compra del avión. La misma fue cancelada con un cheque personal del capitán de corbeta Abdelnour Mussa, uno de los edecanes de Wolfgang Larrazábal. Betancourt había suspendido los envíos de armas a Cuba, pero ya no eran necesarios.

El apoyo a esa invasión fue uno de los requerimientos que Fidel le había planteado a Betancourt durante la visita a su casa siendo presidente electo. Dada la difícil situación económica por la cual atravesaba Venezuela, Rómulo le informó que no podía brindarle apoyo para invadir República Dominicana. Unos meses más tarde empezó a recibir informes de inteligencia. En ellos se indicaba que en algunas universidades, los partidos de extrema izquierda estaban reclutando voluntarios que serían enviados a Cuba para entrenarse con el fin de reditar la hazaña de la Sierra Maestra en las montañas venezolanas. El futuro lucía complicado, pero Rómulo no era un pusilánime. Si Fidel invadía Venezuela él iba a pelear. Este político combativo era el hombre indicado para dirigir a Venezuela y defender la democracia en esos tiempos borrascosos. Lo primero que debía hacer era nombrar a jefes militares capaces y leales para enfrentar esa amenaza.

Luego del desastre de la invasión a Panamá, Fidel estaba furioso. Esta operación debería borrar la mala experiencia en el istmo y demostraría su talento estratégico. Su rápida conclusión impulsaría su revolución en Sudamérica. El efecto dominó en las antiguas colonias españolas en América sería incontenible. El triunfo sería fulminante.

El derrocamiento de Trujillo sería un ensayo de su futura acción en Venezuela. Esta operación de menor escala le permitiría dar experiencia de combate a los nuevos reclutas venezolanos, a quienes enviaría para apoderarse de su país bajo el comando de oficiales cubanos. Luego de tomar Venezuela y asegurar sus recursos, iniciaría la conquista de Hispanoamérica empezando por Colombia o Panamá, y luego su revolución se extendería hasta apoderarse de Hispanoamérica. Lo que no pudo hacer Bolívar lo haría él. Por algo se llamaba Fidel Alejandro.

Mientras se preparaba, se dio cuenta de que necesitaba más recursos. Sin pensarlo dos veces, en un último intento para solicitar ayuda al odiado Betancourt, envió a Caracas a su ministro de la Defensa, el comandante Augusto Martínez Sánchez. La misión fracasó y Trujillo ya se había enterado de ella.

Pese al rechazo de Betancourt a su solicitud de apoyo para invadir República Dominicana, Fidel decidió seguir adelante con sus planes de invasión contra ese país. Al efecto, Castro trajo de Venezuela al grupo reclutado por Jiménez Moya. Cubrió los gastos de transporte, equipamiento y sostén de esos reclutas hasta terminar su entrenamiento. Para él mismo concentró este contingente en la Sierra Maestra con Jiménez Moya a la cabeza junto con un grupo de oficiales cubanos veteranos del ejército rebelde.

El 14 de junio de 1959, una invasión de tropas del Movimiento de Liberación Dominicana —con apenas 100 hombres comandados por Enrique Jiménez Moya y el cubano Delio Gómez Ochoa, apoyados por Fidel Castro— desembarcaron en los pueblos de Constanza, Maimón y Estero Hondo con el propósito de derrocar a Trujillo. El dictador estaba en cuenta de la invasión y los esperaba. Los invasores fueron exterminados, incluyendo a Jiménez Moya y a unos cien jóvenes venezolanos enrolados con él en Caracas. La estúpida misión de su ministro de la Defensa en Venezuela lo había dejado en evidencia.

Los invasores fueron aniquilados y masacrados. El parte de guerra de Trujillo fue de 217 enemigos muertos y ningún herido. El prestigio militar de Fidel seguía bajando. La presencia de un número importante de venezolanos en la fuerza invasora hizo creer a Trujillo que Betancourt era uno de los promotores y decidió vengarse a la brevedad posible.

Invasión a Haití

El día en que Fidel entró triunfante en La Habana fue abordado por Antonio Rodríguez Echezábal, quien era miembro del M26 (casado con una haitiana) y estaba conectado a la oposición anti-Duvalier en Haití. A raíz de ese breve encuentro, Fidel improvisadamente dio instrucciones que produjeron una alocada expedición para derrocar al dictador haitiano. Es increíble que este hombre ya estuviera exportando su revolución una semana después de bajar de la Sierra Maestra. En base a sus instrucciones verbales procedió al reclutamiento de varios centenares de haitianos que se colocaron bajo el mando del comandante Henry Fuentes y del capitán Ringal Guerrero. Esta pequeña fuerza desembarcó el 14 de agosto de 1959 en Haití. Ante este ataque, Duvalier movilizó a sus fuerzas y frustró la invasión. A continuación denunció el ataque a la OEA en la reunión de Santiago de Chile.

Pese a esta derrota, Fidel siguió obstinado en su idea de apoderarse de Venezuela para posteriormente tomar Hispanoamérica. Para eso tenía un gran plan en mente y el país de Bolívar sería solamente el aperitivo. Lo mejor era que había logrado que los soviéticos aceptaran canalizar su apoyo financiero a la operación a través de él. Esto le daba control sobre los comunistas venezolanos. A partir de ese momento esa dominación fue una constante fuente de conflictos.

Plan de conquista de Venezuela

La patria de Bolívar es un país más grande y con unas Fuerzas Armadas mejor organizadas y comandadas que las de Batista, pero Fidel se sentía muy seguro de que su triunfo iba a ser fácil y rápido. En ese país contaba con un arma secreta poderosa: su quinta columna de admiradores venezolanos.

Su visita a Caracas le había permitido corroborar que en ese país era más popular que el propio presidente Betancourt. Su célula del M26 lo tenía al corriente sobre el país. En ese teatro de operaciones, sus principales armas serían los mismos venezolanos. La juventud del PCV, AD y URD estaban hechizadas por él. Esta legión de seguidores en las ciudades apoyaría a los focos guerrilleros financiados por los soviéticos a través de él. Sus prosélitos facilitarían el derrocamiento de Betancourt y se apoderarían fácilmente del petróleo. La toma de Venezuela sería fácil y constituiría el preámbulo para su epopeya hispanoamericana. Venezuela le daría acceso a los recursos necesarios para acometer su plan imperial.

Luego de la humillación ante Betancourt, Fidel ansioso de retaliación quería aniquilarlo rápidamente. Con ese fin dio instrucciones a su Estado Mayor para actuar en la segunda mitad del año 1960. Su maniobra incluía varios desembarcos para establecer en las montañas cercanas a la costa los primeros focos guerrilleros. En 1961 la guerrilla tendría 3 o 4 frentes abiertos, lo cual le haría muy difícil al Ejército venezolano dividir sus fuerzas para enfrentarlos efectivamente. La estrategia propuesta asumía que Betancourt sería derribado en menos de dos años a partir del inicio de la ofensiva guerrillera. Para entonces Fidel había decidido que Fabricio Ojeda sería el jefe político de la operación y Douglas Bravo el jefe militar con Alí Rodríguez Araque como lugarteniente. Todos los frentes guerrilleros venezolanos tendrían oficiales y comisarios políticos cubanos. La guerra en Venezuela sería dirigida por Fidel desde La Habana.

A la caída de Rómulo este ejército rebelde remplazaría a las Fuerzas Armadas existentes. Básicamente el plan de Fidel era una copia al carbón de lo que había hecho en Cuba con la jerga propia del "Che". Estas instrucciones no cayeron bien entre los líderes comunistas venezolanos, quienes aspiraban a ser ellos los comandantes. Pompeyo Márquez, Guillermo García Ponce y Teodoro Petkoff, entre otros empezaron a murmurar ante esta decisión que los dejaba fuera de la línea de mando y de la línea de apoyo financiero de Moscú.

El plan de guerra contra Venezuela fue aprobado por Fidel en mayo del 59, antes de la debacle de República Dominicana. Cuando Fidel estaba listo para lanzar la invasión contra la patria de Bolívar, los soviéticos ordenaron esperar. La URSS decidió que había que mantenerse a la expectativa ante la inminente invasión de los exiliados cubanos apoyados por los EEUU. Fidel tuvo que cumplir la orden. El que controla el apoyo financiero es el que manda.

A falta de invasión, Fidel podría tener en jaque a los militares y a las fuerzas de seguridad de Betancourt. Todo ello mediante acciones de guerrilla urbana a través de las cuales se sublevan guarniciones militares con los topos de Douglas Bravo. Estas acciones menores irían debilitando el régimen mientras se desarrollaba y avanzaba la guerrilla rural que era su arma preferida. Cuando esta guerrilla estuviera en capacidad de lanzar operaciones mayores, de conquistar y mantener territorio liberado se convertiría en el ejército rebelde venezolano como él había hecho en Cuba.

Ante la demora impuesta por los soviéticos, Fidel decidió incrementar la relación con los comunistas venezolanos. La relación no se hizo con los jefes del PCV sino con los jóvenes seguidores de Fidel. Al efecto se realizaron una serie de encuentros en La Habana entre Raúl Castro, el "Che" Guevara, Carlos Rafael Rodríguez y Flavio Bravo (enlace del Buró Político con el Estado Mayor de Castro) con Douglas Bravo, responsable del brazo armado del Partido Comunista de Venezuela. Estas conversaciones, que se produjeron en febrero de 1959 causaron molestias entre los líderes del PCV.

Nuevas autoridades militares en Venezuela

Mientras Fidel arengaba a su Estado Mayor en su sala de operaciones en La Habana, Betancourt daba instrucciones a los organismos de seguridad y las Fuerzas Armadas para enfrentar la situación que tenía por delante. En ese momento la posibilidad de una invasión desde Cuba no la consideraba inminente. Las alusiones de Fidel a El Ávila como posible lugar para desarrollar una guerrilla venezolana le causaron mala espina, pero las consideró como fanfarronadas de un pedante.

Al tomar el poder, su primera prioridad estaba en controlar a los militares golpistas de derecha e izquierda que pululaban en las Fuerzas Armadas. El estamento castrense siempre ha sido una prioridad y un dolor de cabeza para los presidentes venezolanos. Su lealtad, o al menos su control, es indispensable para asegurarse de que el periodo presidencial sea completado felizmente. Rómulo lo sabía porque ya lo había experimentado en carne propia. El dicho popular venezolano "Los militares son leales al Gobierno hasta que dejan de serlo" era absolutamente cierto.

Acorde con esta tradición, los primeros miembros del Alto Mando (ministro de la Defensa y comandantes de fuerza) habían sido cuidadosamente escogidos para asegurarse de que no tuvieran tendencias golpistas. En el caso del comando de la Marina de guerra Betancourt no usó este expediente. Había prometido a Wolfgang Larrazábal mantener en ese cargo a su hermano Carlos, a quien le quedaban pocos años de servicio.

Wolfgang le recordó al presidente electo que su hermano se había alzado en 1945 a favor de la Revolución de Octubre que lideró el propio Betancourt. Además hizo énfasis en que Carlos había sido relegado por Pérez Jiménez, quien lo mantuvo alejado de la Marina durante trece años por no ser de confianza del dictador. Por último le dijo que el poder en la fuerza naval no estaba en manos del comandante general, sino en el del comandante de la flota que era su cuñado. El capitán de navío Ricardo Sosa Ríos era sin duda un oficial con credenciales democráticas.

En esa conversación, Wolfgang soslayó el hecho de que su hermano era un hombre de personalidad conflictiva, compadre de Pérez Jiménez y además poseedor de estrechos contactos con altos jefes del Partido Comunista. El amor fraterno es una fuerza muy poderosa. Wolfgang lo postuló por sus nexos familiares haciendo caso omiso de sus falencias. Abel terminó recomendando a Caín. Betancourt, por deferencia con Wolfgang que fue un demócrata cabal, aceptó a regañadientes su solicitud.

Los imperios sobre cuba

El apoyo soviético a Cuba para financiar el ataque a Venezuela empezó a fluir poco a poco en forma velada. Esta ayuda al comienzo no era suficiente para que Fidel pudiera adelantar en firme sus planes de expansión continental. Acatando las reglas no escritas de la Guerra Fría, el Kremlin puso condiciones y limitaciones a la gran estrategia de Fidel. El imperio soviético no estaba dispuesto a financiar la invasión a la principal fuente de petróleo del imperio norteamericano, hasta que Fidel no derrotara la invasión de los exiliados. Aparte de ese detalle a Khruschev le atraía el plan de Fidel, porque los soviéticos no aparecían involucrados. Fidel haría ver la invasión como una insurrección popular promovida por los comunistas venezolanos.

Khrushchev por razones tácticas seguía predicando la idea de la convivencia pacífica, pero tras bastidores desarrollaba un plan para intervenir en Latinoamérica. La idea de la convivencia pacífica postulaba que los dos grandes imperios (que se disputaban el mundo) mantenían áreas de influencia que debían ser respetadas para evitar un peligroso choque directo. Nikita mantendría esta postura hasta sentir que tenía fuerzas suficientes para retar al coloso americano. A partir de allí empezaría a avivar el fuego de la Guerra Fría.

Fidel estaba incómodo entre estas dos poderosas fuerzas que lo atenazaban y le impedían actuar. Por un lado los soviéticos no se decidían a financiar la conquista inmediata de Venezuela. Por el otro la intención norteamericana de invadir Cuba con los exiliados era cada vez más evidente. A comienzos de 1960 el presidente Eisenhower había ordenado a la CIA que iniciara la planificación para que una fuerza expedicionaria —integrada por fuerzas anticastristas del exilio cubano— invadiera Cuba para derrocar a Castro. Los soviéticos convencieron a Fidel de que la prioridad inicial era prepararse para resistir la invasión y que para ello le darían toda la ayuda necesaria. De modo que la expedición al país de Bolívar para establecer focos guerrilleros en sus montañas y remplazar su Gobierno con sus hombres en Caracas, tendría que esperar.

A fines de 1959 empezaron a llegar a Cuba los primeros contingentes de voluntarios venezolanos, que iniciarían entrenamiento militar para invadir Venezuela y derrocar a Betancourt. Fidel los acogió y entrenó, pero la necesidad de enfrentar la invasión anticastrista lo forzó a postergar sus planes de incursionar en Venezuela. Entretanto esos reclutas serían utilizados en la guerrilla urbana.

En el pensum del entrenamiento guerrillero, Fidel estableció como primer objetivo inculcar en los voluntarios el amor por una "patria grande". La "patria grande" es el nombre en clave de la versión castrista de la "Gran Unión

Hispanoamericana". Esta exégesis castrista del sueño de Bolívar y Miranda es una interpretación amañada. Fidel ha transfigurado el anhelo libertario de esos grandes próceres en un afán por crear un imperio comunista dominado por él. Luego de este adoctrinamiento "bolivariano" se procedía al entrenamiento militar propiamente dicho.

Al terminar su entrenamiento, los voluntarios iban regresando a Venezuela para ponerse a la orden de los comandos militares del PCV y del MIR. Algunos de ellos fueron enviados a abrir escuelas guerrilleras en varios estados de la república para servir de núcleos de los futuros focos. Otros se quedaron en las ciudades a la espera de órdenes. Paulatinamente estos jóvenes ansiosos por combatir empezaron a participar en asaltos a bancos, secuestros de personas, aviones y barcos e incluso actos terroristas y encuentros armados con la policía y el Ejército. Estas acciones dieron inicio a la lucha armada en Venezuela de manera incoherente y con pocos recursos.

Golpe de Castro León

Mientras los demonios de la izquierda radical revoloteaban en la mente de Fidel, el aquelarre de los militares de derecha venezolanos opuestos a la democracia se mantenía en ebullición. Este grupo poco a poco se iba extinguiendo ante la persecución implacable de Betancourt y la captación que los comunistas estaban haciendo a sus principales piezas. Los extremos se tocan.

El 20 de abril de 1960 el general retirado Jesús María Castro León se alza en la frontera con Colombia, donde se encontraba luego de abandonar el país tras el estallido de una crisis en las Fuerzas Armadas en 1958. El intento de golpe fue dominado con facilidad por tropas leales al Gobierno de Betancourt. Pese a que no hubo mayores consecuencias, la acción dejó claro que el sector militar seguía intranquilo. La agitación de la izquierda radical en las calles y los cuarteles iba en aumento. Incluso se corrían rumores de que algunos militares conspiradores de derecha habían sido reclutados por el partido comunista. Poco a poco el *putschismo* militar de derecha se fue minimizando mientras la extrema izquierda golpista crecía alimentada por el mito de Fidel.

Cabe recordar que Castro León (nieto del expresidente Cipriano Castro) fue un militar graduado como oficial de la fuerza aérea en 1928, y tres años después fue expulsado por conspirador. Luego se reintegró a las Fuerzas Armadas, obtuvo el grado de coronel y fue miembro del Estado Mayor Aéreo. En 1958 es detenido cuando se descubre que dirigía la conspiración de extrema derecha contra Pérez Jiménez. A la huida del dictador, Wolfgang Larrazábal lo designa como su ministro de la Defensa considerando su antigüedad. Y finalmente en 1960 con la invasión desde Colombia es derrotado, detenido y luego enjuiciado por rebelión militar. Es llevado a la prisión del cuartel San Carlos en Caracas donde muere.

Rumores de invasión a Cuba

El 24 de junio de 1960, al trasladarse al acto de conmemoración del Día del Ejército, un carro bomba (estacionado en el paseo Los Próceres de Caracas) explotó al pasar al lado de la caravana presidencial de Betancourt. El presidente salvó su vida, pero sufrió quemaduras en sus manos. Mientras que el jefe de la Casa Militar murió en el atentado terrorista. La investigación subsiguiente concluyó que el autor intelectual del intento de magnicidio fue el dictador dominicano Rafael Leónidas Trujillo.

El general Trujillo era un militar de extrema derecha y por lo tanto enemigo acérrimo de Betancourt y la democracia. Pero ese sanguinario tirano no era el único ni el principal enemigo del presidente de Venezuela. Un año después del atentado contra Betancourt, Trujillo fue asesinado en República Dominicana.

Los primeros seis meses de Betancourt como presidente de Venezuela fueron bastante agitados. El atentado de Trujillo le había infligido graves quemaduras. Los golpistas de derecha habían sido neutralizados, pero la agitación de la izquierda seguía en aumento especialmente entre la juventud de su partido. Por fortuna para Betancourt, en esa época Fidel tampoco las tenía todas consigo debido a la posibilidad de una invasión anticastrista.

Mientras avanzaba el segundo semestre de 1960, las noticias sobre los preparativos de una invasión a Cuba iban en aumento. Al iniciarse el entrenamiento de los venezolanos, Fidel empezó a recibir noticias inquietantes de sus agentes infiltrados en Miami. Los rumores de una posible invasión del exilio cubano iban en aumento y obligaron al líder cubano a cambiar sus prioridades.

Ya no podía concentrarse en promover focos guerrilleros o alzamientos en Venezuela. Ahora tenía que prepararse para enfrentar una posible invasión a su bastión caribeño. Esta amenaza hizo que durante la segunda mitad de 1960 Fidel se enfocara en el fortalecimiento militar interno en la isla. La invasión a Venezuela tendría que esperar.

El cambio de prioridades de Fidel le dio un respiro a Betancourt el resto del año. En ese periodo Rómulo dio inicio a los estudios para redactar una nueva constitución. Patrocinó el diálogo con los sindicatos, empresarios, militares y la iglesia para estabilizar el país que aún estaba en plena fermentación. En este lapso abundaron los rumores de golpes de Estado propiciados por grupos civiles y militares, que se negaban a aceptar el liderazgo de Betancourt.

A raíz del triunfo de Fidel, especialmente después de su visita a Caracas, la izquierda radical creció rápidamente entre los estudiantes en Venezuela. Los jóvenes comunistas empezaron a ver a la guerrilla como la vía más rápida y natural para llegar al poder mediante la violencia. La victoria de Castro los había inspirado con su voluntarismo en su gesta en la Sierra Maestra. Un amplio sector de jóvenes del partido AD había sido atraída fatalmente por Fidel, más por razones generacionales y románticas que ideológicas. El ejemplo del guerrillero cubano era contagioso y los jóvenes no deseaban esperar para tomar el poder.

La situación dentro de AD se fue haciendo muy tensa entre los viejos líderes y los cabecillas de la juventud que se consideraban fidelistas. Este escenario conflictivo desembocó en la expulsión del partido de varios dirigentes juveniles. Los jóvenes echados se pusieron de inmediato a la orden de Fidel, y muchos de ellos fueron reclutados por la rama fidelista del PCV integrada por Douglas Bravo, Fabricio Ojeda y Alí Rodríguez. Muchos de estos estudiantes fueron enviados a Cuba a recibir entrenamiento guerrillero. A fines de 1959 se marchan a la isla Fabricio Ojeda y Alí Rodríguez Araque comandando un contingente de jóvenes venezolanos que iban a recibir entrenamiento como guerrilleros. Entretanto, el otro mosquetero Douglas Bravo permaneció en Venezuela organizando las primeras escuelas guerrilleras en el país. Al regresar, los graduados en Cuba pasarían a ser instructores de estas escuelas alrededor de las cuales crecerían los focos subversivos que constituirían el ejército rebelde venezolano.

Simultáneamente, en Venezuela los comunistas iban infiltrando cada vez mas oficiales de las Fuerzas Armadas y los militares de derecha seguían conspirando. El futuro de Venezuela se estaba ensombreciendo. Pero Fidel tampoco las tenía todas a su favor. Ese semestre fue el único periodo más o menos sosegado de su Gobierno. Aunque él no lo sabía en ese momento, vendrían tiempos peores. Poco a poco los jóvenes que iban siendo entrenados en Cuba regresaban a Venezuela dispuestos al combate. Como la guerrilla rural había sido postergada a la espera de la invasión a Cuba, estos muchachos obnubilados por implantar el comunismo se dedicaban con brío juvenil a la guerrilla urbana. A fines de 1959 la situación no era del todo calmada y Betancourt no había sido forzado aún a decir a los militares "disparen primero y pregunten después". La conquista formal de Venezuela aún no había comenzado, pero las primeras escaramuzas se estaban produciendo.

Mientras se esperaba la llegada de los oficiales cubanos y de los guerrilleros venezolanos entrenados en Cuba, se empezaron a establecer escuelas guerrilleras que luego se convertirían en núcleos guerrilleros para formar los cuadros de la fuerza insurreccional. En 1960 ya existían escuelas de guerrilleros en los llanos de Apure, Lara, Turimiquire y Yaracuy. Más tarde se instalarían núcleos guerrilleros en Trujillo y Portuguesa. Otros núcleos fueron abiertos en Falcón (Frente José Leonardo Chirinos) y en los llanos (Frente Ezequiel Zamora). También se activó el núcleo del Frente Simón Bolívar. Paralelamente se creó la guerrilla urbana con la intención de conectarla con la campesina. Mientras se adelantaban los preparativos previos a la invasión de Venezuela, Fidel tomaba medidas para resistir la invasión de los exiliados cubanos.

CAPÍTULO 23

BAHÍA DE COCHINOS

La invasión a Venezuela

Luego de los descalabros en la primera mitad de 1959 con cuatro expediciones fallidas, Fidel centró su atención en el resto del año sobre Venezuela. Las denuncias ante la OEA, las duras críticas a su Gobierno dictatorial y la ruptura de relaciones diplomáticas decidida por Betancourt lo estaban convirtiendo en una figura conflictiva. La resistencia del PCV a obedecerle era un problema que debía solucionar. Su ventaja era contar con las juventudes del PCV, AD y URD.

A comienzos de 1960 la primera prioridad de Fidel era convertir Venezuela en un satélite cubano. Este país financiaría su proyecto y proveería la carne de cañón necesaria para alimentar su lucha. Él proveería su prestigio y liderazgo, además de una cuota importante de oficiales veteranos del ejército rebelde para comandar las operaciones. Una vez tomada, Venezuela usaría el país petrolero como cabeza de playa para lanzarse a la conquista de Hispanoamérica. Para el "iluminado" cubano esa era la menuda tarea que el destino le había impuesto.

Las amargas derrotas a manos de Trujillo, Somoza y Duvalier no fueron mencionadas nunca más. Ahora lo importante era pasar factura a Betancourt por haberse aliado con los gringos y convertirse en su enemigo mortal (en el de Fidel). Entretanto buscaría una alianza con los soviéticos que le brindarían el apoyo necesario mientras lograba controlar Venezuela. Era solamente cuestión de tiempo para lograr su propósito. Pronto los pensamientos optimistas de Fidel empezaron a sufrir los embates de la realidad al enterarse de que los norteamericanos estaban promoviendo una invasión de exiliados cubanos a Cuba. Estos planes promovidos por los yanquis ponían en el refrigerador temporalmente su gran plan de conquistar Iberoamérica.

El plan Pluto

Desde finales de 1959, la inteligencia castrista empezó a procesar información sobre una probable invasión de cubanos anticastristas exiliados. Era un plan encubierto y estaba siendo apoyado por los Estados Unidos. Era conocido como "Operación Pluto", y fue aprobado a comienzos de 1960 por el presidente Dwight Eisenhower con el objetivo de derrocar a Fidel Castro. El líder cubano estaba atento a la amenaza y ordenó al G2 cubano infiltrar al exilio anticastrista en Miami y Nueva York. De esta manera llegó a tener espías operando dentro del grupo que planificaba la expedición. A través de estos agentes, Fidel estaba al tanto de lo que estaba ocurriendo y pudo prepararse adecuadamente para contrarrestar la invasión.

A mediados de 1960 se inicia en Miami el proceso de recluta de voluntarios cubanos para la invasión, los cuales fueron enviados en forma encubierta a campos de entrenamiento de infantería en Guatemala. La instrucción especializada se hacía en otros países. Pese al esfuerzo por mantener el secreto, los espías de Fidel reportaban cada paso. Cuando se constituyó la brigada de asalto, los exilados la bautizaron Brigada 2506. El plan preveía un desembarco en las montañas del Escambray en una cabeza de playa fácil de defender y con un vía de escape hacia las montañas, donde existía una guerrilla antifidelista activa.

Ante la inminencia del ataque, Fidel logró que la ayuda soviética se materializara ofreciendo establecer una alianza contra los EEUU. Al efecto, en febrero de 1960 Anastas Mikoyan, el vice primer ministro soviético visita La Habana y concede un crédito de cien millones de dólares. Fue el primero de una serie de grandes préstamos que se convirtieron en un subsidio a cambio del derecho a utilizar la isla como una base militar soviética. A partir de ese momento los soviéticos empezaron a equipar a Fidel con las armas necesarias para rechazar la invasión de los exiliados. Gracias al copioso apoyo soviético había tanto armamento disponible en la isla, que el "Che" Guevara propuso armar a todo el pueblo en una milicia para enfrentar a los invasores junto al ejército rebelde.

Mientras los americanos preparaban la invasión a Cuba, el "Che" Guevara visitó China y la Unión Soviética. A su regreso a La Habana escribió el libro *Guerra de Guerrillas,* en el cual argumenta que es factible exportar la revolución cubana a otros países. Esa idea fue adoptada de inmediato por Fidel, porque armonizaba con su proyecto de tomar Hispanoamérica.

Elección de Kennedy

A finales de 1960 John Fitzgerald Kennedy, el candidato del partido demócrata, ganó las elecciones presidenciales. Este triunfo obligó a los planificadores de la "Operación Pluto" a postergarla hasta que el nuevo presidente asumiera el mando y diera sus instrucciones.

En enero de 1961 Kennedy ocupa la presidencia. Una de las primeras acciones de su administración fue echar a un lado el viejo plan de invasión elaborado por órdenes del general republicano Eisenhower. El nuevo grupo de planificación rechazó el antiguo concepto estratégico original introduciendo cambios drásticos para asegurarse de que la operación tuviera pocos testigos. Las alteraciones incluían una nueva área de desembarco en Bahía de Cochinos. Este lugar era más remoto que el previsto inicialmente, el cual estaba alejado de lugares poblados y no era el más adecuado desde el punto de vista militar. El nuevo plan pasó a llamarse "Operación Zapata". En marzo de 1961 se integró el Consejo Revolucionario Cubano encabezado por José Miró Cardona, quien fue nombrado jefe del gobierno cubano posinvasión. Todo este proceso retardó la invasión dando tiempo a Fidel de apertrecharse con el apoyo soviético.

Explosión de La Coubre

El 4 de marzo de 1960 ocurrió un grave acto de sabotaje en el puerto de La Habana con características semejantes a la explosión del Maine en el mismo sitio en 1898. Dicha explosión fue el catalizador de la guerra entre Estados Unidos y España.

El buque de carga francés La Coubre explotó mientras descargaba 76 toneladas de munición proveniente de Bélgica. La detonación causó cerca de 100 muertes y 200 heridos. Fidel de inmediato atribuyó el supuesto atentado a la CIA, aunque nadie se atribuyó su autoría. La famosa foto del "Che" Guevara, de Alberto Korda fue tomada en el velorio de las víctimas de esta explosión.

Fidel predicó por los medios de comunicación que el atentado del Coubre había sido ejecutado por los gringos con las mismas intenciones con las cuales ejecutaron la explosión del Maine: tener una excusa para invadir Cuba. Este incidente contribuyó para que Fidel se entregase totalmente en brazos de los soviéticos. El 8 de mayo de 1960, Cuba restablece relaciones diplomáticas con la Unión Soviética y luego con las demás repúblicas del imperio comunista. Simultáneamente se aceleraron las expropiaciones, confiscaciones y otros ataques contra la propiedad privada. La explosión de La Coubre fue utilizada hábilmente por Fidel para consolidar la revolución.

Primera división de AD

Mientras Fidel entra en una alianza con la URSS, en abril de 1960 la juventud izquierdista venezolana perteneciente al partido AD del Gobierno decide separarse. En el mitin del 11 de abril de 1960, en el Nuevo Circo de Maracaibo, Domingo Alberto Rangel y Américo Martin (dos jóvenes líderes de AD) hicieron duras críticas al Gobierno de Betancourt al punto de que el Tribunal Disciplinario los expulsó. Seguidamente la expulsión se extendió a todo el buró juvenil incluyendo a Rómulo Henríquez, Rafael Muñoz, Freddy Melo, Moisés Moleiro, Jesús Petit y Héctor Pérez Marcano.

Pese a que Fidel representaba la izquierda borbónica imperial o napoleónica, los jóvenes se fueron tras él porque representaba el símbolo heroico y romántico de la revolución. La situación se hizo tan tensa que obligó a las autoridades del partido a expulsar a otros dirigentes juveniles partidarios de Castro. Un grupo de estos jóvenes integrado por Domingo Alberto Rangel, Gumersindo Rodríguez y José Rafael Muñoz fundaron el Movimiento de Izquierda Revolucionaria (MIR).

El MIR desde su fundación declaró ser un partido marxista cuyo objetivo era hacer una revolución con un programa antimperialista y anticapitalista.

Tan pronto se creó este partido, sus activistas empezaron a realizar acciones violentas de calle y eventualmente establecieron sus propias guerrillas subordinadas a Fidel, quien aún no se había confesado marxista públicamente. Las guerrillas controladas por el MIR fueron bautizadas como FLN.

Mientras Fidel estaba ocupado tratando de organizarse para repeler una posible invasión, la izquierda radical venezolana estaba muy activa promoviendo actos terroristas. Acciones de violencia se empezaron a desarrollar en el país, pero sin obedecer a un plan coherente. Muchos jóvenes izquierdistas entrenados en Cuba andaban alzados en las calles, pero sus acciones no eran organizadas y su efectividad era baja. El pueblo no los siguió porque eran vistos como zagaletones ruidosos. Por eso los bautizaron como "cabeza calientes" sin darles mayor relevancia.

El primer paso formal dado por Fidel en Venezuela, dentro del desarrollo de su gran plan, fue la creación de varias escuelas guerrilleras que iban a ser dirigidas por los estudiantes entrenados en Cuba. La primera escuela se fundó en 1959 en Camunare (en el estado Yaracuy) y luego se fundaron escuelas en 1960 en La Azulita (en Mérida) y en Turimiquire (en Sucre).

La intención de Fidel era crear varios focos guerrilleros en Venezuela, siguiendo la idea del foquismo del "Che" Guevara. Cuando los focos estuviesen bien establecidos, el PCV promovería una sublevación en las principales ciudades para mantener ocupadas a las Fuerzas Armadas. Mientras esto ocurría, el ejército guerrillero bajaba de la montaña para tomar las regiones petroleras creando zonas liberales y cortando el flujo de recursos al Gobierno. Este corte de la renta petrolera haría incontrolables las ciudades y llevaría al colapso al régimen de Betancourt. Al final, Venezuela caería como una fruta madura en manos de Fidel. Con los fondos del petróleo bajo su control, Castro podría iniciar la creación de su imperio mediante la expansión de su revolución.

El plan de Fidel en Venezuela se fue retardando, porque seguía esperando una invasión a Cuba que no llegaba, y no podía dedicar recursos a la conquista de este país. Además, Fidel se estaba dando cuenta de que su plan tenía una falla evidente: las Fuerzas Armadas venezolanas eran más profesionales y estaban mejor entrenadas y equipadas que las de Batista. Por estas razones, durante el periodo comprendido entre 1960 y 1962 el esfuerzo revolucionario en Venezuela se fue encauzando en forma desorganizada hacia acciones diferentes al foco guerrillero postulado por el "Che". Ese enfoque (destinado a apoderarse de Venezuela) no estaba funcionando.

Posición del PCV

Ante la inestable situación existente, luego de la caída de Pérez Jiménez, los comunistas venezolanos (siguiendo los consejos de los soviéticos) decidieron jugar un papel conservador. Caído Pérez Jiménez, el PCV había sido relegado. Al asumir Betancourt la presidencia, su hostilidad con los comunistas se puso de manifiesto. Ante esta situación, el comité central del PCV empezó a hablar de "insurrección popular" y la necesidad de establecer un "nuevo régimen". Esa prédica tenía un problema, porque la bandera de la violencia ya había sido tomada por Fidel y el líder cubano tenía serias diferencias con el partido comunista. En el trasfondo, el motivo central de la divergencia era quien iba a controlar los recursos provenientes del apoyo soviético. Esta expectativa llevó al PCV a aliarse con el PCV y rechazar los intentos de control de Fidel.

En 1960 el III Congreso del PCV se adhirió cautelosamente a la I Declaración de La Habana, pero sin declarar la necesidad de la lucha armada. La separación del MIR y las insurrecciones militares en 1962 fueron atrayendo a los jóvenes del PCV a la violencia y dando paso al temido fraccionalismo, pero aun así mantuvieron su posición moderada.

En 1962 después de que Fidel se declaró marxista lanzó la II Declaración de La Habana tratando de incorporar a los partidos comunistas de Latinoamérica en la lucha armada. En esa oportunidad solamente el PCV se comprometió en esa causa. En 1963 la Declaración Conjunta soviético-cubana estableció un modus vivendi dejando que cada partido comunista local escogiera el camino de la vía pacifica o la violencia como lo considerara conveniente.

Fidel se cubre de gloria

El 12 de abril de 1961 los soviéticos enviaron el primer cosmonauta al espacio exterior de la Tierra a bordo de la nave Vostok 1. Este hecho llenó de júbilo a Fidel a pesar de que tenía la invasión de los exiliados a las puertas de su ciudadela. La proeza tecnológica soviética le indicaba que había escogido a los aliados correctos. La URSS estaba más adelantada técnicamente que los EEUU y era solamente cuestión de tiempo para que se adueñaran del mundo. Con ellos estaba bien asociado y pensó que podría convencerlos para terminar la conquista de Venezuela. Mientras Yuri Gagarin le daba vueltas a la Tierra, él se preparaba para enfrentar a los exiliados en Playa Girón. Tenía información completa sobre esa invasión y disponía de suficientes armas y tropas para derrotarlos fácilmente.

El 13 de abril de 1961 Radio Moscú transmitió un alerta anunciando la invasión. El desembarco en Playa Girón ocurrió cuatro días más tarde. La información era correcta, lo que no sabían los rusos era que los asesores de Kennedy habían logrado convencer al presidente para que redujera a menos de la mitad el apoyo aéreo que se había prometido. Gracias a la infiltración en sus filas y a las desastrosas decisiones del Gobierno norteamericano la fuerza invasora fue conducida al matadero. En esa decisiva batalla se enfrentaron 1400 exiliados cubanos contra una fuerza conjunta de unos 20 mil hombres del ejército rebelde y la milicia cubana. Las fuerzas de Fidel estaban dotadas de tanques y artillería soviética. Su aviación, aunque reducida, contaba con aviones de combate a reacción contra los anticuados aviones a hélice de los invasores. Con esa disparidad de fuerzas la contienda estaba decidida antes de iniciarse.

La alerta temprana y el copioso armamento suplido por los soviéticos —más el fiero nacionalismo antinorteamericano— inculcado por Fidel, permitieron derrotar la invasión con facilidad. La victoria de Fidel fue inevitable. Sus tropas eran mucho más numerosas, estaban mejor armadas, más motivadas y tenían mejor información que las del exilio. El apoyo aéreo a la cabeza de playa fue casi nulo, porque la obsoleta y poco numerosa fuerza aérea invasora fue destruida rápidamente por los aviadores fidelistas. La invasión fue un desastre que cubrió de gloria a Fidel. Pese a la abrumadora superioridad fidelista debe reconocerse que ambos bandos lucharon valerosamente y dieron lo mejor de sí.

La derrota de los anticastristas se vio como una victoria de David sobre Goliat. El mito de Fidel siguió creciendo alimentado con el triunfo, el carisma y la propaganda. El fidelismo siguió espumando gracias al sentimiento antinorteamericano, pese a la conversión del caudillo al comunismo que impulsó la salida masiva de nuevos exiliados. El brillo del triunfo militar opacó el empobrecimiento de la patria de Martí.

El teniente Del Pino

En la invasión de Bahía de Cochinos se distinguió brillantemente el teniente Rafael del Pino, un piloto de la Fuerza Aérea castrista. Durante los tres días de lucha en la cabeza de playa este oficial voló 25 misiones de combate piloteando un avión de ataque a reacción Lockheed T-33 Shooting Star. Durante este breve periodo, hundió casi la mitad de los barcos de transporte enemigos y derribó dos aviones bombarderos bimotores a hélice Douglas B26 que apoyaban la invasión. Al terminar las acciones fue declarado uno de los "héroes de Playa Girón".

El teniente Del Pino no solamente se distinguió en Playa Girón en 1961. A finales de 1957 había sido uno de los agentes del M26 infiltrados clandestinamente por Fidel en Venezuela. Este grupo fue escogido cuidadosamente por Fidel Castro en la Sierra Maestra para infiltrar las fuerzas de choque de la resistencia venezolana contra Pérez Jiménez. La idea era ganarse a los líderes de la resistencia con su capacidad de combate para servir de enlaces con el nuevo Gobierno venezolano después del derrocamiento del tirano.

En Caracas, junto con otros cubanos pertenecientes a la célula secreta del M26, se unió a la resistencia y se ubicó cerca de Fabricio Ojeda y Douglas Bravo. El 23 de enero cuando trató de entrar al Palacio de Miraflores con las fuerzas de choque comunistas fue herido de bala. Luego de ser atendido en el Hospital Militar fue enviado a la Sierra Maestra en el puente aéreo que estableció Wolfgang Larrazábal para llevar armas a Fidel. Una vez en Cuba, el audaz teniente se integró a la guerrilla y acompañó a Fidel hasta La Habana. Allí, en premio a su valor, fue designado por Fidel (en 1959) para entrenarse como piloto de aviones de caza. Posteriormente este oficial hizo una carrera brillante y alcanzó el grado de general. En 1987, siendo comandante de la fuerza aérea rebelde, Del Pino huyó de Cuba y se asiló en los Estados Unidos.

Esta victoria fácil mitificó la figura de Fidel en Hispanoamérica, quien la hizo ver ante el mundo como un triunfo del David hispanoamericano sobre el Goliat norteamericano. Esto no era cierto, porque en el teatro de operaciones las tropas de Fidel superaban más de 10 a 1 a las anticastristas y tenían dominio aéreo total. La verdad es la primera baja en una guerra. Pese a que este desembarco no puede considerarse como un clásico de la guerra, hay que reconocer que sirvió para consolidar a Fidel en el poder y estrechar su alianza con los soviéticos.

La historia la escriben los ganadores. La obligada victoria de las tropas de Fidel en Bahía de Cochinos fue convertida en la apoteósica victoria de Playa Girón. Fidel se convirtió en el titán de los comunistas hispanoamericanos. Era el hombre destinado por los dioses para derrotar a los gringos. Esta gloria le permitió enfocar su energía en la conquista de Venezuela.

A mediados de 1961, los pocos focos guerrilleros establecidos se encontraban estancados o habían sido aniquilados por el ejército venezolano. Ante la debacle en las montañas, muchos jóvenes revolucionarios entrenados en Cuba se habían lanzado a una enloquecida guerrilla urbana, en la cual fueron diezmados. Entretanto, los militares de izquierda infiltrados en las Fuerzas Armadas estaban empezando a agitarse y los militares golpistas de derecha empezaron a conectarse con los comunistas. Todos buscaban derrocar a Rómulo Betancourt a como diera lugar.

Alianza para el progreso

El fiasco de Bahía de Cochinos es atribuible en su totalidad a los norteamericanos. Los asesores de Kennedy tergiversaron el plan y lo convirtieron en algo inservible, porque el proyecto era de los republicanos y no podía ser bueno. Luego del desastre vinieron los demócratas con un plan de carácter humanitario en lugar de un plan de guerra. Como una especie de mea culpa los gringos inventaron al mes siguiente la "Alianza para el progreso", que fue un programa social creado para combatir el hambre y la miseria en el hemisferio, que según ellos eran las causas del crecimiento comunista en dicha región. La diagnosis fue medianamente acertada, pero el tratamiento no fue adecuado. El hambre y la miseria continuaron campantes. El resultado fue que Fidel salió fortalecido.

Una vez pasada la esperada invasión de los anticastristas, Fidel tenía el campo libre para volver a su viejo plan de conquistar Venezuela. El fácil triunfo sobre los anticastristas lo hacía sentir fuerte y optimista. Su imagen como guerrero imbatible se había consolidado. Solamente le faltaba la ejecución de la siguiente etapa de su gran designio: la toma de Venezuela.

Después de varios años de abandono, el proyecto de sembrar focos guerrilleros en Venezuela y esperar su desarrollo parecía que iba a tomar largo tiempo. Fidel es un hombre impetuoso y poco paciente. Las esperanzas interminables no le atraen. Él quería su revolución ya. Para acelerar la caída de Betancourt debía haber un atajo. De ese pensamiento salió el nuevo plan estratégico: Crear un ambiente prerevolucionario en Venezuela que incluyera continuas acciones violentas en las ciudades para mantener en jaque el Gobierno a través de la guerrilla urbana. Entretanto se adelantaban conspiraciones militares para organizar golpes de Estado con militares de izquierda, conjuntamente con la instalación de los primeros focos guerrilleros. Al darse las condiciones objetivas (aunque las guerrillas no estuvieran totalmente operativas) se convocaría una huelga general seguida por insurrecciones militares. En ese momento la guerrilla bajaría como una tromba de las montañas para asestar el golpe mortal al Gobierno.

Este plan requería disciplina, organización y unidad de mando, lo cual no existía en el heterogéneo movimiento revolucionario venezolano. Varios grupos anárquicos trataron de actuar por su cuenta sin seguir las directrices de Fidel. Estos esfuerzos dislocados no tuvieron mayor consecuencia y más bien debilitaron el movimiento insurreccional.

En mayo de 1961, Cuba en respuesta a la Doctrina Betancourt, declara la isla como Estado socialista unipartidista y elimina las elecciones democráticas. En esa oportunidad Castro dijo: "La revolución no tiene tiempo para elecciones. Si a Kennedy no le gusta el socialismo a nosotros no nos gusta ni el imperialismo ni el capitalismo".

A partir de ese momento Cuba se convierte en un satélite del imperio soviético. El dictador cubano había logrado negociar con Khrushchev que los fondos asignados por la URSS —para cubrir los gastos de las operaciones insurreccionales orientados a la conquista de Venezuela— pasaran por sus manos. Este cambio en el flujo de fondos transformó de hecho a los comunistas venezolanos en subordinados de Fidel. A los venezolanos no les gustó esa decisión, que de hecho convertía a Fidel en su amo. Gustavo Machado conocía bien a

Fidel y no estaba de acuerdo con esa medida de los soviéticos. Esa decisión fue la causa del fracaso de la toma de Venezuela.

El Barcelonazo

Poco después de Bahía de Cochinos, con la guerrilla urbana en su apogeo, el monotemático Fidel trató de resucitar su plan de repetir la experiencia guerrillera en Venezuela. Para entonces, los militares de ultraderecha y las células comunistas infiltradas en los cuarteles por Douglas Bravo habían decidido actuar conjuntamente por su propia cuenta. Para fines de junio ya tenían lista una primera intentona militar en Barcelona que eventualmente se iba a extender al resto de Venezuela.

El 25 de junio de 1961, un grupo de militares y civiles alzados, dirigidos por tres oficiales derechistas, el mayor Luis Alberto Vivas Ramírez, y los capitanes Rubén Massó Perdomo y Tesalio Murillo, tomaron el Cuartel Freites de Barcelona. Este golpe, al igual que el del Guairazo, estaba conectado con otras unidades que decidieron a última hora no participar. En medio de una balacera que no quedó muy clara murieron 21 insurrectos, en su mayoría miembros de URD (partido socialdemócrata que simpatizaba con Fidel Castro). Extrañamente, en ese sangriento incidente no murió ningún soldado.

La izquierda ha reivindicado este golpe como un alzamiento de gente "progresista", que culminó en un vil fusilamiento. Para ellos las ejecuciones ordenadas por Fidel y ejecutadas por el "Che" sí fueron buenas, pero las del Barcelonazo eran malas por definición. Esta intentona muestra la existencia de relaciones cada vez más estrechas entre militares de derecha y los civiles izquierdistas. La mejor prueba de lo dicho es la cantidad de *blogs* comunistas contentivos de apologías al Barcelonazo que se hallan en Internet. A confesión de parte, relevo de pruebas.

Divisiones y focos guerrilleros

Luego de rechazar con éxito la invasión de Bahía de Cochinos, Fidel empieza de nuevo a retomar los hilos de su ansiada conquista de Venezuela. Los años de falta de dirección habían convertido ese país en un auténtico desorden revolucionario. Cada quien quería hacer la revolución a su manera y el resultado era un desorden bien organizado.

Pese al aluvión de alzamientos, guerrillas urbanas y rurales, secuestros, atentados terroristas y otras menudencias, el Gobierno de Betancourt seguía en pie. La derrota de la invasión de Bahía de Cochinos había subido las acciones de Fidel, pero en el resto de 1961 el dictador cubano (aunque gozaba de popularidad) no era una alternativa de poder en Venezuela.

A fines de diciembre de 1961 ocurren dos hechos de interés. El presidente Kennedy visita Venezuela y tiene una acogida muy diferente a la brindada al vicepresidente Nixon en 1958. Esto indicaba que el antiyanquismo venezolano no era tan visceral, sino que dependía del gringo a quien iba dirigido. Kennedy era un americano más digerible que Nixon.

Después de la partida de Kennedy se produce la segunda división de Acción Democrática entre la vieja guardia (dirigida por Rómulo Betancourt) y el grupo ARS (encabezado por Raúl Ramos Jiménez). Esta división no tiene nada que ver con los americanos, pero hace perder el control del Congreso al partido AD. Entretanto la izquierda seguía haciendo estragos en AD. Asumiendo que Betancourt se estaba debilitando, la izquierda militar empezó a conspirar.

A fines de 1961, siguiendo instrucciones de Fidel y con apoyo de la Unión Soviética, se inicia el proceso de creación de los focos guerrilleros venezolanos. Los núcleos de estas organizaciones empiezan a desarrollarse alrededor de las escuelas guerrilleras establecidas separadamente en 1959 por los diferentes grupos subversivos. EL PCV establece sus focos en las montañas de los estados Lara, Portuguesa, Yaracuy y Mérida. El Directorio Revolucionario Venezolano establece su núcleo en las montañas de Turimiquire (estado Sucre) y el Frente Unido de Liberación funda un foco en el llano. En pocos meses, ambos focos se convertirían en poderosas guerrillas que incendiarían la pradera en toda Venezuela. En La Habana, Fidel sonreía ladinamente imaginando que su plan era infalible. En ese momento Betancourt era para él menos que un cero a la izquierda.

Subversión en Venezuela en 1961

A fines de 1961 la policía política de Betancourt denominada "Dirección General de Policía (DIGEPOL) y el Servicio de Inteligencia de las Fuerzas

Armadas (SIFA)" empezaron a recibir abundante información sobre una conspiración militar centrada alrededor de la infantería de Marina. Las investigaciones indicaban que todas las pistas conducían al comando de la Marina de guerra, dirigido por el hermano del expresidente Wolfgang Larrazábal.

Ante el cúmulo de evidencias, Betancourt releva al vicealmirante Carlos Larrazábal del comando de la Armada y lo remplaza con su cuñado el contralmirante Ricardo Sosa Ríos. A fin de no crear alarma, espera a que el oficial investigado cumpla 30 años de servicio para pasarlo a retiro en forma administrativa sin escándalo, y sin propiciar un alzamiento entre sus seguidores. Este oficial almirante desarrolló una carrera militar poco ortodoxa y al final sus actividades conspirativas quedaron en evidencia.

Al terminar el año 61, además del conato de golpe en el Barcelonazo, la mayoría de los incidentes atribuibles a la subversión comunista fueron de carácter menor y no tuvieron coherencia dentro de un gran plan. La mayoría de estos sucesos fueron disturbios estudiantiles que incluyeron allanamientos a la Universidad Central. Entre los disturbios civiles más graves estuvo la toma de urbanizaciones populares de Caracas como el 23 de Enero, Lomas de Urdaneta y Propatria, donde se produjeron violentos encuentros entre el ejército y la policía con grupos de civiles armados.

Estas acciones de calle buscaban generar publicidad y elevar la temperatura política. En ningún momento estos hechos violentos pusieron en peligro la estabilidad del Gobierno de Betancourt. En 1961 Fidel aún no contaba con suficientes recursos para alimentar su proyecto, y los que poseía los tuvo que dirigir a enfrentar la invasión de Cuba. En la derrota de esta amenaza, la Unión Soviética jugó un gran papel y ahora con el acuerdo secreto de alianza con Cuba estaba en mejor posición para ejecutar su plan a partir de 1962. Betancourt debía prepararse porque Fidel había jurado derrotarlo.

El G2, obra maestra de Fidel

Desde antes de llegar al poder, Fidel Castro siempre se preocupó por proyectar una imagen mítica de hombre predestinado para grandes cosas. Luego de tomar el poder en 1959, con su carisma y verbo encendido antimperialista y anticolonialista, le fue posible transformarse en el paladín del tercer mundo.

Su nombre acaparaba los cintillos de la prensa mundial con una visión vengadora antioccidental entre élites intelectuales de izquierda, especialmente en América Latina y África.

Con gran talento histriónico y sentido de la oportunidad, este nativo de una pequeña y pobre isla del Caribe se convirtió en un icono mundial de la izquierda radical. Además de su gran capacidad de autopromoción, Fidel ha tenido una habilidad maligna que es justo reconocerle. En un país sin tradición de espionaje sofisticado, ha logrado desarrollar una maquinaria de servicios secretos de nivel mundial. Sin temor a exagerar es posible afirmar que el sistema de inteligencia cubano instaurado por Fidel es comparable al de la CIA, la KGB o el MOSSAD. Nadie sabe cuánto dinero cuesta mantener ese aparato de vigilancia, que solamente se justifica por el deseo de Fidel de establecer un imperio privado en Hispanoamérica.

Los servicios de inteligencia del G2 cubano son capaces de operar en casi todo el mundo ejecutando acciones encubiertas, falsificando documentos, entrenando agentes para infiltrar agentes en otros países, procesando un enorme cúmulo de información para obtener la inteligencia necesaria destinada a ejecutar acciones de penetración de Gobiernos, Ejércitos y partidos en otras naciones. Es la gran obra siniestra de Fidel. Esa gran empresa de espionaje no dejará nada al pueblo cubano una vez que Fidel cumpla su ciclo vital.

El G2 es la punta de lanza de su fuerza de choque, integrada por más de 50 mil personas especialistas en subversión e inteligencia que se ocupan de ejecutar acciones de infiltración, entrenamiento de guerrilleros y cursos políticos de adoctrinamiento comunista. Ya para fines de 1961 esta estructura estaba funcionando y generaba subversión y desestabilización en otros países, con foco especialmente en la América hispana. De esta manera Fidel se ha hecho un personaje influyente a nivel mundial. Pese a haber perdido el apoyo de los soviéticos en los años 90, Fidel ha logrado mantener la estructura del G2 hasta nuestros días.

CAPÍTULO 24

LA CONQUISTA DE VENEZUELA

1962, año de la insurrección

A partir de 1962, Fidel inicia el desarrollo de su plan de conquistar Venezuela. La invasión a Cuba había sido rechazada y el apoyo soviético estaba asegurado. Las acciones preparatorias habían sido cumplidas. La puesta en escena estaba lista y todas las piezas necesarias estaban en posición. Los núcleos de los futuros focos guerrilleros estaban instalados.

Las fuerzas de choque al mando de Douglas Bravo fueron rápidamente incorporadas y constituían buen material para la guerrilla urbana. En 1960 la escisión del MIR de AD trajo fuerzas adicionales. Los muchachos del MIR fueron bienvenidos, pues quedaron seducidos por la imagen guerrera de Castro y veían fácil repetir la hazaña de su héroe en la Sierra Maestra. El grupo de inmediato cayó bajo la influencia de Fidel. El control del PCV fue más difícil. Los viejos cabecillas estaban acostumbrados a recibir instrucciones y apoyo directamente de Moscú.

La aparición del joven Castro como tercera persona en el reparto de los favores soviéticos no les sentó bien. Esta situación creó problemas de administración de recursos, de comando y control. Fidel argumentó ante los soviéticos que las dificultades no eran mayores y serían fácilmente superables. En ese momento Fidel era una estrella en ascenso. El Kremlin aceptó sus argumentos y transfirió a través de él los fondos destinados al apoyo de la subversión venezolana.

Las principales divergencias eran ideológicas y financieras. Fidel no se había subordinado al Partido Comunista Cubano y lo había convertido en un apéndice del M26. En Venezuela quería que el PCV también se pusiera a sus órdenes. Los problemas financieros se hallaban en la forma en cómo el caudillo cubano distribuiría el apoyo soviético. A los venezolanos no les agradaba que Fidel se convirtiera en el intermediario entre ellos y los soviéticos, pero el mito de Fidel había obnubilado al Kremlin. Pese a las murmuraciones, Fidel logró que los soviéticos lo aceptaran como el comandante en jefe de la guerrilla venezolana desde La Habana.

Con los fondos que empezó a recibir de la URSS, a partir de 1959 Fidel estableció varias escuelas guerrilleras en Cuba, donde fueron entrenados varios centenares de voluntarios venezolanos y de otros países iberoamericanos. Posteriormente algunos de los guerrilleros entrenados en Cuba regresaban a formar escuelas de guerrillas como núcleo de los futuros focos. Otros se integraban a la guerrilla urbana. Todos los formados en Cuba habían sido adoctrinados para promover y obedecer la figura de Fidel por encima de los propios líderes locales.

Antes de la caída de Pérez Jiménez, las Fuerzas Armadas venezolanas habían sido infiltradas por Douglas Bravo. Con esas fuerzas (unidas a las guerrillas formadas en Cuba más las que estaban siendo entrenadas en Venezuela) todo estaba listo para iniciar la conquista de Venezuela. Solamente faltaba la orden de ataque.

El plan de campaña

El proyecto de Fidel era simple. Tomar Venezuela y, usando sus recursos petroleros, extender su revolución por el resto de Iberoamérica independizándose de los soviéticos. Cuando su espacio vital estuviera asegurado habría logrado su objetivo de establecer un imperio hispanoamericano. Con su *lebensraum* bajo control, Fidel podría iniciar la última fase del plan.

En 1962 tenía en mente ejecutar en Venezuela una gran maniobra insurreccional, que incluía el uso simultáneo de varias formas de lucha. Dichas acciones irían creando un ambiente preinsurreccional y eventualmente la presión continua dejaría al ejército disperso y exhausto. En ese momento se llamaría a una huelga general y la guerrilla bajaría de las montañas a las ciudades para darle la estocada final a Betancourt. La unión de la guerrilla urbana con la rural (junto con los militares de izquierda sembrados en las Fuerzas Armadas) produciría una insurrección imposible de derrotar.

El plan de campaña integraba bajo un solo comando los movimientos insurreccionales del PCV, MIR y los sectores izquierdistas de las Fuerzas Armadas Nacionales. La dirección local del movimiento estaría a cargo del comando de las Fuerzas Armadas de Liberación Nacional (FALN). El comandante en jefe sería el propio Fidel desde La Habana.

Con esta visión en mente, Fidel empieza a mover sus fichas sobre el tablero de ajedrez venezolano. A comienzos de 1962 pequeños grupos de estudiantes se desplazan hacia las montañas de occidente, oriente y los llanos occidentales. Muchos de ellos habían recibido entrenamiento guerrillero en Cuba, luego habían participado en la guerrilla urbana, toma de cuarteles y disturbios estudiantiles. Su misión era emplazar a los primeros focos de guerrilla rural e iniciar su desarrollo realizando operaciones limitadas de hostigamiento, emboscadas y combates de encuentro en su sector de responsabilidad. Al fortalecerse la guerrilla, se abandonaría la táctica de escaramuzas y se pondría en posición de apoyar con ataques mayores. Ya fortalecida saldría de sus enclaves para tomar territorio declarando las zonas liberadas.

La insurrección general de 1962 se iniciaría con una huelga general que sería seguida por un alzamiento militar y acciones de guerrilla urbana. La insurrección militar sería dirigida por el almirante Carlos Larrazábal. Al triunfar la revolución se formaría una Junta de Gobierno integrada por Carlos Larrazábal, Fabricio Ojeda y Douglas Bravo. Poco después, Cuba se integraría con Venezuela formando un solo país con Fidel como presidente del nuevo Estado-nación y Larrazábal sería el primer ministro.

Larrazábal descubierto

El plan de Fidel sufrió un serio contratiempo cuando las actividades de Carlos Larrazábal fueron descubiertas. Durante varios meses, los órganos de seguridad (DIGEPOL y SIFA) informaron al presidente Betancourt sobre la estrecha amistad entre el comandante de la Marina y algunos de los grandes jefes del partido comunista, entre los cuales estaban Gustavo Machado y activistas políticos de izquierda como Fabricio Ojeda. También había reportes de reuniones secretas con algunos oficiales izquierdistas de la infantería de Marina, que no dependían directamente del comando de la Armada. Betancourt estaba alerta, pero esperaba tener pruebas contundentes para proceder contra Carlos Larrazábal. La infantería de Marina no tenía fuerzas suficientes para enfrentar el Ejército

Luego de la invasión de Bahía de Cochinos, Betancourt empezó a recibir información más concreta sobre una célula comunista infiltrada en la infantería de Marina venezolana. Todos los indicios señalaban al almirante Carlos Larrazábal como la cabeza de ese grupo. Pese al cúmulo indiciario no había pruebas fehacientes para ordenar su detención. El almirante al verse vigilado empezó a retrasar sus planes.

Los jefes de la célula comunista de la infantería de Marina empezaron a incomodarse por la falta de acción e indecisión del almirante. La disculpa siempre era la misma: Carlos Larrazábal estaba siendo vigilado muy de cerca. El almirante no se podía mover o hablar sin ser seguido. El jefe de las fuerzas navales estaba como preso en el comando de la Marina, y lo peor es que no tenía poder directo sobre la flota. Carlos Larrazábal era un oficial de abordo, pero su centro de poder estaba en la infantería de Marina.

El verdadero poder dentro de la Marina de guerra estaba en manos del comandante de la flota, quien es el jefe de los buques de combate. Allí estaba su cuñado, el capitán de navío Ricardo Sosa Ríos —un oficial institucionalista enemigo declarado de los conspiradores de derecha o izquierda. Durante el Gobierno de Wolfgang, Sosa Ríos envió una carta alertando al presidente de la Junta sobre las reuniones secretas de Carlos con Gustavo Machado (jefe del PCV) y otros dirigentes comunistas en una oficina de la Intendencia Naval. Esta carta aparece en el libro *Mar de Leva*, de Sosa Ríos.

Pese a las señales de que algo extraño sucedía con el comandante de la Marina, Carlos Larrazábal continuó en su cargo estrictamente vigilado. Los servicios de inteligencia estaban obteniendo buena información a través de los teléfonos del almirante y acumulaban pruebas para detenerlo. A mediados de enero de 1962 corrió el rumor de que se esperaba un golpe militar para el 23 de enero. El alzamiento iba a coincidir con una huelga general de transporte. La inminencia del golpe, y los rumores que apuntaban hacia el jefe naval como el cabecilla, hicieron actuar al Gobierno y el golpe fue abortado.

A fines de enero de 1962, luego de iniciarse la huelga de transporte en el estado Táchira, Betancourt finalmente exigió a Carlos Larrazábal que solicitara su baja. El 31 de enero de 1962 solicitó su retiro alegando haber cumplido con sus 30 años de servicio. Ese mismo día, en forma altanera, entrega su cargo en un acto celebrado en el comando de la Marina, al cual asiste vestido de civil en señal de protesta. Al día siguiente atiende el acto de retiro en la Escuela Naval. A ese acto asistió Betancourt, y Carlos Larrazábal se presentó correctamente uniformado.

En declaraciones posteriores a la prensa, el almirante dijo: "Betancourt me botó de la Marina como a un cabo". Su sucesor el almirante Sosa Ríos acudió al acto de entrega del comando junto con los oficiales del alto mando naval correctamente uniformados. Nunca sabremos qué pasó por la mente del enigmático y huraño Carlos Larrazábal. Todo indica que era un hombre de izquierda, desde que estuvo preso en el Castillo de Puerto Cabello. Por razones desconocidas nunca intentó comandar personalmente un alzamiento militar. Tal vez, como buen marxista, estaba esperando que se dieran "las condiciones objetivas" y estas nunca le llegaron.

En 1962, luego del retiro forzado de su jefe Carlos Larrazábal, los miembros de la célula comunista infiltrados en la infantería de Marina empiezan a actuar por su cuenta. Sin esperar órdenes y sin coordinación alguna empiezan a alzarse al verse descubiertos. Los resultados fueron desastrosos y dejaron en evidencia la desorganización del movimiento.

Un mes después del retiro forzado del almirante Larrazábal, se produce el confuso incidente del Guairazo y estallan los movimientos insurreccionales del Carupanazo y el Porteñazo. La participación de Carlos Larrazábal en esas conspiraciones la confirma el capitán de fragata Pedro Medina Silva (un líder importante en el Porteñazo) en la entrevista que le hizo el exguerrillero comunista Armando "Chino" Daza (http://espanol.groups.yahoo.com/group/Movimiento13deabril/message/81109. En esa conversación Medina afirma que:

"A la caída de Pérez Jiménez Wolfgang Larrazábal fue el escogido para dirigir la junta. En ese entonces esperábamos que fuera Carlos Larrazábal y no su hermano Wolfang... Posteriormente cuando Rómulo Betancourt estaba caído, Carlos dijo que era necesario aplazar el golpe. Al año siguiente pidió la baja. Todos entendimos que se había rajado, dejándonos en la estacada."

Otro testimonio lo presenta el historiador de izquierda, Pedro Pablo Linárez en *La lucha armada en Venezuela*. En este libro, Linárez reconoce que Carlos Larrazábal fue un activo promotor de las revueltas del Guairazo, del Carupanazo y del Porteñazo mientras estuvo en servicio activo. En el volumen *Mar de leva,* del almirante Ricardo Sosa Ríos hay otros testimonios que indican claramente que Carlos Larrazábal estaba conspirando.

Manuel Quijada, uno de los políticos participantes en el Carupanazo hace otro señalamiento en el libro *La conspiración cívico-militar,* de Agustín Blanco Muñoz, así como en varias entrevistas. En ellos revela que Carlos Larrazábal y Pompeyo Márquez (líder del PCV) fueron los promotores de las insurrecciones del año 62. Cuando el almirante Carlos Larrazábal se fue de baja, el plan de Fidel quedó a la deriva y cada uno de los conjurados empezó a actuar por su cuenta.

La huelga de transporte

A comienzos de 1962, se giran instrucciones a las guerrillas para prepararse a apoyar las insurrecciones militares previstas ese año. En enero de 1962 la escuela guerrillera de Camunare (fundada en 1959), y el foco creado a su alrededor, recibieron órdenes de desplazarse hacia Cerro Azul, en las montañas de Aroa en el estado Yaracuy.

Las instrucciones constituían preparativos para colaborar con la insurrección prevista en las bases navales de Carúpano y Puerto Cabello. La guerrilla venezolana tenía la misión de apoyar estas operaciones.

El 23 de enero de 1962 estalla la huelga general de transportistas que había estado planeada en el estado Táchira. La idea original es que se fuera extendiendo hacia el resto de Venezuela, controlada por el PCV. Cuando la huelga se extendiera hacia Caracas, los militares insurrectos y la guerrilla urbana saldrían a la calle.

La insurrección militar contaba con el apoyo de la infantería de Marina de La Guaira, Puerto Cabello y Carúpano, junto con otras 32 guarniciones militares. La insurrección coincidiría con un estallido de violencia en las principales ciudades del país. El jefe del alzamiento sería el vicealmirante Carlos Larrazábal, el comandante general de la Marina. Ese día se cumplían 4 años desde que los comunistas fueron excluidos del poder, tras la caída de Pérez Jiménez.

En los días previos a la huelga, Carlos Larrazábal había estado muy vigilado y no se había comunicado con los demás conjurados. Los militares implicados (al no recibir instrucciones) deciden no actuar, pero los civiles encargados de la huelga ya la habían activado.

El Guairazo

El 28 de febrero de 1962 se produjo un confuso incidente en el Puerto de La Guaira. En esa fecha se desarrollaba la huelga de transporte público iniciada en el estado Táchira. En esa oportunidad, un numeroso grupo de militantes del PCV —dirigidos por Pompeyo Márquez y Teodoro Petkoff— se congregó frente al comando del Batallón de infantería de Marina Simón Bolívar en La Guaira.

Los congregados eran en su mayoría estudiantes de la UCV, quienes esperaban la entrega de un lote de armas, que les proporcionaría Víctor Hugo Morales, el capitán de corbeta que comandaba dicho batallón.

Durante las investigaciones se determinó que para ese día se había planificado un alzamiento. Este incluía los batallones de infantería de Marina ubicados en La Guaira, Puerto Cabello y Carúpano. A ellos se sumaba el batallón blindado Bermúdez en Caracas, así como el destacamento N° 99 de la Guardia Nacional en La Guaira.

La rápida reacción de las autoridades abortó el intento de golpe, y el comandante del batallón Víctor Hugo Morales fue separado de su comando para realizar investigaciones. Posteriormente fue dejado en libertad, pero no volvió a ocupar su cargo. Esa fue la primera acción del año insurreccional decretado por Castro. Increíblemente el capitán Víctor Hugo Morales, luego de ser interrogado, fue enviado a su casa sin vigilancia.

El Carupanazo

El 4 de mayo de 1962, se produce una revuelta militar dentro del cuartel del batallón de infantería de Marina de Carúpano, en el estado Sucre. El jefe de la insurrección fue el capitán de corbeta Jesús Teodoro Molina Villegas. Este oficial era familiar de los vicealmirantes Wolfgang y Carlos Larrazábal y había pasado largas temporadas en su casa en Carúpano. Molina había ingresado a la Marina de guerra como grumete a instancias de Carlos Larrazábal, luego de que este cumplió arresto en el Castillo Libertador de Puerto Cabello. Cuando el teniente de navío Carlos Larrazábal se alzó el 18 de octubre de 1945 contra el Gobierno del general Medina Angarita, Molina lo acompañó en ese golpe militar cuando ambos servían en la zona de pilotaje de Barrancas del Orinoco.

El Carupanazo fue controlado por el Gobierno. Molina Villegas confesó ser fidelista luego de ser detenido e interrogado. Cuando el ministro de la Defensa -el general Antonio Briceño Linares- anunció la filiación política del oficial insurrecto, el jefe de la Dirección de Inteligencia Naval -el capitán de navío Manuel Ponte Rodríguez- desmintió públicamente al ministro. Este capitán fue destituido inmediatamente, pues ya se le investigaba por sus actividades comunistas en la Marina. Pocos días después, Ponte dirigió el sangriento alzamiento del Porteñazo junto con Víctor Hugo Morales.

Entre los líderes civiles del movimiento, fueron detenidos los diputados Simón Sáez Mérida del MIR (quien había sido jefe de AD durante la resistencia contra Pérez Jiménez) y Eloy Torres, del PCV. Estas dos capturas confirman que la izquierda civil y militar estaba trabajando en forma conjunta bajo la dirección de Fidel Castro.

El Porteñazo

El 2 de junio de 1962, un grupo de oficiales que sentaban plaza en la base naval de Puerto Cabello —encabezados por el segundo comandante junto con oficiales que estaban siendo investigados por tendencias comunistas— se rebelaron contra el Gobierno. Entre estos últimos se encontraban el capitán de navío Ponte Rodríguez (exjefe de inteligencia de la Marina) y el capitán de corbeta Víctor Hugo Morales, quien había sido relevado de su comando a raíz del incidente del Guairazo. Morales tomó el comando del batallón de infantería de Marina en Puerto Cabello, luego procedió a liberar y armar a los guerrilleros presos en el Castillo Libertador. Estos guerrilleros fanatizados por el comunismo fueron los que posteriormente causaron y sufrieron la mayoría de las bajas del Porteñazo.

Al igual que en el Carupanazo, en el Porteñazo hubo participación de civiles del PCV y el MIR. Entre los políticos detenidos figuraron Teodoro Petkoff (del PCV) y Raúl Lugo Rojas (del MIR). El alzamiento fue muy sangriento. Se estima que hubo al menos 400 muertos, aunque algunas fuentes señalan que fueron más de mil cadáveres. Ambas rebeliones estaban planificadas para coincidir con la participación de unidades de otras fuerzas, pero gracias al buen trabajo de los servicios de inteligencia quedaron al descubierto y fueron obligadas a accionar separadamente. Pese a que estos dos intentos militares fueron cruentos, el alzamiento no desestabilizó al Gobierno ni afectó la moral de las Fuerzas Armadas. Los alzamientos revolucionarios cívico-militares de Carúpano y Puerto Cabello fueron derrotados. El descalabro obligó a cancelar los intentos de sublevación militar como atajo para la toma del poder, y forzó a los comunistas a intentar de nuevo el camino de la guerrilla.

Cambio de comandos

Luego del fracaso del Guairazo, empieza a estructurarse en las montañas de los Humocaros (entre Lara y Trujillo) un foco guerrillero del PCV dirigido por Argimiro Gabaldón y Gregorio Lunar Márquez. En esta época se empieza a organizar otro foco en el estado Portuguesa, en la zona de Cerro Negro y el Charal. El grupo estaba dirigido por Juan Vicente Cabezas.

La mayoría de estos focos guerrilleros fueron desmantelados por el Ejército a fines de abril de 1962. La única excepción fue el foco de la Sierra de Falcón, donde no hubo operaciones porque el ejército no había entrado con fuerza suficiente. En la zona hubo un breve encuentro, en el que fue herido y detenido el Chema Saher, quien era hijo del gobernador de ese Estado. La estrategia inicial con los focos en 1962 había fracasado, al igual que las insurrecciones militares, la guerrilla urbana y las huelgas.

A fines de 1962, luego de la debacle de la infantería de Marina, Fidel hace un reajuste en los mandos guerrilleros y restructura la organización. Era clara la necesidad de establecer un comando único de todas las fuerzas subversivas que incluyera a los militares. La idea de remplazar a Fabricio Ojeda como jefe político y a Douglas Bravo como jefe militar fue estudiada, pero no tenía con quien remplazarlos. Alí Rodríguez y los jóvenes líderes del MIR todavía no estaban listos para un comando superior. Pompeyo Márquez era viejo, Guillermo García Ponce y Teodoro Petkoff eran inteligentes y luchadores, pero tenían ideas propias y ansias de liderazgo que no le convenían. Américo Martín y Héctor Pérez Marcano eran muy jóvenes. Ninguno de los otros líderes tenía calibre para dirigir las operaciones en Venezuela. Fidel necesitaba seguidores. No rivales.

Fabricio había demostrado ser un gran admirador, pero sus capacidades de liderazgo eran limitadas, además tenía ciertas flaquezas humanas. A fines de 1961, Fidel había empezado a recibir informes sobre las actividades "extracátedra" de Fabricio Ojeda en los *cabarets* y hoteles de La Habana cuando viajaba a la isla. En Cuba, Fabricio era mejor conocido como el "Teniente Hilton". Este revolucionario *playboy* era un asiduo visitante del Tropicana, y resultó ser un político de salón y no un agitador como Fidel deseaba.

La relación de Fidel con los viejos líderes del PCV nunca fue buena. El cubano siempre maniobró para tratar de controlar a los dinosaurios comunistas venezolanos, pero encontró resistencias. En el fondo era una lucha por el control de los fondos que enviaban los soviéticos para promover la subversión. Luego de que el MIR se separó de AD y empezó a desarrollar su brazo militar, también entró en esta lucha por el control de los recursos.

El fracaso de las insurrecciones militares dejó claro a Fidel que el almirante Carlos Larrazábal no era un líder confiable. Este marino —que había sido crucial para el triunfo de Fidel en la Sierra Maestra— había sido muy bien recomendado por Gustavo Machado, pero no había dado la talla. Sería necesario buscar otros líderes militares para remplazarlo.

Creación de las FALN

En 1963 se pone en evidencia la decisión de la URSS de suspender el apoyo de la subversión en Venezuela. En ese momento se crean las FALN como brazo armado del Frente de Liberación Nacional. Este frente, y no el PCV, era la organización política que impulsaría la revolución. El objetivo sería la creación de una república hispanoamericana única. Las FALN fueron una asociación de los jefes militares alzados en Carúpano y Puerto Cabello (en 1962) con los comandantes de los frentes guerrilleros existentes y las Unidades Tácticas de Combate (UTC) de la guerrilla urbana. De acuerdo con el sueño de Fidel, la revolución tenía un carácter continental y era una lucha contra el imperialismo norteamericano inspirado por el ejemplo de Bolívar.

El acta constitutiva fue firmada por los siguientes personajes: el capitán de navío Manuel Ponte Rodríguez, el capitán de fragata Pedro Medina Silva, el capitán de corbeta Jesús Teodoro Molina Villegas, el mayor Pedro Vegas Castejón, el teniente coronel Juan de Dios Moncada Vidal, el mayor Manuel Azuaje, el comandante Douglas Bravo, el capitán Elías Manuit Camero y el comandante Juan Vicente Cabezas.

Era prácticamente imposible que un grupo tan heterogéneo tuviera capacidad de integrarse bajo una unidad de comando. Las FALN fueron una entelequia, o mejor dicho un saco de gatos que nunca funcionó como una organización militar disciplinada.

Entretanto (a partir de 1964) el PCV, atendiendo las órdenes soviéticas, empezó a gravitar hacia un cese al fuego en la guerrilla y hacia la búsqueda de la paz que le permitiera volver a la legalidad. Fidel en esa época aún se resistía al repliegue en Venezuela, porque creía que las divisiones de AD le estaban dando una buena oportunidad. Los líderes de la guerrilla venezolana también se opusieron a la tesis del repliegue. Decidieron integrar las FALN y las FLN en una nueva organización llamada FALN-FLN, que estuvo formada bajo el criterio "Los que hacen la guerra deben dirigirla" que tampoco fue un modelo de operatividad. Los nuevos mandos incluían a Douglas Bravo como comandante general, a Fabricio Ojeda como presidente del comité ejecutivo y a Américo Martín como secretario general.

El "embargo total" de Kennedy

Luego del Guairazo asume su cargo el presidente Kennedy y una de sus primeras medidas fue expandir el embargo dictado por Eisenhower contra Cuba. El embargo inicial se limitaba a la prohibición de venta de armas norteamericanas al Gobierno de Castro. La nueva medida ordenada por Kennedy incluía la prohibición a los norteamericanos de comercializar todos los productos hechos en Cuba, o que contuvieran materiales provenientes de la isla así fueran manufacturados en otros países. Este plan al comienzo podía afectar a Cuba porque realizaba la mayor parte de su comercio exterior con los EEUU, pero en poco tiempo podría remplazar a los norteamericanos con los soviéticos, europeos o asiáticos sin problema.

Este embargo se aplica solamente a los norteamericanos y por lo tanto no afecta para nada los productos provenientes de otros países. Fidel con gran sentido de la propaganda ha hecho creer al mundo que este embargo ha sido la causa de la ruina económica de Cuba. Desde el inicio de este embargo se exceptuaron de la medida las medicinas y los alimentos. En la actualidad el principal proveedor de medicinas y alimentos a Cuba son los Estados Unidos.

Fabricio Ojeda se va a la guerrilla

Luego del Carupanazo y Porteñazo, el Gobierno decreta la suspensión del PCV y el MIR. Con sus planes en desorden (luego del retiro del almirante Carlos Larrazábal) Fidel vuelve a centrar su foco en la promoción de las guerrillas rurales y urbanas. En estas circunstancias, Fabricio Ojeda renuncia al partido URD y a su curul de diputado en el congreso y se va a las guerrillas (en julio de 1962) para encargarse del comando del Frente Guerrillero José Antonio Páez.

Ojeda era más un político que un combatiente guerrillero. Era un hombre de ciudad, más intelectual que militar, no acostumbrado a las incomodidades de vivir al aire libre, en continuo movimiento y expuesto a persecución constante. La presión del combate fue demasiado para él, por eso el 13 de octubre de 1962 —después del bombardeo y persecución del ejército— se entrega mansamente a un campesino de la zona. En ese momento estaba corporalmente agotado y mentalmente derrotado. Al ser detenido, Fabricio fue enviado junto con otros guerrilleros a la cárcel de Trujillo.

En la Sierra de Falcón se instala (a fines de 1962) el Frente José Leonardo Chirinos, que abarcó los estados Falcón, Lara y Yaracuy. Fue dirigido desde Cuba y lo integraba miembros del PCV, MIR y militares izquierdistas. Entre sus líderes estaban: Douglas Bravo (nativo de la zona), Teodoro Petkoff y Alí Rodríguez Araque (ambos por el PCV), el Chema Saher (por MIR) y el capitán Elías Manuit Camero (desertor del Ejército venezolano). Douglas era el comandante del frente, pero desde el comienzo hubo intrigas y luchas intestinas por esa posición entre los elegidos por Fidel y los candidatos de los jefes del PCV.

Ese mismo año se instalan varios frentes guerrilleros adicionales. El Frente Simón Bolívar en los estados Lara y Portuguesa, comandados por Argimiro Gabaldón y Tirso Pinto Santeliz. El Frente José Antonio Páez en los estados Portuguesa, Trujillo, Barinas y Apure, dirigido por Fabricio Ojeda y Juan Vicente Cabezas. Fabricio Ojeda fue enviado allí para que se fuera fogueando antes de ocupar la alta posición que Fidel le tenía reservada.

Crisis de los misiles

En octubre de 1962 ocurre la crisis de los misiles soviéticos en Cuba. Este peligroso enfrentamiento internacional entre las dos grandes potencias mundiales fue ejecutado en conjunto con el Bloqueo de Berlín. Fue una de las mayores crisis de la Guerra Fría. Este grave peligro se generó por el descubrimiento de misiles nucleares soviéticos en Cuba el 15 de octubre de 1962. La crisis terminó en forma negociada el 28 de octubre de ese año con el desmantelamiento y retiro de dichas armas.

El grave incidente, que estuvo a punto de originar la Tercera Guerra Mundial, concluyó con un acuerdo secreto entre la Unión Soviética y los Estados Unidos. Este tratado incluía una cláusula, según la cual los norteamericanos se comprometían a retirar sus misiles nucleares de Turquía y no invadir Cuba. A cambio los soviéticos retiraron los misiles nucleares que habían instalado en la isla y suspendieron el apoyo a las operaciones desestabilizadoras de Castro en Hispanoamérica. Con el fin de honrar sus compromisos, los soviéticos ejercieron presión sobre Fidel para que cambiara de objetivo y se fuera a combatir al África. A este no le quedó más remedio que mover sus operaciones fuera de Suramérica para seguir recibiendo la subvención del Kremlin.

En 1962, la nueva aventura de Fidel se inicia adoctrinando e infiltrando agentes subversivos en el continente africano y entrenando en Cuba a terroristas de ese continente. En octubre de 1963 envía las primeras unidades militares cubanas a Argelia. Este fue el inicio de una serie de intervenciones en el continente negro. Fidel —al igual que Hitler— tenía ínfulas de estratega militar. Se divertía dirigiendo las operaciones militares a distancia clavando banderitas sobre mapas en su sala situacional en Cuba.

Castro hubiera preferido utilizar esos recursos para su invasión a Venezuela, pero el petróleo no constituía un interés vital para los soviéticos. Rusia era una gran productora de petróleo y para ellos Venezuela no era una prioridad. Ante esta realidad Fidel se mordió la lengua. Su gran proyecto estratégico tendría que esperar, porque el Kremlin era el que pagaba los gastos. Tendría que seguir siendo el modesto jefe de la legión extranjera soviética en África y el Medio Oriente, hasta que se apoderara de la patria de Bolívar y se convirtiera en el jefe máximo de Hispanoamérica. Por ahora solamente podía desviar una pequeña parte de la ayuda soviética para mantener vivo su plan, sin decirle nada a su jefe en Moscú.

Nueva estrategia castrista

Castro se molestó mucho al conocer las condiciones que habían impuesto los americanos a los soviéticos a consecuencia de la crisis de los misiles. Por fortuna, aún contaba con algunos recursos para seguir apoyando la guerrilla venezolana por su cuenta. Además no le sería difícil desviar secretamente parte de los recursos soviéticos para canalizarlos hacia Venezuela.

Pese a la exigencia soviética de no intervenir militarmente en Hispanoamérica, en 1962 Castro produjo la "Declaración de La Habana", en la cual expresó total respaldo a la lucha armada en América Latina y el Caribe. Cuba siguió su injerencia en Iberoamérica con el foco puesto sobre Venezuela, pese a que los soviéticos cortaron el apoyo para exportar su revolución a la América española. El resultado de esta política fue una disminución de las operaciones fidelistas en Venezuela.

El Ejército venezolano aprovechó este momento de debilidad para golpear fuerte a la guerrilla, lo que ocasionó el desmantelamiento de los principales focos y la captura de muchos de sus dirigentes. Un ejemplo de esta ofensiva fue la "Operación Torbes" contra el Frente José Leonardo Chirinos en la sierra de Falcón. Para abril de 1963 yo era subteniente en el Grupo de Artillería Ayacucho en Caracas, y fui enviado con varias piezas de artillería a cañonear las "Cuevas del Toro" en la Sierra de Falcón. Ese sitio servía de refugio y fortín a las guerrillas. Luego de varios bombardeos, esas cuevas fueron destruidas.

1962 fue un año de derrota militar para la guerrilla fidelista en Venezuela. Durante ese periodo las partidas rebeldes sufrieron muchas bajas. Cerca de diez mil rebeldes fueron capturados. En ese momento la subversión comunista venezolana estaba contra las cuerdas. Los focos guerrilleros rurales habían sido desmantelados, la guerrilla urbana estaba diezmada y los alzamientos militares habían sido derrotados. En ese momento la rebelión estaba casi vencida y su organización era poco profesional. La guerrilla estaba penetrada por el Gobierno y sus comunicaciones eran un desastre.

CAPÍTULO 25

FIDEL ENVIADO AL ÁFRICA

La legión extranjera

Así como los británicos tuvieron a su Lawrence de Arabia, los cubanos tienen a su Fidel de África. Hay muchas historias buenas y malas sobre el accionar de los cubanos en África, pero no es el propósito de este libro analizar esas campañas. Me limitaré a analizar qué relación tuvieron esas operaciones con el objetivo de Fidel de controlar Venezuela.

En total, envió más de 350 mil cubanos (incluyendo soldados, civiles y doctores) a luchar en África en las guerras de liberación de ese continente. Las principales operaciones ocurrieron en Angola, Namibia, Mozambique, Guinea Bissau y Cabo Verde. Aparte de ayudar en la lucha por la Independencia, Cuba colaboró en la eliminación del odiado *apartheid* en esa región. En total, en ese proceso murieron en el continente negro más de dos mil cubanos. La acción fue formidable y digna de crédito, si se toma en cuenta la pequeñez de Cuba. Las razones que movieron a Fidel son otra cosa.

Cuando este enroló a los soviéticos en su aventura cubana, lo hizo a cambio de ofrecerles bases militares en la isla. Así tendría participación en el negocio petrolero venezolano. A cambio de ese manjar, los soviéticos se comprometieron a aportar un enorme subsidio a Fidel. Ese flujo de dinero le dio el control absoluto sobre sus súbditos, y le permitió ser dueño y patrono de la isla con un poder omnímodo y totalitario. Para ese tipo de régimen la ideología comunista estaba hecha a la medida.

Expansión soviética hacia el Tercer Mundo

Una vez que los soviéticos se instalaron en Cuba y empezaron a financiar sus planes se dieron cuenta de que las ideas de Fidel eran imposibles de desarrollar. La base misilística en la isla fue un fracaso y la toma de Venezuela iba por el mismo camino. La conquista de Iberoamérica era una utopía. La economía soviética no iba bien y había que buscar alternativas.

Ante esta realidad, los soviéticos pidieron algo nuevo para seguir subsidiando a Cuba. La URSS seguía teniendo interés en expandirse en el Tercer Mundo, pero debido al acuerdo firmado entre Khruschev y Kennedy, Hispanoamérica no podía ser un blanco para el Kremlin. Por eso decidieron concentrarse en África y en el Medio Oriente, donde también había petróleo y otras materias primas.

En la Guerra Fría, las tropas cubanas equipadas y financiadas por los soviéticos podían jugar un papel importante en el Tercer Mundo para pelear a favor de los soviéticos. A cambio, Cuba recibiría un generoso subsidio para desarrollar su economía. De esa manera Fidel marchó al África y se fue desenganchando poco a poco de Hispanoamérica. No estaba feliz con el nuevo arreglo, pero era mejor que nada. Sabía que sin el subsidio no podía sobrevivir, por lo tanto se dedicó a su nueva tarea. Esto no se hizo de la noche a la mañana. Fue un proceso gradual. En el caso de Venezuela, el retiro total del apoyo soviético a las guerrillas (hecho a través de Fidel Castro) se fue reduciendo a partir de 1963 hasta ser cortado totalmente a fines de la década. El esfuerzo fue continuado por Castro durante un tiempo adicional, porque aún tenía recursos disponibles y pensaba que todavía había chance de triunfar en Venezuela.

Cónclave en La Habana

Los continuos fracasos en la guerrilla de Venezuela entre 1960 y 1963 convencieron al PCV sobre la necesidad de buscar otras salidas. A partir de las elecciones de 1963, en Venezuela el PCV empezó a explorar formas de volver al camino electoral. Viendo amenazado su liderazgo continental, Fidel logró que la URSS convocara a los partidos comunistas de América Latina en La Habana a una conferencia.

La idea del cónclave era establecer lineamientos sobre el uso de la violencia en Latinoamérica. Esta conferencia le daría a Fidel la oportunidad de oficializar su papel de gran sacerdote de la subversión en Iberoamérica, pero la URSS tenía otra idea. Obligados por el acuerdo secreto con los EEUU a raíz de la crisis de los misiles, los soviéticos dejaron claro que no seguirían apoyando directamente la acción armada en Iberoamérica. Esa forma de lucha debía ser remplazada por la formación de frentes democráticos legales de carácter antimperialista. Fidel no estaba de acuerdo con la URSS, que planteaba una propuesta alterna. Al final se decidió salomónicamente que cada país actuara en la forma más conveniente sobre la base de las condiciones revolucionarias locales. En ese congreso solamente Venezuela, Guatemala, Honduras, Colombia, Paraguay y Haití aceptaron la propuesta de Fidel, aunque el PCV tenía sus reservas.

Castro había logrado acumular secretamente algunas reservas del apoyo soviético previo, que le permitirían actuar por su cuenta. Con esos limitados recursos había solamente una angosta ventana de tiempo disponible para conquistar Venezuela. Con la luz verde de los soviéticos, pero sin nueva ayuda, siguió adelante con su campaña en Venezuela. Allí tenía que actuar muy rápido. Según los cálculos de su Estado Mayor solamente tendría recursos para mantener la lucha hasta fines de 1966.

¿El "Che" a Venezuela?

Hasta ahora la guerrilla rural y urbana, así como las insurrecciones militares, no habían tenido mayor éxito y se hacía necesario hacer cambios. En ese momento Fidel Castro pensó en el "Che" Guevara. El argentino se estaba convirtiendo en un problema en Cuba y se planteaba la necesidad de sacarlo de la isla. La reorganización de la guerrilla venezolana brindaba una buena oportunidad para ello.

Para renovar el esfuerzo bélico en Venezuela, Fidel nombró al "Che" Guevara, a Manuel Piñeiro y a Celia Sánchez como encargados de la coordinación de las operaciones. Al efecto se realizaron reuniones muy discretas en Argelia entre los lugartenientes de Fidel y los venezolanos. Estos encuentros propiciaron un entendimiento estrecho entre el venezolano Pedro Duno y el

"Che" Guevara. Gracias a estos vínculos, en 1963 el "Che" propuso incorporarse para dirigir la lucha armada en Venezuela. El Comité Central del PCV se opuso a la idea.

Ante la negativa, Fidel decidió saltar al PCV e ir directamente a la guerrilla que controlaba para proponer al "Che". Duno formaba parte del Frente Guerrillero Simón Bolívar y mantenía contacto con Fabricio Ojeda, quien se encontraba en la cárcel de Trujillo. Fabricio había perdido estatura ante los ojos de Fidel, pero políticamente tenía un valor y era muy cercano a Raúl y al "Che". Desde la cárcel manifestó estar de acuerdo con la idea de llevar a este último a Venezuela.

El sector ortodoxo del PCV, que seguía fielmente los lineamientos soviéticos, se opuso al planteamiento de Fabricio. El PCV se estaba cansando de ser avasallado por el errático Fidel y quería un venezolano al frente del mando guerrillero. Fidel no tuvo más remedio que mantener a Fabricio Ojeda como líder político y a Douglas Bravo como jefe militar. Fabricio no era un hombre de acción, sino un periodista y político hábil. Además de la guerrilla, Fidel debía prestar atención al frente militar que incluía a los oficiales fidelistas infiltrados en las FAN. Douglas Bravo lo había convencido de incorporar a los militares en la lucha. Los líderes en ese medio serían los jefes militares del Porteñazo y del Carupanazo, más algunos golpistas derechistas que se habían cambiado de bando.

Unidad, pueblo y ejército

La idea de captar oficiales activos de las Fuerzas Armadas surgió antes de la caída de Pérez Jiménez. Douglas Bravo tuvo un éxito relativo en ese esfuerzo, porque creía que la revolución no se podía hacer sin ellos. A partir de la llegada de Betancourt al poder, la idea de la unión entre pueblo y ejército para hacer la revolución empezó a convertirse en parte de la doctrina comunista venezolana. Aunque la experiencia de los alzamientos militares en 1962 había fracasado, la idea de captar oficiales e infiltrar la organización castrense seguía vigente.

Esta alianza cívico-militar se había iniciado en 1957 cuando el PCV creó dentro de las FAN el "Aparato Especial" constituido por un grupo de oficiales de grados medios y bajos liderados por Hugo Trejo. Este hizo pública esa experiencia en su libro *La revolución no ha terminado,* publicado en 1977. La mayoría de los miembros de esta logia (controlada por Douglas Bravo) fueron detenidos en el golpe frustrado del 1° de enero del 58 contra Pérez Jiménez. Por eso los comunistas quedaron fuera del poder a la huida del dictador el 23 de enero. Al tomar el poder, la Junta de Gobierno (encabezada por Wolfgang Larrazábal) dejó en libertad al grupo de militares izquierdistas que se reincorporaron a sus cuarteles. Desde allí siguieron actuando como topos comunistas infiltrados, y colaboraron con la revolución formando una red de protección de sus miembros.

El periodista Alberto Garrido planteó que las raíces de este fenómeno son más profundas. En un artículo publicado en la prensa nacional reveló que:

El documento de la montaña del Frente guerrillero José Leonardo Chirinos firmado en 1964 fue el primer testimonio escrito sobre la fusión de la guerrilla revolucionario y la Fuerza Armada Venezolana. (En *El Universal,* 08 de octubre de 2002)

En 1964, el comunista chileno Manuel Cabieses Donoso hizo ver el grado de penetración revolucionaria existente en el Ejército venezolano en su libro *Venezuela OK.* En este volumen manifiesta lo siguiente: "El desarrollo de la lucha armada en Venezuela consiguió algo que parecía imposible en América Latina: la unidad revolucionaria del pueblo y del ejército". La penetración revolucionaria en las filas del Ejército venezolano es mucho más vasta de lo que se puede creer a simple vista. Los soldados profesionales, especialmente los jóvenes oficiales, están conscientes del estado de sumisión en que vive su patria y la explotación a la que es sometida por los grandes consorcios internacionales.

Estos oficiales no quieren que las Fuerzas Armadas sigan siendo un instrumento de represión para mantener esa situación contra la voluntad del pueblo. Más de cien oficiales en servicio activo, algunos de ellos detenidos, otros expulsados, pero la mayoría en puestos de comando, pertenecen secretamente a las FALN. Tienen células activas que expanden las ideas revolucionarias y no es de extrañar que en el futuro importantes acontecimientos surjan de estos sectores

La penetración lograda por el PCV en las filas militares durante la dictadura de Pérez Jiménez fue importante, pero no suficiente. Pese a su gran trabajo de penetración y captación, Douglas Bravo consiguió parcialmente "la unidad revolucionaria del pueblo y del ejército". El grueso de la oficialidad no era comunista.

Bravo acertó al señalar que la revolución no se podía hacer contra las Fuerzas Armadas, sino con las Fuerzas Armadas. En los años sesenta, la mayoría de los militares venezolanos estaban en contra de la guerrilla fidelista y había que cambiar esa proporción si se quería tener éxito en el futuro. Además, para Douglas, la injerencia soviética a través de Fidel se estaba haciendo insoportable. Douglas creía que la lucha en Venezuela debían dirigirla los hijos de Bolívar y no un cubano.

Fidel en África

El plan de Fidel contempla como última fase la alianza con otras culturas subyugadas para destruir el imperio norteamericano. Estas fantasías tenebrosas incluyen una guerra mundial entre culturas. Con esa idea en mente, Castro empezó a asistir y a enviar delegados a reuniones de países del Tercer Mundo y del Movimiento de los No Alineados. Dado su carisma, se convirtió en el equivalente de una estrella de *rock* comunista. En el ínterin ha arruinado a su país y su peso geopolítico ha ido mermando.

Cuando apenas daba los primeros pasos hacia su gran objetivo, su mente pensaba en la última etapa. En 1961 cuando se realizó en Bandung (Indonesia) una reunión del Comité de Solidaridad Afro-Asiática (CSAA), Fidel solicitó que Cuba fuera invitada a esa conferencia. Un delegado cubano asistió y por instrucciones de Fidel planteó la necesidad de extender el movimiento a América Latina. Posteriormente, ese mismo año en Gaza se acordó celebrar una conferencia que uniera las organizaciones antimperialistas de los tres continentes.

En 1963, en la reunión anual de la CSAA en Tanganica, el delegado cubano presentó una invitación de Fidel Castro para celebrar la Conferencia Tricontinental en Cuba. Hubo que esperar tres largos años para hacerla realidad.

Cuando envió tropas cubanas al África, sus combatientes actuaron como mercenarios soviéticos. El ejército rebelde fidelista se convirtió en la Legión Extranjera de Moscú. Fue el precio que pagó por la ayuda soviética.

Muerte de Kennedy

El viernes 22 de noviembre de 1963 es asesinado en Dallas el presidente norteamericano John Fitzgerald Kennedy, dos años más tarde de haber dado luz verde a la invasión de Bahía de Cochinos y un año después de la crisis de los misiles en Cuba. Las investigaciones oficiales dictaminaron que el asesino fue Lee Harvey Oswald, miembro del partido comunista norteamericano que había vivido en la URSS. Pese a estos informes oficiales se han tejido muchas especulaciones sobre la forma en que ocurrió este crimen, quiénes fueron los autores intelectuales y cuáles fueron los motivos que originaron el magnicidio. Para efectos de este libro basta decir que, según algunas teorías conspirativas, Fidel Castro fue uno de los autores intelectuales del hecho.

Las sospechas contra él son consecuencia de las reuniones que sostuvo Oswald con agentes de inteligencia cubanos establecidos en México. Luego del triunfo de Fidel en 1959, Oswald deserta de los marines norteamericanos mudándose a la URSS. En 1962 regresa a los EEUU y se residencia en Nueva Orleans, donde establece el comité "Jueguen limpio con Cuba". Dos meses antes del asesinato, Oswald solicitó pasaporte para viajar a La Habana en la embajada cubana de Ciudad de México. Allí le informaron que debía solicitar primero la visa en la embajada soviética. A partir de ese momento Oswald desaparece del radar, hasta que emerge disparándole a Kennedy en Dallas. Nunca se pudo determinar el papel que jugó Fidel en este caso, pero esta semblanza al menos sirve para indicar que le sobraban razones para hacerlo. Además muestra que de ser realidad la sospecha, estaríamos viendo de nuevo la fría determinación de Fidel para asesinar o usar la violencia con quienes se interpongan en su camino.

Elección del 63 y "Plan Caracas"

A fines de 1963 fue electo el presidente Raúl Leoni, quien fue miembro de AD (el partido de Gobierno). Leoni remplazaría a Rómulo Betancourt, que no dio ni pidió tregua a la subversión. Pese a que el estilo del nuevo mandatario era diferente, la subversión comunista no cambió de rumbo en su desastroso empeño de tomar el poder por la fuerza.

Los comunistas y el MIR no acudieron a las elecciones y, aunque mantenían la actitud de continuar la guerra, algunos sectores minoritarios de la izquierda radical empezaban a buscar una solución diferente a la lucha armada. Hasta ese momento la violencia no los había conducido a ninguna parte. La guerrilla urbana y las revueltas militares habían sido las principales formas de lucha. Pese a la mala experiencia, en 1964 una plenaria del Comité Central del PCV (bajo la influencia de Douglas Bravo) intensificó la guerrilla rural por ser la forma más expedita de tomar el poder. A ningún miembro de ese buró se le ocurrió pensar que la mayoría de la población de Venezuela era urbana.

Sobre la base de esa nueva directriz, las guerrillas se reorganizaron equivocadamente para una "guerra larga" al estilo Mao. Ese mismo año los combatientes del Frente Simón Bolívar y los del Frente José Antonio Páez se unifican alrededor del "Plan Caracas". Entretanto el foco guerrillero derrotado en La Azulita y Agua Viva se traslada a las montañas de Caripe (estado Monagas) al mando de Alfredo Maneiro. Por último la guerrilla de los llanos se restablece entre Barinas y Apure al mando de Juan Vicente Cabezas.

Pese a todos los reajustes, la guerrilla no termina de calar y las constantes derrotas militares habían minado su moral. A fines de noviembre del 63 había alrededor de 10 mil detenidos ligados a la lucha subversiva. Entretanto se crea el inefectivo foco guerrillero del bachiller alrededor de una escuela fundada por el comandante "Sánchez" (Trino Barrios). Posteriormente este grupo terminó al mando del sanguinario Fernando Soto Rojas. En las guerrillas, el hecho más distinguido de este matón fue fusilar injustamente a cuatro de sus seguidores. Hasta ese momento la guerrilla venezolana había demostrado ser incapaz de derrotar al ejército. Venezuela no era Cuba.

Además de la ineficaz guerrilla rural continúa la también infructuosa guerrilla urbana llena de golpes publicitarios efectistas, pero sin consecuencias de importancia. Acciones desconectadas como el incendio de las tiendas "Sears" y los depósitos de la "Goodyear", el asalto a la Misión Norteamericana, el secuestro del vapor Anzoátegui y los secuestros del coronel Chenault, (subjefe de la Misión Norteamericana) y del futbolista Di Stefano, entre otras acciones inconexas que ocurren sin pena ni gloria. Luego de la fuga de Fabricio el 29 de septiembre de 1963 se produce el asalto al tren "El Encanto" concebido como una acción propagandista de la guerrilla. La operación fue un *boomerang* que hizo quedar mal a los comunistas. Nadie quiso tomar para sí la progenitura de ese desastre, y todavía los jefes guerrilleros de la época se acusan entre sí. Probablemente ese descalabro deba atribuirse al dirigente comunista Guillermo García Ponce.

Las acciones efectistas de 1963 se realizaron para preparar el escenario para la ejecución del "Plan Caracas" que se realizaría en ocasión de las elecciones presidenciales previstas para diciembre de ese año.

Como parte de los preparativos, los comunistas llamaron a la abstención en las elecciones presidenciales. Además del saboteo a las elecciones, la idea era provocar un estallido insurreccional en Caracas. Para llevar esto a la práctica, los comunistas contaban con un lote de armas enviadas por Fidel, que fueron incautadas por el Gobierno de Betancourt. El ejército venezolano los estaba esperando. Por eso luego de desembarcar el alijo, los invasores (al verse descubiertos) enterraron las armas y salieron huyendo. El enorme cargamento de material de guerra fue decomisado y el "Plan Caracas" ni siquiera llegó a iniciarse.

El año 1963 termina con derrotas comunistas en el área guerrillera y electoral, así como con miles de comunistas presos y la guerra de guerrillas estancada. Esto obliga a que algunos líderes del PCV y del MIR opinen que el momento insurreccional había pasado, mientras que otros hacen causa común con Fidel opinando que la rebelión debería radicalizarse.

Pese a la creación de las FALN para operar la guerrilla bajo un mando único y la fuga de Fabricio de la prisión, el año 1963 no tuvo mayor relevancia desde el punto de vista guerrillero. La figura de Fabricio no galvanizó el país ni a las guerrillas como esperaba Fidel. A fines del 63 el foco de la Sierra de Falcón fue desmantelado. La guerrilla se replegó a otros santuarios y a mí me mandaron de regreso con mi unidad al Grupo de Artillería Ayacucho, en Caracas. Cuando retornaba a la capital oí en la radio la noticia del asesinato del presidente Kennedy.

Rechazo al "Che" Guevara

Desde que Fidel conoció al "Che" en México, siempre lo tuvo a su lado. Es probable que la ideología marxista se la haya inoculado el pestífero médico argentino y no su hermano Raúl o sus secuaces en las pandillas de la Universidad de La Habana. Una vez que Fidel tomó el poder, el argentino se convirtió prácticamente en el segundo de a bordo en el Gobierno cubano, lo cual fue un problema para Fidel. Su crueldad inaudita era proverbial. Su paso por el Banco Central y por el Ministerio de Industria fue un desastre. Lo peor era que también aspiraba a ser el líder de la utópica revolución mundial. Por todo esto Fidel empezó a buscar la forma de salir de este personaje problemático.

A finales de 1963 decidió sacar al "Che" de su feudo. Es imposible que dos ególatras trabajen en equipo dentro de un área tan reducida como la isla de Cuba. Viendo que la guerrilla venezolana estaba estancada, Fidel achacó la culpa a la incapacidad de los jefes guerrilleros locales. Para resolver dos problemas simultáneamente, pensó en la posibilidad de enviar al "Che" a Venezuela y entregar más recursos a esa nación para desarrollar una gran ofensiva. El atorrante argentino se estaba haciendo inaguantable y le estaba creando problemas en Cuba. El cruel "guerrillero heroico" se había endiosado y creía ser el "Che".

Fidel, que también asumía el manto de mesías, necesitaba deshacerse del presuntuoso gaucho con quien solamente compartía la idea de unir Hispanoamérica para hacerla comunista, el odio contra los norteamericanos y la malquerencia hacia los soviéticos. No podía exteriorizar esa antipatía contra el oso siberiano. Calladamente Fidel seguía arrastrando la cruz soviética porque necesitaba sus limosnas, que no eran gratis. El dictador pagaba con la sangre de sus mercenarios en el África. Una pequeña porción de sus "ahorros" la enviaba a Venezuela para no dejar morir los sueños de construir su imperio hispanoamericano.

A través de Pedro Duno (comunista venezolano), Fidel envió en 1965 al PCV y a los comandos guerrilleros la propuesta de convertir al "Che" en el jefe de la subversión en Venezuela. El ofrecimiento fue rechazado unánimemente, tanto por el Partido Comunista como por los frentes guerrilleros. El "Che" no era un personaje popular y los comunistas venezolanos no deseaban que los dirigiera. Además ya el PCV estaba manejando la idea de retirarse gradualmente de la lucha armada. El argumento de que el "Che" era un mito romántico, que iba a reanimar la alicaída guerrilla venezolana, no tuvo acogida. Los comunistas sabían que una figura "heroica" inventada por la propaganda fidelista no iba a resolver nada.

La propuesta de exportar al "Che" a Venezuela dividió al PCV. Los ultraizquierdistas del aparato guerrillero se separaron siguiendo a Douglas Bravo, que tampoco seguía a Fidel pero querían seguir combatiendo. Lo que Fidel y Douglas nunca entendieron era que la guerrilla estaba tratando de derrocar a una democracia electa y no a una dictadura o a un imperio colonialista.

Viacrucis del "Che"

Luego del rechazo venezolano, el "Che" empezó a dar tumbos por el mundo promoviendo la doctrina maoísta y denigrando de los soviéticos. A partir de 1964 se convirtió en un revolucionario mundial que, como un profeta en beata peregrinación, llevaba las palabras sagradas de Lenin y Marx alrededor del mundo. En diciembre de 1964 aparece en las Naciones Unidas criticando la organización por permitir el *apartheid*. En esa oportunidad blandió el tema de la cultura hispanoamericana indicando que la "familia hispanoamericana" de 200 millones de habitantes aniquilaría el imperialismo y el capitalismo. Según él, esta masa humana construiría su historia con sangre al reclamar los derechos que le arrebataron los conquistadores. Hoy en día estas ideas forman parte del discurso diario de Fidel Castro y Hugo Chávez Frías.

En su peregrinaje, el "Che" se convirtió en un hereje comunista y acusó a los soviéticos de olvidar a Marx. Para el argentino la política de *coexistencia pacífica* de Khrushchev era estúpida y peligrosa. El "Che" era un radical que prefería la confrontación al compromiso. Por eso consideraba inaceptable que los soviéticos promovieran el trabajo y la liberalización de su economía, en lugar de concentrarse en la creación de su utópico "hombre nuevo" moldeado para conquistar el mundo. Su idea fija era la necesidad de destruir el capitalismo y los valores del mundo occidental para alcanzar el nirvana del comunismo mundial. Incluso blasfemó del comunismo, al predecir sin empacho, que en el futuro los soviéticos pagarían por sus errores retornando al capitalismo.

De Nueva York siguió en un *tour* mundial hacia Francia, Praga, Corea, Egipto, Argelia, Ghana, Guinea, Mali, Dahomey, Congo y Tanzania. Incluso visitó la tumba de su ancestro Lynch en Irlanda. El mensaje del "Che" en este gran *tour* fue: "La revolución cubana era algo espiritual que trascendería más allá de sus fronteras". Dicha idea se entrelazaba con las ideas de Mao Zedong, quien a la sazón era enemigo jurado de la Unión Soviética. La posición maoísta del "Che" preocupaba a Fidel, porque ponía en peligro el subsidio soviético.

Después de ese publicitado periplo, el "Che" desaparece de la escena pública. En octubre de 1965 Fidel reveló una carta que contenía la renuncia del "Che" a sus cargos públicos en Cuba y a su nacionalidad cubana. En esa carta manifestaba su solidaridad con la revolución cubana y su deseo de pelear por la revolución mundial en otras tierras.

Poco más tarde reapareció en la República del Congo en África a la cabeza de cien negros cubanos. El objeto de su viaje era liberar África y convertir ese continente en un solo país. Poco tiempo después el "Che" enfermó y no logró llevarse bien con los líderes comunistas locales. Antes de irse del Congo declaró: "No puedo liberar a un pueblo que no quiere pelear". Posteriormente en su diario escribió: "El Congo es la historia de un fracaso". Al salir de allí, volvió a esfumarse.

A fines de 1966, cuidadosamente disfrazado, arribó a La Paz (Bolivia) en un vuelo proveniente de Montevideo (Uruguay). De inmediato se fue a las montañas, donde la muerte y la CIA lo esperaban. La aventura boliviana fue su último fracaso. En ese país el "Che" nunca comandó más de 50 hombres. Al comienzo, sus tropas (que estaban frescas y bien equipadas) lograron algunas pequeñas victorias en encuentros y escaramuzas contra las tropas del Gobierno en la región de Camurí. Pronto la marea de la guerra empezó a cambiar. El 8 de octubre de 1966 fue capturado y ejecutado al día siguiente. Unos meses antes de morir había mandado una declaración a la Tricontinental de La Habana, en la cual parecía presentir su fallecimiento, pues escribió que: "Cuando la muerte nos sorprenda, démosle la bienvenida siempre y cuando otras manos tomen nuestras armas y sigan la lucha". El "Che" fue un idealista y a la vez un cruel asesino. Le dedicó la vida a una ideología siniestra y murió en su ley. El prototipo heroico del guerrillero comunista murió solo y abandonado. Su imagen es ahora promovida por el capitalismo como si fuera una estrella del *rock*.

Las quimeras fidelistas en la Tricontinental generaron dudas y comentarios irónicos, pero nadie se atrevía a planteárselas al comandante en jefe. El Quijote cubano estaba quedando en ridículo. Pese a esto, su aura revolucionaria seguía intacta. Aunque se empezaba a hacerle algunas críticas veladas, Fidel era considerado un hombre predestinado y sobrenatural. Con la revolución estancada y su popularidad en mengua, la presencia del "Che" era insufrible. Por eso Fidel Castro lo mandó a morir en Bolivia. Un solo redentor bastaba.

CAPÍTULO 26

EL COMIENZO DEL FIN

La guerrilla venezolana en 1964

Al comenzar el año 1964 había tres tendencias entre los comunistas. Una pro soviética dirigida por Argimiro Gabaldón y Tirso Pinto, que proponía crear un ejército popular para continuar la guerra del pueblo. Otra corriente liderada por Douglas Bravo planteaba la teoría de la *Lucha Combinada* suscrita en el "Documento de la montaña", en el cual se proponía la creación de un Partido de la Revolución separado del PCV. Para Douglas este partido sumiso al Kremlin era el culpable de tener la guerra empantanada. La última tendencia estaba representada por los pacifistas que aceptaban la derrota y proclamaban la necesidad de una tregua que condujera a la pacificación y a la legalidad política.

La facción dirigida por Douglas Bravo, quien comandaba el Frente José Leonardo Chirinos, redactó el 18 de octubre de 1964 el "Documento de la montaña" en el que introducen el concepto de *fusión cívico-militar* entre la guerrilla y las Fuerzas Armadas. Esta idea bullía en la cabeza de Douglas desde que captó al grupo de oficiales nasseristas durante la resistencia contra Pérez Jiménez. Es el primer documento escrito sobre el tema, aunque Douglas ya lo había dado a conocer oralmente en varias oportunidades en el pasado, e incluso Hugo Trejo dejó constancia del hecho en su libro *La revolución no ha terminado*. Esta idea contenía el germen de lo que posteriormente se desarrolló como la revolución bolivariana. Para entonces ya Douglas Bravo estaba dando señales de querer separarse del PCV y romper con Fidel.

Por su parte, en el MIR, Domingo Alberto Rangel junto a un grupo pacifista decidió renegar de la lucha armada. Los cuadros jóvenes del MIR decidieron continuar en la pelea.

En 1964, para frenar las tendencias pacifistas, Fidel hace un nuevo intento para reanimar su desgastada ofensiva. Para ello inicia en el estado Monagas el Frente Manuel Ponte Rodríguez, capitaneado por Alfredo Maneiro, y ordena la refundación del Frente Simón Bolívar en las montañas de Lara y Portuguesa. La restructuración de esta fuerza preveía la creación de tres brigadas integradas por los remanentes de las guerrillas del PCV, conjuntamente con las fuerzas que aún quedaban del MIR. La comandancia estaba en Los Humocaros, área asignada a la Brigada 21. La Brigada 31 operaba entre Villanueva y Sanare. La Brigada 11 servía de enlace entre las otras dos anteriores. Estas brigadas no eran tales desde el punto de vista militar, porque una brigada puede tener entre mil y dos mil hombres. La etiqueta de *brigadas* servía para simular que la fuerza era mucho mayor. En realidad cada una tendría unos cincuenta guerrilleros. Dada su debilidad, esas unidades solamente tuvieron capacidad para tomar algunas pequeñas aldeas rurales como Córdoba, Guaitó y Villanueva, con fines de propaganda.

En la reorganización de la guerrilla del PCV en occidente había además una lucha sorda por el liderazgo en la región occidental. Argimiro Gabaldón era el jefe natural en la zona, pero Teodoro Petkoff (apoyado por Douglas Bravo) pretendía tomar el comando. Entretanto las guerrillas en Falcón y en los llanos de Barinas-Apure seguían dirigidas por Bravo. En medio de esta lucha por el comando de las guerrillas en occidente muere en un "desgraciado accidente" Argimiro Gabaldón. Según la versión oficial del PCV a Jesús Betancourt, segundo en el mando de Gabaldón, se le fue un disparo accidental que causó la muerte al carismático líder guerrillero. Aún se corren rumores sobre este "accidente".

Entretanto, en el oriente de Venezuela el MIR funda el Frente Manuel Ponte Rodríguez dirigido por Alfredo Maneiro en las montañas de Caripe, estado Monagas. El capitán de navío Manuel Ponte Rodríguez fue el jefe del Porteñazo y posteriormente fue nombrado primer comandante de las Fuerzas Armadas de Liberación Nacional. Este oficial naval murió a causa de una enfermedad en el Cuartel San Carlos. Esta guerrilla toma las aldeas de Quiriquire y Teresén y embosca un convoy de la infantería de Marina.

En la región del llano actuaba la guerrilla del "Chino" Hostos y en el Bachiller operaba la guerrilla del Frente Ezequiel Zamora, donde mueren sus fundadores Trino Barrios y Víctor Ramón Soto Rojas. Este murió estando detenido cuando condujo a sus captores a una emboscada bajo el pretexto de entregar un alijo de armas escondido en la montaña. Sobre esta muerte, los comunistas, usando técnicas de desinformación han creado una leyenda negra. Según esta historia falseada, Soto, luego de capturado, había sido colgado de un helicóptero en vuelo para que se estrellara contra los árboles. Estos rumores dantescos no tienen credibilidad. Según Pura Rojas, la hermana del guerrillero muerto que hizo la denuncia, la supuesta fuente de esta información fue el "monstruo de Mamera" un psicópata y mitómano asesino famoso en Venezuela por sus crímenes.

La reorganización de la guerrilla se adelanta y aparecen los batallones de cazadores, que fueron unidades de infantería ligera inventadas en Venezuela. Los comunistas dicen que fueron creadas gracias a la asesoría norteamericana y al entrenamiento en la Escuela de las Américas. Pero eso no es cierto, la guerra de Vietnam se estaba iniciando y los americanos aún no tenían experiencia en este tipo de operaciones. Los cazadores le dieron la puntilla a la guerrilla. Uno de los padres de esta idea fue el general Bernardo Rigores, un brillante oficial que había estudiado en Francia y estaba familiarizado con las tácticas galas. Pese a la influencia francesa, los batallones de cazadores fueron una creación venezolana. El estreno de dichas unidades ocurrió contra el Frente guerrillero José Leonardo Chirinos, que fue duramente golpeado. Las primeras de este tipo fueron comandadas por el propio Rigores, y entre los comandantes antiguerrilleros más distinguidos es justo nombrar entre muchos valerosos guerreros al para entonces capitán José Agustín Ramírez Piñerúa. En esa lucha nos vimos envueltos miembros de todas las fuerzas y algunos de ellos rindieron sus vidas o fueron heridos en combate. La lista de este grupo de héroes desconocidos es muy larga y por ello no la incluyo, pero es justo rendir a su memoria los honores que les corresponden en lugar de intentar perseguirlos como intenta el régimen de Hugo Chávez. Personalmente tuve la oportunidad de operar como subteniente en la Sierra de Falcón en 1963, luego de participar en la lucha contra la guerrilla urbana en Caracas desde mi graduación en 1961.

Fin de la guerrilla como amenaza seria

La incorporación de los cazadores a la estructura del Ejército venezolano en 1964, más la gran cantidad de información e inteligencia que se estaba produciendo, cambiaron el panorama de la guerra de guerrillas en Venezuela. Los principales líderes políticos que propugnaban la guerra de guerrillas estaban presos y existían disputas por el liderazgo entre los jefes que operaban en las montañas. Lo más grave era que Fidel no podía ofrecer suficiente apoyo por las limitaciones que le imponían los soviéticos y porque sus fuerzas estaban empeñadas en África. En esas condiciones la guerrilla quedó a la deriva y tenía sus días contados.

Para entonces los militares venezolanos habían activado varios Teatros de Operaciones antiguerrillera (TO). En el estado Lara estaba operando el TO3, en oriente actuaba el TO4 y en el estado Yaracuy el TO5. Este último había accionado en 1963 en la serranía de Falcón como TO1. Cuando la guerrilla en ese estado se replegó hacia Yaracuy el ejército los persiguió a su nueva base de operaciones. En ellas la guerrilla perdió buena parte de sus efectivos y de sus jefes.

Luego de la llegada al poder de Brezhnev en la URSS, las presiones sobre Fidel para que suspendiera el apoyo a las guerrillas en Hispanoamérica fueron aumentando. Ante estas demandas Fidel respondía en forma desafiante, pero iba cediendo paulatinamente. La disminución del apoyo cubano empezó a reflejarse en las operaciones. Para fines de 1966 ya la guerrilla venezolana había perdido ímpetu. Todavía quedaban algunos focos guerrilleros diezmados que no constituían una amenaza mayor. El frente oriental del MIR era el que mostraba más señales de vida.

El presidente Leoni

En marzo de 1964 Rómulo Betancourt entregó el poder a Raúl Leoni, quien también era miembro del partido AD. En ese momento la guerra de guerrillas continuaba, aunque las posibilidades de triunfo comunista habían disminuido.

Leoni tenía un carácter menos pugnaz que el de Betancourt y ello permitió que durante este periodo la tensión fuera disminuyendo lentamente. Durante este lapso hubo varias divisiones en los partidos políticos, pero sin que ningún evento de gravedad pusiera en grave peligro la joven democracia venezolana.

Pese a que la guerrilla seguía activa, Leoni inició una actitud de distensión que lentamente se fue convirtiendo en una política de pacificación. En este nuevo clima, el PCV y el MIR empezaron a considerar la conveniencia de un repliegue en la lucha armada y una lucha por la amnistía y la legalización para los futuros comicios de 1968. Pese a estos avances la violencia política continuó. El asesinato del profesor Alberto Lovera (secretario general del PCV) a manos de la policía política DIGEPOL en 1965, y la extraña muerte de Fabricio Ojeda en 1966, más la existencia de varios desaparecidos, ensombrecieron el ambiente. La violencia también era practicada por la subversión mediante actos terroristas en los cuales murieron inocentes. Los hechos de violencia criminal no eran practicados únicamente por el Gobierno. Por parte de la guerrilla hubo algunos incidentes que se pueden tipificar como violaciones a las leyes de la guerra.

El cambio de estrategia de Leoni permitió la puesta en libertad de varios presos políticos con la condición de que se fueran al exilio temporalmente. Acogiéndose a esta política, en 1964 salen de la cárcel al destierro los líderes comunistas: Eloy Torres y Jesús Farías, los miristas Domingo Alberto Rangel y Jesús María Casal, entre otros. Estos gestos de buena voluntad fueron tranquilizando el ambiente político. Entretanto, el ambiente militar en las montañas se iba distendiendo en la medida en que las guerrillas se iban debilitando. La guerrilla rural se iba agotando y resquebrajando por la falta de recursos, la falta de liderazgo eficiente y el sentimiento anticomunista del venezolano.

Pese a que la guerrilla estaba en decadencia, la imagen de Fidel seguía siendo popular no por su comunismo sino gracias a su antiamericanismo. El marxismo es una ideología que no es bien vista en Venezuela. Para la época contaba con menos del 5% de simpatías en la población y por lo tanto era un cuerpo extraño al sentir nacional. Entretanto, la Guerra Fría continuaba, pero la política de *coexistencia pacífica* hacía que la Unión Soviética no actuara directamente en el escenario internacional sino a través de la KGB que patrocinaba y financiaba en la penumbra a los partidos comunistas locales. A todas estas el plan de invasión norteamericano a Cuba cambió bruscamente las reglas de juego de la Guerra Fría en la región.

Destitución de Khruschev

Hasta 1962 el poder absoluto de Khruschev en la Unión Soviética era indiscutible y su posición como líder era segura. A medida que envejecía empezó a ser errático en sus decisiones. Además la economía soviética no crecía como se esperaba. En 1964 el mayor, general Leonid Brezhnev fue nombrado segundo secretario del partido comunista y se convirtió en el virtual sucesor de Khruschev.

Brezhnev acusó a Khruschev por las fallas económicas, el voluntarismo y la toma de decisiones inconsultas. Los miembros del buró político decidieron removerlo de su cargo. No es descartable que el manejo realizado de la crisis de los cohetes en Cuba haya tenido que ver con su defenestración. A la salida de Khruschev ya Cuba estaba atada al tren soviético y formaba parte de su imperio. La salida marcó un punto de inflexión en la guerra de guerrillas en Venezuela. Ese cambio de Gobierno soviético marcó el principio del fin de esa aventura de los años sesenta.

Violación de los convenios de Ginebra

En 1965 el debilitamiento de la guerrilla venezolana era evidente. El apoyo soviético había sido retirado, pero Fidel Castro seguía apoyando sin autorización del Kremlin. Entretanto el Ejército continúo presionando fuertemente a los remanentes de los focos fidelistas. Ante la persecución y acoso constante, los subversivos empiezan a reaccionar en forma desesperada cometiendo crímenes monstruosos violatorios de los Convenios de Ginebra. Las leyes de la guerra son normas internacionales para humanizar el combate armado entre grupos humanos. El propósito de los Convenios de Ginebra es minimizar los efectos de la guerra sobre combatientes y civiles. La guerra es cruel, pero sus acciones están reguladas para minimizar, evitar y sancionar la vesania que pueden causar psicópatas armados en combate.

En caso de guerra internacional, la Convención de Ginebra se aplica entre aquellos Gobiernos que ratificaron sus términos. En el caso de conflictos armados internos en un país firmante de los convenios (como es el caso de Venezuela), los mismos establecen la existencia de un mínimo de reglas que deben ser aplicadas en casos de conflictos entre el Gobierno y fuerzas rebeldes. El caso venezolano es especial, porque los rebeldes que lucharon contra el Gobierno de este país en los años 60 estaban financiados, equipados, entrenados y dirigidos estratégicamente por un mandatario extranjero. Fidel Castro, tras su empeño de formar un imperio hispanoamericano bajo su dominio, había invadido Venezuela para apoderarse de su petróleo y sus fuerzas estaban obligadas a cumplir con los convenios de Ginebra.

Entre 1965 y 1966 cuando las guerrillas se sintieron derrotadas por el Gobierno, la disciplina interna empezó a resquebrajarse y el odio comenzó a supurar. Como resultado, algunos jefes enloquecidos ante el exterminio de sus fuerzas empezaron a violar sistemáticamente las leyes de la guerra. Algunos ejemplos ilustran el grado de vesania y el despecho ante la derrota que exhibieron ciertos guerrilleros.

Emboscada de El Potrero

El 27 de abril de 1965 se lanza una operación en la zona de Humocaro Bajo en el estado Lara contra el Frente Simón Bolívar, comandado por el capitán Ramírez Piñerúa. Debido a errores operacionales de los tenientes comandantes de las tropas del Ejército, la guerrilla tuvo la oportunidad de ejecutar la emboscada de El Potrero. Fue una operación emblemática en la lucha antisubversiva por las aberraciones cometidas por la guerrilla comunista. En ese encuentro murieron el subteniente Abelardo Estrada Vale y 6 soldados.

En esta misma emboscada fueron masacrados de manera inhumana el teniente del Ejército Abelardo Estrada Vale, a quien le cortaron los testículos y el pene y luego sus órganos sexuales fueron colocados en su boca. También le fue mutilado el dedo anular izquierdo para robarle el anillo. El grupo guerrillero atacante estaba dirigido por los comandantes Tirso Pinto Santeliz, Carmelo Mendoza, Faustino Parra, y el teniente desertor del Ejército Octavio Martorelli Perdomo y otro grupo de guerrilleros

Durante la ofensiva militar contra el Frente Simón Bolívar, la guerrilla de los llanos sigue operando pero con muy poca efectividad. Durante ese periodo capturan algunas aldeas por razones publicitarias, que no constituyeron una amenaza seria. Durante los encuentros en esta zona muere en combate su líder el "Chino" Ernesto Hostos.

Otro golpe importante para la guerrilla en ese año fue la captura del taller de fabricación de armas y explosivos de El Garabato. Todos estos reveses obligan a los guerrilleros del MIR a huir de Lara apara refugiarse en el oriente de Venezuela. Para finalizar el año 1965, la Fuerzas Armadas Nacionales llevan a cabo la operación "Teniente Estrada Vale" en la región donde operaba el Frente guerrillero Manuel Ponte Rodríguez que fue desmantelado.

En diciembre de 1965 los jefes máximos del PCV estaban detenidos. Mientras que los frentes guerrilleros Simón Bolívar y Manuel Ponte Rodríguez están siendo liquidados por el Ejército y por las continuas deserciones. Estos hechos, unidos al poco apoyo proveniente de Cuba y a la falta de flexibilidad de las líneas de mando establecidas por Fidel, crearon divisiones dentro del movimiento subversivo.

A fines de 1965 Douglas Bravo propone separarse del PCV y crear un nuevo partido revolucionario nacionalista. El año 1965 fue un desastre más para la guerrilla venezolana y para Fidel Castro. Las FALN no vivían su mejor momento y esta situación debía ser aprovechada por los militares. Los estrategas de las Fuerzas Armadas decidieron destruir el centro de gravedad de las guerrillas representado por el Frente Simón Bolívar con una fuerte ofensiva en 1966. Logrado este objetivo podía el Ejército proceder a aniquilar los otros focos que eran más débiles. Mientras el Ejército de Venezuela se aprestaba a asestar un golpe mortal a la guerrilla, Douglas Bravo se preparaba para romper con el PCV y Fidel.

La gran ofensiva

A comienzos de 1966, las Fuerzas Armadas venezolanas lanzan una poderosa operación destinada a destruir (de una vez por todas) a la guerrilla tomando ventaja de las diferencias entre el PCV, el MIR y Douglas Bravo. El blanco principal fue el Frente Guerrillero Libertador dirigido por Tirso Pinto en la zona de Los Humocaros, en el estado Lara. Este frente era el más importante del país, porque abarcaba los estados occidentales: Trujillo, Portuguesa, Lara, Guárico, Barinas y el oriental de Anzoátegui.

La operación fue bautizada con el nombre de "Teniente Estrada Vale", oficial cuyo cuerpo había sido profanado en la emboscada de "El Potrero". El comandante de las tropas fue el coronel Camilo Betancourt Rojas, quien instaló su cuartel general en El Tocuyo, ubicado en el estado Lara. Los comunistas prácticamente derrotados bautizaron esta acción militar como "Exterminio final". Ante el avance enemigo, los guerrilleros hicieron un acto final de resistencia contra el Ejército. Sería su última victoria y la más bochornosa de todas.

La operación más conocida de esa ofensiva ocurrió cuando las guerrillas emboscaron un convoy perteneciente al escuadrón del grupo de caballería Ambrosio Plaza, que estaba a la orden del TO3. En esa zona operaba el destacamento guerrillero Argimiro Gabaldón al mando de Tirso Pinto, que para el momento contaba con 60 irregulares. La emboscada ocurrió el 13 de marzo de 1966 en el sitio denominado El Cepo, en el estado Lara. Seis soldados y el teniente Félix Álvarez Romero fueron heridos, mientras que el resto del convoy escapó. Lo estremecedor de este encuentro fue cuando los guerrilleros repitieron el modus operandi inaugurado en la emboscada de El Potrero. Luego de ella los rebeldes bajaron a donde estaban los heridos para rematarlos en el sitio, y después les cortaron sus órganos sexuales y se los colocaron en la boca. La vesania de una guerrilla derrotada quedó en evidencia ese día.

CAPÍTULO 27

LA PACIFICACIÓN

Suspensión del apoyo soviético

La decisión soviética de suspender el apoyo a las operaciones guerrilleras en Venezuela data de 1962. Esta resolución fue parte del acuerdo secreto firmado entre Khruschev y Kennedy para finiquitar la crisis de los misiles. Entre los convenios suscritos estaba la promesa norteamericana de no invadir Cuba, a cambio de la suspensión del financiamiento de Moscú a las operaciones que Fidel dirigía en la patria de Bolívar.

La decisión no fue acatada inicialmente por Fidel ni impuesta en forma terminante por la URSS. Esta permisividad hizo posible que el líder cubano siguiera apoyando secretamente, pero en menor grado, a las guerrillas. Asimismo permitió que continuaran operando con poca efectividad por varios años. Cuando en 1968 Brezhnev exigió con firmeza su cumplimiento, Fidel se batió en retirada.

Cuando la guerrilla debilitada empezó a amainar, su empuje hizo que se hablara en Venezuela de pacificación como una medida de conciliación. A partir de 1964, el presidente Leoni inició lentamente el proceso de negociación, lo cual facilitó la salida al extranjero de algunos jefes guerrilleros detenidos y permitió que el partido comunista (que estaba ilegalizado) se presentara a las elecciones generales de 1968 bajo el nombre de Unión para Avanzar (UPA). En reciprocidad, el PCV se comprometió a abandonar la lucha armada. Esta decisión enfureció a Fidel.

La Tricontinental de La Habana

En enero de 1966 se realizó la Primera Conferencia Tricontinental de La Habana, que fue el intento de Fidel por crear su propia *Comintern*. Esta famosa reunión se efectuó en medio de la guerra de Vietnam. Su objetivo era:

> [...] promover la lucha por la liberación nacional y la consolidación de la independencia y soberanía nacional, el derecho a la autodeterminación de los pueblos, apoyo a la justa causa del pueblo de Cuba contra el imperialismo yanqui, contra el *apartheid* y la segregación racial, a favor del desarme y la paz mundial.

El mensaje más famoso de esa reunión lo pronunció el "Che" con su frase: "Crear dos, tres..., muchos Vietnam es la consigna". En esa oportunidad Fidel repitió la frase de José Carlos Mariátegui, el fundador del partido comunista del Perú, al decir: "La revolución latino-americana [sic], será nada más y nada menos que una etapa, una fase de la revolución mundial. Será simple y puramente, la revolución socialista". Fidel es un megalómano que, en sus delirios de grandeza, piensa que está dirigiendo una revolución mundial.

La Tricontinental es una especie de internacional comunista integrada por representaciones de Asia, África y América Latina. Dicha organización confrontaba la línea de los partidos comunistas tradicionales que respetaban la orden soviética de *coexistencia pacífica*. De su seno surgió la Organización Latinoamericana de Solidaridad (OLAS), que fue diseñada para operar en América Latina e incorporar a miembros de partidos no comunistas que apoyan la lucha armada. Fue creada con el objeto de darle un foro a Fidel sin la presencia de Moscú y su engorroso acuerdo con los americanos para no intervenir en Latinoamérica. Este organismo se opone a la globalización neoliberal mientras apoya la globalización comunista. La globalización es un proceso económico, social y cultural que aspira a establecer enlaces e interdependencia entre los países del mundo. En el largo plazo, con la idea se pretende formar una cultura mundial y, en el caso de los comunistas, crear una dictadura totalitaria que domine el planeta. A corto y mediano plazo esta visión es una entelequia. Ninguna de las dos ideas es aceptable para los hispanoamericanos.

En la región la mayoría aspira a una globalización democrática que respete la soberanía de los Estados.

La conferencia fue un saludo a la bandera de Fidel, quien quiso demostrar que sus planes de conquista de la América hispana iban bien. En la práctica fue un reconocimiento solapado de que el mundo desarrollado pertenecía a Occidente, y que al comunismo solamente le quedaba tratar de conquistar por la fuerza el Tercer Mundo. Poco después la URSS desautorizó el apoyo dado en la Tricontinental por su delegación a la subversión latinoamericana. Douglas Bravo reaccionó ante esta decisión calificando de traidores a los soviéticos.

En esa reunión se puso de manifiesto el grave problema existente entre las FALN venezolanas y el PCV. Entre las resoluciones de la conferencia se planteó el respaldo a las FALN, mientras que el PCV se lo negaba dejando la profunda división existente en evidencia. En mayo del 66 Gustavo Machado, Pompeyo Márquez y Teodoro Petkoff recomiendan que se investigue las actividades antipartido de Douglas Bravo. Como consecuencia de la averiguación Douglas es suspendido de sus funciones en el buró político. Poco después Fabricio Ojeda, el propio Douglas Bravo y Américo Martín publican en Granma un violento ataque contra el PCV y la URSS.

Muerte de Fabricio

Fabricio Ojeda formaba parte de la Dirección Nacional del FALN en 1966. Estaba allí más por el prestigio político que le había dado su ficticia presidencia de la Junta Patriótica y la promoción que le había hecho Fidel que por su capacidad militar. Ojeda, antes de su muerte, se había hecho incómodo para Fidel y el PCV al acercarse a las posiciones poco ortodoxas de Douglas Bravo fundando el PRV, un partido marxista leninista. A este partido Fabricio se llevó a la fracción de la juventud de izquierda de URD que le seguía.

El 19 de junio de 1966 es detenido por el Servicio de Inteligencia de la Fuerzas Armadas (SIFA). Días más tarde aparece muerto en una celda ahorcado con una corbata. Los comunistas desde entonces han manifestado que Fabricio fue asesinado. Fue encarcelado por delación de uno de sus hombres de confianza. Para entonces era miembro de la Dirección Nacional del FALN y se oponía al repliegue, pero no tenía mayor peso en las operaciones guerrilleras. Quizá nunca sabremos con certeza las causas reales de su muerte. En ese momento el edificio de la violencia, que había tratado de construir por órdenes de Fidel, se estaba viniendo abajo.

Luego de la muerte de Fabricio, Douglas Bravo pasó a ser de hecho el nuevo jefe máximo de la guerrilla en Venezuela, mientras que a nivel continental Fidel era el comandante en jefe. En 1967 este empezó a promoverlo y ordenó colocar su silueta en la fachada de uno de los edificios de la Plaza de La Revolución en La Habana al lado de la imagen del "Che".

Invasión de Chichiriviche

Aunque la situación de la guerrilla en Venezuela no era buena y su creciente deterioro era evidente, los informes que recibía Fidel eran engañosos y le hacían creer que aún había posibilidades de triunfo. Reportes de operaciones exitosas ficticias y partes inflados del número de guerrilleros en armas lo animaban a continuar su ayuda, que era cada vez más limitada. Entre 1966 y 1967 Fidel lanzó dos pequeñas invasiones que incluían algunos de sus mejores comandantes. Estas incursiones fueron su canto del cisne.

En junio de 1966, un mes después de la muerte de Fabricio, Fidel lanza su penúltima incursión contra Venezuela al mando de Luben Petkoff. En ese acto desesperado envía a algunos de los mejores oficiales del ejército rebelde incluyendo al legendario Arnaldo Ochoa. Este personaje, con apenas 15 años, se distinguió en la Sierra Maestra luchando al lado de Camilo Cienfuegos. Al triunfar la revolución fue enviado a seguir estudios militares en Checoslovaquia y la URSS. Al regresar jugó un papel destacado contra los invasores de Bahía de Cochinos y durante la crisis de los misiles. Este grupo cubano-venezolano desembarcó cerca de la playa de Chichiriviche y marchó luego a la Sierra de Falcón. Esta pequeña inyección de fuerzas frescas (con apenas 15 hombres), todos oficiales, no tuvo mayores consecuencias. Al año siguiente Fidel reconoció su derrota batiéndose en retirada.

Invasión de Machurucuto

Una docena de oficiales castristas y líderes del MIR —incluyendo a Raúl Menéndez Tomasevich, Ulises Rosales del Toro, Tony Briones Montoto y

Héctor Pérez Marcano— desembarcan en Machurucuto en dos botes en mayo de 1967. La invasión no tuvo la suerte de la de Chichiriviche. Al llegar a la costa uno de los botes se volteó causando una gran confusión. Los sobrevivientes fueron detectados por el ejército y sufrieron varias bajas. Los que lograron escapar se unieron a la guerrilla del MIR que operaba con muy poca efectividad en la región de El Bachiller. Ante la clara evidencia de su derrota y forzado por Brezhnev, a Fidel no le quedó más remedio que ordenar la extracción de los invasores cubanos para enviarlos al África. La decisión generó enormes fricciones e hizo explotar la crisis final entre Fidel y Douglas Bravo. Este eleva una protesta al líder cubano quien no se digna a responder. En 1969 Bravo, en un acto de teatro político, ordena el secuestro de un avión para llevar directamente un mensaje a Fidel Castro. Este se niega a recibir la comunicación, lo cual obliga a Douglas Bravo a romper definitivamente con él quedándose con el control de la moribunda guerrilla venezolana.

La derrota de Castro en la guerra de guerrillas de los años sesenta en Venezuela fue total. Para pagar por el generoso subsidio, sus amos soviéticos lo obligaron a intervenir en África como a un vulgar mercenario. En ese momento todo el mundo pensó que Castro estaba acabado. Por su parte Douglas Bravo decide reactivar su vieja táctica de infiltrar al Ejército, luego de convencerse de que la revolución venezolana no podía hacerse contra esa institución sino con ella. Esta idea fue puesta en práctica cuando uno de sus hombres José Esteban Ruiz Guevara enfermó y tuvo que ser evacuado a su pueblo en Barinas.

La decisión obligada

La guerrilla venezolana entró en desbandada al perder el apoyo de Fidel a partir de 1968. En ese momento la dirigencia rebelde sostiene agrias discusiones sobre lo que debía hacerse. Se debatían airadamente dos tesis. Una era la del "repliegue" que proponía el PCV, el cual seguía instrucciones de Moscú. Otra era continuar la lucha armada que proclamaba Douglas Bravo.

La decisión del PCV de abandonar la guerrilla y romper con Bravo generó una fuerte crítica pública por parte de Castro. La diatriba se quedó en palabras, porque a Fidel los soviéticos le habían suspendido el financiamiento. Mientras el dictador cubano despotricaba contra el PCV clamando por continuar la lucha, su mecenas Leonid Brezhnev desde Moscú había cerrado el grifo de apoyo a la guerrilla venezolana. Pese a ser obligado a retirarse, Fidel decidió no quemar sus naves en Venezuela y mantuvo abiertas las posibilidades de volver años más tarde para coronar su sueño. A tal efecto dejaba varios infiltrados que lo mantendrían informado de los movimientos de Douglas Bravo.

Para el PCV el alto al fuego era necesario, porque había que reconstruir las alianzas y el movimiento de masas abandonadas por el estéril voluntarismo guerrillero. Douglas, quien ahora era un agente libre, siguió luchando al frente de las FALN sin aceptar que las guerrillas habían sido un desastre. Paralelamente reiniciaba su paciente tarea de infiltrar a las Fuerzas Armadas. Luego de la debacle del foquismo en Venezuela la influencia de Fidel fue mermando. El mensaje estaba claro, la guerra no se podía continuar y la decisión del repliegue era obligada. Aunque Fidel trató de resistir esta realidad, la decisión de tirar la toalla era inevitable. Los comunistas habían sido derrotados por la democracia.

Douglas Bravo es expulsado del PCV

En 1967 las agrias relaciones entre Douglas Bravo y sus jefes en el PCV y Fidel Castro produjeron su expulsión de ese partido. Douglas, al ser echado, montó tienda aparte creando el Partido de la Revolución Venezolana (PRV), que era un partido marxista independiente de la URSS. Este divorcio era más fácil anunciarlo que hacerlo. Sin los recursos de la Unión Soviética, prácticamente no quedaba nadie que financiara la revolución.

Pese a su ruptura con el PCV, Bravo siguió contando con el apoyo de Fidel, pero en cantidades cada vez menores. Sin suficientes recursos financieros, ni armas, es imposible tomar el poder y hacer una revolución. Esto no lo pensó Douglas antes de tomar su decisión de irse solo por su cuenta. En términos teóricos fue una decisión patriótica, nacionalista y valiente. En términos prácticos fue un salto al vacío. Parte del problema de Douglas era financiero y logístico, ya que Fidel no estaba enviando suficiente apoyo. Otro ángulo importante del impasse entre ambos es que Douglas se sentía irrespetado por las órdenes cada vez más arbitrarias de Fidel, al punto de que decidió no obedecerle más.

El deslinde de Douglas del PCV y su ruptura con Fidel Castro se fue produciendo a lo largo de varios años. Las continuas injerencias de este para tratar de dirigir las operaciones guerrilleras de Venezuela desde La Habana disgustaban a Bravo. Posteriormente, cuando Fidel presionado por los soviéticos empezó a reducir el apoyo a la guerrilla, Douglas comenzó a murmurar contra esta decisión. Las diferencias fueron pasando lentamente de asuntos operacionales a cuestiones financieras, hasta que finalmente derivaron en disputas doctrinarias que ocasionaron una lucha a cuchillo por el control del petróleo y el poder. Al ver a Fidel derrotado, el nacionalista Douglas se convenció de que podía tomar Venezuela sin necesidad del prepotente cubano.

Su experiencia en la resistencia contra Pérez Jiménez le había enseñado que era posible infiltrar a los militares. La llegada inesperada de la democracia lo sorprendió y este pensamiento fue archivado por varios años. La pérdida del apoyo soviético llevó a Douglas a explorar de nuevo una alianza con las fuerzas armadas. Si no se podía hacer una revolución contra las FAN se haría con ellas. Dado que el bolivarianismo se había convertido en una religión entre los militares, su plan para ganárselos incluía presentar la figura del gran héroe como un revolucionario. El plan era embozar el comunismo bajo la capa de bolivarianismo. Esta visión fue desarrollada por Bravo sobre la base de unas ideas preliminares creadas por Fidel.

Su idea era una clara ruptura contra la ortodoxia comunista y un reto a las autoridades del partido. Conjuntamente con la exaltación de Bolívar, Bravo había insertado en la guerrilla venezolana elementos históricos que fueron el germen de la idea del "Árbol de las tres raíces". Por un lado operaban los frentes guerrilleros Simón Bolívar y Ezequiel Zamora. Por otro lado fue público y notorio que al fundar Ruptura, el brazo legal del Partido de la Revolución Venezolana (PRV), Bravo distribuyó un afiche con la imagen de Simón Rodríguez, el maestro de Simón Bolívar. Por estas razones no es exagerado asumir que Bravo es el progenitor de la idea del "Árbol de las tres raíces" que está basado en las imágenes de tres importantes figuras venezolanas: Simón Bolívar, Simón Rodríguez y Ezequiel Zamora. Estas ideas eran contrarias a la doctrina marxista ortodoxa del PCV. Por estos pensamientos sacrílegos, el buró político del partido empezó a ver a Douglas como un hereje indisciplinado y anárquico.

Este personaje comenzó a oponerse a la tesis del repliegue de la guerrilla ordenado por la Unión Soviética, desde finales de 1965. Las tensiones entre él y el partido fueron aumentando y llevaron al jefe guerrillero a pensar en la necesidad de romper con el PCV y con Fidel. Antes de la ruptura, Douglas inició un proceso para apoderarse de casi todos los frentes guerrilleros. Su base fundamental era el Frente José Leonardo Chirinos, del cual era el comandante general. Este frente se había iniciado en la Sierra de Falcón y, luego presionado por el ejército, se había desplazado hacia las montañas de Aroa en Yaracuy. Además contaba con algunos grupos de guerrilla urbana en Caracas.

Para 1966 Bravo ya controlaba el foco guerrillero de los llanos, que operaba entre Barinas y Apure bajo el mando de Francisco Prada. Igualmente dirigía el foco de los Andes, que estaba al mando de Fabricio Ojeda y Luben Petkoff. Además había atraído bajo su tutela a un grupo de combatientes que operaban con la Brigada 31 del Frente guerrillero Simón Bolívar. Esto lo convertía de hecho en el jefe de las FALN, aunque había grupos guerrilleros del PCV y el MIR que no estaban bajo su comando.

En ese entonces los líderes del PCV habían cambiado de opinión en relación con la lucha armada. Ahora estaban de acuerdo con los soviéticos en que esa lucha debía llegar a su fin. Los jefes más antiguos, como Gustavo Machado, Eduardo Machado y Guillermo García Ponce, querían un alto al fuego y una retirada inmediata. Otros líderes como Pompeyo Márquez y Teodoro Petkoff plantearon la necesidad de una retirada gradual y ordenada. Ante estas ideas, Fidel, que cumplía secretamente con las instrucciones soviéticas, tildó al PCV de traidor, cobarde y entreguista a fin de atraer a Douglas Bravo.

Cuando tuvo suficiente fuerza bajo su control, Bravo decidió romper con el Partido Comunista por considerar que no estaba a la altura de su responsabilidad histórica. Al hacerlo se llevó consigo a más de 200 guerrilleros rurales y a casi todos los combatientes de la guerrilla urbana. En 1966 rompió abiertamente con el Partido Comunista y fundó el Partido de la Revolución Venezolana (PRV) cuyo brazo armado, las Fuerzas Armadas de Liberación Nacional, continuaron la lucha guerrillera. Con ese grupo, Bravo continuó la lucha en la montaña. Cuando Fidel se enteró de que Bravo planeaba actuar por su cuenta, colocó uno de sus mejores agentes cerca de él para vigilarlo y reportar sus movimientos. Al efecto sembró a su lado a Alí Rodríguez Araque (cuyo nombre en la clandestinidad era "comandante Fausto"), quien era un comunista fanático y sumiso seguidor de Fidel Castro.

En abril de 1967, en el VIII pleno del Partido Comunista de Venezuela, la mayoría vota por no continuar la lucha armada y la participación en el próximo proceso electoral. El nuevo buró político del comité central estaba integrado por Pompeyo Márquez, Guillermo García Ponce, Teodoro Petkoff, Pedro Ortega Díaz, Eduardo Gallegos Mancera y Germán Lairet. En una reunión acordaron expulsar a Douglas Bravo por su rebeldía al continuar fomentando las guerrillas, romper con Fidel Castro y oponerse a sus intentos de subversión armada.

Posteriormente, el mismo Castro tuvo que ceder ante las exigencias de Moscú. En ese momento Douglas Bravo decidió continuar la lucha solo. Este gesto quijotesco solamente tuvo un efecto pasajero. Poco a poco la guerrilla fue desapareciendo cuando sus miembros fueron abandonando la fracasada aventura armada.

Fin de las guerrillas venezolanas

El proceso de pacificación culminó en 1969 cuando el presidente Rafael Caldera declara una amnistía general y legaliza el partido comunista (PCV) y el Movimiento de Izquierda Revolucionaria (MIR). Pese a todas estas exhortaciones, Douglas Bravo no cedió y permaneció en la guerrilla hasta bien entrada la década de los años 70. A su lado se quedó su lugarteniente Alí Rodríguez Araque sin que Douglas se diera cuenta de que era un agente que Fidel había sembrado para vigilarlo. Pese a que la guerrilla permaneció activa durante varios años más, para todos los efectos prácticos dejó de existir.

Las guerrillas castristas iniciadas en los años sesenta en Venezuela no desaparecieron de la noche a la mañana. Estos grupúsculos no pasaron de ser mesnadas formadas por jóvenes comunistas ingenuos, quienes pensaron que podían repetir la revolución cubana. Los líderes de estas mesnadas no se dieron cuenta de que las circunstancias que rodearon el triunfo del héroe de la Sierra Maestra eran diferentes. Tampoco se imaginaron que era prácticamente imposible que la ruta de la lucha guerrillera rural fuera el camino al poder en un país mayoritariamente urbano. Estos errores se pagaron y todo su esfuerzo y sacrificio fue en vano.

Luego de que Castro suspendió su intervención en Venezuela para dedicarse al África, las guerrillas cayeron bajo el control de Douglas Bravo. Sin recursos, faltas de visión estratégica y sin un jefe carismático estos grupos armados fueron muriendo de inanición. Durante varios años más este movimiento equivocado se fue agotando hasta desaparecer a fines de los años setenta. Douglas vio el mensaje escrito en la pared y decidió iniciar una nueva estrategia de guerra larga infiltrando de nuevo a las Fuerzas Armadas.

Cuando Bravo rompió con el PCV fundó el Partido de la Revolución Venezolana (PRV), que era en realidad una organización armada. La cara legal del PRV era *Ruptura*, un periódico que predicaba una revolución a la venezolana independiente de Fidel y los soviéticos. Ese esfuerzo incluía una actividad que Douglas conocía bien: la infiltración de las Fuerzas Armadas. Esta vez, como su plan era a largo plazo, la infiltración iba a comenzar con los propios cadetes que ingresaban a las escuelas militares.

En esa cruzada lo siguieron varios de sus antiguos guerrilleros, entre ellos Alí Rodríguez Araque que se convirtió en un importante miembro del comité central del PRV. Posteriormente fundó tienda aparte creando el partido Tendencia Revolucionaria (TR), que luego se fusionó con el grupo "Paso" comandado por el guerrillero Tirso Pinto. Posteriormente Alí se fue integrando a la legalidad, se unió a la Causa R y finalmente al partido Patria Para Todos (PPT).

El viraje táctico

A partir de 1967, una vez extraídos los incursores cubanos, se rompieron las comunicaciones entre Fidel y Douglas. El cubano había conseguido la derrota en Venezuela y veía al jefe de la FALN como un rival para el liderazgo. Bravo solicitó una entrevista pero no obtuvo respuesta. En vista de la actitud de Fidel, decidió usar un método poco ortodoxo para hacer llegar un mensaje a su antiguo jefe. Al efecto designó a Edgar Rodríguez Larralde para que secuestrara un avión de la aerolínea Avensa y lo desviara hacia Cuba para entregar la comunicación. La operación se realizó con éxito en febrero de 1969. Los enviados aterrizaron en La Habana pero tampoco fueron recibidos. El mensaje fue muy claro, Castro no quería saber más nada de Douglas Bravo.

Luego de la ruptura con Fidel, trató de unir su frente guerrillero establecido en Falcón con el Frente Sucre del MIR en el oriente. Para entonces el Frente Zamora de El Bachiller se había integrado al de oriente. Al efecto entró en conversaciones con Carlos Betancourt, Gabriel Puerta, Julio Escalona, Américo Silva y Fernando Soto Rojas, pero no llegaron a un acuerdo. A comienzos de 1970, el PRV establece su comando en Puerto Ordaz para tratar de captar adeptos en las empresas de Guayana.

Durante todos esos años Alí Rodríguez Araque se mantuvo al lado de Douglas Bravo. Entre sus funciones estaba el control de los topos sembrados por Douglas en las Fuerzas Armadas. Como espía de Fidel, su misión era informar a La Habana sobre las actividades de su jefe. A través de este confidente, Fidel se enteró de que Douglas Bravo había empezado a infiltrar otra vez a las Fuerzas Armadas y a las universidades para formar nuevos cuadros.

Hugo Chávez

La ruptura con Fidel forzó el "viraje táctico" de Douglas, quien empezó a replegarse enviando algunos guerrilleros a reforzar el frente sindical y otros a formar cuadros y reclutar nuevos miembros para el PRV. Entre ellos estaba José Esteban Ruiz Guevara, el hombre que adoctrinó en el marxismo al adolescente Hugo Chávez y le orientó para que ingresara a la Academia Militar de Venezuela en 1970. Este exguerrillero seguidor de Douglas fue más un intelectual que un combatiente. En la vida civil era un historiador, poeta, escritor y erudito marxista. Como guerrillero no pasó de mediocre. En 1968 se enfermó y fue enviado a su pueblo en Barinas para recuperarse. Por casualidad este interesante personaje era vecino de Rosa Inés, la abuela de Hugo Chávez. Con doña Rosa vivían sus dos nietos: Adán y Hugo, quienes asistían en la mañana al liceo O'Leary de la localidad y en las tardes iban a clases de marxismo dictadas por el maestro Ruiz Guevara. La historia de este interesante personaje la desarrollaré en el próximo libro, que se inicia desde el momento en que Ruiz Guevara se convierte en el mentor de Chávez. Para entonces él no tenía mayor relevancia. Solamente era uno de varios jóvenes comunistas que estaban siendo adoctrinados antes de ser sembrados en las universidades y en las escuelas militares de acuerdo con el plan de Bravo. Douglas, sin saberlo, puso en juego al hombre que iba a salvar el sueño imperial de su némesis Fidel. Chávez al llegar a la presidencia de Venezuela le entregó a Castro las llaves del petróleo de su país. Con esa arma formidable el imperio de Fidel todavía podía hacerse realidad.

EPÍLOGO

Esta obra analizó las injerencias de Fidel Castro en Venezuela hasta 1967. Ese ha sido el objetivo intermedio de su gran proyecto, porque necesita los ingresos petroleros de ese país para financiar su sueño: establecer un imperio hispanoamericano bajo su dominio.

Tan pronto bajó de la Sierra Maestra perfumado de triunfo pensó que podía reditar fácilmente su éxito en Venezuela. Su visita a esta nación en 1959 lo convenció de que este intento sería aún más fácil dada su popularidad en la patria de Bolívar. El desaire de Betancourt lo enardeció y lo impulsó a utilizar su método favorito: la violencia.

Durante casi una década Fidel trató infructuosamente de repetir su hazaña, pero fue derrotado en toda la línea. Fidel es un hueso duro de roer porque es capaz de transformar sus derrotas en victorias. Pese a que no pudo derrotar a los militares venezolanos, su carisma y su poderosa maquinaria mediática le permitieron seguir apareciendo como un valeroso David enfrentando al odioso gigante norteamericano. Dada la antipatía contra los EEUU, existente en vastos sectores de Hispanoamérica, no le fue difícil aparecer como el muchacho bueno de la película. Ha sido un genio haciendo ver siempre a los *americanos feos* como los bandidos.

Para Fidel sobrevivir es triunfar y ese objetivo lo logró plenamente. Estos triunfos pírricos le permitieron seguir combatiendo para los soviéticos en África. Sus fallidos esfuerzos incluyeron un arsenal de métodos revolucionarios. Primero trató de persuadir a Rómulo Betancourt a quien no pudo seducir con su magia. Luego con el apoyo soviético utilizó el resto de su panoplia: guerrilla urbana, insurrecciones militares y guerrilla rural. Todos estos intentos fueron frustrados y el sueño de apoderarse de este país se mantuvo elusivo. Pero Fidel es terco.

Su retirada del campo de batalla iberoamericano en 1967 se debió a varias razones. En primer lugar forzado por las presiones de la Unión Soviética que se había comprometido con los EEUU a ordenar la salida de Fidel de Venezuela. Cuando en 1966 Brezhnev amenazó con reducir el subsidio si no cumplía esa orden accedió a regañadientes. En segundo término porque el Kremlin no quería seguir lanzando dinero a perdida en esa desastrosa aventura. Finalmente la ruptura con Douglas Bravo fue la gota que rebasó el vaso. El jefe de la guerrilla venezolana es un comunista convencido, pero no un internacionalista. Este nacionalista nunca estuvo de acuerdo con la injerencia de Castro y sus deseos de controlar a Venezuela. Este dominio total indispensable para la construcción del imperio de Fidel era inaceptable para Douglas.

Como no podía enfrentar a Bravo, Fidel optó por apartarse temporalmente mientras trazaba una nueva estrategia para apoderarse de Venezuela. Entre tanto decidió mantener a Douglas vigilado por Alí Rodríguez Araque. Él sabía que el "comandante Fausto" era un acólito que obedecía ciegamente sus órdenes y velaría por sus intereses. Fidel se fue de Venezuela, pero el país petrolero no salió de su mente. Parodiando las famosas palabra del General Douglas MacArthur por su mente pasó la famosa frase "I shall return". Ya habría una nueva oportunidad que le permitiera controlar el petróleo venezolano en el futuro.

Luego de su partida su espía informó que Douglas Bravo iba a reiniciar su vieja estrategia de penetrar a los militares venezolanos. Esta idea no le atraía al impaciente cubano. Había que esperar demasiado tiempo esperando que los topos sembrados se desarrollaran. Pero en ese momento debía ocuparse de África. No había alternativa porque tenía la bota soviética en su cuello. Entretanto las campañas africanas lo tenían ocupado. Tendría que esperar. Ya habría tiempo de sacar de juego a Bravo más adelante.

Después de retirarse de Venezuela, Fidel aprovechó lo mejor que pudo la nueva situación para posicionarse como el paladín de los pueblos del Tercer

Mundo. Su posición antinorteamericana y sus esfuerzos contra el colonialismo y neocolonialismo le ganaron muchos adeptos a nivel internacional. Su imagen como figura revolucionaria dominante caló entre los intelectuales marxistas europeos, africanos e iberoamericanos convirtiéndolo en una estrella mundial de la izquierda.

Gracias a la mesada soviética la revolución cubana y Fidel sobrevivieron ejerciendo una influencia internacional importante. De manera increíble, la feroz dictadura totalitaria se convirtió en un modelo a seguir. Entretanto mientras cientos de miles de balseros se lanzaban al Caribe prefiriendo las fauces de los tiburones a la vida bajo el déspota, la economía de la isla colapsaba y Cuba se transformó en una nación parásita.

Durante esos años la gran obra de Castro fue el desarrollo del G2 cubano, que se convirtió en una organización de inteligencia solamente comparable en el planeta a la CIA, la KGB y el MOSSAD. Mientras el pueblo languidecía el G2 desarrolló una gran capacidad para realizar operaciones de espionaje, infiltración y operaciones encubiertas en terceros países.

Su ejército expedicionario (compuesto por mercenarios cubanos) pasó a ser la Legión Extranjera de la URSS. Con esa fuerza desplegada en África fue capaz de apoyar Gobiernos afines a los soviéticos y movimientos guerrilleros contrarios a Gobiernos pro occidentales. Este apoyo no se limitó a tropas de combate sino también al adoctrinamiento ideológico, al entrenamiento y abastecimiento de armas y municiones soviéticas, a fuerzas guerrilleras locales incluyendo la ejecución de actos terroristas y de sabotaje.

Paralelamente a la organización de inteligencia, Castro desarrolló una extraordinaria maquinaria de propaganda a nivel mundial que agigantó la figura del dictador permitiendo la proyección del poder cubano mucho más allá de sus limitados recursos. De esta manera Fidel hizo de Cuba un epicentro de la lucha del Tercer Mundo contra los norteamericanos. En este proceso, Cuba se hizo el país más influyente políticamente en América Latina. Pero este pigmeo gigante tenía los pies de barro. Internamente estaba arruinada. La isla se militarizó y se convirtió en la Esparta antillana totalitaria, donde la principal fuente de ingresos no era el azúcar, sino el subsidio soviético mientras iba creciendo el lavado de dinero proveniente del narcotráfico.

Pese a sus aparentes éxitos, Fidel estaba muy lejos de realizar su gran plan. En esa época la subsistencia fue difícil porque la Unión Soviética empezó a tener serios problemas económicos y su concentración en África no le permitía enfocarse en su proyecto de establecer un imperio hispanoamericano.

El desplome soviético pareció indicar el fin de la era de Fidel en los años 90. El periodo especial iniciado en 1990 contrajo el PIB de la isla en un 36% obligando a severos racionamientos de gasolina, diesel y alimentos, al igual que al desarrollo del turismo como fuente importante de ingresos. Cuando se creía que los años de gloria de Castro habían quedado atrás sucedió en Venezuela un hecho importante que al comienzo pasó desapercibido. El 4 de febrero de 1992 se produjo un intento de golpe de Estado en Venezuela liderado por Hugo Chávez, uno de los infiltrados por Douglas Bravo en el Ejército en los años 70. Para su consternación el golpe de estado fue fácilmente derrotado.

La insurrección de Chávez no tomó por sorpresa a Fidel. Gracias a Alí Rodríguez Araque, su hombre en Caracas, había seguido con interés los pasos de este joven oficial y admiraba la forma como había organizado la logia golpista. En el momento del alzamiento Fidel logró que Chávez hiciera a un lado a Bravo. Cuando el "coup d'etat" falló, esta brillante jugada de última hora no se notó. La debacle llevó a Chávez a la cárcel y el déspota cubano tuvo que seguir rumiando sus sueños imperiales. Hubo que esperar hasta que en diciembre de 1998 Chávez ganara las elecciones en Venezuela para que la estrella de Castro volviera a refulgir y su idea imperial tomara un segundo aire. Ese será el tema de mi próximo libro, que comienza en el momento en que Chávez fue infiltrado en la Academia Militar de Venezuela hasta nuestros días.

BIBLIOGRAFIA

Arciniegas, Germán (1967). Latinoamérica, una historia cultural. Nueva York: Alfred Knopf.

Avendaño, Jaime (1982) . El militarismo en Venezuela. Caracas: Ediciones Centauro.

Barba, Antonio (1964). Cuba, el país que fue. Barcelona: Editorial Maucci.

Bohning, Don (2005). *The Castro obsession.* Canadá: Potomac Books.

Bolívar, Simón (1991). Para nosotros la patria es América. Caracas: Biblioteca Ayacucho.

Bosch, Juan (1985). De Cristóbal Colón a Fidel Castro. Madrid: SARPE

Burkholder Mark (2001) Colonial Latín América. New York: Oxford University Press.

Carrera Damas, German (2003). El culto a Bolívar. Caracas: Alfadil Ediciones.

Conte Agüero Luis (1960). Los dos rostros de Fidel Castro. Méjico: Editorial Jus.

Debray, Régis (1975). Revolution in the revolution. New York: Grove Press.

De Soto, Hernando (2001). The mystery of capital. London: Black Swan Books.

Deutsch, Karl (1969). *Nationalism an its alternatives.* New York: Random House.

Dominguez, Jorge (1978). Order and revolution. Cambridge: Harvard University Press.

Douglas, Bravo ( ). La otra crisis. Caracas: Original.

Dubois, Jules (1959) Fidel Castro: Rebel, Liberator or Dictator. Indiannapolis: Bobbs Merrill Co.

Eisenhower, Milton (1963) The USA and Latin America. Garden City: Doubleday

Farber, Samuel (1976) Revolution and reaction in Cuba 1933-1960. Middletown: Wesleyan U. Press

Fuentes, Norberto (1999). *Dulces guerreros cubanos.* Barcelona: Editorial Seix Barral

Fuentes, Norberto (2004). La Autobiografía de Fidel Castro. Barcelona: Destino Ediciones.

Gadea Hilda (1972) Ernesto: A memoir of Che Guevara. Garden City: Doubleday.

Garrido, Alberto (1999) Guerrilla y conspiración militar en Venezuela. Caracas: Editorial Catalá.

Garrido Alberto (2000) La historia secreta de la Revolución Bolivariana. Caracas: Edición del autor.

Gellner, Ernest (1983). *Nations and nationalism.* :Cornell University Press

Goñi, Fermín. (2009). *Los sueños de un libertador.* Barcelona: Roca Editorial.

Gott, Richard (1972). Guerrilla movements in Latin America. Garden City: Doubleday.

Gott, Richard (2000). In the shadow of the Liberator. London: Verso.

Hobsbawn, Eric. (1992). *Nations and nationalism since 1780.* London: Cambridge University Press

Hudson, Rex (1988). Castro's America Department. Washington DC: Cuban American Foundation.

Huntington, Samuel (1997). *The Clash of civilizations.* New York: Simon & Schuster.

Jimenez, Ivan Darío (1996). Los golpes de estado desde Castro hasta Caldera. Caracas: Centralca.

Johnson, Paul (1964). The military and society in Latin America. Stanford: Stanford University Press.

Lacouture, Jean (1970). The demigods: Charismatic leadership. New York: Alfred Knopf.

Levine, Barry (1983). The new cuban presence in the Caribbean. Boulder: Westview Press.

Mathews, Herbert (1961). The cuban story. New York: George Braziller.

Mc Caughan. Michael (2004). *The battle of Venezuela.* New York: Seven Stories Press.

Montaner C. Alberto (1985). Cuba, Castro and the Caribbean. New Brunswick: Transaction Books.

Pino Iturrieta, Elías (2003) El divino Bolívar. Madrid: Los libros de catarata.

Rangel Carlos (1976). Del buen salvaje al buen revolucionario. Caracas: Editorial Arte.

Rangel Domingo Alberto (1978) .Los héroes no han caído. Valencia: Badell Hermanos.

Reid, Michael. (2007). *Forgotten Continent.* New Haven: Yale University Press.

Rodó, José Enrique (1994) Ariel. Buenos Aires: Kapelusz Editora.

Schiffer, Irvine (1973) A psychoanalytic look. Toronto: University of Toronto.

Saint-Upéry, Marc (2008) El sueño de Bolívar. Barcelona. Editorial Paidos Ibérica.

Sarmiento, Domingo Faustino (1998) Civilización y barbarismo. Londres: Penguin Classics

Suárez, Reinaldo (2001) Una Insurrección en dos épocas. La Habana: Editorial de Ciencias Sociales

Suchlicki, Jaime (1972) Cuba, Castro and revolution. Coral Gables: University of Miami Press.

Suchlicki, Jaime (2001) Mexico from Montezuma to the Fall of the PRI. Mexico: Potomac Books.

Vives, Juan (1982). Los amos de Cuba. Buenos Aires: EMECE Editores.

Made in the USA
Middletown, DE
06 July 2015